죤 칼빈

John Calvin

John Calvin
by Rev. Bock Eyun Shin, Th.M., Ph.D.

Copyright ⓒ 2013 Hapdong Theology Seminary Press
Published by Hapdong Theological Seminary Press
Kwangkyojungang-ro 50, Yeongtong-gu, Suwon, Korea

죤 칼빈

1판 1쇄 인쇄 | 2013년 12월 10일
1판 1쇄 발행 | 2013년 12월 16일

저 자 | 신복윤
발행인 | 조병수
펴낸곳 | 합신대학원출판부
주 소 | 443-791 수원시 영통구 광교중앙로 50 (원천동)
전 화 | (031)217-0629
팩 스 | (031)212-6204
홈페이지 | www.hapdong.ac.kr
출판등록번호 | 제22-1-1호
인쇄처 | 예원프린팅 (031)957-6551
총 판 | (주)기독교출판유통(031)906-9191
정 가 | 16,000원
*잘못된 책은 교환해드립니다

ISBN 978-89-97244-16-4 93230 : \16000
칼뱅(인명)[Calvin, Jean]
기독교[基督教]

230.99-KDC5
230.092-DDC21

┃ 이 도서의 국립중앙도서관 출판시 도서목록(CIP)은 e–CIP 홈페이지
┃ http://www.nl.go.kr/cip.php에서 이용하실 수 있습니다.
┃ (CIP제어번호: CIP 2013026620)

죤 칼빈

신복윤 저

합신대학원출판부

▌머리말

칼빈은 제네바의 종교개혁이 1536년 5월 21일 공식으로 선포되고 나서 두 달 후인 1536년 7월 말에 제네바에 도착한다. 그리고 같은 해 9월 5일 오후 성 삐에르 교회(St. Pierre)에서 바울서신과 신약성경의 다른 책들을 강의하는 것으로 제네바의 생활을 시작한다.

제네바는 무엇보다도 먼저 종교개혁의 종교적 기초 위에 선 강한 도덕적 정부를 필요로 하였다. 사람들은 무지했으나, 로마 교회의 사제(司祭)들은 그들을 가르치지 않았을 뿐만 아니라, 그들 자신이 제네바 시민에게 좋은 본을 보여주지도 못했다. 그래서 이러한 악(惡)들을 치료하기 위해 신앙과 권징을 위한 신앙고백서와 대중적인 요리문답서의 작성이 필요하였다.

칼빈의 위대한 목적은 교회의 순수성과 거룩함을 실현하는데 있었다. 그는 항상 바울이 에베소서 5:27에서 "자기 앞에 영광스러운 교회로 세우사 티나 주름 잡힌 것이나 이런 것들이 없이 거룩하고 흠이 없게 하려 하심이라"고 하신 그런 교회를 염두에 두고 있었다. 그는 모든 그리스도인이 자기의 신앙고백과 일치하게 살며, 선한 행위로 자신의 믿음을 보여주고, 하늘 아버지께서 온전하신 것처럼, 온전한 사람이 되도록 노력하는 사람이 되기를 원했다. 개혁파 교회 전 공동체에서 이 고상한 이념을 시도하고 바로 실천한 사람은 종교개혁자들 중 오직 칼빈 한 사람 뿐이었다. 칼빈은 "그리스도의 구원의 교훈이 교회의 생명인 것처럼, 권징은 그 근육이며, 이 근육에 의해서 몸의 지체들은 서로 결합한다"고 함으로 권징의 중요성을 강조하였다.

칼빈은 하나님에 대한 사상으로부터 출발한다. 이것은 칼빈주의 전 사상체계의 시금석이다. 하나님에 대한 사상은 일반적으로 하나님의 주권(主權)이라고 말한다. 하나님은 자연계에서 계시된 우주의 창조주이며, 통치주이지만, 더 특별하게 성경에서 계시되었다. 칼빈의 체계에서 하나님은 높아지고 영광을 받으나, 인간은 낮아진다. 하나님의 하나님 되심이 높은 자리를 차지하면 차지할수록 인간의 위치는 낮아진다. 인간은 전적으로 부패하였으며, 그의 의지는 사탄의 노예가 되었다. 인간은 자신의 노력으로는 하나님께 나아갈 수 없게 되었다. 그래서 인간은 하나님이요 동시에 사람으로 이 세상에 오셔서 사람을 죄에서 구원하시고, 하나님과 범죄한 피조물사이에 중보자가 되신 그리스도를 필요로 하였다.

칼빈은 죽는 날까지 글을 쓰고, 설교하고, 감독원과 성직자회에 참석하고, 개신교의 여러 나라에서 찾아오는 외국인들을 맞이하여 그들과 이야기를 나누었으며, 또한 각 방면의 사람들과 편지를 주고받았다. 한편 그는 두통, 천식, 소화불량, 요결석(尿結石), 통풍 등 누적된 육체적 질병으로 고통을 겪고 있었다. 그럼에도 불구하고, 그는 그 일들을 훌륭하게 해냈으며, 이 병들은 그의 허약한 몸을 지칠 대로 지치게 하였으나, 그의 강한 정신력을 꺾을 수는 없었다.
1563년 이후 그의 건강은 점점 더 나빠져서 죽음을 기다리고 있는 중에서도, 칼빈은 자신의 병을 주님께서 갈 준비를 하라고 가르치시는 메시지라고 믿고 있었다. 그리고 그는 사람들의 병은 하나님의 섭리이며, 그러므로 병을 하나님이 주시는 훈련으로 해석하고 있었다.

1564년 4월 28일, 죽음을 앞둔 칼빈은 자기 집을 방문한 제네바의 목사들에게 주목할 만한 고별사를 남겨 놓았다. "나는 신실하게 가르쳤으며, 하나님께서 나에게 은혜로 주신대로 서술하였습니다. 나는 그 일을 가장 충실하게 수행하였으며, 성경의 한 구절도 나의 지식에 따라 거짓되거나 왜곡되게 해석하지 않았습니다. 내가 비록 정교하게 배워서 엉뚱한 의미를 끌어내려고 할 때에도 나는 그 유혹을 물리치고, 항상 단순하게 연구했습니다.

칼빈은 성경해석의 천재였다. 그의 주석들은 독창성, 깊이, 명백성과 건전성, 그리고 영속적 가치에 있어서 아무도 그를 따를 수가 없었다. 종교개혁시대에는 성경번역과 해석에 있어서 그 어느 때보다도 수확이 많은 시대였다. 루터가 번역자의 왕이라면, 칼빈은 성경주석의 왕이었다. 참말로 칼빈은 16세기 최고의 성경주석가였다.

그리고 놀라운 것은 23년 동안 『기독교 강요』를 부단히 개정하여 방대한 책이 되었음에도 불구하고, 칼빈은 그의 신앙과 사상에 있어서 1536년의 초판과 1559년의 최종판 사이에 아무런 사상적 차이가 없이 전후 일관되게 동일한 계통을 보여주고 있다는 점이다. 이것은 칼빈이 처음부터 하나님의 말씀임을 신뢰했다는 것을 입증한다. 이 점에서 어거스틴이나 루터도 칼빈에게 미치지 못한다. 어거스틴은 자기 저술에서 취소할 것이 많이 있음을 발견하였으며, 루터의 책에서도 많은 모순을 발견할 수 있었다.

칼빈은 1564년 5월 27일 마지막까지 똑똑한 의식과 총명함을 잃지 않고 주님의 품안에서 평화스럽게 잠들었다. 그는 이 세상에서 54개년 10개월 17일을 살다가 죽은 것이다. 그의 장례식은 품위는 있었으나 그의 요구에 따라 무덤에는 아무도 칼빈의 무덤이라는 것을 알아차릴 수 있는 묘비는 없었다. 칼빈은 살아있을 때, 그의 장례식에서의 모든 허식과 무덤에 어떠한 기념비도 건립하는 것을 금하였다. 그는 모세와 같이 우상의 힘이 미치지 않는 곳에 매장되기를 원했다. 그것은 인간을 낮추고, 하나님을 높이는 그의 신학과 일치하였다.

본서 제작에 원고 입력 작업으로 수고하신 감해령, 윤사라 두 분 조교와 모든 제작 과정을 지도해주신 본 대학 출판부의 실장이신 신현학 장로님과 디자이너인 최문하 선생님에게 감사드립니다.

2013년 12월
신 복 윤

차례

제1장

칼빈의 형성기

프랑스 빠리 동북쪽 60마일 지점, 삐까르디(Picardy)주에 노와용 (Noyon)이라고 하는 거리가 있다. 이 도시에는 많은 교회들, 수도원들, 사제들, 그리고 승려들이 있어서 고대의 대 성당 거리라고 불리어졌다. 그리고 이곳에서 십자군 운동에 가담한 승려 아미앙(Peter of Amiens)이 태어났으며, 프랑스 종교개혁과 반(反)종교개혁의 지도자들이 태어난 거리이기도 하다.

I

1509년 7월 10일, 이 작은 거리에서 죤 칼빈은 아버지 제라르 꼬뱅 (Gerard Cauvin)과 어머니 쟝느 르 후랑(Jeanne le Franc)사이의 둘째 아들로 태어난다. 루터와 쯔빙글리가 태어난 지 25년 후에, 그리고 루터가 비텐베르크 성문교회 앞에 95개조를 내건지 8년이 지난 후에 칼빈이 태어난 것이다. 그 후 얼마 안 있어서 그는 그의 부모가 속해 있는 교회요 꼬뱅의 집 맞은편에 있는 생트 고드베르(Sainte-Godeberte)교회에서 세례를 받는다. 꼬뱅과 쟝느는 생기와 활력이 넘쳐흐르는 곳에 세워진 한 아늑하고 평화스러운 집에서 살고 있었다. 이 꼬뱅가의 집 대부분은 오래 전에 다른 구조로 변경되었으나, 집 내부는 그대로 남아있었다. 이 집에서 이 부부사이에 다섯 아들이 태어나서 자랐는데, 두 아들 앙뜨완느(Antoine)와 프랑수아(François)는 어릴 적에 죽었고, 장남 샤를르(Charles)는 1518년 대성당의 신부가 되고 루피(Roupy)는 주임신부가 되었으나, 이단으로 지목되어 1531년에 파면되었으며, 1537년 10월 1일 비극적 종말을 고하였다. 칼빈의 막내 동생 앙뜨완느 (역시 Antoine 라 불리워짐)는 트라베르시(Traversy) 가까이에 있는 투르네롤(Tournerolle)의 신부가 되었으나, 복음주의 신앙을 받아드리고, 여동생 마리아(Maria)와 함께 1536년 칼빈을 따라 제네바로 간다. 그는 거기서 서점을 운영하면서 1546년 제네바 시민권을 획득하고, 1558년에는 200인 의회의 의원으로, 1570년에는 60인 의회의 의원으로 선출되었으며, 역시 병원의 이사로 선택되어 일하다가 1573년 세상을 떠났다. 그는 세 번 결혼하고, 피난민의 딸인 그의 둘째 부인과는 그녀의 간음사건으로 이혼하였다(1557년).

꼬뱅에게는 다섯 아들 외에도 두 번째 부인에게서 태어난 두 딸이 있었는데, 칼빈에게는 그러니까 이복여동생이 되는 셈이다. 위에서도 언급한대로 한 여동생 마리아는 칼빈과 앙뜨완느(Antoine)와 같이 제네바에서 살았으며 거기서 결혼도 한 것 같다. 다른 여동생은 이름이 알려지지 않았지만 노와용 시민과 결혼해서 거기서 살고 있었다.

칼빈의 아버지 제라르 꼬뱅은 뛰어난 능력을 가진 사람이었다. 이 조그만 프랑스 마을을 잘 아는 사람이라면, 그 공증인(公證人)이 살고 있는 마을이 얼마나 유명한가를 짐작할 수 있을 것이다. 꼬뱅은 한 지방도시의 단순한 공증인이 아니었다. 그는 대성당 참사회의 공증인이며, 마을과 교구에 다 같이 중요한 사람이었다. 그는 성직자와 평신도를 다 접촉할 수 있는 위치에 있었으며, 비록 사제(司祭)는 아니었으나 교회의 내부사정을 잘 알고 있었다. 그는 법률에도 정통한 사람으로, 그 사회에 없어서는 아니 될 위치에 있었다. 이 거리에는 사제들과 수도사들 사이에 많은 분쟁들이 일어나곤 했는데, 꼬뱅은 자주 이 분쟁들을 조정했으며, 역시 시정부와 교구 사이에도 끊임없는 마찰과 압력이 있었으나, 이때에도 그것을 조정하는 것은 그의 몫이었다. 이와 같이 죤 칼빈의 아버지는 법률상의 문제들, 교회정치, 그리고 분쟁과 충돌사건들에 대하여 익숙히 알고 있었다. 어린 칼빈은 평신도의 자식이었으나 성직자의 분위기속에서 성장하였다. 한 가지 첨가해서 말한다면, 제라르 꼬뱅은 성미가 급한 사람이었다. 그는 어떤 일로 참사회와 심한 논쟁 끝에 그 참사회와 결별하게 된다.

칼빈의 어머니 쟝느 르 후랑은 아름다웠으며 경건하고 현숙한 여인으로 존경을 받고 있었다. 그녀는 칼빈이 장성하기 전에 죽었지만 그 아들에게 끼친 영향은 대단히 컸다. 그녀는 자주 어린 아들을 데리고 교회에 참석했기 때문에, 어린 시절부터 칼빈은 로마 교회의 의식적 예배, 대성당 거리의 행렬기도, 그리고 소위 성골(聖骨)의 전시 등에 익숙해 있었다. 우리는 칼빈의 시편주석 서문에서 다음과 같은 그의 자서전적 스케치를 읽을 수 있다. "나는 너무도 교황의 미신에 빠져 있었기 때문에 쉽게 여기서 탈출할 수가 없었다." 칼빈은 또한 이 기록에서, 소년시절에 벌써 아버지는 자기 아들이 신학공부를 하도록 결정하셨다고 기록하고 있다. 칼빈은 1521년, 그러니까 12살이 되던 해에 대성당 참사회의 성직록(聖職祿)을 받게 된다. 칼빈이 이러한 위치에 있게 된 것은 물론 아버지의 영향 때문이었다.

Ⅱ

어린 칼빈의 정식교육은 노와용에 있는 까페프 학교(Còllege des Capettes)에서 시작된다. 칼빈은 처음부터 지적 재능을 두드러지게 보여주었다. 어떤 사람은 다른 사람들보다 더 빨리 조숙하는데, 칼빈이 바로 이런 부류에 속하는 소년이었다. 그가 성년이 되었을 때, 그의 지적 성취는 참으로 놀라웠던 것이다. 분명히 이 어린 소년은 처음부터 영민하였다. 칼빈은 아버지로부터 타는 듯한 지식욕과 조직적 재능을 유전 받았으며, 어머니로부터는 경건한 신앙을 이어받았다.

노와용의 학창 시절에 칼빈은 그 사회의 지도적인 귀족 가문 몽모르(Montmor)가의 세 아들들과 함께 첫 교육을 받았는데, 그 후 늘 감사한 마음으로 그들을 그리워했다. 어린 칼빈과 이 귀족 가문의 아들들은 곧 가까운 친구로 발전하였다. 칼빈은 지식의 빠른 성장을 보여주었을 뿐만 아니라, 세련된 예절과 귀족적 분위기를 습득하므로, 훗날 루터나 쯔빙글리와는 다른 면을 나타냈다.

칼빈의 아버지는 귀족도 아니고 그렇다고 농민도 아니었으나, 어린 시절부터 칼빈의 이 사회적 접근은 모든 사람과 쉽게 교제할 수 있게 하였다. 하나님은 훗날 칼빈으로 하여금 왕자나 왕 등 상류 사회에서 보다 가치 있는 부분을 담당할 수 있도록 하기 위해 이와 같이 준비하고 계셨던 것으로 믿는다. 한편 루터는 농부요 농부의 아들이었기 때문에, 사회적 열등의식을 버릴 수가 없었다. 그러므로 역사적으로 칼빈주의와 루터주의는 사회적 태도에서 날카롭게 구별될 수밖에 없었다.

1523년 여름 칼빈은 몽모르가의 세 소년들과 함께 대학 입학을 위해 빠리에 간다. 칼빈의 아버지는 아들의 교육문제에 대하여 대성당 참사회와 상의하였다. 제라르는 아들의 명철함을 너무도 잘 알고 있었기 때문에, 가능한 한 최대의 도움을 주기를 원했다. 칼빈의 어머니는 그가 빠리를 떠나기 전 세상을 떠났다. 일반적으로 모든 위대한 인물들 배후에는 위대한 어머니가 있기 마련이며, 온화하고 사랑이 넘치는 쟝느도 이 법칙에서 예외는 아니었다.

빠리에 도착하자 칼빈은 대장장이었던 숙부 리샤르 (Richard)의 집에 거처를 정했다. 잠시 동안 칼빈은 몽모르가의 아들들의 가정교사에게서 배우다가 얼마 안 있어서 좀 더 수준 높은 교육을 받을 준비를 하였다.

1523년 8월, 14세가 된 칼빈은 마르쉬대학(College de la March)에 입학한다, 이 학교는 센 강 왼쪽 둑에 자리 잡은 학교들 중의 하나인데, 여기서 칼빈은 그의 생애에 매우 큰 영향을 끼친 마뚜랭 꼬르디에 (Mathurin Cordier) 교수 밑에서 배우게 된다. 꼬르디에의 가르침을 받는다는 것은 당시 프랑스에서 라틴어 연구의 최상의 수업을 즐기는 것이었다. 칼빈이 그의 제자가 되었을 때 약 40세가 되었던 꼬르디에는 프랑스 북부도시 르왕(Rouen)의 한 젊은 사제였으나, 10년 동안 빠리에서 교수하였다. 그는 교사의 주요 임무는 학생들에게 연구의 흥미를 일으키는데 있다고 확신하고 있었다. 그래서 당시 일반적으로 유행하고 있던 형식적이며 독단적인 교수방법을 버리는 한편, 기계적으로 습득한 많은 상세한 지식으로 학생의 마음을 채우는 것보다는 학생의 사상에서 언어를 살아있게 하였다. 이를 성취하기 위해서 그는 당시 학생들 사이에서 통용되고 있는 야비한 말씨를 제거하려고 노력하기도 하였다.

그의 명석한 교육적 통찰력 못지않게, 그의 친절한 마음씨는 그로 하여금 회초리 사용을 금지하게 하였으며, 또한 교사와 학생사이의 친밀하고 다정한 관계, 및 지적 훈련 못지않게 도덕적 발전을 확립시키는 것을 그는 교사의 의무로 생각했다. 꼬르디에가 그의 교육이념을 효과적으로 실천에 옮김으로 학생들과 친밀한 관계를 갖게 되었는데, 이것은 그의 순수하고 변함없는 마음의 경건의 결과였다. 애정이 넘치고 남에게 크게 도움이 되었던 사람, 꼬르디에는 분명히 지적인 면에서도 그랬던 것처럼, 형성기에 있는 소년 칼빈의 종교적 발전에도 훌륭하게 도움을 주었다. 그리하여 칼빈에게 감탄과 존경의 대상이 되었다. 칼빈은 빠리에서 경험과 명망 있는 이 교수 밑에서 학창생활을 시작한 것을 항상 자랑으로 기억하고 있었다. 그리고 효과적인 연구방법을 처음으로 그에게서 배웠다고도 하였다.

꼬르디에는 칼빈의 교육에 두 가지 위대한 공헌을 하였다. 하나는, 아주 철저하게 칼빈의 라틴어 연구에 기초를 놓은 점이다. 라틴어는 당시 학자들의 일반적인 언어였으며, 칼빈은 그것을 정복하고 정통한 것이다. 오늘날의 대학교수들은 칼빈의 라틴어문체는 투명하고 설득력이 있다는데 동의하고 있다. 그 둘째 공헌은 그 시대에 보기드문 것이었다. 즉 꼬르디에는 이 젊은 학도에게 모국어 사용법을 훈련시킨 것이다. 이것은 흔히 있는 일이 아니었다. 왜냐하면 몽때귀대학(Montaigu College)에서는 프랑스어 사용이 금지되어 있었기 때문이다. 프랑스 언어에 끼친 칼빈의 영향은 크게 인정되고 있다. 그는 자신의 주제를 논리와 힘에 넘치는 강하고 명쾌한 문장으로 표현할 수 있는 설교자요 저술가가 되었다. 오늘날의 프랑스 학교의 교과서들은 칼빈을 프랑스 언어의 정복자요 창시자의 한 사람으로 지적하고, 그의 문체를 "논설과 사건들의 훌륭한 도구"라고 극찬하고 있다.

꼬르디에는 당시의 최고의 교육자일 뿐만 아니라, 현대 교육학의 창시자이기도 하다. 그는 역시 철저한 복음주의적 사상을 소유한 사람이었다. 교수는 학생들에게 하나님의 말씀과 그리스도에 대한 사랑을 심어주는 것을 목적으로 삼아야 한다고 그는 주장하였다. 그러나 꼬르디에가 복음주의적 신앙을 결정적으로 받아드린 것은 1528년이었다. 꼬르디에는 빠리, 느베르(Nevers), 보르도(Bordeaux), 뇌샤뗄(Neufchatel), 로잔(Lausanne) 등지에서 가르쳤으며, 역시 칼빈이 세운 제네바 대학에서 가르치다가 거기서 1564년 칼빈이 죽은 바로 그 해에 85세를 일기로 세상을 떠났다. 칼빈은 1550년 출판된 데살로니가 전서 주석을 헌정하므로 그에게 경의를 표한바 있다. 베자(Beza)가 말한 대로, 꼬르디에는 매우 훌륭하고 박식한 사람으로, 젊은이의 교사로서 프랑스의 거의 모든 학교에서 최고의 명성을 떨치고 있었다.

칼빈이 마르쉬대학에서 공부한 부분은 문학사 과정이 아니라, 문학사를 위한 예비단계인 문법과정이었다. 상급 학부인 신학이나 의학, 그리고 법학을 공부하기 위해서는 교양과정의 수업을 받아야 하는데, 자연철학과 도덕철학을 공부하려면 라틴어로 진행되는 강의를 따라가기 위해서 라틴어를 먼저 유창하게 말하고 글을 쓸 줄 아는 능력이 있어야 한다. 이 예비단계가 바로 문법과정이다. 그러므로 칼빈은 대학생인 것만은 틀림없으나 다만 문법과정을 밟고 있는 학생이었다. 다시 설명하자면, 칼빈은 먼저 교양과목을 이수해야 하고, 다음에는 신학공부를 하기 위해서 지금은 예비공부를 하고 있는 셈이다. 문법과정은 세 단계로 되어 있었다. 첫째 단계는, 읽고 쓰는 법과 라틴어의 기초문법을 배우는 과정이며, 둘째 단계는, 구문과 시형론뿐만 아니라, 문법적인 불규칙과 변칙을 배우는 과정이고, 셋째 단계는 아리스토텔레스의 오르가농(Organon, 모든 과학의 道具)을 요약한 개요(summulae)를 교과서로 사용해서 기초적인 논리학을 배우는 과정이었다. 이와 함께 라틴어 문법과 라틴시 외에도, 예비과정에는 여러 계층의 사람들에게 편지를 쓰는 일종의 비서훈련과 산수훈련이 포함되어 있었다.

칼빈은 3년 동안의 마르쉬대학의 생활을 끝내고 1526년 역시 빠리에 있는 몽때귀대학(Montaigu College)으로 전학한다. 몽때귀대학은 마르쉬대학과는 전혀 성격이 다른 학교로서 장차 신학도가 되기에는 적합한 학교였다. 그리고 이 대학은 마르쉬대학보다는 더 교회적 분위기를 풍기고 있었고 더 많이 알려져 있었다. 이 대학의 규율은 엄격하였으나 교육은 구식이었다. 이 대학은 빠리의 대학들 중 가장 오래된 역사를 가진 학교이며, 마르쉬대학과는 달리 프랑스어를 말하거나 쓰는 것을 금하고 있었다. 이 대학에서는 훌륭한 학자들이 배출되었는데, 그 중에는 에라스무스(Erasmus)가 있고, 라벨레 (Rabelais)가 있다.

칼빈은 몽때귀대학에 입학하는 즉시 수업에 들어가 무명의 유식한 스페인계 교수의 강의를 듣게 되었다. 그는 라틴어 전달의 수단 구실을 하고 있었다. 그것은 위에서 언급한대로 이 대학에서는 프랑스어 사용이 금지되어 있었기 때문이었다. 칼빈은 꼬르디에로부터 이미 라틴어를 배우기 시작한 것을 효과적으로 보충했기 때문에, 문법과 수사학의 기초적인 연구에서 동료학생들을 즉시 능가 할 수 있었다. 그리고 교양학부의 중심인 철학과 변증법의 시험을 성공적으로 통과하기도 하였다. 라틴어의 숙련과 그의 기본적인 파악력으로 볼 때 인문주의적 재능을 놀랍도록 약속받은 젊은 학자임을 보여주고 있었다.

이 학교는 학문적 논쟁으로 유명했으며, 이들 지적 경쟁자들로 인해서 칼빈의 논쟁능력이 발전되고 강화되었다. 뿐만 아니라 이미 언어의 능력에서 출중함을 보여주었던 것처럼, 칼빈은 논쟁의 설득력에 있어서도 뛰어났다. 이와 같이 경험한 훈련은 그가 훗날 놀랍도록 사용한 논리적 분석과 건설적 논거의 빈틈없는 힘을 발휘하는데 위대한 가치가 되었다. 칼빈은 여기 몽때귀대학에서 1527년 말, 혹은 1528년 학기 초까지 공부하고 문학사학위를 받는다.

한편 몽때귀대학의 환경은 열악하였다. 음식의 빈약함과 그 불결함은 형언할 수 없을 정도였으며, 기생충까지 득실거렸다. 칼빈의 건강이 나빠진 것은 여기서 부터였다. 장소의 비위생적인 상태, 고행적 생활, 연구와 강의, 그리고 토론 등에서 오는 긴장감 등, 이 모든 것들은 이 허약한 체질의 소년의 희생을 요구했다. 그는 밤에는 침대에 누워서 그 날의 공부를 마음에 복습하면서 잠들었고, 다음날 아침에는 일찍이 일어나서 어젯밤과 꼭 같은 일을 반복하였다. 그의 성취욕은 보통사람으로서는 감히 상상할 수 없을 정도로 강하였다.

세네카(Seneca), 버질(Vergil) 그리고 키케로(Cicero) 등 고전연구 과목들은 특별히 칼빈의 관심을 끌었다. 철학과목을 들을 때는 논리학과 변증법에 몰두하였다. 그리고 교회 교부연구는 월등하였다. 그가 종교개혁자가 안되었으면, 토마스 주의자가 되었을 것이라는 말들을 하는 사람도 있다. 사실 그는 스코투스(Scotus), 보나벤튜라(Bonaventura) 그리고 토마스 아퀴나스(Thomas Aquinas) 등의 저술에도 정통하였다. 훗날 칼빈은 유럽에서 교회 교부연구에 가장 정통한 사람으로 인정되었다. 그의 신학사상이 발전되었을 때, 그는 자주 그들을 인용하였으며, 특별히 어거스틴을 많이 인용하였다.

사람들은 일반적으로 칼빈을 엄격하고 매정한 사람으로 생각하는 경향이 있다. 물론 아무도 그가 엄격하다는 것을 부인하는 사람은 없다. 그의 동료 학생들은 자신들의 결점, 특별히 자신들의 무질서한 생활에 대한 칼빈의 태도 때문에, 그를 '대격'(the accusative case)이라고 불렀다고 한다. 그러나 칼빈은 그처럼 엄격하고 까다로운 학생만은 아니었다. 그는 오히려 호의적이며 애착심을 가지고 친구들과 어울리면서 어떻게 자신을 즐기며, 어떻게 웃어야 하는가를 잘 알고 있는 학생이었다. 그에게는 사람을 끌어당기고 붙잡아주는 인격적 매력이 있었다.

칼빈의 생애에 특별한 세 친구가 있었는데, 그들은 몽모르가의 사람들, 즉 이브(Yves), 요아셍(Joachim), 그리고 끌로드(Claude) 등이다. 칼빈은 빠리에서 이 소년기 친구들 외에 왕의 주치의이며 의과대학의 저명한 교수 기욤 콥(Guillaume Cop)의 가정과 친밀한 관계를 갖게 되었다. 자유주의와 인문주의의 도시 바젤의 스위스 사람 콥은 에라스무스와 뢰쉬랭(Reuchlin)과의 우정을 즐겼으며, 그의 직업에서도 명망이 높았을 뿐 아니라 문학에도 상당한 관심을 가지고 있었다. 콥의 네 아들 중 첫 두 아들은 아마 나이 차이 때문에 칼빈과는 가까워질 수 없었지만, 셋째 아들 니콜라 콥(Nicolas Cop)과는 아주 친밀한 우정 관계가 맺어졌다. 칼빈보다 네 살 연상이며, 1530년 이 대학교의 성 바르브대학(College Sainte-Barbe)에서 철학교수의 직위를 얻은 훌륭한 학자인 니콜라 콥은 자신의 학문적 생애의 위기에 칼빈과 친밀한 교제를 하게 된 것이다. 칼빈은 기욤 콥의 넷째 아들 미셸(Michel)과도 니콜라처럼 가까이 지냈는데, 이 친구는 훗날 칼빈을 따라 제네바로 가서 개혁파 교회의 목사가 되었다. 칼빈의 빠리 학생시절 한층 더 가까이 지낸 사람이 있는데, 그는 삐에르 로베르 올리베땅(Pierre Robert Olivetan)이었다. 그는 노와용 출신이면서 제라르 꼬뱅과 같이 교회법정의 사무변호사의 아들이며, 칼빈의 사촌 형이기도 하였다. 그는 칼빈의 생각을 복음주의적으로 돌리는데 도움을 준 중요한 인물이며, 1535년에 성경을 프랑스어로 번역하기도 하였다. 그와 칼빈과의 대화는 대부분 앞으로 개신교를 어떻게 지도해 나아갈 것인가 하는 문제에 많은 시간을 보냈다. 올리베땅은 후에 보두와 알프(Vaudois Alps)에서 영웅적인 선교사가 되었다.

칼빈이 대학생활을 시작하기 전에 벌써 빠리에서 종교개혁의 불씨를 짚힌 사람이 있는데, 그는 르 페브르(Le Fèvre)이다. 두메르그(Doumergue)가 말한 대로, 르 페브르의 수많은 학구적인 저술들은 뢰쉬랭(Reuchlin)이나 에라스무스의 사상과 동일한 것이었다. 1507년 르 페브르는 쌩 제르맹 드 프레(Saint-Germain de Près)에 와서 1520년까지 거기서 가르치며 저술활동을 하였다. 1512년 그는 라틴어로 된 바울 서신 주석을 출간한 바 있다. 두메르그는 "이 책은 어떤 의미에서 개신교 최초의 책이라고 말할 수 있다"고 하였다. 그는 이 책에서 하나님의 말씀의 최고 권위를 강조하면서 "우리는 하늘나라에서 비추는 그 빛에 근거하지 않은 인간의 교훈이나 교의는 어떤 것도 따라서는 안된다"고 하였다. 그는 역시 이신칭의(以信稱義)의 교리를 아주 명백하게 주장하고 있다. 그는 성례의 마술적 효능을 부정하고, 사제(司祭)의 독신생활과 라틴어 의식서를 공격하였으며 또한 미사제도를 반대하였다. 그러나 성자(聖者)에 대한 기도와 연옥교리를 그는 그대로 유지하고 있었다.

르 페브르는 성경전권을 프랑스어로 번역한 최초의 사람이었다. 그는 1523년에는 신약전권을, 그리고 1528년에는 구약전권을 번역 출판하였다. 그러나 이때는 벌써 1491년에 앙게르(Angers)의 감독이었던 렐리(Rely)의 성경번역이 있었는데, 이 번역에는 많은 부분이 요약되거나 추가되거나 또는 해석된 것들이 있었다. 그러나 르 페브르는 이 번역판을 매우 유익하게 사용하였다.

1525년 르 페브르는 모(Meaux)로부터 스트라스브르에 피신하였다. 같은 해 빠리에는 교황의 명령으로 종교재판소가 설치되었으며, 이 재판소가 맨 처음 한 일은 번역성경을 불태워 버린 일이었다. 1526년에는 소위 "이단자들"이 빠리와 프랑스 다른 곳에서 화형에 처해지는 일이 있었다.

Ⅲ

1527년 18세 때 칼빈은 성 마르땡 드 마르뛰이으(St. Martin-de-Martville)의 성직록을 받는데, 2년 후인 1529년에는 이것이 뽕 레베끄(Pont-l' Eveque)의 성직록으로 대체되었다. 이 때문에 수입이 늘어나서 추가된 학비부담을 덜 수가 있었다. 이 일에 그의 아버지의 영향력이 컸지만, 이때 칼빈의 아버지는 그 당시 참사회와 불편한 관계에 있었다. 이것은 아들을 법학 공부로 전환시키려는 그의 결심과 관계가 있었다. 아들의 뛰어난 재능의 가능성을 알고 있었던 그로서는 어떠한 경우에서도 할 수 있는데 까지 아들을 도와서 아들이 성공하게 되기를 원했다. 칼빈 자신에 의하면, 아버지가 자기에 대한 계획을 바꾼 것은 법률가의 생활이 일반적으로 보다 윤택하기 때문이었다. 그래서 제라르 꼬뱅은 아들의 몽때귀대학에서의 신학공부를 중단시키고 오를레앙대학교(University of Orléans)로 보내 법학공부를 하게 하였던 것이다. 칼빈이 몽때귀대학을 떠나는 바로 그 때(1528

년), 예수회파의 창설자인 이그나티우스 로욜라(Ignatius Loyola)가 이 학교에 입학하였다. 칼빈의 나이는 18세였고 로욜라는 36세였다. 그들이 과거에 서로 만난 일이 있었는지는 알려지지 않는다.

칼빈은 어릴 때부터 신학을 공부하여 사제(司祭)가 되게 하는 것이 아버지 꼬뱅의 꿈이었다. 그래서 칼빈은 지금까지 신학을 위한 준비과정인 교양과정을 끝내고, 상급학부에 입학하여 신학공부를 본격적으로 하기로 되어 있었다. 그러나 칼빈이 교양과정을 마치고 학사학위를 받게 되자 그의 아버지는 마음의 변화를 일으켜 아들을 오를레앙대학교에 보내 법학을 공부하게 했다. 그렇게 된 동기는, 앞에서도 언급했지만 칼빈에 의하면, 아버지가 자기에 대한 계획을 바꾼 것은 법률가의 생활이 일반적으로 보다 윤택하기 때문이라고 하였다.

칼빈도 빠리를 떠나 오를레앙(Orleans)으로 가는 것이 싫지 않았다. 그의 연구, 명상, 그리고 특별히 올리베땅과의 개혁사상에 대한 대화는 그로 하여금 로마 교회를 버리게 했다. 그가 빠리를 떠날 때에는 아직 결정적으로 개혁신앙을 가진 것은 아니었으나, 지금은 충분히 개혁신앙으로 가는 도중에 있었다. 그리고 오를레앙에서 그 변화는 완성되었다. 루아르 강 오른편 강변에 자리 잡은 이 도시는 빠리 남서쪽 약 70마일 지점에 있는데, 칼빈이 공부하러 갔을 때는 1500년이 된 고도(古都)였다. 이 대학은 200년의 역사를 자랑하는 유명한 학교로, 계몽적이고 진보적이었으며, 평판이 좋은 학교로 소문나 있었다. 교수들 중에는 당시에 가장 저명한 학자들이 있었는데, 에라스무스(Erasmus)는 라틴어를, 알레앙데르(Aleander)는 헬라어를, 그리고 뢰쉬랭(Reuchlin)은 히브리어를 가르치고 있었다.

오를레앙대학교로 전학하게 됨으로 칼빈은 전혀 새로운 세계를 접하게 된다. 몽때귀대학에서와 같이 몸과 정신과 영혼에 가해지는 엄격한 제한이 없어진 것이다. 몽때귀대학의 숨 막힐 듯한 분위기에서 해방되어 빠리에서 온 이 젊은 학생은 흥분할 수밖에 없었다. 그리고 이 대학에는 하나의 학부, 즉 법학부만이 있었는데, 그렇다고 해서 순수하게 세속적인 학교라고 말할 수는 없다. 교수들 중에는 여러 명의 성직자가 있었고, 장차 사제의 꿈을 품은 학생들도 있었다. 칼빈은 이제 16세기에 흔히 볼 수 있었던 직업의 하나인 정식법률가가 되기 위한 길에 들어서게 된 것이다.

칼빈은 1527년 가을, 오를레앙대학교에서 삐에르 드 레뚜알(Pierre de L'etoile)교수의 지도를 받으며 법학공부를 시작했다. 그 교수는 당시 프랑스의 저명한 법학자로 인정받고 있었다. 그의 모든 친구들은, 칼빈이 법학 수업에 놀라운 발전을 보여주었다는 것과, 그리고 그가 만일 이 직업에 종사하였더라면 프랑스 사회에서 훨씬 더 출세할 수 있었을 것이라고 하였다. 칼빈은 가끔 교수들을 대신해서 상당기간 정규과목을 강의했을 뿐만 아니라, 대리강사로도 활동했다.

칼빈이 레뚜알(L'Etoile)교수에게서 로마법대전, 즉 유스티니안 법전(Justinian Code)의 어떤 원리를 배웠다는 것이 흥미있는 일이다. 이 법전은 교회에 방해가 되는 사람을 법률로 벌하는 것은 옳고 정당하다고 규정하고 있다. 칼빈은 이 오를레앙에서 보낸 대부분의 시간을 빗물처리문제, 도로사용, 토지와 건물 따위의 차용문제, 거래와 소유권문제, 결혼과 이혼, 상속문제 등 인간사에 갈등을 일으키는 수많은 문제들과 그 문제들에 대한 로마와 중세 법률가들의 판결문들을 연구하는데 사용했을 것으로 안다. 이 모든 것은 훗날 그의 삶에 크게 유익하게 사용되었다. 한편 그의 친구들이 개인적인 문제, 또는 가정문제가 생겼을 때 그에게 도움을 청한 것을 보면, 그는 젊었을 때부터 민첩하고 실천적인 성향의 소유자라는 것을 알 수 있다.

칼빈은 1531년 2월 14일, 오를레앙대학교에서 법학사 학위를 취득한다. 이 대학을 떠날 때 칼빈은 교수회의 만장일치로 수수료 없이 박사학위를 수여하겠다는 제의를 받았지만 그는 이를 정중히 거절했다. 그는 당시 대륙의 대학들과 학자들에게 제안된 헨리 8세의 이혼문제에 대하여 질문을 받았다. 이에 대하여 그는 동생의 아내와 결혼하는 것은 불법이라는 자기 견해를 진술하였다. 법률학 연구는 칼빈의 판단력을 예리하게 하였고, 인간성에 관한 지식의 폭을 넓게 만들었다. 그리고 제네바교회를 조직하고 관리하는데도 매우 큰 실제적인 유익을 안겨다 주었다.

칼빈의 친지들과의 관계는 다양했다. 그 중에는 젊은 교수 뒤슈맹(Duchemin)이 있었는데, 그는 한 때 칼빈이 머물렀던 학생 기숙사의 관리를 맡고 있던 훌륭한 학자였다. 역시 학교 친구 후랑수와 다니엘(François Daniel)은 칼빈의 가장 가까운 친구로 지냈다. 그들은 1529-1536년 사이에 규칙적인 서신을 계속 교환하였다. 그 중 아홉 편의 편지는 오늘날까지 우리에게 전해지고 있다. 칼빈의 첫 번째 편지는 1528년 5월 아버지의 병으로 노와용을 방문했을 때 거기서 기록된 것이었다. 그 편지의 논조는 따뜻한 우정을 나타내고 있으며, 더욱이 칼빈이 냉정하고 쌀쌀한 성격의 소유자라는 모든 생각을 털어버리게 하는 그런 편지였다. 그리고 우리는 레스뜨왈(L´Estoile)이 프로테스탄트의 고약한 원수임에도 불구하고 칼빈이 그를 항상 존경한 것으로 알고 있다.

오를레앙대학생들은 테니스를 잘 치는 것으로 소문나 있었다. 그러나 칼빈은 이에 참여하지 않고 자기 방에 틀어 박혀서 공부에 열중했으며, 때때로 친한 친구들과 함께 이야기를 나누며 여유 있는 시간을 즐기곤 했다. 칼빈의 생활습관을 베자는 우리에게 알려준다. 칼빈은 저녁밥을 적게 먹고, 자주 밤늦게까지 공부하였다. 아침에 일어나서는 얼마동안 침대에 누워서 어제 밤의 공부를 묵상하며 되새겼다고 한다. 그는 과도한 공부로 건강이 나빠지고 위장병으로 일생동안 고생했다.

칼빈은 1529년 초 부르제대학(Bourges)에 입학하여 앤드류 알시아(Andrew Alciat)라는 교수 밑에서 법학 공부를 시작하게 된다. 당시의 가장 위대한 법률학자는 삐에르 데스뚜알(Pierre d' Estoile)과 알시아(Andrew Alciat)였다. 전자는 오를레앙대학의 교수로, 보수적이며 훗날 빠리의회의 의장이 되었고, 후자는 부르제 대학의 교수로, 진보적이며 볼로그나(Bologna)와 파뒤아(Padua)에서 학자의 생활을 계속하였다. 알시아는 16세기 법학 발전사에 있어서 가장 중요한 인물이었다. 그는 본문비평을 통해서 문서들을 언어적이며 역사적으로 해석하려고 한 위대한 인문주의 법학자였다. 또한 그 당시의 문제점을 해결하기 위해 로마법대전을 연구하는 실천적인 법학자이기도 하였다. 알시아는 삐에르 데스뚜알 보다는 훨씬 뛰어난 법학자였으나, 칼빈 자신은 후자 편에 서서 칭찬할 것은 칭찬하면서 알시아에 대해서는 비판적이었다. 그리고 알시아를 반박하는 친구 뒤쉐맹의 반박변증서(Amtapologia)의 서문을 쓰기도 했다. 칼빈은 이처럼 유럽의 두 법률학자의 밑에서 훈련을 받은 것이다.

칼빈이 알시아 교수로부터 법학을 배우며 부르제대학에서 보낸 18개월 동안의 학창생활은 그의 생애에 있어서 가볍게 넘길 수 없는 중요한 시기였다. 그의 법학훈련은 그의 타고난 논리적 성격을 예리하게 하고 정리해 주었다. 훗날 제네바에서 칼빈은 제네바 시 행정관과 거래할 때 법률문제에 대하여 동등하게 말할 수 있었다. 더욱이 개혁파 교회의 정치형태를 형성할 때에도 뛰어난 법률지식을 전문가답게 다룬 솜씨는 세계의 위대한 신학자들 중의 한 사람 같았다.

칼빈은 부르제대학에서 또 다른 교수 한 사람을 만나 그의 학문준비에 크게 도움을 받게 된다. 그는 독일계 스위스 태생의 멜쉬어 볼마르(Melchior Wolmar)교수로, 칼빈에게 헬라어를 가르쳤다. 그는 르페브르(Lefèvre)의 제자로 오를레앙대학과 부르제대학에서 계속 가르치다가 훗날 박해로 튜빙겐(Tübingen)대학에 피신하여 거기서 교수하다가 1561년 세상을 떠났다. 볼마르는 단순히 원어교수일 뿐만 아니라, 복음주의 사역에서도 칼빈을 도왔다. 그는 루터의 종교개혁을 공공연히 동정하고, 그의 제자들에게 이 방향으로 가도록 영향력을 행사하였다. 칼빈은 볼마르 교수와 매우 친밀한 관계를 맺고 있었기 때문에, 당시 전 유럽을 흔들고 있던 종교문제에 대하여 그와 더불어 많은 토론을 가졌다. 이때 칼빈은 개혁주의 사상에 완전히 정복되었으며, 오를레앙과 부르제에서는 설교도 하였다. 훗날 그는 순수한 교리를 사모하는 사람들이 자기를 찾아와서 배우기를 원하는 것을 보고 놀랐다고 말하기도 하였다. 칼빈은 지도자의 자리를 갈망하는 그런 성격의 소유자는 아니었으나, 사람들은 그를 그냥 놔두질 않았다. 이 부르제대학에서 칼빈은 훗날 제네바에서 그의 대리자요 프랑스 교회의 대표자요, 또한 제네바 교회의 계승자가 된 베자(Theodore Bezʒa)를 만나게 된다. 볼마르 교수의 지도를 받고 있던 베자는 그에 대하여 가장 따뜻한 언어로 존경을 표하였다. 칼빈 역시 그의 섬김의 생애를 기억하면서 1546년에 출판된 고린도후서 주석을 그에게 헌정하므로 경의를 표하였다.

칼빈은 이처럼 알시아 밑에서는 법학을 배우는 한편, 볼마르 밑에서는 헬라어를 수업하였다. 모든 학문에서처럼 지금까지 한 번도 접해보지 못했던 언어인 헬라어 공부에서도 칼빈은 뛰어난 발전을 보여주었다. 후에 그는 빠리에 새로 세워진 프랑스대학(College of France)에서도 헬라어를 공부하였다.

칼빈은 대학 생활의 흥분과 낭비를 멀리하고, 뜻 맞는 친구들과의 우정의 여가를 자주 즐기곤 했다. 이 친구들 중에는 뒤쉐맹(Duchemin) 꼬낭(Connan), 그리고 다니엘(François Daniel)등 세 법학도가 있었는데, 그들은 종교개혁의 필요성을 느끼고 그 발전에 호의적이었으나, 로마 교회를 떠나지는 못하고 그대로 남아있었다. 그 때 칼빈이 쓴 편지들이 있는데 간결하고 요령이 있는 것들이었다. 이 편지들은 사랑의 질을 가지는 것을 보여 주지만, 그러나 로마 교회의 전통적 신앙을 반대하는 흔적은 보여주지 못하고 있다.

1529년 4월 빠리에서 한 사건이 발생했는데, 그것은 칼빈에게 깊은 인상을 심어 주었다. 베르갱(Louis de Berquin)이 이단자의 죄목으로 화형에 처해진 사건이다. 프랑스의 최초의 순교자는 모(Meaux)에 살고 있는 '양털 빗질하는 사람' 쟝 르 끌레그(John Le Clerg)인데, 그는 먼저 고향 모에서 추방당한 뒤 1525년 7월 멧츠(Metʒ)에서 사형당했다. 피까르디 출신인 베르갱은 친절하고 온순하며 학식이 있는 사람이었다. 그가 체포된 1523년과 처형된 1529년 사이에, 그는 두 번 석방되었으나 세 번째 투옥되었을 때는 솔본느(Sorbonne)가 그의 처형을 명령했다. 그에 대한 죄목은 루터의 저술을 프랑스어로 번역하고, 후에 에라스무스의 저술도 번역하였다는 것이다. 그를 주로 반대한 사람은 솔본느의 행정관 베다(Beda)였다. 그러나 나바르의 여왕 마그리뜨(Marguerite of Navarre)는 그의 주요한 옹호자였다. 왕과 함께 그녀의 영향으로 베르갱은 1523년 석방되었으나, 후에 후랜씨스가 마드리드에 잡혀있는 동안 사보이 가(家)의 루이(Louise)와 재무장관 뒤프라(Duprat)에 의해 체포되었다. 그리고 후랜씨스가 돌아오자 그는 두 번째로 석방되었으나, 1528년에 마지막으로 투옥되었다. 그리고 마그리뜨는 베르갱의 주장을 끝까지 옹호할 수가 없었다. 베르갱은 자신의 위험을 깨닫지 못한 것 같았다. 그는 에라스무스에게 쓴 편지에서, 로마 교회의 무지와 미신을 대항하여 싸워야 한다고 주장한 것이다. 에라스무스는 강하게 말렸지만 그는 고집하였다. 에라스무스는 학문적 논쟁에서 베다를 패배시킨 사람이었지만, 로마 교회와의 관계를 공적으로 단절하지는 못했다.

1529년 6월, 루이 12세의 딸 르네(Renée)공주와 훼라라(Ferrara)의 공작 에르뀔(Hercules)과의 결혼식이 엄숙하게 거행됐다. 그 행사가 준비 중에 있던 어느 날, 마리아와 어린 예수의 은제상(銀製像)이 어떤 종교적 열광주의자들에 의하여 파손되었다. 대 소동이 일어날 수밖에 없었다. 소위 그 악한 자를 체포하기 위해 막대한 보상금이 제시되었다. 한편 왕은 모자를 벗고 작은 촛불을 들고 행렬기도에 참여하였다. 말할 것도 없이 이 사건은 베르갱의 종말을 촉진시켰다. 당시 프랑스의 분위기는 개혁을 절대 반대하는 추세로 나아가고 있었다. 마그리뜨는 형식상 개혁을 후원했을 뿐, 로마 교회를 떠나려는 확고한 개인적 의지가 있었던 것은 아니었다. 1521년에서 1523년까지는 잠시 변화의 추세가 있었는데, 르 페브르(Le févre)는 궁중에서, 그리고 브리소네(Briçonnet)는 모(Meaux)에서 그 변화를 후원하였다. 그러나 이 모든 추세를 뒤엎는 무대가 설치되고 있었다. 칼빈까지도 그것을 극복할 수가 없었다. 베르갱의 사형집행은 그 시대를 가리키는 신호였다.

칼빈은 1531년 3월 초에 빠리에 나타난다. 그는 자신의 저서를 출판해 줄 출판업자를 찾아볼 뿐 아니라 빠리대학에서 공부를 더 계속할 수 있는지를 알아보기 위해서였다. 오를레앙으로 돌아가려는 계획은 아버지가 위독하다는 소식을 듣고 즉시 노와용으로 가는 바람에 취소되었다. 칠순이 넘은 아버지는 부인(칼빈의 계모)과 두 딸(이복 여동생)과 함께 노와용에서 살고 있었다. 물론 맏형 샤를르

(Charles)도 노와용에서 살고 있었다. 그러나 아버지는 계속해서 성당 참사숙회와 마찰을 일으키다가 마침내는 파문을 당했고, 이 상태에서 그는 1531년 5월 26일 세상을 떠났다. 교회 당국자는 그를 교회 묘지에 안장하는 것을 거절했다. 장남 샤를르가 이 문제를 해결하려고 노력하였으나 반대에 부딪혀 결국 교회의식에 따라 장례식이 치루어졌다. 칼빈은 22세가 되면서, 이제는 미래 자신의 직업에 대하여 심사숙고할 때가 되었다. 그는 6월 중순경 많은 친구들의 환대를 받으며 빠리로 돌아왔다. 그는 학위에 요구되는 과정을 다 마쳤기 때문에, 이제는 더 이상 법학 연구의 책임감을 느끼지 않아도 되었다. 그의 관심은 문학이며 그의 모델은 에라스무스의 인문주의였다. 1530년 후랜씨스 왕이 프랑스대학(College de France)을 새로 세웠는데, 이 대학은 교회가 지배하지 못하는 최초의 교육기관이었다. 칼빈은 이 대학에서 뻬에르 당네(Pierre Danes) 밑에서 헬라어를 계속 공부하려고 신청했다. 그러나 갑자기 흑사병이 발생하여 헬라어 공부가 중단되고, 할 수없이 이웃 도시 솨이요(Chaillot)로 피신하고 말았다. 당네는 당시 명성이 높은 그리스문화 학자이며 백과사전 학자로, 이미 많은 사람에게서 스승을 능가하는 학자라는 평가를 받고 있었다. 그리고 1532년 1월 중순까지 칼빈의 향방에 대해서 우리는 아는 바가 전혀 없다.

IV

칼빈은 1529년, 혹은 1530년 초 회심을 체험한다. 그는 자신의 회심을 '갑작스러운 회심'이라고 그의 시편주석 서문에서 밝히고 있다. 그리고 칼빈은 다윗의 인생 행로와 자신의 인생 행로 사이에는 어떤 공통점이 있다는 것을 지적하기도 하였다. "마치 하나님께서 다윗을 양의 우리에서 이끌어내어 왕의 자리에까지 올리셨던 것처럼, 본래 낮고 천한 신분에 처한 나를 이끌어내어 복음의 선포자요 사역자의 영광스러운 직책을 맡기시므로 나를 가치있게 만들어 주셨다. 내가 아주 어렸을 때 부친은 나에게 신학을 공부시키려고 작정했었다. 그런데 후에 부친은 법률 직업에 종사하는 사람들이 대체로 부요하게 산다는 생각을 하게 되었고, 이러한 기대가 그로 하여금 갑작스럽게 처음 목적을 변경하도록 유도하고 말았다. 이렇게 해서 나는 신학을 위한 철학공부를 집어치우고 법학을 공부하게 되었다. 나는 아버지의 뜻에 복종하기 위해 법학 공부에 내 자신을 충실하게 적응시키느라 무척 애를 썼다. 그러나 하나님은 섭리의 신비로운 인도로써 드디어 나의 인생행로를 다른 방향으로 바꾸어 놓으셨다. 처음에 나는 너무도 고질적으로 교황주의의 미신에 빠져 있어서 그 진흙탕의 깊은 수렁에서 쉽게 벗어날 수가 없었기 때문에, 하나님은 갑작스러운 회심으로 나의 마음을 복종시키셨고 온순한 성격이 되게 하셨다. 이렇게 해서 참 경건에 대한 맛과 지식을 얻은 후 나는 이내 그 속에서 정진하고자 하는 강렬한 갈망으로 불붙게 되었다. 비록 내가 한꺼번에 다른 공부들을 그만 두지는 않았지만 전보다는 그것들을 덜 추구하였다."

칼빈은 자신의 회심을 이처럼 '갑작스러운 사건'으로 말하지만, 사실은 바울의 경우에서와 같이 이전 준비가 없었던 것은 아니었다. 칼빈은 불신자도 아니고 부도덕한 청년도 아니었다. 오히려 그는 깨끗한 성격의 헌신적인 로마 교회의 신자였다. 그러므로 그의 회심은 로마주의로부터 프로테스탄트로의 전환이었다. 교황주의 미신으로부터 복음주의 신앙으로의 방향 전환이었다. 스콜라 철학의 전통주의로부터 성경의 단순한 신앙에로의 변화였던 것이다. "하나님 자신이 그 변화를 만드셨다. 그분은 삽시간에 나의 마음을 복종케 하셨다"고 칼빈은 말한다. 하나님의 말씀에 대한 그의 지성의 절대적 순종이며, 하나님의 의지에 대한 그의 의지의 온전한 순종이었다. 이것은 칼빈의 종교의 핵심이었다. 하늘로부터 내려오는 밝은 빛과 같은 진리가 강력한 세력으로 그의 마음을 엄습하자 그는 하늘의 음성에 순종하는 것밖에는 아무것도 할 수 없었던 것이다.

칼빈은 회심의 결과로 다른 여러 권위들에 대해 제멋대로 복종하던 그의 마음이 이제는 하나님의 권위만을 유일한 권위로 받아들이게 되었다. 다윗처럼 칼빈도 깊은 곳, 즉 기가 막힐 웅덩이와 수렁에서 끌어올림을 받아 경건의 첫 맛을 보게 되었고, 하나님을 자신의 아버지로 사랑하고 경외하기 시작했다. 그리고 하나님을 아는 지식과 사랑 안에서 장성해 나아가려는 열망에 불이 붙기 시작했다.

칼빈은 자신의 의사나 노력 없이 회심 후 일 년도 못되어 복음주의 진영의 지도자가 되었다. 구도자(求道者)들은 사방에서 그를 찾아왔다. 그들을 피할 수가 없었다. 조용한 은신처마다 공립학교처럼 변했다. 그는 기도모임에서 소심한 형제들을 위로하고 강해지도록 격려하였다. 그는 자신의 모든 지식을 과시하지 않았으나, 지식의 깊이와 말의 진지함을 보여주었기 때문에 아무도 강한 감동 없이는 그의 말을 경청할 수가 없었다. 그는 바울의 말로 훈계를 시작

하고 끝을 맺었다. "만일 하나님이 우리를 위하시면 누가 우리를 대적하리요"(롬 8:31)

칼빈은 당시에는 로마 교회에 그대로 머물러 있었다. 그의 목적은 사정이 떠나지 않으면 안 될 때까지는 밖에서보다는 안에서 교회를 개혁하려는 것이었다. 종교개혁은 그때 퍼져가고 있었다. 교육받은 지식인들은 그 영향을 피할 수가 없었다. 르페브르(Lefêvre)가 심은 씨앗은 프랑스에서 싹이 트고 있었고, 독일과 스위스의 영향은 점점 더해가고 있었다. 성직자들은 그 새 사상을 배척했으나, 지식인들은 오히려 그 사상에 호의를 보여주고 있었다. 왕실도 나뉘어졌다. 즉 후랜씨스 1세는 개신교도를 핍박했으나, 그의 여동생 나바르(Navarre)의 여왕 마그리뜨(Marguerite)는 그들을 보호하였다. 칼빈과 같이 성숙하고 학문에 열중하는 젊은 학자가 오를레앙과 부르제와 빠리대학들을 흔들어 놓은 그 종교문제에 대해 어떻게 무관심할 수가 있었겠는가?

칼빈의 회심의 정확한 시간과, 장소, 그리고 환경에 대하여는 알려지지 않고 있다. 그는 자기를 나타내는 일에 대하여는 입을 굳게 다물고 있다. 칼빈의 전기학자 중에는, 칼빈이 부르제대학에 있을 때 설교를 한 것으로 보아 1529년이나 1530년 초에 그의 회심이 있었을 것이라고 주장하는 사람이 있다. 어떤 학자는 칼빈이 1532년 후반에 오를레앙이나 빠리에서 회심했을 것으로 보기도 하였다. 그 근거는, 칼빈이 1533년 후랑슈아 다니엘에게 처음으로 종교개혁과 솔본느의 분노, 나바르의 여왕을 반대하는 풍자적인 코메디에 대해서 언급했다는 것, 같은 해 11월에 솔본느대학을 공개적으로 공격했다는 것,

그리고 9월 4일(아마 1534년) 노와용에서 스트라스부르에 있는 부처에게 편지를 써서, 한 프랑스 피난민이 재세례 파로 거짓 고발당하고 있으니 그를 구출해 달라고 부탁했다는 것 등을 들고 있다.

1531년 후반기부터 1532년 초까지 빠리에 머물고 있는 동안 칼빈은 당네(Pierre Danes) 밑에서 헬라어와 히브리어를 공부하면서, 새 신앙모임을 인도하였다. 새 회심자(回心者)들은 공공장소에서 모일 수가 없어서 후에 복음의 열심 때문에 순교한 상인(商人) 라 훠르즈(Etienne de La Forge)의 개인집에서 모이곤 했다. 칼빈은 훗날 자유파 사람들(Libertines)을 반대하여 집필한 한 논문에서 라 훠르즈에게 존경을 표한바 있다. 이 여러 해 동안 젊은 칼빈은 자연스럽게 지도자가 되었다. 그가 말하기를, 자신의 회심은 갑자기 되었지만, 그것은 자신의 연구와 명상에서 확실해졌다고 하였다. 지금 그의 지도력이 발견된 것이다.

칼빈은 회심 후, 예수 안에서 영원히 선택되었다고 하는 확신에 깊이 뿌리를 내리고 있었다. 이 선택의 감정이 흔들리는 어떠한 현상도 나타나지 않았다. 오히려 내적 평온의 의식이 점점 더 강해졌다. 이러한 확신은 자신이 하나님께 속해 있다는 신자의 감정에서 일어나는 것이다. 칼빈은 루터가 경험한 것들을 이미 많이 체험하였다. 양심의 평화를 얻기 위하여 루터는 로마 교회의 전 구조적 오류를 뒤집어엎어야만 했다. 그리고 이 일은 점진적으로 달성되어갔으며, 그래서 몸부림은 영원히 새로워졌다.

속죄권 교리(the doctrine of indulgence)의 비성경적 성격을 완전히 이해하기 위해 루터는 칭의 교리의 기초를 발견할 필요가 있었다.

이 교리가 발견되면 요점은 명백해지는 것이다. 이 첫 교리를 통해서 그는 역시 순례(Pilgrimages), 성자(聖者)에 대한 기도, 고해성사, 그리고 연옥설(purgatory)등의 헛됨을 입증할 수 있었다. 이 오류들에 대한 지식은 루터로 하여금 성직자를 공격할 수 있게 하였다. 그들의 부요한 생활, 독신 생활, 수도원과 수도서원(修道誓願)등의 악습들을 발견하였다. 그때부터 루터는 로마 교회 제도가 전적으로 아무것도 아니라는 것을 보여줄 수 있었다. 그는 다만 인간이 조작한 권위에 지나지 않는 교황의 무오성(無誤性)을 전복하고, 성경만이 신앙의 유일한 법칙으로 받아드려야 한다는 주장을 쉽게 입증할 수 있었다. 그러나 무수한 난관들이 확실성을 향해 나아가는 그의 진행을 가로막았는데, 그것은 그의 추종자들이 아우구스부르크 신앙고백(the confession of Augusburg)을 작성한 1530년에 그가 쓴 편지에서 알 수 있다. 그러나 그는 성경을 철저하게 읽으므로 매일 같이 더욱 더 확신을 가지게 되었다고 말한다. 길이 한 번 열리자 일은 더 쉽게 진행되었다.

한편 칼빈은 열정적으로 진리에 헌신했기 때문에, 바울처럼 그는 지체없이 수일 내에 그리스도로 말미암은 이신칭의(以信稱義)의 교리를 이해할 수 있었다. 그가 입은 갑옷은 매우 독특하다. 즉 그의 징표는 불타는 심장을 약속하는 손을 나타내고 있다. 그는 자신의 기본원리를 이렇게 표현하고 있다. 즉 "나는 모든 것을 주님께 바칩니다. 나를 위해서는 아무것도 보유하지 않겠습니다." 그리고 더 나아가서 그는 루터가 오래전에 정복한 그 무거운 장애물, 즉 스콜라 철학과 싸우지 않았다. 건전한 지성과 고대에 대한 연구는 그로 하여금 즉시 바른 길로 들어가는데 도움을 주었다. 그는 거짓 철학에 대하여는 많이 불평하지 않았으나, 사색의 거만에 대하여는 대체로 반대하였다.

그러나 칼빈과 루터는 본래 종교개혁자가 되려고 하지 않았다고 말할 수 있다. 두 사람은 오직 성령의 역사에 의해서 개혁자가 된 것이다. 한 사람은 매우 수줍어하고 허약하였으며, 그의 마음속에는 은둔생활을 하려는 뜻이 있었다. 그리고 루터는 낙심을 잘 하고 우울한 사람이었다. 그러므로 교회의 개혁이 이런 사람들에 의해서, 즉 하나는 허약하고 다른 하나는 우울한 그런 사람들에 의해 수행되었다고 생각할 때 이 세상이 어찌 놀라지 않을 수 있겠는가!

성령의 권능은 칼빈 안에서 신속하게, 그리고 최종적인 승리를 거두었다. 그는 더 이상 아버지의 계획에 의해서 방해를 받지 않았다. 현재 그는 빠리에 머물고 있는데, 복음주의자들은 거기에서 조용히 모임을 갖고 있었다. 그는 자신을 정복하였다고 생각하였으며, 지난날의 연구를 내던지고 복음전파에 자신을 전적으로 내주었다. 칼빈은 모든 집회에서 매우 힘 있게 설교하고, 마지막에는 위에서 언급한 대로 다음과 같은 말로 끝을 맺었다. "하나님이 우리를 위하시면 누가 감히 우리를 대적하겠는가?" 이 말은 그의 신앙의 힘이 얼마나 강해졌는가를 보여주기에 충분하다.

V

1532년 4월 칼빈은 23세에 그의 최초의 저술을 대중 앞에 내놓았다. 그는 이 책을 자비로 출판하였으며, 자신의 문학적 기호와 교양을 충분히 증명하였다. 그는 세네카(Sencea)의 관용론 주석(de clementia)을 출판한 것이다. 칼빈은 이미 1515년과 1529년 두 번에 걸쳐서 세네카의 작품을 출판한 에라스무스(Erasmus)에게 한 권을 증정하고, 그를 "문학세계의 명예요 기쁨"이라고 예찬하였다. 그는 이 책을 또한 어릴 때 친구들 중의 한 사람이며, 당시 노와용에 있는 성 엘르와(St Eloi) 수도원의 원장인 몽모르가의 끌로드(Claude)에게도 증정하였다. 칼빈은 1530년 이전부터, 그러니까 부르제대학 학생 때, 이 책을 쓰기 시작한 것 같다. 이 책은 고전철학과 도덕철학계에 감동을 주었으며, 스토아철학의 형식에 대한 특유한 애정, 그리스와 로마문학에 대한 대단한 친밀감, 정통한 라틴어 말투, 보기 드문 해석의 기교, 명쾌하고 건전한 판단, 그리고 전제정치의 악과 법정의 결함에 대한 예리한 통찰력 등을 보여주고 있다. 그러나 기독교에 대하여는 한마디의 언급도 찾아볼 수 없다. 이 책에서 성경은 단 세 번만 인용되었는데, 그것도 상대적으로 우발적인 방법으로 인용되었다. 칼빈은 『라틴어 번역 성경』(the Vulgate)만을 알고 있었다. 그러나 위대한 고전학자들처럼 성경이 그 젊은 세네카의 관용론 주석가에게 매력적인 것이 아니었다고 말하더라도 그것은 부당한 주장은 아니다. 분명히 당시의 뜨거운 종교적 논쟁까지 추적할 수 있는 흔적은 없다. 주목할 만한 것은, 이 책이 어떤 이교도학자에게 보다는 사도 바울에게 더 접근하고 있는 도덕 철학자를 해석하고 있다는 점이다.

이 책은 물론 인문주의자의 저술이지 변증학자나 개혁자의 작품은 아니다. 이 책 속에는 핍박받는 신교도를 위하여 관용이나 자비를 호소하기 위하여 의도된 증거가 없다. 물론 이 책은 프랑스 왕에게 쓴 글도 아니었다.

칼빈의 이 주석은 4절판의 156쪽으로 되어있는 책이었다. 이 책은 어릴 적 친구요 같이 공부한 몽모르가의 끌로드에게 드리는 헌정사로부터 시작하여, 저명한 작가들로부터 수집한 세네카의 짧은 생애, 그리고 각각 제목이 붙은 세네카의 논문들로 되어있으며, 인용된 문장에는 각주가 첨부되어 있었다. 이 주석은 설명적이며, 역사적 비평적이고 해석학적이었으나, 주로 언어학적이고 철학적이었으며, 그리고 그 로마철학자의 언어용법을 계속 인용하면서 설명하고 있다.

이 관용론 주석에서 칼빈은 56명의 라틴계 학자와 22명의 헬라계 학자, 7명의 교회 교부, 그리고 당시의 인문주의자들을 인용하였다. 칼빈은 많은 책에서 많은 참조문들을 인용했는데, 예를 들면 33편의 연설문, 논문들, 그리고 키케로의 편지, 혹은 테렌스(Terence)의 희곡 등이다. 이것은 칼빈의 독서량이 얼마나 광범위했던가를 말해주고 있으며, 23세의 청년으로서는 놀랍도록 자랑스러운 일이다.

이 책은 비범하게 투명하고 빛나는 라틴문체로 씌어지고, 명쾌한 표현과 설득력있는 힘찬 논증에다 상당한 법률가적 의식을 갖고 저술되어 칼빈 당시의 사람들을 놀라게 했다. 분명히 오를레앙과 부르제대학에서의 오랜 연구는 이 책에서 풍성한 열매를 맺게 하였으며, 이 젊은 인문주의자의 박식을 충분히 보여주었다. 이 책은 역시 칼빈의 판단의 성숙성과 균형 면에 있어서도 매우 뛰어난 책이었다.

이 책 전편에 흐르는 특징은 칼빈의 높은 도덕적 가치의식이며, 이것과 일치하지 않는 행동은 죄라는 개념이다. 칼빈이 세네카에게 호감을 가지게 된 것은 그가 도덕적 행동을 강조했기 때문이었다.

세네카가 인간생활에서 올바른 윤리적 원리의 중요성을 의식했기 때문에, 칼빈은 그에게 매력을 느끼게 된 것이다. 관용과 정의는 첫 번째 질서의 덕목들이라고 주장하면서, 그는 왕자나 행정관을 아무리 높인다하더라도 그가 통치하는 백성들의 적이 아니고 친구임을 보여주는 행동으로 자신을 증명할 때에만 비로소 그것이 타당성을 갖는다고 하였다. 칼빈은 그러나 세네카에게 공감하면서도 독자적으로 그 스토아 철학자를 예리하게 비판하기도 하였다. 그는 그 철학에서 인간의 일반적인 정서에 배치되는 무감각을 발견하였다. 슬픔의 감정을 품고, 느끼고, 반항하고, 위로를 받고, 눈물을 흘리는 것이 인간이라고 칼빈은 주장한다. 칼빈은 스토아 철학의 개인적 고립주의를 혐오하였다. 양심을 따른다고 해도 그 따름이 이웃의 명예와 안녕을 해치는 것이라면 그것은 옳은 것이 못된다고도 하였다.

친구 다니엘에게 보낸 편지에서 알게 되었지만, 칼빈은 자비로 이 책을 출판하고 그 비용이 보충되기를 원했다. 어떤 작가가 칼빈의 생애에 대하여 말한 대로, 이 최초의 저술은 한마디로 그의 발전을 예언하는 것 같았다.

제2장
방랑의 시기

다음 4년간은 칼빈에게는 방랑의 시기였다. 그는 빠리, 오를레앙 (Orleans), 노와용(Noyon), 앙굴렘(Angoulême), 네리끄(Nerac), 바젤, 훼라라(Ferrara), 그리고 제네바 등지를 전전하며 살았다. 그의 성경원어에 대한 지식도 착실히 발전하였으며, 그의 마음은 훗날 그의 이름을 떨치게 하는 교리체계를 형성하고 있었다.

I

마그리프(Marguerite)의 영향력은 여전히 강했다. 그녀가 1533년 사순절을 위하여 몇몇 설교자들을 임명한 것으로도 알 수 있다. 그 중 뛰어난 사람은 제라르 룻셀(Gerard Roussel)인데, 그는 개혁신앙에 투철한 사람이었으며, 칼빈의 친구이기도 하였다. 그는 르 페브르 (Le fevre)의 사랑하는 제자이며, 그 스승처럼 외적으로는 로마 교회와의 관계를 단절하지 않았으나, 그 중심에서는 완전히 떠나 있었다. 마그리프로부터 신비적 경건과 개혁의 인문주의적 개념으로 오랫동안 존경을 받아온 룻셀은 후랜씨스 1세가 빠리에 없는 동안 그 나바르의 여왕과 남편 나바르 왕에 의하여 1533년 사순절 설교자로 임명되었던 것이다. 그의 설교는 모두가 완고한 로마 교회 보수주의의 대표자들인 대학교 신학자들의 적개심을 폭발하게 하였다. 그러나 로마 교회의 주교였던 룻셀은 죽은 자들의 죄를 사하는 미사를 집전하였으며, 이것은 그리스도가 단번에 이루신 사역의 완전성을 훼손하는 것이었다. 칼빈은 룻셀의 이러한 행위를 맹렬히 공격하면서, 룻셀이 권력과 특권과 명예 때문에 주교자리를 원한다고 책망하였다. 칼빈이 보기에 룻셀은 그리스도를 팔고 못 박은 배신자요 반역자였다. 바로에게 남아있던지 모세를 따라가던지 둘 중의 하나를 선택해야 한다고 했다. 이런 일관성은 칼빈주의의 특징이다. 칼빈에게는 중간지대는 없었다. 그런데 룻셀은 1550년 성인축제를 비판하는 설교를 하다가 로마 교회 신자의 칼에 찔려 죽임을 당했다. 한편 마그리뜨는 모든 방면에서 행정관 베다(Beda)가 주도하는 솔본느의 요지부동한 반대를 받고 있었다. 그녀의 책 「죄 많은 영혼의 거울」(The Mirror of a Sinful Soul)이 빠리에서 금서목록에 오른 것은 당연한 일이었다.

같은 해 10월에 흥분할만한 한 사건이 일어났다. 그것은 시와 법정을 소란하게 하였으며, 여왕이라도 로마 교회 지도자들의 적개심에서 벗어날 수 없다는 사실을 알리는 사건이다. 보수주의자들이 마그리뜨를 풍자하는 연극을 나바르대학(Collège de Navarre)의 학생들을 시켜 공연하였던 것이다. 후랜씨스 왕은 이에 격분해서 그 범인들을 체포하고 베다를 그 도시에서 추방하였다. 당시 빠리대학교의 총장은 저명한 궁중의사 윌리암 콥(William Cop)의 아들이며 칼빈의 친구인 니콜라 콥(Nicolas Cop)이었는데, 그는 이 문제를 교양, 의학, 철학, 그리고 법학 등 4개 학부 교수회의에 내놓고 긴 연설을 통하여 여왕을 공격하는 자들을 신랄하게 정죄하였다. 칼빈은 이 사건의 전말을 친구 다니엘에게 보낸 편지에서 자세히 설명하였다.

그 후 11월 1일 만성절(All Saint's Day)에 콥은 마뚜랭스 교회 (Mathurins)에 모인 많은 군중 앞에서 총장취임연설을 하였다. 마태복음 5:2이하의 팔복을 내용으로 한 연설이었다. 베자(Beza)에 의하면, 콥은 칼빈에게 부탁하여 이 연설문을 작성케 하였다고 한다. 이 연설은 신약성경을 기초로 해서 작성된 종교개혁을 위한 간곡한 요청이었으며, 한편 복음을 전혀 모르는 당시의 스콜라주의 신학자들에 대한 대담한 공격이기도 하였다. 칼빈은 그들에 대하여 다음과 같이 말한다. "그들은 신앙과 하나님의 사랑, 죄의 사유와 은혜, 그리고 칭의에 대하여 아무것도 가르치지 않습니다. 만일 가르친다면 그들의 법과 궤변으로 그것들을 모두 왜곡하고 손상시킬 것입니다. 저는 지금 여러분에게 이 이단설과 악습들을 더 이상 용납하지 않기를 요청합니다." 이 설교원고의 첫 면이 제네바에서 발견되었으며 칼빈의 친필로 된 원고였다. 그리고 그 설교 전체는 그의 전집에 수록되어 있다. 그것은 철저하게 복음주의적이었으며, 이 때 벌써 칼빈이 얼마나 개신교도 적이었던가를 잘 보여주고 있다.

솔본느와 의회는 이 연설을 로마 교회에 대한 도전으로 간주하고 그것을 정죄하였다. 의회가 콥의 체포령을 내렸을 정도로 콥의 연설은 폭풍우를 일으켰다. 콥은 친구들의 권고에 따라 고향인 바젤로 도피했으며, 그의 머리에는 300 리브르(livre)의 현상금이 걸려 있었다. 많은 루터 파 신자들이 체포되고, 칼빈도 역시 몸을 피하였다. 경찰은 그를 체포하기 위해 휘르뗴대학(College Fortet)을 뒤졌으나 허

사였다. 마그리뜨 여왕이 그를 위하여 중재에 나서므로 체포진행이
중단되었다.

1534년 5월 칼빈은 노와용(Noyon)으로 가서 지금까지 받아오던 교
회의 성직록(聖職祿)을 거절했다. 그의 나이는 25세, 안수 받은 사제(司
祭)가 될 수 있는 나이였다. 그는 브리소네(Briconnet), 미셀 다랑드
(Michel d'Arande), 제라르 룻셀(Gérard Roussel), 그리고 뒤 띨레(Du
Tillet)등, 로마 카톨릭 교회와의 관계를 끊지 않고 복음주의 교리를
전파하기 위해 애쓴 그런 인문주의 고위성직자들처럼 될 수 없었을
까? 칼빈은 그렇게 하지 않았다. 칼빈은 이미 수년전에 로마 교회와
의 관계를 단절한 상태에 있었다. 그는 제신느(la Gésine) 예배당과
봉 레베끄(Pon-l 'Ewegue)교회에서 받아오던 그의 성직록을 공식적으
로 포기하므로 세상에 충분히 알려져 있었다. 이 포기가 이루어진
날은 5월 4일이었다. 5월 6일에는 참사회가 그의 형제 샤를르 꼬뱅
(Charles Cauvin)에 대하여 사법적 절차를 밟기 시작했다. 이것은 노와
용 참사회가 죤(John)과 샤를르(Charles)등 꼬뱅의 가족을 이단으로 본
증거가 아니었던가?

1534년 9월 칼빈은 노와용에서 스트라스브르의 부처(Martin
Bucer)에게 편지를 썼다. 이 편지는 복음주의자들의 전통적인 인사
말로 시작한다. 즉 "하나님의 자비와 그리스도의 승리로 말미암아
주님의 은혜와 평강이 당신과 함께 하시기를 빕니다". 칼빈은 부처
에게 부당하게 재세례 파의 혐의를 받고 있는 자기의 형제를 부탁
하였다. 역시 이 편지에서 칼빈은 노와용에는 이미 비밀리에 모이

는 소수의 복음주의적 공동체가 있다는 것을 보여주는 듯한 표현을 사용하고 있었다.

칼빈은 1533년과 1534년의 대부분을 마그리뜨 여왕의 고향 앙굴렘에서 그녀의 보호를 받으며 생활했다. 천부의 높은 재능을 부여받은 이 여인(1492-1549)은 후랜씨스 1세의 누이요 앙리 4세의 조모이며, 많은 시와 산문을 집필했다. 그녀는 경건과 자유주의, 이상주의와 관능주의를 묘하게 혼합하였다. 종교개혁과 문예부흥, 그리고 칼빈과 라벨레(Rabelais)를 다같이 후원하였다. 그러나 그녀는 순수하였으며, 종교적 명상과 헌신으로 하루를 시작하고 하루를 마감하곤 했다. 앞에서도 언급했지만, 그녀는 『죄많은 영혼의 거울』의 저자이기도 하다.

Ⅱ

1534년 이른 가을 칼빈은 앙굴렘의 친구 뒤 띨레(Du Tillet)를 방문한다. 그는 끌레(Claix)의 사제이며 경제적으로 부요하였다. 칼빈은 거기서 다시 네라끄(Nerac)로 가서 마그리뜨의 보호를 받으며 살고 있는 프랑스의 인문주의자요 개신교의 원로인 르 페브르(Le Fèvre)를 만난다. 그는 젊은 칼빈에게서 프랑스 교회의 미래를 볼 수 있었다. 르 페브르는 나이가 많아 1536년 101세의 고령으로 세상을 떠났지만, 그의 신사적인 성격과 학문적인 업적은 새 신앙에 공헌한 바 크다. 칼빈과 르 페브르의 만남에서 우리는 보다 온건한 개혁과 더 적극적이며 혁명적인 개혁이 나란히 서 있는 것을 발견한다. 칼빈은 핍박을 피한 것을 후회한다고 말한 이 노신사의 말을 결코 잊을 수 없었다.

르 페브르는 진리를 보고도 그것을 증거하지 못했다. 르 페브르의 마지막 순간까지 그와 함께 있었던 룻셀은 그를 안심시키기 위해 노력하였으나, "그의 육체는 땅에, 그의 영혼은 하나님께, 그리고 그의 재산은 가난한 사람에게" 남기고 평화스럽게 이 세상을 떠났다고 하였다. 많은 사람들은 그가 개신교도였다고 주장하고 있으나, 그는 분명히 개신교도가 아니었다고 말하는 사람들도 있다. 왜냐하면 르 페브르는 항상 로마 카톨릭 교회를 존경하는 마음으로 대하였으며, 미사에 헌신적으로 귀를 기울였기 때문이었다.

띨레의 집에는 3~4천권의 희귀도서를 소장하고 있는 훌륭한 서재가 구비되어 있었다. 칼빈은 마음에 드는 이곳에서 많은 시간을 연구와 저술에 몰두할 수 있었다. 그는 여기서 『기독교 강요』의 저술을 준비하고 2년 후에 바젤에서 출판하게 된다. 칼빈은 역시 올리베땅(Olivetan)을 도와 프랑스어 성경번역을 수정하고 완성하여 칼빈 자신이 서문을 써서 1535년 6월 뇌샤뗄(Neufchâtel)에서 출판한다. 띨레는 개혁신앙에 강하게 기울어져 있었으나 로마 교회와의 인연을 끊지는 못했다. 뒤슈민, 다니엘, 그리고 띨레 등 이 세 친구는 다같이 새 신앙에 마음을 같이하고 있었으나, 결정적으로 로마 교회를 떠나지는 못했다. 그러나 종교개혁의 가장 큰 이득 중 하나는 로마 교회 안에서의 개혁이었다.

칼빈은 쁘아띠에르(Poitiers)에서 종교개혁을 위해 일할 수 있는 저명한 몇 사람을 얻을 수 있었다. 불확실한 전설이지만, 칼빈은 그 도시에 가까운 동굴에서 몇몇 친구와 함께 처음으로 성찬식을 종교개혁의 양식에 따라 거행하였다고 한다. 이 동굴은 오랜 세월이 지나서 "칼빈의 동굴"이라는 이름이 붙여졌다고 한다.

1534년 말쯤, 칼빈은 위험을 무릅쓰고 빠리를 방문한다. 거기서 그는 처음으로 스페인의 젊은 의사 세르베투스(Michael Servetus)를 만나게 된다. 세르베투스는 1531년『삼위일체의 오류』(On the Errors of the Trinity)라는 이단서를 출판하고 칼빈에게 토론하자고 제의했다. 이 책에서 세르베투스는 아리우스(Arius) 이래 처음으로 그리스도의 신성(神性)을 공격하고 있다. 칼빈은 빠리가 위험하기 때문에 머무를 곳이 못되며, 또 체포될 위험이 있다는 것을 잘 알고 있었음에도 불구하고 그의 도전을 받아들이고 성 안뜨완느 거리에 있는 어떤 집에서 그를 기다렸으나 그는 나타나지 않았다. 20년 후 칼빈은 세르베투스를 보고 그때를 회상했다. "나는 그때 당신을 위해서 모든 것을 다할 준비가 되어 있었습니다. 나는 당신을 당신의 오류에서 돌이키게 할 수만 있다면, 내 생명이라도 아깝게 여기지 않았을 것임을 당신은 알고 있습니다." 세르베투스에 대하여는 제9장 세르베투스 사건에서 상세하게 다루게 될 것이다.

Ⅲ

1534년 칼빈은 오를레앙에서 두 번째 책을 출판했는데, 그것은 그의 최초의 신학서인 영혼수면설(Psychopannychia, 靈魂睡眠說)이다. 그는 이 논문에서, 죽음과 부활사이에서 영혼이 잔다고 하는 재세례파의 가설을 논박하고, 그리스도를 믿고 믿음 안에서 죽은 성도의 영혼은 자는 것이 아니라 ,살아계시며 머리가 되시는 그리스도와 더불어 계속적이며 의식적인 교통을 갖는다고 주장했다. 그는 이제는 세네카의 관용론 주석에서처럼 철학이나 고전에 호소하지 않고, 신앙의 유일한 법칙인 성경에만 호소하였다. 이성은 인간의 경험을 초월하는 미래세계에 대하여 어떠한 빛도 던져줄 수 없다고 그는 역설하였다. 칼빈은 이 논문에서 이단설이나 엉뚱한 기행(奇行)을 대항하여 복음적인 개신교도들을 보호하기를 원했다. 이들 기독교도들은 당시 뮌스터(Munster)에서 급진적이며 광신적인 행동으로 독일의 모든 왕자들의 분노를 산 재세례 파들과 동일시되고 있었던 것이다. 전 유럽에서 재세례 파(再洗禮派)라는 용어는 혁명적이며 위험한 선동자들, 또한 확립된 기존질서와 용인된 교리의 파괴자라는 말과 동의어로 사용되고 있었다. 그러므로 당시 프랑스에 퍼지고 있는 종교개혁운동이 일반대중의 많은 반대를 받고 있는 이들 광신자들과 절대적으로 구별될 필요가 있었던 것이다.

재세례 파의 근본적인 오류는 어떤 관념적인 영성과 완전성을 헛되게 상상하는데 있었다. 이런 헛된 상상으로 그들은 그리스도교회는 사실상 유대교와 분리되어야 한다고 상상하고, 이 유대교를 다만 육감적이며 현세적이며 가시적 사회라고 주장했다. 이러한 개념 때문에, 그들은 끝까지 그리스도교가 그 회원(신자)에게 부과하는 믿음의 규칙과 행위의 규칙을 둘 다 크게 단축시키는 잘못을 범하였다. 그들은 거의 신약성경만을 인정하고, 영아세례, 세속정부, 국가교회 등의 합법성을 반대하였으며, 또한 서약, 전쟁, 그리고 자기방어등도 반대하였다. 이외에도 이 시대의 재세례 파의 대부분은 아리우스파(Arian)와 펠라기우스파(Pelagian) 이단의 독에 감염되어, 교황주의자들과 같이 종교개혁자들이 주장하는 은혜와 예정에 관한 교리들은 부정하였다.

이들 광신자들을 대항하여 칼빈은 먼저 "영혼수면"(the Sleep of the Soul)에 관한 책을 저술한 것이다. 서문에서 그는 "영혼수면설은 새로운 것이 아니다. 왜냐하면 영혼은 육체와 같이 죽었다가 심판 날에 이 둘이 다시 일어나게 될 것이라고 말한 어떤 아라비아인의 주장을 우리는 알고 있기 때문이다. 훗날 로마의 감독 요한(John)도 이와 동일한 견해를 주장하였으나, 빠리의 솔본느 신학자들에 의해 취소하도록 강요를 받았다."

저자의 후기 작품들과 함께 이 책을 특징 있게 하는 것은 사상의 풍부함, 추리의 힘, 그리고 독창성인데 참으로 감탄하지 않을 수 없다. 더욱 놀라운 것은, 논의의 전개가 성숙한 믿음에서 나왔으며, 그 유일한 기초가 성경이라는데 있다. 그러나 반대자들을 공격할 때에는 대단히 신랄하였다. 칼빈은 반어법을 사용하여 그들을 대항하고 그들을 잠자는 자들, 꿈꾸는 자들이라고 불렀다. 왜냐하면 사후수면(死後睡眠)의 개념을 그들이 옹호했기 때문이었다.

칼빈이 이 논문을 쓸 때의 나이는 25세인데, 세네카의 관용론 주석이 출판될 때의 나이보다 세살이 많았다. 당시 신학적 토론에 관여하던 사람들은 독설과 조롱하는 말을 써가면서 서로를 용서하지 않았다. 칼빈은 그 서문에서 다음과 같이 기록하고 있다. "나는 어떤 사람도 미워하지 않을 뿐만 아니라 인격적 모욕을 주지 않을 것이다. 짧게 말해서 독설의 쓴 맛을 나타내지 않고 나의 주장을 변호할 것이다. 그러므로 아무도 상처를 입었다거나 손상되었다고 말할 수 없을 것이다."

칼빈의 이 논문 전체에서 우리는 어떤 특징들이 눈에 띄는 것을 발견하게 된다. 첫째로, 그것은 성경의 절대적 권위이다. 개신교도들은 성경을 최고권위의 근원으로 믿는다. 그리하여 칼빈은 초기에 벌써 성경에 대한 놀라운 지식을 보여주었다. 신구약 성경은 동등한 가치를 가지는 것으로 간주되었고, 물론 성경 전체는 무오(無誤)한 하나님의 말씀으로 여겨졌다. 성경본문은 논증의 버팀목으로써 어느 곳에서도 취해졌다. 둘째로, 칼빈은 교부들에 관한 자신의 지식도 보여주었다는 점이다. 즉 자신의 견해를 강화하기 위하여 터툴리안(Tertullian), 이레네우스(Irenaeus), 크리소스톰(Chrysostom), 어거스틴(Augustine) 그리고 제롬(Jerome) 등을 인용하였다. 사후영혼에 대한 칼빈의 견해는 한 세기가 지난 후 소요리문답에서 발견된다. 즉 "신자의 영혼은 죽음 즉시 영광가운데 들어가지만, 그들의 육체는 부활 때까지 무덤에서 쉰다"고 하였다.

IV

1534년이 막을 내릴 무렵, 프랑스는 개신교도들이 머물기에는 점점 더 어려운 곳이 되었다. 칼빈이 1534년 10월 빠리를 떠나자 곧 그 유명한 빠리 벽보사건이 터진 것이다. 1534년 10월 17일과 18일 밤에, 벽보는 빠리, 오를레앙, 뚜르(Tours), 블루아(Blois)등 나라 안 여러 교회와 공공건물에 붙여졌다. 심지어는 앙부아(Ambois)에 있는 왕의 침실 창문에까지 벽보가 붙여져 있는 것을 발견할 수 있었다. 벽보는 로마 교회의 예배의식을 가장 흉악한 방법으로 정죄하고 있다. 연옥, 성자숭배(聖者崇拜), 죽은 자를 위한 기도, 고해성사, 그리고 미사 등을 강하게 공격하였다. 이 벽보들이 일정한 시간에 광범하게 붙여졌다는 것은 어떤 사람들이 계획적으로 일했다는 것을 증명하고 있다. 이 벽보는 스위스 뇌샤뗼(Neufchatel)에서 인쇄되었으며, 화렐이 그 문장구성의 책임자로 의심받고 있었다. 정부는 이에 즉각 대응조치를 취하고 범인제보에 현상금을 내걸었다. 11월 중순까지 200명이 체포되고, 그 후 3개월 동안 약 20여명이 사형에 처해졌다. 1월에는 칼빈의 친구인 상인(商人) 에띠엔느 드 라 훠르즈(Etienne de La Forge)가 화형에 처해지고, 1월말에는 루터 파를 체포하라는 명령이 내려졌다.

벽보 부착은 기독교적 인내의 관점에서 볼 때 잘못일 뿐만 아니라 판단의 오류였다. 그것은 평신도와 교회에 대한 반대를 구체화하였으며, 왕국을 공포의 도가니로 몰아 넣었다. 윌리암 드 벨레(William de Bellay)를 통하여 후랜씨스는 이 해에 독일 개신교의 왕자 헷세 주(州)의 휠립(Philip of Hesse)과 협상을 시도하고 있었으나 이 모든 계획은 무로 돌아가고 말았다. 1535년 1월 21일, 후랜씨스는 작은 촛불을 들고 모자를 벗은 채로 거리에서 속죄행렬을 강행하였다. 이 행사가 끝나자 그는 발코니에서 소위 이단자 여섯 명의 화형장면을 지켜보고 있었다.

V

1534년 10월의 피비린내 나는 박해사건은 칼빈으로 하여금 자유의 땅 스위스에서 안전을 찾아 조국을 떠나지 않을 수 없게 하였다. 그는 친구 띨레와 함께 프랑스를 떠나 프랑스 개신교도들을 위한 피난민의 도시인 스트라스부르(Strassburg)에 도착하여 아무것도 없는 곤궁한 상태에서 부처(Bucer)의 환대와 도움을 받았다. 그들은 거기서 며칠을 쉬고 다시 쯔빙글리(Zwingli)의 친구이며 에라스무스의 협조자인 외콜람파디우스(Oecolampadius)에 의해 종교개혁이 착착 진행되고 있던 자유의 도시 바젤(Basel)로 갔다. 바젤에는 에라스무스, 볼프강 까피토(Wolfgang Capito), 세바스챤 뮌스터(Sebastian Münster), 불링거(Heinrich Bullinger), 화렐(Guillaume Farel), 그리고 올리베땅(Pierre Robert Olivetan)이 있었다. 콥도 역시 총장취임 연설 직후 이곳에 도피해 있었다.

칼빈은 바젤에 있는 동안 주로 두 가지 일을 했다. 하나는 올리베땅을 도와 프랑스어 성경 신(新)번역판을 내는 일이었다. 올리베땅(Olivetan)은 왈도파를 위해 그 일을 1532년 9월에 시작하고, 1535년 6월 4일에 뇌샤뗄 근처 스리에르(Serrieres)에서 출판하였다. 칼빈은 이 프랑스어 성경번역판에 두 편의 서문을 썼는데, 첫째 서문에는 라틴어로 "그리스도의 지배를 받는 모든 황제, 왕, 제후, 그리고 백성들에게"라는 제목을 붙였고, 둘째 서문에는 프랑스어로 "예수 그리스도와 그의 복음을 사랑하는 모든 사람에게" 라는 제목을 붙였다. 올리베땅은 바젤로 가면서, 칼빈에게 신약 부분을 읽고 수정해줄 것을 요청했다. 신약 부분이 구약 부분보다는 올리베땅의 마음에 들지 않았기 때문이었다. 그는 신약을 때로는 헬라어원문을, 때로는 에라스무스의 라틴어역을 대조해가면서 르페브르(Léfevre)의 신약성경을 개정했다. 다른 하나는 프랑스 지도자들과 그리스도를 목말라하며 배고파하는 그의 민족을 위해 기독교신앙의 정수를 책으로 저술하는 일이었다. 여기서 그는 『기독교 강요』 (The Institutes of the Christian Religion)를 완성한 것이다. 그는 이 책을 1535년 늦은 여름에 탈고하고, 1536년 3월에 바젤의 인쇄업자 토마스 풀라터(Thomas Platter)와 발타사르 라시우스(Balthasar 'Lasius)에 의해 이 책이 출판되었다. 『기독교 강요』가 그 모습을 나타냈을 때, 유럽은 종교개혁의 투사가 입을 열었다고 하였다. 루터가 종교개혁의 길을 안내하였다면, 이제 그 새 교리는 체계화되고 널리 확산되고 있는 것이다. 『기독교 강요』의 초판은 1599년의 최종판에 비하면 빈약한 것이었지만, 그러나 그 안에는 개혁자의 사상의 모든 것이 적어도 개관적으로 다 들어 있다. 후속 판들이 계속 증보되고 확대되었으나, 새로운 개념의 교리는 하나도 없었다. 이것은 그가 처음부터 성경에 충실하고 자기 사상에 의존하지 않았음을 의미한다. 칼빈은 하나님의 위엄에 대한 심원한 의식, 하나님의 말씀에 대한 존경심, 그리고 충실한 해석과 조직화를 위한 세심한 관심을 가지고 있었다. 이 책의 가장 중요한 부분은 내용 그 자체보다는 프랑스 왕에게 드리는 공개서한이다. 이 서한은 여러 판을 거치면서도 거의 변경 없이 그대로 수록되어 있다.

칼빈은 1536년 3월 『기독교 강요』를 출판하고 나서 얼마 안 되어 띨레(Louis Du Tillet)와 함께 알프스를 넘어 이태리로 갔다. 칼빈은 그 종교개혁 사상을 돕기를 원했던 것이다. 그가 이태리에 간 것은 루터처럼 수도사로서가 아니라 복음 전도자로서였다.

칼빈은 훼라라(Ferrara)에 있는 르네 공작부인(Duchess Renēe, 1511-1575)의 화려한 궁정(왕궁)에서 수개월동안 생활하면서 그녀에게 뿌리 깊은 영구한 인상을 심어주었다. 르네는 프랑스 왕 루이 12세

(Louis XII)의 둘째 딸이기도 하다. 그녀는 아마 마그리뜨 여왕(Queen Marguerite)으로부터 칼빈에 대한 이야기를 듣고 그를 초청한 것으로 안다. 그녀는 왜소하고 불구의 몸이었으나, 고상하고 경건하였으며, 마그리뜨처럼 매우 교양 있고 세련된 여성이었다. 그녀는 자기 주위에 이태리와 프랑스로부터 문예부흥의 저명한 지성인들을 끌어 모았다. 그러나 그녀가 더 공감하는 사상은 종교개혁의 정신이었으며, 그러므로 칼빈에게 상당히 매혹되었다. 그녀는 칼빈을 양심의 안내자로 생각하고 그 후부터 줄 곳 그를 영적 아버지로 생각하여 자문을 받았다. 칼빈은 목사로서 솔직하고 성실하게 이 의무를 다 하였다. 귀조(Guizot)는 다음과 같이 증언하고 있다. "17세기 프랑스에서 가장 힘 있는 사람들의 양심을 지배한 위대한 카톨릭 주교들도 훼라라의 공작부인과의 관계에서 칼빈보다 더 기독교적 확신과 지성적 정의와 지식으로 어려운 문제들을 해결한 사람은 없었다"고 하였다.

르낭(Renan)은 그처럼 엄격한 도덕주의자가 그런 여성에게 영속적인 영향력을 행사하고, 강한 확신을 갖게 하였다는 것은 놀라운 일이 아닐 수 없다고 하였다. 그러나 연합의 결속은 보다 깊었다. 그녀는 칼빈이 자신의 영성을 만족시키며 생존경쟁에 힘과 위안을 주며, 그리고 종교재판소의 위험과 투옥에 맞설 수 있게 하는 사람이라는 것을 인식할 수 있었다. 그리고 그녀는 남편이 죽은 후 프랑스에 돌아와서(1559) 그의 사위 기스(Guise)공작이 종교개혁 멸절전쟁을 수행하고 있던 그 몹시 괴로운 때에 복음주의 신앙을 공적으로 고백하고 또한 계속 유지해 나아갔다. 그녀는 칼빈과 아무 허물없이 자유롭게 편지 왕래를 계속하였는데, 칼빈이 프랑스에서 그녀에게 마지막으로 보낸 편지는 칼빈이 죽기 23일 전에 쓴 편지였다.

그 후 칼빈은 노와용을 영원히 떠났다. 그의 목적지는 바젤이었다. 그는 막내 동생 앙뜨완느(Antoine)와 여동생 마리아(Maria)와 함께 여행길에 올랐다. 그러나 그들은 샤를르 5세와 후랜씨스 사이에 일어난 전쟁 때문에 사보이 가의 영토를 지나 멀리 돌아갈 수 밖에 없었다. 늦은 여름 어느 날 저녁 무렵 칼빈은 제네바에 도착했다. 그는 비레(Viret)의 집에 짐을 풀고 다음날 아침 여행준비를 하고 있었다. 그러나 뜻밖의 일이 생겼다. 어느 누군가가 칼빈이 제네바에 와 있다는 것을 화렐에게 알려주었고, 그 빨간 머리의 신사는 급히 서둘러서 그 젊은 신학자를 찾아갔다.

　　지금 역사상 가장 중요한 대화가 시작되었다. 화렐은 자기는 개척자이지 조직가가 아니라는 것을 너무나 잘 알고 있었기 때문에, 그는 그 젊은 신학자가 제네바에 머물면서 이미 시작된 종교개혁의 일을 완성해 주기를 간곡히 요청하고 있었다. 그러나 칼빈은 그의 요청을 거절했다. 그는 조용한 시간을 얻어서 연구에 전념하겠다는 것이었다. 그러나 화렐은 거절당할 수가 없었다. 그는 즉시 그의 본래의 강한 어조로 다음과 같이 말하는 것이었다. "나는 지금 자신의 연구만을 구실로 내세우는 당신에게 전능하신 하나님의 이름으로 선언합니다. 만일 당신이 하나님의 이 사역을 수행하는 일에 협력하지 않는다면, 하나님의 저주가 당신에게 임할 것입니다. 왜냐하면 당신은 그리스도의 영광보다는 당신 자신의 명예를 더 찾고 있기 때문입니다."

　　다메섹 도상의 주님의 음성이 바울의 영혼을 때린 것처럼, 화렐의 이 말들은 칼빈의 양심에 깊이 각인되어 평생 잊을 수가 없었다. 1557년에도 칼빈은 그 때의 일을 다음과 같이 회상하였다. "내가 제네바에 머물게 된 것은 어느 누구의 권유나 요구에 의해서가 아니라, 화렐의 그 무서운 협박 때문이었다. 그것은 마치 하나님께서 하늘에서 그의 무서운 손을 내밀어 나를 붙잡는 것 같았으며, 나는 공포에 사로잡혀 나의 여행계획을 포기하지 않을 수가 없었다. 한편 나는 어떤 일정한 직책을 떠맡기에는 나 자신이 너무도 소심하고 허약하다는 것을 의식하고 있었다."

이것은 칼빈의 생애에 있어서 결정적인 순간이었다. 칼빈 자신도 그것을 느끼고, 하나님의 의지에 순종하였다. 그는 선택받은 설교자요 신학 교수이기도 하였으나, 신학교수의 직책만을 받아들이기를 원했다. 그러나 다음 해에는 그를 그들의 설교자로 선택한 제네바 시민의 요구에 응하지 않을 수 없게 되었다. 복음의 이익만을 추구하며 살고 있던 화렐은 즉시 겸손하게 뇌샤뗄(Neufchatel)이라고 하는 작은 도시에 내려갔다. 그는 불로 세례를 받은 위대한 인물이었다. 칼빈은 당시 겨우 27세의 젊은이였으며, 이 때 부터 제네바에서 28년 동안 봉사했다. 그는 가난하였으며, 처음에는 직책이 없는 직분에 임명되었다. 그가 얻은 모든 것은 나라에서 주는 기증물뿐이었다. 그것도 다음해 2월까지는 아무런 도움도 받지 못했기 때문에 그것을 참작하여 그 때부터 봉급이 지불되었다.

제3장

칼빈 이전의 제네바

16세기 초부터 제네바는 두 개의 두드러진 업적을 이루어냈다. 하나는 베르뜨리에(Berthelier), 휴그(Hugues), 르브리에(Levrier), 그리고 보니바르(Bonivard)와 같은 지도자들의 지도로 독립을 성취한 것이었으며, 다른 하나는 화렐(Farel)의 지도로 프로테스탄트의 신앙을 확립한 것이다. 이 두 운동은 칼빈의 건설적 과업을 위한 무대가 되었다. 그의 지도력으로 교회의 발전과 개혁파 교리의 기초, 그리고 정치적, 종교적 이상이 프랑스, 화란, 영국, 스캇틀랜드, 그리고 미국에까지 널리 보급되었다. 제네바 사람들의 특징적인 것은 자유였다.

I

제네바는 본래 주교와 백작에 의해서 다스려졌다. 그러나 이들 영적 지배자와 평신도 지배자들 사이에는 끊임없는 투쟁이 계속되었으며, 그 결과는 교회지배자들의 승리로 끝이 났다. 13세기에 새로운 평신도 세력이 일어났는데, 그들은 야심차고 정력적인 사보이(Savoy)가(家)의 사람들이었다. 제네바의 주교들은 제네바 백작들의 마지막 남은 권력에서 벗어나기 위해 사보이 가의 도움을 활용했으나, 오히려 사보이 지배자들이 훨씬 더 강하다는 것을 알게 되었다. 1285년 사보이 가의 아마데우스 5세(Amadeus V)는 제네바의 주교를 대항하여 제네바 시민을 보호한다는 계약을 체결했다. 그리고 1290년에는 사보이 가(家)의 저 강력한 백작은 노예근성이 있는 주교 삐에르 드 라 봄(Pierre de la Baume)의 도움으로 제네바를 정복하려고 노력하였다. 그러나 애국당은 휠리베르 베르뜰리에(Philibert Berthelier), 베장송 휴그(Bezançon Hugues), 그리고 후랑수와 보니봐르(Francois Bonivard) 등의 주도로 그 시도를 반대하고 독립투쟁을 시작했다. 이 투쟁은 수년간 계속되었으며, 소규모였으나 외국의 압박에 대한 스위스의 영웅적인 투쟁이었다. 애국당은 스위스와의 동맹 때문에 유그노파(Eidgenossen, 프랑스의 신교도)라고 불려졌다. 한편 사보이 공작과 주교의 당파(Mamelukes)는 혹은 노예라는 별명으로 불려졌다.

애국당은 독일계 스위스의 후원으로 승리를 했다. 1526년 2월 20일, 베른(Bren)과 후리부르(Friburg)는 제네바와 동맹을 체결하고, 제네바 독립의 보호를 위하여 군사원조를 서약했으며, 제네바의 시민은 압도적인 다수로 스위스 동맹을 인준했다. 주교는 교황과 황제에게 호소했으나 허사였다. 그래서 그는 제네바를 떠나 성 끌로드(St. Claude)로 가버렸다.

베르뜰리에를 뛰어난 공로자로 하고 있는 이 정치적 행동은 종교개혁과는 아무런 관계가 없었으나, 종교개혁의 길을 준비하였으며, 화렐(Farel)이나, 비레(Viret)와 같은 복음주의자들이 뒤따라 일어나고, 또한 칼빈의 지도하에 개혁파 교회가 조직되었다. 제네바의 독립을 위한 해방전쟁 동안에 사보이 가를 편들었던 매우 부패한 로마 교회와 제네바의 승려들에 대한 반대가 증대되었다. 로마 교회의 학자들까지도 그 부패상을 솔직히 증거 할 정도였다. 루터 파와 쯔빙글리 파의 종교개혁의 소식이 전해지면서 그 반대의 목소리는 더 힘을 얻었다. 후리부르는 로마 교회에 그대로 머물러 있었기 때문에, 제네바와의 동맹관계가 깨어졌으나, 베른은 동맹관계를 더 강화하여, 제네바로 하여금 사보이로부터는 정치적 자유를, 로마 교회로부터는 종교적 자유를 확보하게 하였다.

제네바가 사보이 가의 명에에서 정치적으로 해방 된 지 2년 후에, 베른은 1528년 종교개혁을 받아드리고, 즉시 그 새 종교의 도입을 위해서 이웃 나라에 정치적 도덕적 영향력을 행사하였다. 후리부르, 사보이 공작, 샤를르 5세, 그리고 교황은 이 종교개혁 운동이 퍼져나가는 것을 막기 위해서 노력했으나 허사였다.

제네바 정부는 14세기 말에 세 권력, 즉 주교, 교황재산관리 사제, 그리고 시민으로 이루어져 있었으며, 이 권력의 분할은 16세기 30년까지 계속되었다. 주교는 "제네바의 군주"라는 칭호로 존경을 받았으며, 이론상 시의 주권자는 황제 밑에 있었으나, 그는 전쟁과 화폐와 공소청취, 그리고 사죄권을 장악하고 있었다. 교황재산관리 사제(Vicedominus)는 제네바 시의 방어, 죄수의 감시, 범죄자처형, 그리고 시민과 범죄인의 경우 제한된 사법적 기능을 행사하였다. 시민의 대표들은 평신도들에 대한 모든 심각한 범죄행위의 문책을 결정하였다. 그들은 시 전역에서 야간시간에 적절한 경찰력으로 질서를 유지하고, 공민권이 침해되지 않도록 감독을 철저히 하였다.

제네바 시에는 약 1만 3천 명의 영주시민이 살고 있었다. 제네바는 프랑스, 독일, 이태리 등 여러 나라의 생산품들을 서로 교환하는 무역 중심지였으며, 그 상인들은 번창하고, 노동자들은 능숙한 기술 때문에 그 소문이 널리 알려져 있었다. 따라서 상업도시로서의 지위가 높았다. 교회적 기초의 중심으로서의 제네바는 눈에 잘 띄는 도시였다. 주교직은 서구 기독교국가에서 가장 바람직한 교회적 지위들 중의 하나로 인정되었으며, 대성당 참사회는 주로 지방의 귀족가문에서 선출되었다. 제네바 시는 일곱 교구로 나뉘어져 있었으며, 수도원 제도는 베네딕트 파(Bendictines) 수도원, 후랜시스칸 파(Franciscan) 수도원, 어거스틴 파(Augustinians) 수도원, 그리고 클라라(Clarissines) 수녀원 등이 있었다. 비록 성직자들의 평판이 비난의 대상이 되어 있었으나 제네바 교회에는 300명의 사제들과 수녀들이 있었고, 화려하게 장식된 교회들이 있었다. 그리고 성 빅토르(St. Victor)대성당에는 수많은 순례자들이 붐비고 있었던 것으로 보아 이 도시에서 교회의 중요성이 어떠했는지를 알 수 있었다. 제네바는 여행의 공로(公路)에 위치한 상업도시의 악습을 가지고 있어, 주민은 보통이상으로 쾌락을 사랑하고 사치스러웠다. 도덕적 수준은 낮았으며, 주민에게 악한 본을 보여준 자들 중에서 가장 저명한 귀족들 중의 얼마와 많은 수도사들, 혹은 수도서원을 한 자들이었다.

제네바의 정부형태는 이러했다. 정부의 수반은 시민총회에서 매년 1월에 선출되는 4인의 행정관이었다. 그들은 25인으로 구성된 소의회의 실제적인 지도자였다. 이 소 의회는 모든 외교문제를 다루고, 사형선고를 검토하고 화폐를 관리하는 중앙 집행기구였다. 소 의회는 적어도 한 주일에 세 번씩 시청에서 모임을 가졌다. 200인 의회는 법률제정문제를 의논하기 위해 한 달에 한 번씩 모이는 일종의 하급 집행의회였다. 이 의회는 매년 2월에 소 의회를 선출하기 위해 모이는 선거인단의 역할을 하기도 했다. 시민 총회는 1년에 두 번 소집되어 11월에는 포도주의 가격을 결정하고, 시 법정의 의장을 선출했으며, 1월에는 4인의 행정관을 선출했다.

Ⅱ

여기까지 종교적 문제들은, 제네바와 스위스와의 관계에서 전혀 언급되지 않았으나, 그 상황이 지금은 변했다. 그 중요한 발전의 기원은 주로 쯔빙글리(Zwingli)의 쮸리히 종교개혁에 있다. 쮸리히에서 그의 종교개혁의 활동은 1519년에 시작되었으나, 그들은 1523년 1월 29일에 대토론회와 함께 새 국면에 들어갔다. 약 600명의 청중이 쯔빙글리의 발표를 듣고, 그의 개혁의 이념과 실제를 로마 카톨릭의 반대자들 앞에서 변호하기 위해 모여들었다. 그 논증을 듣고 나서 시 의회는 쯔빙글리의 종교 개혁의 핵심원리를 채택하기로 결정하였다. 그것은 스위스 종교개혁 과정에서 결정적 원리를 확립한 하나의 획기적 사건이었다. 즉, 독립 도시들은 그 논증을 듣고 종교개혁을 채택할 것이냐, 반대할 것이냐를 결정하고 투표를 진행한다는 것이었다.

5년 후에 이와 유사한 토론회가 베른에서 개최되었다. 쯔빙글리, 부처, 스트라스부르의 인문주의자 까피토(Wolfgang Capito)와 다른 사람들이 복음주의적 입장을 훌륭하게 설명하므로, 시 의회는 쯔빙글리의 종교개혁을 채택하기로 투표로 결정하였다. 1526년 제네바와 동맹관계에 있던 그 베른은 로마 카톨릭 교회에 속해 있었으나 1528년부터 복음주의 교회에 속하게 되었다. 의미심장하게도 제네바의 다른 꽁부르즈와지, 즉 도시동맹(都市同盟)인 후리부르(Fribourg)는 로마 카톨릭 교회에 남아있었는데, 그것은 1534년에 절정에 이르게 된 긴장의 원인이 되었다. 이미 보 지역(Pays de Vaud)에서 유력한 군사적 세력이었던 베른은 역시 지금은 쯔빙글리의 종교개혁의 보급을 향해 직접 십자군의 역할에 종사하고 있었다.

쯔빙글리는 16세기 초 등장한 인물로 종교개혁의 불꽃을 제공하였다. 쯔빙글리는 1484년 1월 1일 빌하우젠(Wildhausen)에서 태어났으며, 루터(Martin Luther)보다 7주 늦게 태어났다. 그러나 그는 항상 자신이 로마 교회와의 관계를 끊은 것은 루터의 행동과는 아무런 관계가 없다고 주장하였다.

쯔빙글리는 지식에 대하여 만족할 줄 모르는 욕심을 가진 사람이었다. 그는 명상과 연구를 통하여 개혁파적 신앙관에 도달한 인문주의자였다. 그는 용기와 확고부동한 결의, 청렴, 그리고 진리에 대한 애정에 뛰어난 사람이었다. 그는 루터보다는 덜 열정적이었으나, 멜랑히톤(Melanchton)처럼 훌륭하게 세련된 지성을 소유한 사람이었다. 그는 너무 철학에 빠져서 칼빈조차도 감히 표현하기를 꺼려했던 결론들을 자주 끌어내곤 했다. 섭리와 예정의 문제에 대하여도 그의 표현은 대담하고 사람들을 놀라게 하는 것들이었다. 그는 역시 영생이나 파멸에 대해서, 그리고 덕망 있는 이교도는 천국에 들어갈 수 있다는 말들을 아주 대담하고 자유롭게 말하였다. 그래서 사람들은 가끔 "쯔빙글리는 자신의 사상체계 전반에 대하여 분명하게 이해하지 못하고 있었던 것 같다"고 하였다. 종교개혁과 관련된 그의 사상 전체에서 우리는 그의 견해의 지적경향을 발견할 수 있다. 이것은 특별히 그의 성찬교리에 잘 나타난다. 한편 칼빈은 성찬을 장엄하고 신비로운 것으로 생각했으며, 루터는 더욱더 그러하였다. 쯔빙글리가 그 당시 활동하고 있었다면, 아마 쮜리히 일치(Zurich agreement)는 결론에 도달할 수 없었을 것이다. 1549년 칼빈과 부처, 그리고 일단의 스위스와 남부독일의 지도자들이 함께 모여서 쮜리히 일치를 이루었다. 이것은 쯔빙글리와 루터의 성만찬에 대한 견해를 중재해 보려는 문서였다.

쯔빙글리는 교회정치에 있어서 단호한 공화정체론자였다. 칼빈과 같이 성직자의 사도적 동등성과 감독의 독립성을 주장하였다. 우리는 교회 정치에 있어서 순수한 장로회 정체를 세운 칼빈에게 감사해야 한다. 쯔빙글리의 아버지는 그를 사제(司祭)의 길을 걷게 할 생각으로 스위스의 가장 좋은 학교에서 교육받도록 계획을 세웠다. 쯔빙글리는 15세에 전적으로 인문주의를 가르치는 비엔나대학교(University of Vienna)에 입학하였다. 후에 그는 바젤대학교(University of Basel)에서 공부하고 문학 석사 학위를 취득하였다. 그리고 개인적으로 헬라어를 배웠는데, 에라스무스(Erasmus)는 특별히 1516년의 그의 헬라어 신약성경을 통하여 쯔빙글리에게 깊은 영향을 주었다. 쯔빙글리는 이교도 고전과 성경을 같이 연구하면서 아무런 충돌을 느끼지 못했다. 그는 고전과 기독교세계는 완전한 전체를 형성하기 위하여 연합하였다고 생각한 것이다. 그는 자신이 쓴 마지막 책들 중의 한 책에서, 천당에서 경건한 헬라인과 로마인들을 만나게 되기를 원한다고도 하였다. 그는 학문과 진정한 경건과 담대함, 그리고 열렬한 애국심으로도 알려져 있었다. 사실 그의 개혁의 열정은 조국에 대한 적극적인 사랑에서 온 것이었다. 이 사실 역시 쯔빙글리의 진가를 이해하는데 도움이 될 것이다. 1519년 그가 행한 신년설교와 함께 스위스의 종교개혁이 시작됐다. 당시 그의 나이는 정확히 33세였다. 그는 스위스의 용병제도를 강력하게 반대했으며, 이 반대운동에서 성공했기 때문에, 쮜리히는 그 제도를 폐지했다. 그리고 쮜리히 사람들은 프랑스에 고용되지 않은 유일한 스위스 인이었다.

그의 설교의 기초는 성경이었으며, 이 성경을 기독교의 유일한 권위서로 인정하는 것이었다. 이것은 물론 종교개혁자들과 로마 교회의 근본적인 차이었다. 로마 교회는 교황을 지상에서 그리스도의 대리자요, 머리로 하는 교회의 권위를 주장하는 반면, 종교개혁자들은 성경의 권위, 즉 무오(無誤)한 교회와 대조되는 무오한 성경의 권위를 강조했다. 쯔빙글리는 1523년 1월 29일 개최된 대토론회에서 자신의 견해들을 다음과 같이 주장했다.

즉, 교회의 결정권은 로마 교회에서와 같이 교권제도가 아니라 개교회의 회중에게 주어진 민주적 조직이라는 것, 무형교회(無形敎會, the invisible church)는 예수를 믿는 모든 사람들로 되어있으며, 물론 거기에는 지상의 유형교회(有形敎會, the visible church)도 포함된다는 것, 이 교회에서 하나님의 말씀은 구속력 있는 유일한 권위서이며, 더욱이 성경의 외적 권위와 함께 이 민주적 교회에는 평신도와 성직자의 구별이 있을 수 없다고 하였다. 그는 그의 애국적 경향에 따라, 국가와 교회는 하나요, 동일한 공동체의 양면이라고 주장하였다. 물론 당시에는 이 주장은 혁명적인 교리였다. 스위스의 종교개혁이 진행되는 동안 지도자들의 민주적 원리는 국민들의 귀에 쉽게 들어왔다. 왜냐하면 기본적으로 스위스는 자유를 사랑하는 사람들이기 때문이었다. 미사를 폐지하고, 교회 음악도 미사와 너무나 밀접한 관계로 거의 동일시되기 때문에 폐지되었다. 16세기 말까지 쮜리히 교회에서는 찬송을 부르지 못했다. 교회는 실제로 국가의 관리를 받고 있었으나, 교회와 국가는 하나였다. 현대 국가에서 우리가 이해하는 그런 신앙과 예배의 자유는 없었다. 쯔빙글리는 많은 공헌을 남기고, 1531년 10월 11일 47세를 일기로 그 위대한 스위스 사람은 까펠(Kappel)전투에서 전사하였다.

1532년에 제네바에는 우발적인 사건들이 빨리 일어나기 시작했다. 독일 상인들이 루터 파의 출판물들을 가지고 제네바에 들어왔는데, 그 곳은 이미 준비된 시장이었다. 루터 파의 벽보들이 지역 교회에 나돌기 시작했다. 이 때 개혁파 신학자 기욤 화렐(Guillaum Farel)이 베른의 안전통행권을 가지고 제네바에 와서 복음주의 사상을 전파하기 시작했다. 그의 설교는 상당한 성공을 거두었다. 그러나 후리부르는 제네바에서 복음주의의 영향력이 점점 더 커가고 있는 것을 항의하고, 그 성장을 막지 않는 한 제네바와의 동맹을 중단하겠다고 위협하였다. 1533년 4월 10일에 게렝 뮈에트(Guerin Muète)는 화렐의 개혁교회 의식에 따라 성만찬 예식을 공개적으로 시행하되 매일 몇 번씩 반복하였다. 5월에는 종교적 소동이 제네바에서 별안간 일기 시작하여 후리부르를 더 놀라게 했다. 그 카톨릭의 도시 후리부르는 화렐을 추방하라고 요구했다. 그러나 복음주의적인 베른을 의식하고 후리부르 시 의회는 주저하였다. 사태를 알아차린 베른 시 의회는 1533년 12월 31일 급히 비레(Pierre Viret)를 제네바에 파송하여 화렐을 돕도록 하였다. 비레는 1534년 1월 4일에 제네바에 도착했다.

Ⅲ

　서부 스위스의 종교개혁은 여러 주들의 최강자인 베른에서 촉진
되고 진행되었다. 베른 사람들은 새 신앙을 발전시키기 위해 열심히
노력하였다. 그러나 스위스에서 개신교운동의 개척자는 화렐
(Guillaume Farel)이다. 그의 생애는 참으로 폭풍우 그대로의 생애였다.
그는 1489년 프랑스 남동지역 도피네(Dauphine)에 있는 작은 마을 가
쁘(Gap)에서 가난하였으나 한 영예로운 가정의 일곱 자녀 중 맏아들
로 태어났다. 루터와 쯔빙글리보다는 5살이 적었고, 칼빈보다는 20살
이 많았다. 그는 부모의 맹목적인 신앙을 전수받아 로마 교회의 미신
에 깊이 사로잡혀 있었다. 학창시절을 빠리에서 보내고, 르 페브르
(Le Fèver, 1455-1536)의 영향으로 인문주의의 문을 거쳐 완전한 개신
교도가 되었다. 과격한 성격 때문에 그는 많은 내적인 몸부림을 통해
발전하였으며, 마침내는 복음주의 신앙의 열렬하며 타협할 줄 모르
는 옹호자가 되었다.

　르 페브르는 화렐에게 바울서신과 칭의교리에 대한 지식을 소개
하였다. 1512년에 벌써 그는 "나의 아들아 하나님은 이 세상을 새롭
게 하실 것이며 너는 그것을 보게 될 것이다."라고 예언하듯 말한바
있다. 르 페브르의 영향과 성경연구는, 그로 하여금 구원은 오직 그
리스도에게서만 온다는 것, 하나님의 말씀은 믿음의 유일한 법칙이
라는 것, 그리고 로마 교회의 전통과 의식(儀式)은 다만 인간의 발명
품에 지나지 않는다는 확신을 심어주었다. 그는 신약성경에는 교황,

교권제도, 속죄권(贖罪券), 연옥(煉獄), 미사와 일곱 성례, 사제(司祭)의 독신생활, 그리고 마리아와 성자숭배(聖者崇拜)에 대한 어떠한 흔적도 발견할 수 없다는데 놀랐다. 그러나 당시 개신교도들을 심히 핍박하고 있던 프랑스에서는 그가 안전하게 머물 곳은 어디에도 없었다.

화렐은 1524년 바젤(Basel)에서 개혁파의 성공을 위하여 정열적으로 일했으나, 에라스무스(Erasmus)의 반대로 그곳을 떠날 수밖에 없었다. 그 후 2년 동안 그는 바젤 서쪽 약 35마일 지점에 있는 몽벨리아르(Montbéleard)라는 곳에서 분투적이며 논쟁적인 사역을 했다. 몇 달 동안 바젤과 스트라스부르에서 머문 후, 그는 1526년 말 당시 베른의 관할 하에 있었고, 론(Rhone) 강(江)에 위치하고 있는 에글(Aigle) 시(市)에서 폭풍우가 일어나는 듯한 목회를 시작했다.

여기서 화렐은 1528년 베른(Bern)을 신교의 도시로 만드는 운동에 적지 않게 공헌 하였다. 그래서 그는 지금 베른의 모든 도시에서 주로 프랑스어를 사용하는 사람들에게 복음주의 신앙을 전파할 수 있는 순회 전도사의 임명장을 받게 된다. 그는 나무 그루터기와 돌들을 강단으로 삼아 설교하고, 모든 집과 거리와 시장을 교회로 삼아 전도했다. 수도사, 사제, 그리고 미신에 사로잡힌 완고한 여자들의 분노의 대상이 되기도 하였다. 학대 받고, 이단자요 악마라는 욕을 들으며 모욕과 침 뱉음을 당하고, 한 번 이상 죽음의 위험까지도 받았다. 그는 가는 곳마다 특히 뇌샤텔(Neuchâtel)에서는 폭동이 일어났으나 그 성공은 대단하였다. 그를 독살하려는 시도가 있었으나 죽음을 면할 수가 있었다. 로마 교회는 1535년 3월 초 개신교의 설교자들을 독살하려고 시도했던 것이다. 그들은 화렐, 비레(Pierre Viret), 그리고 후로망(Antoine Froment)을 대접한다면서 스프를 가져왔다. 화렐은 먹고 싶은 생각이 없어서 안 먹었고, 후로망은 어떤 전갈을 받고 나가는 바람에 안 먹었으나 비레만이 먹고 병에 걸렸다. 그리고 이 스프를 가지고 온 여인은 그 후 체포되어 사형에 처해졌다.

화렐은 1532년 10월 초 약 3년 동안의 순회전도의 일을 끝마친 후, 개혁파 신앙을 돕고자 하는 욕망 때문에 매우 혼란한 상태에 놓여있는 제네바에 오게 된다. 그는 관심을 일으키고 논쟁을 자극시키는데 알맞는 사람이었다. 큰 목소리에 소박하면서도 힘 있는 설교, 그리고 꺾기지 않는 용기, 이런 것들이 그가 갖고 있는 특징이었다. 사람들은 그런 화렐과 그의 설교를 찬성하기도 하고, 거절하기도 하였다. 화렐은 그의 친구 소니에(Antoine Saunier)와 올리베땅(Pierre Rovert Olivétan)과 함께 베른 당국자들의 임명장을 가지고 왈도파(Waldenses) 사이에서 일하기 시작했다. 제네바는 아직 그의 설교를 듣는데 인색하였다.

화렐은 제네바 시 당국자들의 심문을 받고, 주교 대리와 참사회 앞에 소환되어 무례한 공격을 받게 된다. "이리 오시오. 더러운 악마", "당신은 세례 받았소, 누가 당신을 여기에 초대했소, 누가 당신에게 설교할 권리를 주었소." 라고 모욕하자, 화렐은 위엄을 갖추고 다음과 같은 말로 대항했다. "나는 성부, 성자, 성령의 이름으로 세례를 받았으며 악마가 아니요, 나는 우리 죄를 위하여 죽으시고 우리의 의를 위하여 부활하신 그리스도를 전하려고 하오, 누구든지 그를 믿으면 구원을 받을 것이며, 믿지 않는 자는 망할 것이요, 나는 하나님의 부르심을 받고 그리스도의 사신(使臣)이 되었으며, 그러므로 내 설교를 듣는 모든 사람에게 설교를 하지 않을 수 없소, 나는 당신들과 논쟁할 준비가 되어있으며, 나의 신앙과 사역에 대하여 설명할 수 있소. 엘리야가 아합 왕에게 '이스라엘을 괴롭게 한 자는 내가 아니요 당신들이요' 라고 말한 것처럼 당신들의 전통과 인간적인 발명품들, 그리고 당신들의 방탕한 생활로 세상을 어지럽힌 것은 바로 당신이며 당신들이요 라고 나는 감히 말하겠소." 이 때 사제 한 사람이 소리를 질렀다. "그는 하나님을 모독했다. 더 이상 증거를 찾을 필요가 없다. 마땅히 그를 죽여야 한다." 이에 대하여 화렐은 "하나님의 말씀을 말하고 가야바의 말을 하지 마시오" 라고 소리쳤다. 이 때 온 회중은 소리를 질렀다. "그를 론 강에 던져라! 그 루터 파의 개를 죽여라." 그는 욕먹고 매 맞고 총격까지 당했다. 그러자 지방행정관 한 사람이 이를 가로 막고 그를 보호하였다. 화렐은 세 시간 안에 제네바를 떠날 수밖에 없었다.

다음 날 즉 10월 4일, 화렐은 동료들과 함께 안전을 찾아 오르브 (Orbe)라는 곳으로 갔다. 거기서 그는 젊은 친구 후로망(Froment)을 만나, 자기로서는 반대를 받아 더 이상 일할 수 없으니 제네바에 가서 일해 달라고 그를 설득했다.(1532년 11월). 후로망은 화렐과 같이 도피네(Dauphine)태생으로 24세의 젊은 청년이었다. 그는 일찍이 르 페브르((Le Fèver)뿐만 아니라 마그리뜨(Marguerited'Angoulême)의 관심을 끌었다. 1529년부터 그는 스위스에서 화렐을 도와 개혁파 교리를 전파하였다. 그는 호리호리한 체격에 열렬하고 용기를 가진 사람으로 그의 생애에서 전혀 얼룩진 데가 없었다. 그는 지금 제네바에서 프랑스어를 가르치는 학교선생으로 그의 일을 열심히 시작했다. 그러나 그는 프랑스어 선생이면서 복음주의 교리를 힘이 닿는데 까지 최선을 다해서 전파하였다. 그의 청중들이 점점 증가하자 1533년 1월 1일에는 "모라르"(Molard)라고 하는 광장에서 과감히 설교까지 하였다. 폭동이 일어났다. 그러자 200인 의회는 다음 날 투표로 결정하여, 행정관이나 주교대리의 허락 없이는 어떠한 설교도 할 수 없도록 금지령을 내렸다. 제네바는 아직은 거의 전부가 로마 교회의 지배하에 있었으나 한편 개신교의 신자의 수가 증가하고 있기도 하였다.

1522년에 벌써 아비뇽의 랑베르(Lambert of Avignon)는 제네바에서 개혁신앙을 최초로 전파하였다. 개신교형식의 최초의 성찬식도 1533년 게랭 뮈에트(Guerin Muete)에 의해 거행되었다. 얼마 안 있어서 흥분할만한 사건들이 벌어졌다. 후로망이나 까뉘(Canus), 그리고 다른 사람들의 노력으로 개혁신앙이 전파되고 있었으며, 한편 시 의회는 그것을 억제 하려고 애썼다. 그들은 도미닉파이며 솔본느의 신학자인 구이 후비티(Guy Furbity)를 초청하여 1533년 강림절 설교를 하게 했다. 그의 언어구사는 매우 거칠었다. 그는 루터 파를 가리켜, 야수적이며 음란하고 야심적이며 살인자요 도둑들이라고 맹비난했다. 이 때 회중석에 앉아 있던 후로망은 그의 설교가 끝나자 벌떡 일어나서 크게 외쳤다. "신사들이여 신사들이여 내가 말하는 것을 들으시오" 회중들은 조용해지고 그는 계속했다. "신사 여러분! 나는 이 사람이 지금 말한 모든 것은 다 거짓이며, 적그리스도의 말이라는 것을 증거하기 위하여 내 생명을 바칠 것이며 화형이라도 당할 각오가 되어있습니다." 시 의회는 후로망과 까뉘를 이 도시에서 즉시 추방하고, 한 편 후비티에게는 복음과 일치하지 않는 것은 설교해서는 안 된다고 경고하였다.

화렐은 베른의 보호를 받으며 돌아와서 1534년 1월 29일 베른시의 대소의회(大小議會)와 그 대표자들 앞에서 후비티와 공개토론을 하였다. 화렐은 후비티의 모든 반대에 다 답변 할 수는 없었으나, 그는 성경의 인정을 받지 못하는 의식(儀式)을 강요할 권리가 교회에 없다고 말하고, 그리스도만이 교회의 유일한 주인이라는 입장을 변호하였다. 그는 개신교의 교리를 설명할 수 있는 그 좋은 기회를 놓치지 않고 로마 교회의 교권제도를 공격하였다. 그리스도와 성령은 교황과 함께 있지 아니하시고, 교황이 핍박하는 자들과 함께 하신다고 주장하였다. 공개토론은 며칠 동안 계속되었으며, 부분적으로 화렐에게 승리를 안겨다 주었다. 성경으로 논할 수 없었던 후비티는 다음과 같이 고백하였다. "내가 설교한 것을 나는 성경으로 입증할 수 없었으며, 토마스의 신학대전(Summa)에서 배운 것을 말했을 뿐이었다."

프로테스탄트의 사상은 서서히 더 강하게 자라갔다. 1534년 3월 1일 주일에 후랜씨스파 수도사인 꾸뜰리에 (Coutelier)라는 자가 종교개혁을 공격하자, 화렐은 사람들의 박수를 받으며 제네바에서 4천명 내지 5천명을 수용할 수 있는 리브(Rive)수도원 대강당에서 그를 논박하는 설교를 하였다. 이것은 제네바에서 행한 화렐의 최초의 설교였다. 혼란한 정부는 개신교의 정치적 동맹이며 강자인 베른 편에 서기를 강요받고, 5월 15일에는 카톨릭파인 후리브르와의 동맹관계가 베른의 압력으로 파기되었다. 8일 후에는 성상(聖像)파괴가 시도되었는데, 이것은 개신교의 힘이 증대되고 있음을 보여주는 것이었다. 그리고 7월 24일에는 소의회가 정식으로 "오직 유일하신 권능은 그리스도의 말씀이며, 그가 권세자에게 위탁하신 검"이라고 가결하였다.

개신교도들이 최근에 많은 성공을 보게 된 것은 역설적으로 사보이 가의 입장을 열렬히 지지한 봄(Pierre de la Baume)주교의 어리석은 정책 때문이었다. 그는 1534년 여름에 제네바 시를 대항하기 위해 군대를 동원하여 그가 할 수 있는 모든 일을 다 하고 있었던 것이다. 그러한 상황 속에서 제네바는 점점 더 개신교의 지배하에 들어가게 되었다. 10월 1일 소 의회는 주교의 직책을 없애 버렸다. 그러나 제네바는 아직 교리적 확신에 있어서는 개신교에서 거리가 멀었으며, 제네바 시 의회도 아직은 감독의 권위를 인정하고 있었고, 겨우 인구의 3분의 1정도만이 개신교의 신자가 되어있었다. 이미 위에서 말한 바 있지만, 1535년 3월 6일 목사들을 살해하려는 사건은 로마 교회의 사제의 사주로 이루어진 사건으로 알려져 긴장관계가 증대되었다. 정부는 위태롭게 되었다고 생각된 목사들을 보호하기 위해 그들을 리브수도원에서 머물도록 주선하였다.

한편 화렐은 쮜리히, 베른, 그리고 다른 곳에서도 개신교를 위하여 유리한 결과가 나타났기 때문에, 공개토론회를 열자고 강요하였다. 주교는 그의 신자들에게 참석하는 것을 금하였다. 토론회는 5월 30일부터 6월 24일까지 계속되었는데, 물론 승리는 개신교도들에게 주어졌으며, 화렐은 재빨리 그 결실을 거두어들였다. 7월 23일 화렐은 마들렌(Madeleine)교회를 점령하고 거기서 설교를 하였다. 정부는 형세를 관망하였다. 그 입장이 난감했다. 즉 제네바 시는 아직도 종교적으로 나뉘어져 있었기 때문이었다. 7월 30일 소의회는 개신교도들에게 리브수도원과 성 제르멩교회(Saint Germain)에서만 설교하도록 지시하였다. 그러나 화렐은 승리감에 도취되어 있었다. 그는 같은 날 "자기는 사람보다는 하나님께 순종해야 한다"고 의회에서 선언하고,

친구들의 도움을 얻어 당시 도미니칸 파의 교회였던 성 제르베교회 (St. Gervais)를 점령하였다. 성상파괴가 즉시 뒤따랐다. 8월 10일 200인 의회는 다수 표결로 성상파괴를 멈출 것과 다음 통고가 있을 때까지 미사의식을 중단할 것을 명령하였다. 로마 교회파의 몰락이 분명해졌다. 변혁이 시작되고, 로마 교회의 사제, 승려, 수녀들은 대체로 제네바를 빠져나갔다. 한편 1535년 8월 이들 극적인 사건들이 일어나고 있는 동안에 바젤에서 조용히 연구 중에 있던 칼빈은 그의 『기독교 강요』의 서문으로 작성한 후랜씨스 1세 왕에게 드리는 헌사(獻辭)을 마무리하고 있었다.

그러나 프로테스탄트의 확신과 적극적인 열심, 그리고 제네바의 독립에 대한 주교의 적개심 등이 제네바에서의 로마 교회의 몰락의 유일한 원인은 아니었다. 로마 교회 사제(司祭)전체가 무식하고 무능하였다. 그들 소수만이 존경할 가치가 없는 것은 아니었다. 수도원 중에서도 학문적으로 좋은 평가를 받고 있던 도미닉 파의 수도원까지도 1535년 5월에 개최된 토론회에 학식 있는 자가 없다는 이유를 들어 참여하지 않았을 정도였다.

Ⅳ

한 편 제네바는 어려운 정치적 투쟁을 겪고 있었다. 주교는 자신의 페니(Peney)성에서 사보이 공작과 협동하여 군대를 동원하고, 제네바 시를 포위하고 약탈하였으며, 무역을 중단시키고, 포로 된 시민들을 학대 할 뿐만 아니라, 또한 심하게 압박하였다. 그러나 베른은 제네바에 도움을 주기를 원하지 않았다. 그것은 포위된 제네바가 구출의 대가로 베른의 관할 하에 오게 될 것이라는 이기적인 기대 때문이었다. 그러나 1535년 여름 뇌샤뗄(Neuchâtel)이 제네바를 돕기 위해 진군하자 그때서야 후원군을 파견하였다. 그리고 1535년 12월 프랑스의 후랜씨스 왕은 유럽의 주도권을 잡으려는 대전투에서 거의 완전한 자유를 약속하는 듯한 말로 프랑스가 제네바를 보호하겠다고 제의하였다. 그들이 이 말을 그대로 받아들였다면, 제네바는 궁극적으로 프랑스의 소유가 되었을 것이며, 종교개혁의 역사는 완전히 바꾸어졌을 것이다. 베른은 그 전망에 기겁하였다. 프랑스의 영향력이 제네바에서 자리 잡게 된다는 것은 결국 베른이 원하던 모든 것을 상실하게 되는 것이었다. 그러므로 베른은 1536년 1월 16일 갑자기 그 이기적인 정책을 중단하고 사보이 공작에 항전을 선포하였다. 따라서 사보이 공작의 모든 효과적인 저항은 지금으로서는 불가능하게 되었다. 제네바는 공포의 위험에서 벗어날 수 있었다.

그러나 제네바는 비겁한 동맹의 요구로 새로 얻은 자유를 잃어버릴 위험에 처해있었다. 1536년 2월 5일, 베른의 사령관은 한때 주교와 교황재산관리 사제가 행사했던 그 제네바 시에 대한 권리를 요구했던 것이다. 그것은 베른을 사실상의 주인으로 만드는 것이었다. 그러나 지방행정관들과 의회는 강하게 이를 거절했다. 제네바가 어렵게 얻은 자유를 잃을 수는 없었다. 1536년 8월 7일 마침내 베른은 최근까지 주교와 공작이 소유하던 모든 권리를 제네바가 보유한다는 것과, 그리고 교회와 참사회와 성 빅토르 수도원에 소속되어있는 땅들을 수요 한다는 조약에 동의하였다. 제네바의 영토는 이렇게 해서 제네바 시 뿐만 아니라, 소의회가 임명한 관리들이 지배하는 28개 이웃 마을들이 있었다.

1535년 9, 10, 11월에 200인 의회와 총회는 수도원과 교회재산의 일부를 사용하여 옛 병원들을 보수하고, 클라라(Clarissines)전 수녀원에 병자를 위한 큰 보호소를 설립하는 한편, 거지수용소를 만들어 구걸하는 것을 금지시켰다. 교도소는 단일화하였다. 그리고 1536년 2월 28일. 200인 의회는 일련의 금지령을 공포하고, 이를 즉시 제네바 시 전역에 벽보를 통하여, 신성모독과 악담, 카드놀이를 금하고, 마취제 판매와 외국인의 선술집 접대를 엄격히 단속한다고 하였다. 신부는 그 후 즉시 머리에 수건을 쓰게 하였다. 6월에는 설교에 참여하지 않으면 벌금형이 가해지고, 주일 외에는 어떠한 축제도 허락되지 않았다. 같은 달 자기 아이를 사제에 의해서 세례 받게 한 어떤 시민이 추방되었다. 장 발라르(Jean Balard)라는 행정관은 새 설교를 고의적으로 듣지 않았다는 이유로 제네바 시의 명령을 따르던가 아니면 10일 안에 제네바 시를 떠나라는 명령을 받았다. 분명한 것은, 제네바의 신앙과 행위에 대한 정부의 규제는 칼빈과 함께 시작되지 않았다는 점이다. 그것은 부분적으로는 시 의회의 중세기적 기능의 유산이며, 부분적으로는 그 의회가 스스로 계승자로 간주한 교회적 권위의 유산이었다.

1536년 5월 21일, 화렐의 권유로 소 의회와 200인 의회는 종소리와 나팔소리가 울려 퍼지는 가운데 회의를 소집하였다. 이때 제네바 시민은 한 사람의 반대도 없이 선출된 최초의 지방행정관인 끌로드 사부아(Claude Savoye)의 주도하에 "우리는 우리에게 알려진 대로 이 거룩한 복음주의적 율법과 하나님의 말씀 안에서 살기를 원하며, 모든 미사의식과 성상과 우상들, 그리고 이와 관련된 모든 것을 버리기를 원한다”고 선언하였다. 종교개혁이 총회에 모였던 시민들에 의해 공적으로 받아들여진 것이다. 총회에서 자진해서 자신의 의견을 표현한 사람의 수는 제네바 시민 중 천 명에서 천 오백 명에 달하였다. 이 행동은 분명히 주교에 대한 반대, 베른이 그처럼 오랫동안 중요한 역할을 담당한 정치적 투쟁, 그리고 화렐, 후로망, 비레 등의 노력을 통해서, 제네바의 안전의 유일한 길은 프로테스탄트주의에 확고히 서 있어야 한다는 것을 인식하게 된데서 온 확신의 소리였다.

이틀 전에 200인 의회는 소의회의 권고에 따라 화렐의 친구 앙뜨완느 소니에 (Antoine Saunier)를 학교의 책임자로 결정하였으며, 총회는 가난한 자의 교육을 무료로 하고, 모든 사람은 그들의 자녀를 학교에 보내야 한다고 결정하였다. 제네바에서의 보통교육은 이처럼 주로 칼빈 이전에 화렐을 통하여 확립되었으며, 그리하여 제네바 권징의 주요특징이 일찍이 시작된 것이다. 종합병원은 성 끌레르(St.Claire)에 세워지고, 옛 카톨릭 병원들의 수입이 그대로 계승되었다. 주교가 살던 주택은 감옥으로 사용되었다. 네 사람의 목사와 두 집사의 고정생활비가 교회재정에서 지출되었다. 성 삐에르교회(St.Pierre)와 성 제르베교회(St. Gervais)에서는 매일 설교가 있었고, 성찬식은 1년에 네 번 시행되었다.

이 모든 것들은 화렐이 시작한 일이었으나, 그것은 칼빈의 한층 더 중요한 사업의 준비단계였다. 사람들은 사보이 가와 주교의 지배로부터 벗어나기를 갈망했으나, 아직은 복음적 종교가 무엇인지를 전혀 모르고 있었기 때문에 그런 훈련을 받아들일 자세가 되어있질 않았다. 그들은 자유를 면허증 정도로 오해하고 있었던 것이 틀림없었다. 그들은 참으로 무질서와 혼란에 빠질 위험에 처해 있었다.

이것이 1536년 여름 칼빈이 제네바에 도착했을 때의 상태였으며, 화렐은 이런 상황에서 새 교회를 세우는 위대한 과업을 칼빈이 맡아줄 것을 강권했던 것이다. 교황권과 고대의 예배가 거부되었으나, 새로운 구조의 견고함과 힘이 옛것을 대신하기 위해서는 건축설계자가 필요하였다. 화렐은 제네바가 요구하는 지도자는 『기독교 강요』의 젊고 혈기왕성한 그 저자라고 믿고 있었으며, 하나님의 섭리는 그러한 인물을 제네바에 보내셨다고 생각하였다. 화렐은 칼빈보다 20살이나 더 많았으나 그 밑에서 순종하며 일하기를 원했다.

제4장

기독교 강요

니꼴라 콮(Nicolas Cop)의 빠리대학 총장 취임 연설문 사건으로 칼빈은 1534년 1월 방랑의 길에 오르게 된다. 그는 친구 루이 뒤 띨레(Louis Du Tillet)가 살고 있는 앙굴렘(Angouleme), 종교 개혁 옹호자로 유명했던 마그리뜨(Marguerite) 공작부인이 있는 네락(Nerac), 고향인 노와용(Noyon), 그리고 스트라스부르(Strassburg)를 전전하다가, 마침내 1535년 1월 바젤(Basel)로 오게 된다. 칼빈은 같은 신앙을 가진 형제자매들이 잔인한 박해를 받는 것을 차마 그대로 볼 수가 없었다. 그래서 저들을 변호하기 위해 그는 고색이 창연한 이 조용한 바젤 시에서 붓을 들기 시작했다. 그것이 바로 기독교 사상 가장 유명한 『기독교 강요』가 되었다.

I

이 책은 1536년 4월에 『기독교 강요』(Christianae Religionis Institutio)라는 이름으로 바젤에서 출판되었다. 칼빈은 겨우 27세였다. 이 책은 기독교 문헌 중 가장 귀중하고 영원히 남아야 할 책으로, 지적이며 영적인 깊이와 능력을 소유한 조숙한 천재의 걸작이다. 개신교의 사상을 체계적으로 확립한 것은 루터의 저서보다 칼빈의 이 강요가 아닐 수 없다.

『기독교 강요』가 나오자 세계는 깜짝 놀랐다. 그리고 칼빈은 즉시 복음주의 신앙의 챔피언들 중에서 최상위를 차지하게 되었으며, 개혁파 교회의 아리스토텔레스이며 토마스 아퀴나스라는 별명을 붙이는 사람들까지도 생기게 되었다.

로마 교회는 이 책의 위험성을 인정했음인지, 이단자의 코란이니 탈무드니 하여 즉시 맹렬한 공격을 퍼부었고, 빠리나 다른 지역에서는 태워버리는 사태까지 벌어졌다. 그런가 하면 그들 중에는 그 공적에 찬사를 아낌없이 보내는 사람들도 상당수에 이르렀다. 한편 복음주의자들은 『기독교 강요』의 출현을 열광적으로 환영하며, 사도 시대 이후 가장 명석하고 가장 논리적이며 가장 확신에 넘치는 기독교 교리의 변호라고 예찬했다. 이러한 찬사는 비단 정통적인 개신교도들만이 아니었다. 튀빙켄 학파의 창설자인 바우르(F. C. Baur, 1792-1860)도 "그 독창성과 개념의 정통성, 조직적인 일관성, 그리고 명석한 방법론에 있어서 높이 평가되어야 할 진정한 고전"이라고 칼빈의 강요를 극구 찬양했다.

겨우 27세의 나이에 자기의 종교적, 정치적 확신을 체계적으로 조직하여 이것을 세계에 제공하고, 여러 가지 근본 문제를 대담하게 해결한 것이야말로 일대 경이가 아닐 수 없다. 더욱 놀라운 것은 이 책이 23년 동안 끊임없이 칼빈에 의해서 개정되어 방대한 저서가 되었음에도 불구하고, 신앙과 사상의 내용에서는 1536년의 제1판과 1559년의 최종판 사이에 조금도 중대한 차이를 찾아볼 수 없다는 점이다. 23년 동안 분투와 연구와 경험을 통하여 그의 지혜가 풍부해지고 성경에 관한 지식이 깊어졌지만, 그러나 처음의 확신과 사상은 변하지 않았다. 이것은 그가 처음부터 성경에 철저하게 충실했으며,

성경의 진리를 그대로 믿고 자기 발명이나 자기 사상에 의존하지 않았다는 것을 의미한다. 그러므로 우리가 『기독교 강요』를 읽을 때 즉시 발견하게 되는 것은, "하나님의 위엄에 대한 심원한 의식, 하나님의 말씀에 대한 존경심, 그리고 저자의 특징이었던 충실한 해석과 조직화를 위한 세심한 관심" 등을 보게 된다.

이 책이 유럽의 종교개혁에 미친 영향이야말로 지대했다. 만일 『기독교 강요』가 없었다면 루터 이후의 개신교는 큰 혼란에 빠졌을 것임을 능히 짐작할 수 있다. 이런 의미에서 이 책은 하나님께서 특별히 사용한 책이라고 우리는 확신한다. 이 책이 출판된 지 몇 주 후에 스트라스브르의 부처(Bucer)는 칼빈에게 다음과 같은 편지를 썼다. "주님께서는 분명히 귀하를 그의 종으로 택하셔서, 가장 부유한 은혜를 교회에게 전달하도록 하셨습니다."

Ⅱ

칼빈은 『기독교 강요』를 무슨 목적으로 저술했는가? 앞에서 말한 대로, 칼빈은 같은 신앙을 가진 형제자매들이 잔인한 박해로 고통당하는 것을 차마 그대로 볼 수가 없었다. 그래서 저들을 변호하기 위해 붓을 들기 시작한 것이 곧 『기독교 강요』가 되었다고 했다. 칼빈이 이 바젤에서 『기독교 강요』의 출판을 급히 서두르지 않을 수 없었던 것은, 1534년 10월 17일 밤의 유명한 벽보 사건 때문이었다. 미사를 반대하는 이 벽보는 빠리 시내 여러 곳에 붙었고, 심지어는 왕의 침실 창문에까지 붙어져 있었다.

이 벽보를 작성한 사람은 뇌샤뗄(Neuchatel) 교회의 목사 앙뜨완느 마르꾸르(Antoine Marcourt)였다. 미사의 남용을 겨냥하고 만든 이 벽보의 제목은 "유일하신 중보자시요 구세주이신 우리 주님의 그 거룩한 성찬을 직접 반대하여 만든 교황주의 미사의 그 무섭고 용납할 수 없는 남용에 대하여"였다.

이 벽보의 문장은 너무도 격렬했고 그 욕설은 쏘는 듯했다. 후랑수와 1세는 이를 대역죄로 생각할 만큼 그 분노가 극에 달하였다. 그는 야수적인 반응을 두 가지로 나타냈다. 첫째는 행렬 성가와 기도를 명하여, 빠리 시내의 여러 십자로와 그 밖의 몇 곳에 부착하고 살포된 그 수치스럽고 이단적인 벽보와 책자들을 시정해 주도록 하나님께 기원하도록 했고, 둘째는 자신이 친히 박해를 가하여 이를 시정하기로 결심했다. 이 일에 대하여 칼빈은 후에 이렇게 기록한다. "벽보 사건으로 충성된 그리스도인에 대한 격노의 불이 맹렬히 타올라 우리의 주장은 가증한 것이 되고 말았다."

이 일 때문에 여러 명의 복음주의자들이 체포되어 화형을 당했고, 그 최초의 순교자는 바뗄르미 밀롱(Barthélemy Milon)이라는 사람이었다. 처형당한 사람들 가운데는 칼빈을 자기 집으로 영접한 빠리의 상인 에띠엔느 드 라 훠르즈(Etienne de La Forge)가 끼어 있었다. 그는 관대하고 평화스럽고 명예로운 시민이었는데, 프랑스 왕이 프랑스 개신교도에 대한 핍박의 정당성을 공포하고 (1535년 2월 1일) 난지 16일 만에 순교했다. 이러한 가혹한 처형에 대한 소식들이 외국에까지 전해지자 독일의 거의 모든 지역에서는 크게 개탄, 그러한 폭군에 대해서 분노를 금하지 못했다. 그래서 이 일을 은폐하기 위해 거짓말로 가득찬 야비한 소책자가 유포되었는데, 그 내용은, 이와 같은 잔인한 처형은 재세례 파와 그 선동자들에게만 가해진 것이며, 그들이 이와 같은 처형을 받은 것은 헛된 꿈과 거짓된 생각으로 종교뿐 아니라, 모든 정치적 질서까지도 전복하려 했기 때문이라는 것이었다.

사실상 후랑수와 1세는 종교개혁 때문에 얻은 독일 군주들과 맺은 동맹을 더 중요하게 여겼다. 그래서 그는 1535년 2월 1일, 프랑스 제국의회에서 행한 벽보 사건 공포로 그에게 빗발치듯 퍼붓는 비난에 대하여 답변했다. 이 답변에서 그는, 만일 종교적 죄로 박해를 받은 사람이 있다고 하면, 그는 거짓의 아비에게 사주를 받은 헛소리하는 정신병자이기 때문이라고 했다. 그러므로 군주들의 신하 가운데 그러한 무리들이 있을 경우, 군주들도 저들을 증오할 것이며, 또한 저 주받은 무리로 생각할 것이라고 했다. 후랑수와 1세는, 이 사람들(복음주의자들)은 선동을 조장하기 원하는 자들이라고 비난했다. 요컨대 그는 이 복음주의자들을 극단론자로 이름난 재세례 파와 한패로 몰아세웠던 것이다. 불링거(Bullinger)에 의하면, 거짓으로 가득 찬 이 논쟁적인 팜플렛의 작성자는 기욤 뒤 벨레(Guillaume du Bellay)라는 사람이었다.

그래서 칼빈은 이렇게 말한다. "저 정치적 협잡꾼들의 속임수로 꾸며진 이 거짓된 음모가, 그 거룩한 순교자들이 죽은 후, 아무 근거도 없는 비방과 중상을 뒤집어씌움으로, 무죄한 유혈을 은폐하는 데 도울 뿐 아니라, 후에 동정의 여지도 없이 저 가련한 성도들을 잔인하게 살육하려는 수단이 되고 있음을 보았기 때문에, 나는 내가 만일 강력하게 이를 반대하지 않고 그대로 침묵을 지킨다면, 충성하지 않았다는 비난에 대해서 전혀 변명할 길이 없다는 것을 알게 되었다." 칼빈은 이런 처절한 상황을 그대로 내버려 둘 수는 없었다. 그래서 그는 1536년 판 『기독교 강요』 첫머리의 "프랑스 왕에게 드리는 글"

에서 다음과 같이 저술 목적을 밝히고 있다.

"폐하시여! 내가 이 책을 처음 쓰기 시작하였을 때에는 후에 폐하께 드릴 수 있는 책을 쓰겠다는 생각까지는 미처 가지지 못하였습니다. 나의 의도한 바는 다만 기초적인 원리들을 약간 기술하여 종교를 탐구하는 사람들로 하여금 참된 경건의 특질이 무엇인가 함을 배우게 하려는데 있었습니다. 그리고 이 책은 주로 나의 동포 프랑스 사람들을 위하여 썼사온데, 그들 중에는 주리고 목마른 것처럼 그리스도를 사모하는 자가 심히 많사오나 그리스도를 참으로 아는 지식을 소유한 자는 극히 적은 것을 알았습니다. 바로 이것이 나의 붓을 든 의도라는 것은 이 책 자체가 증명하는 대로, 그 내용이 단순한 방법과 아무 수식이 없는 문장으로 되어 있는 것으로 알 수 있습니다. 그러나 폐하의 나라에서 어떤 사악한 자들의 광포함이 극도에 달하여, 이 나라에서는 건전한 교리가 존재할 여지가 없다는 것을 알게 되었습니다. 따라서 나는 이 책에서 그리스도교에 대한 나의 지식을 저들에게 가르쳐 주며, 나의 신앙 고백을 폐하께 보여 드릴 수 있다면, 이것으로 나의 노력은 유용하게 바쳐질 수 있을 것이라 생각하였습니다."

칼빈의 이 헌사는 문학사상 불후의 세 헌사들 가운데 하나로 인정받고 있다. 하나는 드 다우(De Thou)의 프랑스 사(史) 서문이요, 둘째는 카사본(Casaubon)의 폴리비우스(Polybius)라는 저서의 서문이요, 셋째가 칼빈의 『기독교 강요』 서문(프랑스 왕에게 드리는 글)인데, 이것은 그 중요성이나 유용성에서 앞의 두 서문을 훨씬 능가한다.

여기서 우리는 『기독교 강요』 저술 목적이 두 가지라는 것을 알 수 있다. 첫째는 실제적인 목적(혹은 교육적, 요리문답적 목적)이다. 다시 말하면, 기독교의 교리를 가능한 한 단순하면서도 조직적으로 해석하여, 기독교를 탐구하는 사람들로 하여금 쉽게 이해시키려는 데 있었다. 즉 칼빈이 생각하고 있던 목적은 기독교 교리 전체를 다루는 일종의 요리문답서를 쓰는 것이었다. 그럼에도 불구하고 1536년의 초판 강요는 라틴어로 기록되어 소수의 사람들만이 읽을 수 있었다. 그래서 칼빈은 1539년의 제 2판 강요 서문에서는 이러한 목적을 수정하고 있다.

그는 이제 지식인들에게 개혁파 교리를 간명하게 해석해 주는 것보다는, 성경을 교의학적으로 소개하는 데 더욱 뜻을 두게 되었던 것이다. 그는 신학연구에 전념하려는 사람들을 가르치고 준비시킴으로, 그들이 신학연구에 쉽게 접근하고 성경이해를 보다 향상시켜 아무런 동요없이 올바른 길로 인도하려는 것이었다.

그래서 "칼빈은 1539년 라틴어판에서 기본적인 신학적 윤곽을 보여 주었으며, 이것은 강요의 모든 후속 판에 그대로 나타난다." 칼빈의 안중에는 일반 대중보다는 신학도들에게 특별한 관심을 두고 있었다는 것이다. 멜랑히톤(Melanchthon)이 1521년 Loci Communes(신학총론)를 출판할 때와 마찬가지로, 칼빈은 지금 일종의 교의학 개론을 저술하여 신학 교육의 필요성에 대비한 신학도들의 지침서로 삼고자 했던 것이다.

둘째는 변호의 목적이 있다. 1535년 초, 프랑스를 피로 물들였던 박해, 칼빈이 시편 주석 서문에서 명백히 밝힌 대로, 이 박해가 재세례 파와 선동자들에게만 가해졌다고 하여 박해의 정당성을 꾀하려한 것을 알게 되었을 때, 칼빈은 이 책을 실제적인 목적과 함께 변호의 목적으로 사용하고자 했다. 프랑스 왕에게 드리는 헌사는 변증문학 가운데 몇 안 되는 걸작 중의 하나로 꼽히고 있다. 칼빈은 여기서 공손과 예의를 갖추면서도 신하로서 합법적인 자신의 권리를 인식하고 자신과 개신교도들의 사정을 논한다. 그의 주장은 자신의 이유가 정당하다는 확신을 갖고 있으며, 또한 잘 훈련된 법률가와 같이 정확하고 설득력 있게 비평에 답하고 있다. 칼빈은 개신교도들이 참혹하게 살해되고 있다는 것과 이것은 단순히 풍문에 따라서 정죄되고 있다고 주장한다.

칼빈은 복음주의자들의 죽음이 우리 주님 보시기에 매우 귀중한 것임을 밝히려 했다. 칼빈은 이미 생명을 건 그 영웅적인 신앙을 가지고, 그리고 인간의 전통으로 말미암아 그 영향력이 상실되고 박약해진 그리스도의 순수한 복음에 대하여 불붙는 정열을 가지고 이 책을 썼던 것이다. 칼빈은 여기서 교의와 윤리를 묶어 유기적인 조화를 이루어 놓았다.

역사적으로 볼 때, 이 두 가지가 서로 다르면서도 동시적인 목적은 동등하게 유용했다. 그러나 신학적인 측면에서 보면 전자가 후자보다 훨씬 더 중요하다 하겠다. 칼빈 자신도 그렇게 생각했다. 이것은 칼빈이 변증적인 부분, 특히 "프랑스 왕에게 드리는 글"을 거의 변경 없이 거듭되는 판에 그대로 수록한 데 반하여, 신학적 해석에 대하여는, 우리가 아는 대로 많은 수정을 가한 것이다.

Ⅲ

여기서 우리는 『기독교 강요』의 사상적 배경을 살펴보기로 한다.

칼빈은 죽기 5년 전까지 지칠 줄 모르는 정력으로 판을 거듭함에 따라 『기독교 강요』를 계속 확대하며 개정해 나아갔다. 『기독교 강요』는 겨우 기독교 진리의 이론적 해석에 그치는 책이 아니라, 이를 훨씬 더 넘어서는 저서이다. 엄격히 말해서 그것은 형식상 행동의 지침서로 꾸며진 것은 아니었지만, 그것은 쉽게 교회를 위한 새로운 제도의 기초가 되었으며, 교회의 도덕적 생활의 규범을 위한 기반이 되었다. 『기독교 강요』의 특징이라 할 수 있는 문장의 적절한 표현력, 논증의 논리적 설득력, 진술의 정확성, 이런 것들은 모두가 다 칼빈 자신의 것들이었다. 『기독교 강요』 전편에 흐르고 있는 도덕적인 정열은 불붙는 듯한 힘이 있다. 기독교 교리서로서 이 책은 생생하고 독창적인 데가 있다. 그것은 한층 더 신앙생활을 주의 깊이 해석하고 있으며, 그 명확성과 진지함에서 신기하고 감동적인 책이다. 그러면 그 사상적 배경은 무엇인가.

첫째로, 칼빈이 자기의 신학적 저작에서 표현한 사상의 원천은 성경이다. 칼빈은 성경 전체를 면밀하게 연구했다. 특히 구약에 대하여는 어느 다른 개혁자들보다도 훨씬 더 많은 지식이 있었다. 그리고 그는 자기 사상의 기초를 성경에 두었다. 그는 하나님의 말씀이라고 하는 이 움직이지 않는 반석 위에 자신을 확고히 세우고 신앙과 행위 문제에서 성경을 유일하며 가장 안전한 안내자로 확신했던 것이다.

칼빈은 성경에 대한 충분한, 그리고 완전히 소화된 지식의 소유자라는 것을 강요 매 페이지에서 명백하게 보여 주고 있다. 그는 17세기의 스콜라 신학자들처럼 기계적인 방법으로 성경을 하나의 증거 문서로 보지 않고, 유기적인 전체로 보고 자기 신학 체계를 형성했다. 그는 성경을 무관심한 과학자처럼 연구하거나 해석하지 않고, 자신의 신학적 입장의 확신을 찾으려는 정열을 가진 신학자였다. 그리고 그는 성경 권위의 기초를 성경 자체의 고유의 탁월성과 신자에게 말씀하시는 성령의 증거에 두고 있다.

둘째로 칼빈은 교부들의 많은 저작들을 깊이 관심 있게 읽고 인용했다. 특히 어거스틴(Augustine)을 많이 인용했다. 칼빈은 교부들을 인용하되 진리의 심판자가 아닌 증인으로 인용했으며, 따라서 루터가 교부들에게서 이신칭의의 교리 외에 금욕주의적인 수도생활이나 인간의 공로를 높인 것을 발견했을 때 가끔 그 경멸적인 태도를 나타냈으나 칼빈은 이를 자제했다. 칼빈은 일찍이 1536년판 『기독교 강요』에서, 인간 영혼의 기능을 다루는 자리에서 플라톤, 아리스토텔레스, 데미스티우스(Themistius), 키케로(Cicero)를 인용할 뿐만 아니라, 크리소스톰(Chrysostom), 오리겐(Origen) 그리고 어거스틴도 인용하고 있는 것을 보게 된다. 이와 같은 풍부하면서도 정확한 인용들은 다른 개혁자들에게서는 쉽게 찾아볼 수 없는 현상이다. 칼빈은 특히 헬라 교부들 중에서 크리소스톰을 좋아했다. 한때 그가 크리소스톰의 Homilies(설교)를 프랑스어로 출판하려는 계획까지 세울 정도였다. 그가 크리소스톰을 좋아하게 된 이유는 성경 해석에 있어서 고대의 모든 교부들보다 월등했기 때문이다.

그러나 칼빈에게 결정적인 영향을 끼친 교부는 어거스틴이다. 그는 어거스틴의 저서를 계속 읽었으며, 기회가 있을 때마다 어거스틴을 인용했고, 어거스틴의 표현을 채택했으며, 또한 논쟁에서 어거스틴을 가장 훌륭한 동맹으로 여겼다. 그는 어거스틴이 성경 해석에서 풍유적 방법을 사용한 데 대하여 가끔 유감을 나타내면서도 성경의 가장 충실한 해석자로 간주한 데는 항상 변함이 없었다.

교리면에서 볼 때, 칼빈은 어거스틴의 자유 의지와 성례관에서 영향을 받았고, 은혜와 예정을 다루는 각 장에서는 전적으로 어거스틴의 논증을 자신의 목적으로 사용하고 있다. 이와 같은 일치점은 신학적 문제의 성격에서 칼빈과 어거스틴이 동일하다는 점에서만 해석될 수 있는 것이다. 그러나 칼빈이 교부들에게서 일치점을 많이 발견했다고 해서 교부들의 권위에 대한 전통 개념으로 돌아갔다는 것을 의미하지 않는다. 성경만이 신앙의 규범적인 가치를 지니고 있기 때문에, 칼빈은 저들이 성경에서 벗어났다고 생각할 때에는 언제든지 주저하지 않고 관계를 끊었다. 부처가 교부들의 저서를 무차별하게 인용하자, 칼빈은 부처가 교부들의 성자기도관(聖者祈禱觀)에 지나치게 권위를 부여한다고 하여 비난한 바 있었다. 그리고 그는 Treatise on Scandals에서 교부들의 자유의지관과 철학자들에 대한 나약한 태도를 공격하기도 했다.

칼빈이 의식적이든 무의식적이든, 스콜라 신학의 영향을 받았다는 견해가 있다. 사실상 칼빈이 스콜라 신학자들에 대하여 알고 있었던 것은, 주지하는 바보다는 훨씬 더 많이 알았던 것이 분명하다. 그는 안셈(Anselm)이나 피터 롬바르드(Peter the Lombard)나 토마스 아퀴나스(Thomas Aquinas), 그리고 베르나르두스(Bernard)와 같은 학자들의 저서를 연구하고 인용했다. 몽때귀대학(Montaigu)에서 받은 교육을 통해 아닌 게 아니라 칼빈은 유명론(唯名論)을 접촉하게 되었고, 후랜씨스파의 대표적인 신학자들, 특히 던스 스코투스(Duns Scotus)나 오캄(Ockham)을 알게 되었다. 이것 때문에 칼빈의 신관을 스코투스의 신학과 비교하는 경향이 생기게 된 것이다. 리츨(A. Ritschl)과 같은 학자는, 이중 예정의 교리를 좌우하는 하나님 관념은 유명론자들이 주장하는 하나님의 절대권능(potentia absoluta)을 의미하는 것이라고 주장했다. 그 후 많은 신학자들과 역사가들은 칼빈주의 신관념을 던스 스코투스에게서 더듬어 찾는 습관이 생기에 되었다.

그러나 칼빈이 스콜라 신학의 영향을 받았다는 견해는 저들이 칼빈의 사상을 전적으로 왜곡한 데서 온 것이 틀림없다. 왜냐하면 칼빈은 『기독교 강요』에서 교황주의 신학자들의 잘못을 다음과 같은 말로 명백히 지적하고 있기 때문이다.

우리는 하나님의 절대적 권능을 말하는 교황주의 신학자들의 꿈을 찬성할 수 없다. 저들의 애매한 신관은 독신적이며, 혐오의 대상이 아닐 수 없다. 우리는 하나님이 자신에 대하여 법이시기 때문에 법이 없는 하나님을 상상조차도 할 수 없는 것이다. 그런데 하나님의 의지는 모든 악에서 순결할 뿐만 아니라 최고 완전한 규범이 되시며, 모든 법의 법이 되시는 것이다. (『기독교 강요』 Ⅲ. 23. 2)

이 말은 칼빈이 던스 스코투스의 영향을 받았다는 가설을 뒤집는 명백한 증거이다. 두메르그(E. Doumergue)나 부아(H. Bois), 그리고 르세르프(A. Lecerf)와 같은 학자들도 이상의 칼빈 자신의 말을 근거로 하여 스코투스의 영향을 부정하고 있다.

칼빈이 말하는 하나님의 권능은 스코투스나 오캄의 절대적 권능과는 다른 것이다. 하나님은 자신의 위엄에 손상이 가는 행위는 하실 수 없다. 거짓말도 하실 수 없으며, 악한 일, 모순되는 일을 명하실 수 없다. 스콜라 신학자들의 하나님처럼 자신을 멸절시킬 수도 없다. 이것은 하나님께서 능력이 모자라서가 아니라, 그의 권능이 자신의 맹목적인 노력이 아니기 때문에 그렇다. 이와 같이 칼빈이 말하는 하나님의 절대적 권능(혹은 전능)은 무엇이든지 다 하실 수 있다는 뜻이 아니라, 하나님의 의지는 정의의 최고 주권적인 규범이기 때문에, 그가 하시기로 원하셔서 결정하신 것은 무엇이든지 다 옳은 것이며, 또 의지하신 것은 무엇이든지 다 그대로 시행된다는 것을 의미하는 것이다.

칼빈 당시의 사상적 배경을 찾는다면 자연히 인문주의자들과 개혁자들에게 그 특수한 위치를 둘 수밖에 없다. 칼빈이 회심 후에도 인문주의의 흔적을 그대로 지니고 있었던 것으로 보아, 그의 성경해석이 발라(Valla)나 에라스무스(Erasmus)의 방법을 계속 유지하고 있었다는 것은 의심할 여지가 없으며, 에라스무스의 영향은 더욱 깊어서 칼빈의 성경해석을 읽을 때 에라스무스의 방법과 표현을 자주 생각나게 하는 것이 있다고 주장하는 학자들이 있다. 노이어하우스(Neuerhaus)는 "헬라 정신은 조금씩 기독교 정신 앞에서 사라져 갔지만, 그럼에도 불구하고 칼빈은 끝까지 뛰어난 인문주의자의 명성을 유지하였다"고 말함으로 칼빈이 인문주의자였음을 강조했다. 로마 교회의 신학자 가노치(Ganoczy)도, 비록 르페브르(Lefèvre)와 에라스무스의 주석이 『기독교 강요』의 자료에 나타나지는 않지만, 인문주의 유산의 좋은 부분들, 특히 그의 성경 해석 방법, 일종의 기독교 철학의 용인, 옛 이교사상가들에 대한 존경, 그리고 그리스도인 생활 교훈의 강한 윤리적 성격 등이 칼빈의 신학에 들어있다고 주장했다.

그러나 칼빈은 인문주의의 영향을 받은 것은 사실이나 인문주의자는 아니었다. 그는 인문주의의 모든 지적 요소들을 자신의 신앙의 봉사를 위해서 사용하면서 인문주의를 극복한 성경에 미친 신앙인이었다. 그는 이성과 전통을 성경의 최고 권위에 종속시켰던 것이다. 워필드는 "칼빈은 종교개혁자가 되기 전에는 인문주의자였으며, 고대 문헌들의 확실성을 결정하는 과정 전체에 정통하고 있었다"고 말함으로 지금 그는 인문주의자가 아니라는 것을 보여주고 있다. 이 사실은 칼빈 자신의 다음과 같은 말에서 분명해진다.

"데모스데네스(Demosthenes)나 키케로(Cicero)의 글을 읽어보라. 플라톤이나 아리스토텔레스, 또는 그와 같은 부류의 사람들의 책을 읽어보라. 그것들은 놀라운 방법으로 독자들을 매혹시키며 기쁘게 하고 감동을 주며, 황홀하게 만들 것이라고 나는 생각한다. 그러나 그것들을 다 읽은 후에는 성경을 읽는 데 전념하라. 그러면 성경은 우리 자신도 모르는 사이에, 우리를 깊이 감동케 하며, 우리 마음에 스며들 뿐만 아니라 골수에까지 새겨짐으로써, 그 깊은 인상과 비교할 때에 수사학자나 철학자들의 힘은 거의 사라지게 될 것이다. 따라서 인간의 노력으로 얻게 되는 모든 재능과 미덕을 훨씬 능가하는 이 성경은 신적인 무엇을 호흡하고 있다는 것을 쉽게 인식하게 될 것이다. " (「기독교 강요」 I.8.1.)

그러나 루터의 영향은 대단히 크다. 칼빈이 「피기우스를 반대하는 자유의지론」(Treatise on Free Will against Pighius, 1543)에서, "우리는 이전과 같이 루터를 그리스도의 탁월한 사도라고 분명히 말할 수 있다. 다른 모든 사람들보다 뛰어나게 그의 노고와 사역에 의해서 복음의 순수성이 이 시대에 회복된 것"이라고 한 말에서 루터에 대한 그의 아낌없는 찬사를 볼 수 있다. 물론 칼빈의 저서에서 루터의 어떤 완전한 논증이나 문장 그대로 인용된 것을 찾아보기는 힘들다. 그렇다고 해서 칼빈에게서 루터의 영향을 제거할 수는 없다.

루터의 영향은 형식상 벌써 1536년 판 『기독교 강요』의 구성에 나타나 있다. 그것은 『기독교 강요』가 루터의 소요리문답의 순서에 따라 구성되었다는 점이다. 근본적으로 강요가 루터의 사상적 영향을 받은 흔적을 자주 보여 준다. 특히 계명과 사도신경 첫 항에 관한 해석에서 그것을 볼 수 있다. 그리고 모든 기본적인 교리에서 칼빈은 루터와 전적으로 일치점을 보이고 있다. 칭의, 인간의 전적부패, 원죄, 구세주요 중보자이신 그리스도, 성령으로 말미암은 구원의 적용과 같은 교리들이다. 그러나 칼빈이 루터의 영향을 항상 의식하고 있었음에도 불구하고 루터의 사상을 아무런 비판 없이 받아들인 것은 아니었다. 1536년 이후 칼빈은 성찬론(聖餐論) 때문에 루터와 손을 끊었다. 그 후 차이점은 더욱 심해져서 성경의 정경성 문제, 예정, 교회, 그리스도, 성례관 등에서 현저한 불일치를 보였다. 이와 같은 차이점은 루터의 그리스도 중심적 신학과 칼빈의 하나님 중심적 입장에서 그 문제의 해석을 찾을 수 있지 않을까 생각한다.

칼빈의 사상적 배경을 찾을 때 우리는 또한 멜랑히톤을 빼놓을 수 없다. 특히 1521년과 1535년에 출판된 멜랑히톤의 신학총론(Loci Communes)을 칼빈은 알고 있었다. 이 책은 멜랑히톤의 유명한 교의학서로, 여기서 그는 율법, 신앙, 소망, 사랑, 회개, 그리스도인의 자유 등을 다루고 있다. 우리는 이 책에서 멜랑히톤의 기독론과 칼빈의 기독론의 접촉점을 발견하게 된다. 더욱이 칼빈이 멜랑히톤의 아우구스부르그 신앙고백에 서명하기를 조금도 주저하지 않은 것으로 보아 그의 사상에 적극 찬성했다고 볼 수 있다. 그러나 칼빈은 가장 중요한 두 가지 교리에서, 멜랑히톤과 헤어져야 할 심각한 차이점을 나타내고 있는데, 그것은 자유의지와 예정교리였다.

한편 칼빈은 영적인 면에서 취리히의 개혁자 쯔빙글리(Zwingli)와 거의 유사성이 없었다. 그는 쯔빙글리보다는 루터나 멜랑히톤을 더 가깝게 느끼고 있었다. 쯔빙글리가 복음의 전파와 엄격한 지역적인 애국심에 따른 선입관을 서로 혼동한 것에 대하여 칼빈은 이해할 수가 없었다. 더욱이 성례관이 잘못되었을 뿐 아니라, 쯔빙글리가 지나치게 철학자들에게 오염되어 있고, 지나치게 역설을 좋아한다고 칼빈은 생각했다. 그래서 칼빈은 자신이 항상 생각하던 대로 1552년 1월 불링거에게 보내는 편지에서 쯔빙글리를 제2류 신학자라고 쓰고 있다.

칼빈의 신학 형성에서 그대로 지나칠 수 없는 것은 스트라스부르의 신학자 마틴 부처(Martin Bucer)의 역할이다. 그는 1537년 부처를 개인적으로 알기 전에도 이미 서신으로 교제한 바 있었고, 또 1527년에 출판한 부처의 마태복음과 요한복음 주석을 읽고 자신의 사상으로 만들기도 했다. 이 부처의 저서는 『기독교 강요』를 쓰는데 예비 연구에 사용되었던 것이 분명하다. 1536년에 출판한 부처의 상기 복음서 주석 제3판과, 같은 해의 로마서 주석의 영향은 1539년과 1541년판 『기독교 강요』에 아주 명백하게 나타난다.

칼빈의 구원관과 예정의 교리는 부처의 사상에서 중심을 이루는 것들이었다. 그리고 칼빈은 『기독교 강요』 첫 판에서, 부처가 이미 가르친 바 있는 선택 교리를 다루고 있는데, 이 선택은 불신자와 구별된 신자들의 신뢰의 기초라고 했다. 그리고 부처와 칼빈은 다 같이 선택을 하나님의 세계 통치라고 하는 추상적인 해석을 내리지 않고 실제적인 관점에서, 인간에게는 두 구별된 범주, 곧 피택자와 유기자가 있다고 보고, 이 교리는 사실상 그리스도인의 신앙생활을 강화하는 교리라고 주장했다. 부처와 함께 칼빈은 신앙을 persuasio, 곧 신념의 확신으로 보았으며, 하나님의 "영광" 혹은 "존영"이란 말을 만물의 창조 목적을 지시하기 위해 사용한 표현이라고 주장했다. 그리고 부처와 마찬가지로 칼빈은, 인간을 어떠한 선도 수행할 수 없는 무능한 존재로 보고, 모든 가치 있는 것은 하나님으로부터 온다고 주장했다. 그러나 부처와 칼빈에게 있어서 그리스도인의 생활은 정열적이며 실제적인 경건의 요구에 따라, 선택의 축복과 그 특성을 자아 속에서 실현하기 위한 분투적이며 자아 부정적인 노력으로 간주되었다. 사실 종교개혁의 모든 시기는 선택 교리를 매우 소중히 여겼다. 어거스틴주의가 그 특징으로 강력하게 떠오른 시대인 만큼, 이와 같은 사실은 매우 자연스러운 일이었다고도 볼 수 있을 것이다. 그러나 선택 교리를, 신앙생활을 높이 유지하게 하는 격려와 신뢰의 기초로 이해하는 경건주의적 사상은 당시의 어느 다른 개혁자들보다도 부처의 사상에서 더욱 두드러지게 나타나며, 이러한 사상을 교회의 주요 특징으로 삼은 사람은 칼빈이다.

IV

이제부터 『기독교 강요』의 역사를 더듬어 보기로 하자. 강요의 초판은 1536년 4월 바젤에서 Christianae Religionis Institutio(『기독교 강요』)라는 이름으로 출판되었다. 이 책의 저술이 언제부터 시작되었는지는 확실히 모르나, 프랑스 왕에게 드리는 헌사를 쓴 1535년

8월에 사실상 원고를 인쇄소에 넘길 준비가 다 되어 있었던 것이 확실하다. 그 후 6개월이 지나서 516쪽 옥타보판(Octavo, 8絶版)으로 그 모습을 나타내게 되었다. 이 책은 판을 거듭함에 따라 계속 증보되었으나, 그 초판에서도 매우 포괄적이며 균형을 잃지 않은 훌륭한 기독교 교리서였다. 서론에는 프랑스 왕에게 드리는 헌사가 있는데, 칼빈은 이 글을 불붙는 듯한 웅변으로 기록하고 있다. 우리는 이 헌사에서 칼빈이 프랑스 왕을 설득하고자 하는 진지한 노력을 보게 된다. 이 헌사는 전 세계에서 가장 위대한 서간문 중의 하나로 불리고 있다.

1536년의 초판은 6장으로 구성된다. 처음 네 장은 율법(십계명 해설), 신앙(사도신경 해설), 주기도, 성례전으로 되어 있으며, 이것은 루터가 쓴 요리문답서 순서에 따라 배정한 것이다. 그러나 칼빈은 중세기에 나온 많은 평신도를 위한 신앙 지도서에서도 그와 같은 순서를 발견할 수 있었다. 5장과 6장은 논쟁적인 방법으로 거짓 성례와 그리스도인의 자유를 다루고 있다. 5장에서 칼빈은 지금까지 일반적으로 성례라고 부르던 견진성사, 고해성사, 신품성사, 혼배성사, 종부성사 등 다섯은 성례가 아니라고 논박한다. 6장에서는 그리스도인의 자유의 개념을 해설할 뿐 아니라, 교회와 국가의 관계를 논술한다. 이것은 1534년의 그 유명한 벽보 사건을 공적으로 정죄한 데 대한 답변이며, 또 종교 개혁에 대한 프랑스 왕의 잘못된 태도를 시정해 보려는 항변이기도 하다.

일반적인 견해에 따르면, 칼빈이 1532년에 쓴 세네카의 관용론(De Clementia) 주석은 기대에 어긋났다고 말한다. 그러나 『기독교 강요」의 호평은 대단했다. 1년도 채 못되어 출판사는, 초판이 완전 매진되었으며, 또 수정판이 나와야 한다는 사실을 칼빈에게 알려 주었다. 더욱이 주목할 만한 것은 이 책이 라틴어로 써졌다는 데 있다. 그러므로 이 책은 소수의 지식층에 제한될 수밖에 없었다.

1539년 8월, 칼빈은 다시 새로운 라틴어판 강요를 출판했다. 이 책은 부처의 저서 대부분을 출판한 스트라스부르의 방들링 리엘(Wendelin Rihel) 출판사에서 출판되었다. 이번에는 그 이름을 바꾸어 Institutio Christianae Religionis라 했고, 그 부피도 상당히 증보되어, 6장에서 17장으로 늘어났다. 이것은 어느 모로 보든지 아름다운 책이었다. 제본이 잘 되고 인쇄도 깨끗하게 되었을 뿐 아니라, 문체가 실로 아름다웠다. 칼빈의 문장이 최고도에 달한 때는 이 스트라스부르 시대였다.

이 1539년 판에서 칼빈은 서두를 두 개의 새로운 장으로 장식했다. 하나님에 관한 지식과 인간에 관한 지식으로 된 두 장이다. 그것은 1536년 판에서는 율법이라는 장에서 단지 개략적으로 다루었던 문제였다. 그는 여기서 재세례 파 까롤리(Caroli)와 벌인 치열한 논쟁 끝에 삼위일체론의 해석을 상당히 확대했다. 재세례 파를 한층 더 논박하기 위하여 신약과 구약의 관계를 다루는 장을 새로 삽입하기도 했다. 1536년 판에서도 다소 다루긴 했지만, 회개와 믿음으로 말미암은 칭의를 여기서는 새로운 두 장에 할애했다. 또 예정과 섭리의 교리를 처음으로 조직화했다. 이는 스트라스부르의 개혁자 부처와 나눈 대화 뿐 아니라 어거스틴 연구를 통해서 나왔다. 마지막 장인 그리스도인의 신앙생활은 칼빈 자신의 목회 경험은 물론, 1538년에 나온 부처의 영혼의 참된 치유(The True Cure of Souls)에 영향을 받은 바가 크다. 1539년 판은 형식과 내용에서 다 같이 현저한 발전을 보여 주는 책이었다.

그는 자기 사상을 다룸에서 생생하고 성숙한 면을 보여줄 뿐 아니라, 더욱 조직적인 특성도 보인다. 그의 독서도 광범위한 것으로 나타난다. 어거스틴 이외에도 그는 여러 헬라 교부들, 특히 오리겐을 인용했고, 중세 신학자들의 이름도 상당히 눈에 띈다. 신학자뿐 아니라 고대 사상에도 그는 깊은 관심을 가졌던 것이 확실하다. 전에는 일체 볼 수 없었던 플라톤이 자주 인용된 철학자들 가운데 한 사람으로 나타난다. 또 교회사에 대한 관심이 두드러지게 나타나는 것도 보게 된다.

1541년, 그러니까 1539년 라틴어판이 나온 지 2년 후 칼빈은 모국어인 프랑스어로 이를 번역하여 제네바의 쟝 지라르(Jean Girard)출판사를 통하여 출판했다. 그것은 프랑스 산문사(散文史)에서 그 경계선을 그어 놓은 저작이었다. 이 사실은 흔히 두 가지 근거에서 그런 점이 간주된다. 첫째는 철학이나 윤리와 같은 수준의 문제를 프랑스어로 다룬 것이 이번 『기독교 강요』가 처음이라는 사실이다. 둘째 이유는 문학적 탁월성에 있다. 거의 모든 학자들은 이구동성으로 1541년 프랑스어판 『기독교 강요』(Institution de la Religion Chrétienne)는 프랑스의 고전이며, 이것 때문에 칼빈은 라벨레(Rabelais)와 함께 프랑스 산문계의 아버지요 창시자라 불린다고 할 수 있다. 칼빈의 프랑스 산문체의 특징은 명백함과 위엄과 간결함에 있다. 그의 표현은 간결하여 꾸밀 여지가 없는 것이었다. 대중어인 프랑스 말로 『기독교 강요』를 이렇게 번역하였다는 것은 프랑스와 스위스의 종교 개혁의 운명을 위하여 매우 중요한 의의를 갖는 것이었다. 라틴어판이 지식인을 위한 저작이라고 하면 프랑스어 판은 대중을 위한 작업이었다. 라틴어 판이 신학자, 철학자, 전 세계의 지성인들을 위해서 쓴 책이라고 하면, 프랑스어 판은 프랑스, 제네바, 그리고 이웃 나라의 대중들을 위해 쓰인 책이었다. 즉 노동자, 기공(技工), 양털에 빗질하는 사람, 직공, 심지어는 농민, 상인, 그리고 소 자본가들로, 사실상 라틴어를 알지 못하는 모든 사람들을 위한 책이었다. 이 프랑스어 판이 끼친 영향은 루터의 독어 성경과 그의 다른 저작들과 비교해 보면 훨씬 더 광범위하고 또 직접적인 것이었다.

칼빈은 1543년에 세 번째로 새로운 라틴어판 『기독교 강요』를 출판하다. 그리고 이 책을 1545년에는 프랑스어로 번역했으며, 같은 해에 라틴어 판이 재판되기도 했다. 두 라틴어판은 스트라스부르에 있는 방들링 리엘 출판사에서, 그리고 프랑스어 판은 제네바에 있는 쟝 지라르 출판사에서 각각 간행되었다. 1539년판에 비하면 이 판의 개정이나 증보면은 훨씬 약한 편이다. 그러나 이 책은 전번 책과 거의 다를 바가 없다. 그 구조도 동일하다. 다만 17장에서 21장으로 늘어난 것뿐이다. 여기서 새로 주요하게 다룬 문제는 수도 서약과 인간의 전통에 관한 것들이다. 그리고 새로운 인용문들이 현저하게 눈에 띈다. 사도 바울에게서 셋, 제롬(Jerome)에게서 둘, 교회사가인 소크라테스로부터 하나, 엘비라(Elvira)회의와 니케아(Nicea) 회의에서 각각 하나씩, 그리고 어거스틴으로부터 여섯을 인용하고 있다.

프랑스어 판 (1545년)이 나온지 5년 후인 1550년에는 또 라틴어 판이 나왔으며, 곧 이어 1551년에는 프랑스어 번역판이 뒤따른다. 그리고 1553년과 1554년에는 라틴어 판이 판을 거듭하지 않으면 안 될 정도로 불티나게 팔려나갔다. 1550년과 1557년 사이에 출판된 판수는 모두 7판(라틴어와 프랑스어)인데, 이것은 새로운 한 가족을 이룬 셈이다.

이 1550년 라틴어판은 1543년 라틴어판과 마찬가지로 21장으로 되어 있었으나 여기서 처음으로 장마다 절로 세분했다. 이것은 독자들이 많은 분량의 책을 읽는 데 큰 도움을 주는 것이었다. 이 1550년판에서 칼빈은 성경과 그 권위, 성자(聖者)와 형상에 대한 예배에 대하여 다소 첨가했고, 양심에 대하여도 설명을 덧붙였다. 한편 프랑스어판은 한층 더 발전된 면모를 보여 준다. 그것은 육체 부활에 대하여 세 보충 항목을 설정했는데, 이것은 1559년까지 라틴어판에 편입되지 않은 항목들이었다.

칼빈은 새로운 판을 낼 때마다 새로운 인용문들을 제시했다. 이 사실은 칼빈이 끊임없이 고대의 저작들을 읽고 있었다는 것을 입증한다. 그는 이번에도 많은 곳에서 인용했다. 그레고리우스에게서 한 번, 제2 니케아 회의에서 한 번, 그리고 어거스틴에게서 다섯 번을 인용했다.

이제 우리는 『기독교 강요』의 결정판인 1559년 라틴어판과 1560년 프랑스어 판에 이르게 되었다. 이것은 칼빈이 전 생애를 바쳐 이루어 놓은 정점이라 하겠다. 칼빈은 이때 심한 병에 걸려 신음하고 있었다. 그래서 그는 죽음의 날이 가까웠다고 생각한 나머지 이 책의 결정판을 내리려고 결심하고, 동생 앙뜨완느(Antoine)와 몇몇 친구들의 도움을 얻어 그 일에 착수했다. 그는 서문에서 이렇게 말한다. "작년 겨울 사일열(四日熱)에 걸려 죽음의 날이 곧 오리라고 생각했을 때, 나는 병세가 나빠지면 나빠질수록 한층 더 수고를 아끼지 않고 이 책을 다 써내었다." 칼빈은 중병임에도 불구하고, 이전 판들을 정사하여 여기저기 첨가하기도 하고 새로 발전시키기도 하고, 불명료하거나 잘못된 표현으로 생각되는 곳들을 수정하기도 했다. 이번에는 21장에서 4배가 되는 80장으로 늘어났다. 전적으로 새로운 계획에 따라 완전히 개정했으며, 또한 상당한 부분을 증보했다. 다소나마 계속 보존해 왔던 1536년 초판의 요리문답 형식은 더 이상 볼 수 없게 되었다. 칼빈은 그의 저작을 개정하고 그 자료를 재배열한 것이다. 여기서 그는 사도신경에 따라 하나님, 예수 그리스도, 성령, 그리고 교회의 4부로 재구성했다. 그러나 사도신경의 구조와 1559년 판 『기독교 강요』의 구조는 다만 상대적인 대조를 이룰 뿐이다. 예를 들면 칼빈은 제 4편에서 교회를 말하기 전에 제3편에서 벌써 부활을 말하고 있기 때문이다.

1559년판 『기독교 강요』는 다음과 같은 내용을 다루고 있다. 제 1편의 제목은 "창조주 하나님 지식에 대하여"이며, 자연계, 성경, 하나님을 인식하는 것은 오직 성령에 의해서만 된다는 것, 우상과 하나님의 구별, 삼위일체의 하나님, 악의 존재는 하나님의 의를 훼손하지 못한다는 것 등을 그 내용으로 하고 있다.

제2편은 "구속주 하나님 지식에 대하여"이다. 여기서는 그리스도를 논한다. 곧 인간의 타락과 자유 의지의 상실을 주장하며 인간에게

는 자신을 구원할 능력이 없다는 것을 논한다. 제 3장 이하에서 오직 그리스도를 통해서만 구원받을 수 있다는 것, 그리스도와 율법의 관계, 구약과 신약의 관계, 그리스도의 인격(품위)과 그 사역 등의 순서로 논술해 나간다.

제3편에서는 성령에 대하여 논한다. 이와 관련하여 "그리스도의 구속의 은혜를 받는 수단", 곧 신앙에 대해서 논한다. 신앙, 중생, 회심, 그리스도인의 생활로 나뉘어져 있으며, 특히 그리스도인의 생활에 대해서는 극기, 십자가, 종말 사상, 성결, 행위, 자유, 기도, 예정, 최종 부활 등 여러 가지 중요한 문제에 대해 논한다.

제4편에서는 교회를 논한다. 참된 교회와 거짓된 교회, 사도 시대의 교회, 로마 교회, 신경(信經)과 교회의 관계, 회의와 그 권위, 교회의 성례전, 정치적 통치 등을 그 내용으로 진술해 나간다.

1559년의 이 결정판은 영원히 남을 기념비적인 걸작이다. 참으로 개혁 교회의 신학적 총체(Summa)라고 해야 할 것이다. 칼빈 생존 시에도 그 성공은 대단했으며, 그 후에도 그 인기는 그칠 줄을 몰랐다. 그리하여 『기독교 강요』는 각 나라말로 계속 번역되어 복음을 사랑하는 모든 신자들에게 읽히고 있는 것이다.

우리는 지금까지 『기독교 강요』의 저술목적과 사상적 배경, 그리고 그 역사를 더듬어 봄으로써 강요의 참 모습을 간단하게나마 엿볼 수 있었다. 이 간략한 기술에서라도 칼빈 사상의 전모가 바로 이 강요 안에 들어 있다는 것을 실감하게 되었으리라고 생각한다. 이 책이야말로 칼빈이 전 생애를 통하여 수정하고 재구성하고 증보하여 만든 가장 가치 있는 일대 저작인 것이다. 강요는 칼빈의 다른 모든 저작에서 중심 위치를 차지할 뿐 아니라, 그의 사상에 나타난 모든 문제들을 조직적으로 규정해 놓고 있으며, 자신의 사상적 심화를 면밀히 검토해 놓은 책이기도 하다. 그의 신학이 거의 대부분 이 강요에 녹아있으며, 그의 체계의 여러 부분들이 그 속에 서로 균형 있게 표출되어 있다. 그의 다른 책들은 자연히 이 강요의 영향을 받아 이 책과 함께 집단을 이룬다.

우리가 성경 다음으로 『기독교 강요』에 가치를 높이 부여하는 것은 하나님의 영광만을 위한 사상이 이 책 전체에 넘쳐흐르고 있기 때문이다.

제5장
칼빈, 제네바에 오다

화렐(Farel)의 강력한 권유로 제네바에 머물기로 결정한 칼빈은 1536년 7월에 제네바에 도착했는데, 잠시 동안 무슨 일로 바젤(Basel) 여행을 떠난다. 그리고 8월 중순경에 제네바에 돌아와서는 심한 병으로 그 달 말까지는 아무 일도 하지 못한다. 물론 취임식은 약식으로 치루어졌다.

I

칼빈은 1536년 5월 21일 제네바의 종교개혁이 공적으로 선포되고 나서 두 달 후인 7월 말에 제네바에 도착했다. 그리고 같은 해 9월 5일 오후 화렐의 후원 하에 성 뻬에르 교회에서 바울 서신과 신약성경의 다른 책들을 강의하는 것으로 일을 시작했다. 이 강의에 대한 관심은 점점 더 높아졌다. 얼마 안 있어서 사람들은 아주 젊은 이 사람의 강의를 듣기위해 사방에서 모여들었다. 그의 강의는 날카롭고 논리적이며 더욱이 힘이 있었다. 칼빈은 도착 때부터 벌써 온 제네바 시에서 유명한 인사가 되어 있었다. 프랑스에서는 사람이 만일 30세에 성공하지 못하면 앞으로도 성공하지 못한다는 이야기가 있다. 칼빈의 『기독교 강요』 출판은 종교개혁운동에서 이미 그를 유명한 인사로 만들어 놓았던 것이다. 그리고 칼빈은 제네바교회의 신학 교수로써 로마 교회의 예배와 직원에 반대되는 복음주의 신자의 올바른 태도를 내용으로 하는 소책자 두 권을 1537년 1월에 출판하기도 하였다. 이 책자들은 그의 이태리 여행 중에 집필된 것으로 추정된다. 칼빈은 보기 드문 교수의 은사를 받은 사람이었다. 그리고 사람들은 종교적 진리에 굶주리고 있었다. 얼마 안 있어서 그는 처음에는 사양했던 목사직도 받아들였다.

칼빈은 1536년 제네바에서 시민 전체의 동의를 얻어 장로회와 의회에 의해서 목사요 신학교수로 임명되었다. 이 대중적인 선거는 원시교회의 관습의 회복이었다. 싸이프리안과 암브로스, 그리고 어거스틴(Cyprian, Ambrose, and Augustin)과 같은 초대교회의 위대한 감독들은 민중의 소리에 의해서 선출되었는데, 그들은 이 선출을 하나님의 음성으로 알고 순종하였다. 우리는 칼빈이 사도적 관습에 따라(딤전4:14), 그리고 개혁파 교회에서 지켜진 대로 화렐이나 비레(Viret)와 같이 기도와 장로들의 안수로 엄숙하게 그 직임(職任)에 임하였는지는 알지 못한다. 칼빈은 안수를 절대적으로 필요하다고 생각하지는 않았으나, 사도들이 실천한 의식이며, 교훈의 힘을 갖는다고 생각하고 있었다. 그는 그 의식을 심지어는 반(半)성례전적 성격을 가지는 것으로 생각하기도 하였다.

화렐은 그들의 새 목사에 대한 합리적인 대우를 해줄 것을 의회에 요청하였다. 그러나 의회는 칼빈이 앞으로 제네바의 가장 저명한 시민이 되리라는 것을 꿈에도 생각하지 못했기 때문에, 칼빈을 다만 "저 프랑스 사람"(that Frenchman)이라고 부르면서 화렐의 요청을 마지못해 응하였다. 의회가 금화 6 크라운(six gold Crowns)을 지불하기로 결정한 1537년 2월 13일까지는 칼빈은 거의 생활비를 받지 못하고 있었다.

이때의 칼빈의 나이는 27세였고, 화렐은 47세였다. 연령의 차이와 더욱이 성격의 차이가 컸음에도 불구하고 이 두 사람의 우정은 매우 두터웠다. 그들의 우정은 27년 후 칼빈이 죽을 때까지 자라고 깊어졌다. 겸손하고 단순했던 화렐은 출중한 천재 그 젊은 친구에게 반해있었다고 말해도 좋을 것 같다. 화렐 자신은 회복된 복음의 영토를 정복하는 것으로 만족하고, 복음을 가르치며 정치적 교회적 혼돈으로부터 질서를 찾는 것은 칼빈에게 일임하였다. 그는 자기는 쇠하고 칼빈은 흥하기를 원하고 있었다. 한편 칼빈은 항상 애정에 넘치는 관심과 감사로 그에게 보답하였다. 그들 사이에는 시기와 질투의 그림자 같은 것은 보이지 않았다.

우리는 당시의 칼빈이 어떤 사람이었나 하는 궁금증을 조금이나마 풀어보기를 원한다. 베자는 훗날 칼빈에 대하여 다음과 같이 묘사했다. "그는 적당한 키에 창백하고 어두운 안색을 가졌고, 죽는 순간에는 눈이 번득였으며, 위대한 그의 지성을 보여 주었다. 사람들은 칼빈에 대한 견해에서 서로 아주 달랐지만, 그들 거의 모두가 칼빈은 최고의 정신을 부여받은 사람이라고 하는 데는 다 생각을 같이 했다. 베자가 기술한 또 다른 특징들도 있다. 즉 칼빈은 의복이나 음식에 대하여는 절제하며 중용의 길을 걸었다. 오랫동안 그는 하루에 한 끼만 먹었는데, 이것은 허약한 위장 때문이었다. 이처럼 인생초기에 그는 약한 건강 때문에 고통을 받았다. 제네바에 도착한지 한 달 후에 다니엘(Francis Daniel)에게 보낸 편지에서, 그는 심한 감기에 걸렸다고 말하면서 "9일이 지나서도 전혀 낫지 않고, 두 번 피를 흘리고 두개의 알약을 먹었으며, 몇 번의 찜질을 받았소"라고 기록하였다. 죤 웨슬리처럼 칼빈은 잠을 적게 잤다. 그리고 칼빈은 오랫동안 보지 못했던 사람도 알아 볼 수 있었을 만큼 놀라운 기억력의 소유자였다. 흔히 있는 일이었지만, 그가 구술(口述)하는 일을 중단했다가도 몇 시간 후에는 그 중단한 곳을 정확히 다시 찾을 수 있었다. 베자에 의하면, 칼빈은 천성적으로 중요한 기질을 가진 사람이며, 가장 유쾌하고 기분 좋은 동지가 될 수 있는 사람이다. 주목할 만한 점은, 그의 날카로운 성질은 육체적 허약과 많은 연구에 기인했다는 점이다.

칼빈은 성경강해뿐만 아니라, 『기독교 강요』의 프랑스어 번역도 착수하였다. 이 작업은 잠시 동안 중단되기도 하고 천천히 진행되기도 하였다. 최초의 프랑스어 번역판은 1540년에 출판된 것으로 되어 있다. 제네바에 정착한지 한 달 안에 강의와 번역을 동시에 시작한 것을 보면, 그는 부단히 활동하는 정력적인 사람임을 알 수 있다. 그는 평생을 통하여 끊임없이 일하는 사람이었다. 베자가 기술한대로 칼빈은 "기독교의 허큐레스"(Christian Hercules)였다.

II

1536년 10월 1일, 칼빈은 화렐과 비레(Viret)와 함께 로잔(Lausanne)으로 간다. 다음날 이 도시에서 토론회가 있을 것이기 때문이었다. 베른(Bern)이 이 토론회를 개최한 것은, 새로 정복한 영토의 시민들을 개혁신앙의 원리에 따라 계몽하려는데 그 목적이 있었다. 그들은 337명의 사제들, 13개 처의 수도원과 수녀원의 성직자들, 그리고 25명의 저명인사들을 초대했다. 베른 정부가 자유로운 토론을 보장했음에도 불구하고, 초대받은 사람들 중에 174명만이 참석했다. 이때는 어려운 때이니만큼 위험한 장소에 노출되는 것을 꺼릴 수밖에 없었다. 화렐은 대성당에서 설교로 개회하고, 다음 주일 역시 같은 장소에서 또 다른 설교로 폐회하였다. 대성당 중앙에는 토론의 공간이 예약되어 있었으며, 그 전체업무는 베른시의 5인 위원회에 의해 관장되었다.

칼빈은 방청객으로 참석했기 때문에, 발언하도록 되어 있지 않았다. 그런데 우연하게 그의 친구들까지도 알지 못했던 그 풍부한 지식을 보여줄 수 있는 좋은 기회가 주어 졌다. 성찬에 있어서의 주님의 임재문제에 관한 논쟁이었다. 이 논쟁에서 로마 교회의 한 토론자는 준비된 논문을 읽고, 신교도들은 고대교부들을 경멸하고 무시한다고 매도하였다. 이 말을 듣고 있던 칼빈은 벌떡 일어나서, 교부들을 인용한 자들은 교부들을 인용하기 전에 먼저 교부들에 대하여 연구해야 한다고 질타했다. 칼빈은 당시 어느 누구도 알지 못했던 교부들에 대한 지식을 갖고 있었다. 멜랑히톤(Melanchton)은 초대교회에 대한 칼빈의 그 풍부한 지식을 보고 놀랐다. 이 날이 토론회 8일째 되는 날이었는데, 칼빈은 이때 학문과 노련미에서 뛰어난 인물로 들어날 수 있었다. 그는 교부들을 풍부하게 인용하므로, 성찬에서의 그리스도의 육체적 임재교리를 공격하고, 힘없이 옹호하는 로마 교회의 토론자를 무너뜨리는데 공헌한 것이다.

그 후 칼빈은 로잔에서 베른으로 가서 10월 16일에서 18일까지 최근에 초안되어 아직 확정되지 않은 비텐베르크 일치 신경(Wittenberg Form of Concord)을 고찰하는 대회에 참석했다. 부처(Bucer)는 이것을 스위스에게 강권하여 프로테스탄트의 모든 세력을 하나로 묶는 수단으로 삼고자 하였다. 그리하여 칼빈은 이때 재빨리 남부와 중부 스위스의 개신교 지도자들을 알려고 노력하였으며, 북부와 그 인접한 라인 강 계곡의 지도자들에 대하여는 이미 대부분 알고 있었다.

화렐이 칼빈에게 기대한 것은, 그가 제네바교회 조직의 힘이 되어주는 것이었으며, 칼빈은 즉시 주도권을 잡고 이 일을 착수하였다. 물론 당시 제네바 교회의 주된 지도자는 아직 화렐이라는 것이 일반적인 판단이었다. 칼빈은 신속히 교회정치, 기독교교육을 위한 요리문답, 그리고 제네바 시의 전 공동체를 위한 신앙고백의 조항들을 준비하였다. 칼빈은 그의 정치체계의 많은 본질적 특징들도 간단하게 설명하였다.

Ⅲ

제네바는 무엇보다도 먼저 종교개혁의 교리적 기초 위에 선 강한 도덕적 정부를 필요로 하였다. 제네바 사람들은 명랑하였으며, 공중오락, 춤, 노래, 가면무도회 등 환락을 좋아하였다. 그러나 이와 함께 무모한 도박, 음주, 간통, 욕설 등 각종의 죄악이 판을 치고 있었으며, 매춘행위가 정부에 의해 인정될 정도였다. 사람들은 무지했으나 로마 교회 사제(司祭)들은 그들을 가르치려고 하지 않았으며, 따라서 그들은 시민에게 좋은 본을 보여주지도 못했다. 그래서 이 악들을 치료하기 위해 신앙과 권징을 위한 신앙고백서와 대중적인 요리문답서의 작성이 필요하였다. 이 문서들은 처음에는 칼빈의 도움으로 선배 목사인 화렐에 의하여 작성되고, 다음에는 칼빈 자신에 의하여 직접 작성되었다. 이 문서들은 1536년 11월 10일 의회에 의하여 승인 되었다.

칼빈은 당시의 제네바 교회를 조직하는 것과 개혁파 교리로 시민들을 체계적으로 교육하는 것이 매우 중요하다는 것을 느끼고 있었다. 설교는 규칙적으로 수행되어 왔지만, 더 필요한 것은 교회조직과 진리의 체계적인 교육이었다. 칼빈은 개신교의 사상을 변호할 뿐만 아니라, 최고의 조직능력을 소유한 사람이었다. 여기서 개혁파 교회의 정치, 특히 장로교 정치가 유래한 것이다. 무엇보다도 칼빈이 목적한 것은 초대교회, 특히 처음 3세기 동안의 교회의 정치형태를 회복하는 것이었다. 따라서 칼빈은 교회 교부들에 대하여 매우 풍부한 지식을 갖고 있었다. 칼빈은 로마 교회와의 관계를 단절하였다고 생각하지 않았다. 오히려 로마 교회는 교부들의 순수성과 단순성에서 출발한 교회라고 생각하였다. 칼빈의 노력을 생각할 때, 즉 교회의 연속성에 대한 그의 신념과 교회의 원시형태를 회복하려는 그의 욕망을 생각할 때, 항상 이점을 염두에 두어야 한다.

신앙고백은 21개 조문(條文)으로 되어있었다. 복음주의의 주요교리들이 쉽게 이해할 수 있도록 간단하고 명쾌하게 진술되었다. 그것은 신앙과 행위의 법칙으로서의 하나님의 말씀으로 시작하여 관헌에 대한 의무로 끝을 맺는다. 예정과 유기에 관한 교리는 생략되어 있으나, 인간이 아무 공로없이 하나님의 자유로운 은혜로 구원받는다는 것을 명백히 가르치고 있다(10조문). 죄인의 회심을 위해서는 훈계와 출교에 의한 권징의 필요성이 강조되었다(19조문). 이 문제는 제네바와 스위스의 다른 교회들에게 많은 논쟁을 일으키게 하였다. 이 신앙고백서는 갈리아신앙고백(the Gallican), 벨직신앙고백(the Belgic), 그리고 제2스위스신앙고백(the Second Helvetic)과 같은 훌륭한 개혁파 교회의 신앙고백을 위한 길을 준비하였다. 이것은 1537년 4월 인쇄되고 분배되었으며, 매주일 교회 강단에서 읽으므로 시민들이 받아들일 수 있도록 준비시켰다.

　이 신앙고백보다 앞서 작성된 칼빈의 요리문답(Catechism)은 그의 『기독교 강요』에서 발췌되었으나 몇 군데 변형되었다. 칼빈은 스트라스부르에서 돌아와서 그것을 대규모로 다시 써서, 문답식으로, 혹은 교사와 학생이 대화하는 형식으로 배치하였다. 그것은 오랫동안 개혁파 교회와 학교에서 사용되었으며, 성경의 교훈을 조직적으로 설명하므로 지적경건과 미덕을 촉진시키는데 기여한 바가 매우 컸다. 여기에는 사도신경, 십계명, 그리고 주기도에 대한 해석이 들어있다. 그것은 루터의 요리문답보다 훨씬 더 완전하지만 어린이들에게는 덜 적합하였다. 그것은 독일어, 영어, 스캇틀랜드어, 벨기에어, 그리고 스페인어로 번역되었으며, 히브리어로는 트레멜리우스(E. Tremellius)가, 헬라어로는 스테파누스(H. Stephanus)가 "가장 품위있게" 번역했다고, 베자는 주장하였다. 그것은 수많은 유사요리문답서들, 특히 성공회 요리문답, 하이델베르크 요리문답, 그리고 웨스트민스터 요리문답 등을 위한 기초와 자료가 되었다. 칼빈은 "대중교육의 아버지요 자유학교의 발명자"로 불리어졌다.

　신앙고백과 요리문답 외에 개혁파 목사들(화렐, 칼빈, 꾸로)은 제네바교회의 미래의 조직과 권징(discipline)에 관한 청원서를 의회에 제출하였다. 이 청원서에서 그들은 주의 성찬을 자주, 그리고 엄숙하게 시행하되 적어도 한 달에 한 번씩 세 주요한 교회에서 교대로 시행할 것, 시편 찬송가를 부르고, 정기적으로 젊은이들을 교육하며, 로마 교회의 결혼법을 폐지하고, 공중질서를 유지하며, 그리고 비열한 교회 회원을 제거할 것 등을 진정하였다. 그들은 사도적 출교(파문)의 관습이 교회의 순수성을 보호하는데 필요하다고 생각하였다. 그러나 그것이 로마 교회의 감독들에 의하여 크게 악용되었기 때문에, 의회는 각 지방의 도덕적 감독을 위하여 믿음직하고 경건하며 흠잡을 때가 없는 시민 몇 사람을 선출하여 목사들과 함께 개인적으로, 또는 공개적으로 훈계하되 완고하여 불복종할 때에는 교회회원의 특권으로 출교의 권징을 시행할 것을 강조하였다.

이상의 내용들을 좀 더 구체적으로 설명해보자. 칼빈은 초대 교회의 관습에 따라, 주의 성찬은 매주 한 번씩 거행되어야 한다고 믿고 있었다. 그러나 이것은 사람들에게 혼란을 줄 수 있다고 생각되었기 때문에, 한 달에 한 번 갖는 것이 좋다고 하였다. 그러나 의회는 이것을 일 년에 네 번으로 변경하였다. 칼빈은 자기가 원하는 대로 성찬식을 자주 거행할 수 없었다. 사람들은 흔히 칼빈이 처음부터 제네바를 지배했다고 생각하고 있지만, 칼빈은 자신의 모든 견해를 사람들에게 강요할 수 없었던 것이 사실이다. 그리고 칼빈과 화렐은 생활이 깨끗한 사람만이 성찬식에 참여할 수 있다고 강조했다. 칼빈은 제네바 시 각 지역에 사는 시민들을 심문하고 충고했다. 그는 바로 살지 않는 사람들을 파문하는 권리가 교회에 있다고도 주장하였다. 이것은 스위스에서는 일반적인 운동이 아니었다. 쯔빙글리는 이러한 생각을 분명히 반대했으며, 그의 후계자들도 쯔빙글리의 태도에 뜻을 같이하였다.

제네바 시 당국자들은 아직 교회와 국가의 개념에 대해서는 생소하였다. 칼빈의 정치형태는 교회와 국가의 밀접한 협력관계를 요구하며, 그것은 교회에 종속적인 국가를 의미하는 것이었다. 그는 제네바에 가벼운 정도의 신권정치제도를 만들었다. 출교문제에 있어서 시 의회는 미온적으로 동의하였다. 스위스의 도시들은 교회에 종속되기를 결코 원하지 않고 있었다. 그들은 시에 속하는 모든 문제들을 그들 손 안에 걸머쥐기를 원했던 것이다.

또 하나 제시된 조항은 칼빈이 어린이 교육을 위해서 작성한 요리문답이었다. 그는 평생 교육에 확고한 신념을 가진 사람이었다. 그는 제네바에 학교를 설립하고 목사들의 훈련을 강조하였다. 그는 역시 어린이를 교육하되, 종교에 입각해서 교육하는 것이 가장 중요하다는 것을 인식하고 있었다. 요리문답은 그때와 그 후 여러 세대동안 인기가 있었다. 어린이들은 그들 목사가 해석해주는 요리문답을 배우고, 정기적으로 목사에게 검사를 받음으로 정해진 기간에 교회의 완전한 회원으로 행동하게 된다. 그동안 하나님의 말씀이 너무 무시되어 왔고, 부모들이 아이들을 올바르게 가르치지 못한 그 당시의 상황에서는 매우 필요한 일이었다. 1537년의 최초의 요리문답이 너무 전문적이라고 생각되어 칼빈은 1541년 그것을 개정하였다. 오늘날 그것은 소위 칼빈주의적 신학 체계의 요약이라고 할 수 있다. 그것은 347문과 답으로 되어있는데, 신앙, 율법(십계명), 주기도, 하나님의 말씀, 그리고 성례 등에 관한 것들이다.

우리는 이 요리문답과 100년 후에 편찬된 소요리문답에서 비슷한 구절들을 만나게 된다. 분명히 웨스트민스터 신학자들은 칼빈에게 크게 빚지고 있었다. 하나님을 정의할 때 있었던 흥미로운 옛 이야기 하나가 있다. 그들은 지루하고 오랜 연구와 토론을 하고나서, 스캇틀랜드의 위원인 질레스파이(Gillespie)에게 기도를 요청하였다. 이때 그는 기도를 드리면서, 하나님은 영이시고, 무한하시며, 영원하시고, 존재에서 불변하시며, 지혜로우시며, 능력이 많으시며, 거룩하시고, 의로우시며, 선하시고, 진리이시다 라고 하였다. 총회는 이 기도의 내용을 그대로 채택하기로 결정하였는데, 이것이 소요리문답의 하나님의 정의에 대한 그 유명한 답이 되었다. 100년 전에 벌써 칼빈은 이와 거의 같은 정확한 용어를 사용하여 하나님을 정의한 것이었다.

이 문서에는 회중의 노래에 관한 제안이 들어있다. 로마 교회에서는 예배가 라틴어로 진행되기 때문에 대다수의 회중들은 아무것도 이해할 수가 없었다. 장엄미사(high mass)는 알기 힘든 음악 때문에 비록 그것이 아름답기는 하나 회중들은 여기에 참여할 수가 없었다. 회중들은 곡조나 가사를 알 수가 없었고, 대부분이 문맹이었기 때문에 더욱 그러하였다. 이때 칼빈은 제네바에서 시편 찬송가를 소개한 것이다. 그는 그 회중의 노래를 강하게 주장하고 있었다.

이 문서에서 다루어진 또 다른 문제는 결혼에 관한 것이었다. 로마 교회는 이 의식에 이미 폐지된 여러 가지 관습들을 만들어 놓았다. 칼빈 시대에는 결혼식 전에 교회에서 3주 계속 예고하여 이의를 제기하게 하는 결혼 예고제도가 있었다. 신랑신부는 설교직전에 교회에 나아와 회중들 앞에서 결혼한다. 예식은 단순하며 종을 울리는 일도 없다. 목사는 그들의 결혼을 선언하지 않고 교회가 그들의 결혼을 축복할 뿐이다. 즉 그들의 결혼을 찬성하는 것이었다.

개혁자들은 이상의 여러 조례(條例)들과 함께 공공질서를 유지해 줄 것을 권유하였다. 그들은 사도적 출교의 관습이 교회의 순결성의 보호를 위해 필요하다고 생각하였다. 그것이 교황의 주교들에 의해 크게 악용되었기 때문에, 앞에서 이미 언급한대로 다른 지역의 도덕적 감독과 권징의 집행을 위하여 신뢰할 수 있고 경건하며 흠잡을 때 없는 몇 사람의 시민을 선출해 줄 것을 의회에 요청하였다. 이들은 목사와 함께 은밀히 또는 공적으로 훈계하되 완강하게 불복종할 경우에는 교회원의 특권으로 출교를 결정할 수 있다고 하였다. 그러나 출교는 필요한 경우에만 국한되어야 하며, 경제적, 정치적, 사회적 제재로서 이용되어서는 안 된다. 출교된 죄인은 그리스도인 사회에서 추방되고 성만찬 참여가 금지되며 사탄의 권세에 내어주게 된다. 칼빈은 고린도전서 5:5과 디모데전서 1:20을 출교의 의미로 설명한다. 그러나 그는 혹 하나님의 말씀이 그의 마음을 감동시킬지도 모르기 때문에 설교를 듣는 것만은 허락해야 한다고 역설하였다. 그 죄인이 회개하고 있다는 분명한 증거를 보여줄 때에는 다시 교제를 회복할 수 있다고도 하였다.

칼빈은 두 가지 점에서 공헌한 바 있다. 하나는 평신도 감독자를 임명하는 것이었다. 그들은 목사와 협력하여 일하는 사람들이다. 아직 발전된 형태는 아니지만, 그들은 진정한 감독원이다. 다른 하나는 더 중요한 것인데, 그것은 그가 감독자의 일을 교회의 기능으로 하고 국가의 기능으로 생각하지 않았다는 점이다. 칼빈이 영적 기능으로 생각했던 출교(파문) 행위를, 이들 감독자들과 목사들이 비록 정부에 의하여 임명된다 하더라도, 영적직원으로 행동하고 시 정부의 관리로 일해서는 안 된다는 것이다. 이처럼 교회의 독립적 자치제가 칼빈의 목적이었다.

칼빈의 이와 같은 독립적 권징의 원리를 주장하게 된 동기는 주로 목회적이요 이론적이 아니었다. 그리고 이것은 영혼치유개념에서 성장하였다. 독립적 권징이 정부의 도움을 받아 전력을 다해 그 일을 수행할 때, 칼빈이 계획했던 훈련되고 성실한 기독교 공동체가 성립

될 수 있는 것이다.

1537년 1월 16일, 200인 의회는 부도덕한 습관, 어리석은 노래, 도박, 주일에 대한 모독, 조산원에 의한 세례 등을 금지할 것, 그리고 아직도 가지고 있는 우상의 형상들을 모두 소각할 것 등을 지시하는 일련의 명령을 선포하였다. 그러나 출교에 대한 언급은 한마디도 없었다.

한편 목사들은 꾸준히 쉴 새 없이 계속 설교하고 문답식으로 성경을 가르치며 모든 계급의 사람들을 심방하는데 적극적이었다. 매주 주일에는 다섯 번 설교하고 주간에는 두 번 설교했는데, 회중들의 출석도 만족한 편이었다. 학교들은 번영하고, 공중도덕은 착실하게 향상되고 있었다. 소니에(Saunier)는 학교연설에서, 경건한 도시 제네바를 예찬하고 제네바의 장엄한 자연적 환경에, 비옥한 땅과 아름다운 호수, 멋진 거리와 광장, 그리고 복음의 순수한 교리의 영광이 더해졌다고 찬양하였다. 행정관들은 권징제도를 유지하는데 기쁜 마음으로 도울 것을 표시했다. 도박꾼은 쇠사슬을 목에 걸게 해서 웃음거리가 되게 하였다. 세 여인은 머리장식을 부적절하게 했다는 이유로 감옥에 구금되었다. 심지어는 유명한 애국자 후랑수아 보니바르(François Bonivard)까지도 그의 방종 때문에 자주 경고를 받았다. 염주를 소유하거나 유품을 소중히 여기거나 또는 성자(聖者)의 날을 지킨다거나하여 로마 교회를 공적으로 동정하는 행위는 모두가 형벌에 해당하였다. 제네바의 명성은 멀리 외국에까지 알려져서 학생들과 피난민들을 끌기 시작했다. 1537년 말 영국의 개신교도들은 "칼빈과 화렐을 보기위해" 제네바를 찾아왔다고도 한다.

1537년 7월 29일, 200인 의회는 남녀 모든 시민에게 명하여 성 삐에르 교회에 모여 신앙고백에 서명하도록 하였다. 상당수의 시민이 이에 참여하였다. 같은 해 11월 12일에는 서약하지 않는 자는 추방한다는 법률까지 의회가 통과시켰다. 그리하여 이 신앙고백은 교회와 국가의 법이 된 것이다. 이것은 한 신앙고백에 대한 모든 시민의 공적인 서약의 최초의 예증이라고 할 수 있다.

Ⅳ

1537년 에는 칼빈에게 많은 고통을 준 문제 둘이 있었다. 하나는 재세례 파(再洗禮派)의 공격이고, 다른 하나는 삐에르 까롤리(Pierre Caroli)와의 논쟁이었다. 재세례 파에는 헤르만 드 리에쥬(Hermann de Liége)와 앙드레 브느아(André Benoit)라는 두 설교자가 있었는데, 다소의 영향력을 보여주고 있었다. 그러나 그들은 아무 효과도 없는 논쟁을 벌이고 난 후, 1537년 3월 200인 의회에 의하여 제네바 시 밖으로 추방되었다. 재세례 파에게 종교개혁 기간은 가장 어려운 시기였다. 왜냐하면 그들은 개신교도와 구교도로부터 다같이 선동자로 핍박을 받았기 때문이다. 그들의 운동은 부분적으로는 종교적이고 부분적으로는 사회적이기 때문에, 종교개혁과는 관계가 없었다. 그들은 종교문제에 있어서 국가의 모든 권위를 거부하고, 그것이 개신교이든 구교이든 교회국가를 믿지 않았다. 그들은 내적이며 개인적인 경험만이 구원에 필요하며, 유아세례와 같은 의식은 아무런 효과가 없다고 생각하였다. 그들은 어른이 교인이 되기 위해서는 세례를 다시 받아야 한다고 주장하므로 재세례 파(ana-baptist)라는 별명을 얻게 되었다.

처음에는 그들은 그 방법을 강조하지 않고, 다만 물을 뿌리고 붓는 방법을 사용하다가 후에 침례(浸禮)를 강조하게 되었다. 그들은 대부분이 농민이요 하류계층의 사람들로, 말하자면 당시의 무산계급의 사람들이었다. 그들은 경제정의를 위해 투쟁하면서 지배계급의 미움을 사고 있었다. 루터의 기록에 나타난 특징들 중의 하나는 농민혁명에 대한 그의 태도이다. 그는 귀족들이 농민들의 폭동을 진압하는데 전적으로 방관하고 있었던 것이다.

그들은 다른데서와 마찬가지로 제네바에서도 의심을 받고 있었다. 화렐과 칼빈은 공개토론회를 열 것을 제의하고, 이에 대하여 의회가 마지못해 동의하므로 토론회는 1537년 3월 리브 강 수도원에서 개최되었다. 그러나 재세례 파가 그들의 입장을 성경으로 입증하지 못하자 취소명령이 내려졌다. 그 명령을 거절한 자들은 제네바에서 추방되었고, 잘못을 인정하지 않으면 죽음을 면하지 못할 것이라는 경고도 받았다.

이 운동은 1525년 쮜리히(Zürich)에서 출발하였으나 쯔빙글리(Zwingli)는 이 분파를 추방하였다. 그들의 사상이 기초를 다지게 되면 교회체계의 확립이 불가능하게 될 것임을 그는 확실하게 보았던 것이다. 그 결과 이 분파는 사방으로 흩어져서 그들의 사상을 널리 유포할 수 있게 되었다. 많은 수의 사람들이 라인강 계곡으로 갔으며, 스트라스부르(Strassburg)는 그들이 독일과 화란으로 가는 본부가 되었다.

견해의 많은 차이가 있음에도 불구하고, 재세례 파의 지도자들은 그들의 강조점을 성경이 생활의 권위적 규범이라는데 두지 않고, 양심의 "내적 빛"에 두고, 이 양심의 "내적 빛"을 통해서만 성경의 진리를 알 수 있다고 하였다. 그들은 모든 사람이 이 빛을 소유한다고 믿고, 그것이 모든 사람의 능력 안에 있기 때문에 구원을 얻는다고 가르쳤다. 그리하여 그들은 종교개혁자들의 예정교리를 부정하고, 어른세례를 자유의지의 원리라고 단언하였다. 동시에 그들은 초대교회의 순수성으로 돌아갈 것을 설교하고, 공산주의적 교리를 품은 극단적인 정신이상 행위를 보이고 무장과 납세를 거부하였으며, 도덕폐기론을 주장하고 계시록에 대한 편견을 나타냈다. 이러한 행동들은 이 운동 전체를 불신하게 만들었다.

칼빈이 두 번째 직면한 문제는 까롤리(Pierre Caroli)라는 사람이었다. 그는 솔본느 대학의 박사요 빠비아(Pavia)에서 설교했다. 그러나 그는 프로테스탄트 사상으로 기울어졌다는 고발을 받고 빠리로 도망갔다가 1534년에는 제네바에 불쑥 나타났다. 그는 후에 뇌샤뗄(Neufchatel)에서 설교하면서 거기서 결혼하고 후에는 로잔에서도 설교했다. 그는 나이로 보나 박사학위를 소유한 것으로 보나, 자신이 비레(Viret)의 선임자가 되어야 한다는 것을 베른의회에 설득하였다. 그러나 베른의회는 곧 그것이 잘못된 것임을 인식하게 되었으며, 까롤리는 교만하고 허식적이며 다투기를 좋아하는 자임을 알게 되었다. 칼빈은 한 편지에서, "그는 신성모독자요 매춘업자요 많은 성도들의 피에 물든 살인자"라고 기록하였다. 이것은 강한 용어이기는 하지만 대부분 정확한 말이었다. 그는 좋은 평판을 얻으려고 노력했으나 만족을 얻지 못하게 되자 다시 로마 교회로 돌아간 것을 보면, 분명히 그는 안정성과 진실성이 없는 사람임을 알수 있다.

난관의 단초는 까롤리가 죽은 자를 위하여 기도하는 것을 옹호하고, 그 기도가 유효하다고 주장한다는데 있었다. 비레가 그에게 항의하자 이 문제를 논의하기 위해 회의가 소집되었다. 물론 이 문제는 구교와 개신교사이에 날카롭게 차이를 보여주는 것들 중의 하나였다. 1537년 2월 17일 베른이 소집한 이 로잔회의에서 까롤리는 그 비난에 대하여 답하는 대신 칼빈과 화렐이 삼위일체 교리를 부인한다고 말하고, 그들은 다름 아닌 아리우스파(Arians)라고 역습하였다. 까롤리는 그들이 이 교리를 다루면서 "삼위일체"(Trinity)나 "품위"(Person)라는 용어를 사용하지 않았다는 것이었다. 칼빈은 자신이 이 두 용어를 다 사용한 "『기독교 강요』"를 참조하라고 그에게 충분히 설명하였으며, 화렐도 역시 칼빈과 공동의 책임을 갖고 저술한 요리문답과 신앙고백에 기초하여 설명하였다. 그러나 요리문답에는 삼위일체교리에 대한 언급이 전혀 없었으며, 신앙고백에는 사도신경의 서문에 까롤리 자신이 불만을 표시한 간단한 진술만이 포함되어 있었다. 그래서 그는 니케아(Nicaea)신경, 혹은 아타나시우스(Athanasius)신경에 일치하도록 그것을 재작성 해야 한다고 요구하였다.

칼빈의 입장은 아주 명확하였다. "품위"(Person)나 "실체"(Hypo-stases)에 대한 토의는 기초적인 종교적 지식의 안내서에서는 적절하지가 않은 것이었다. 칼빈은 1536년 판 『기독교 강요』에서 "삼위일체"라는 용어를 사용하였으며, 하나님(Godhead)의 존재양식을 역사적 신학의 특유한 표현으로 기술하는데 조금도 주저하지 않았다. 그러나 대중교육을 위한 안내서에서 기술적인 신학용어를 피하려는 목적으로 화렐은 그의 소책자 Sommair에서 "삼위일체"라는 용어를 생략하였다. 같은 이유로 칼빈과 화렐이 제네바교회를 위하여 작성한 요리문답과 신앙고백에서는 "품위"(Person)라는 용어를 생략하였다.

이 때 까롤리는 칼빈에게 교회의 그 역사적 신조, 즉 니케아 신경에 서명할 것을 요구하였다. 불행하게도 칼빈은 참지 못하고 폭발하였다. "우리가 서약하는 것은 하나님에 대한 믿음이지 아타나시우스가 아니며, 지금까지 합법적인 교회로서 어떠한 교회도 그 신경을 시인한 바 없었다'고 하였다. 이것은 지혜로운 말이 아니었으며 아무 쓸모가 없는 말이었다. 칼빈과 화렐이 작성한 신앙고백에 모든 제네바 시민이 동의할 것을 요구하고 있던 그 순간에, 교회가 오랫동안 소중히 여겨오던 그 신경을 시인하기를 거절한 칼빈의 행동은 명백히 모순된 처사였다. 그러나 그의 이러한 태도를 이해하기 위해 우리는 그가 살던 시대와 권위의 최종적 근원에 대한 그의 확신을 기억할 필요가 있다. 칼빈에게 있어서 제네바 신조는 진정한 신조이며, 그러므로 다른 사람에게 마땅히 재촉해야 할 신조라고 생각하였다. 왜냐하면 그것은 "하나님의 말씀"에서 유래하였기 때문이다. 아타나시우스 신경은 하나님의 말씀에서 유래되지 않았기 때문에, 그것은 구속력이 없는 것으로 생각한 것이다.

까롤리의 죽은 자를 위한 기도 사건은 로잔에서 베른으로 옮겨지고, 거기서 2월 28일과 3월 1일 까롤리는 칼빈과 화렐이 참석한 가운데 감독원(Consistoty)목사들 앞에서 그의 고발을 갱신하였다. 칼빈은 격정과 심한 독설을 퍼부으면서 자신과 화렐을 변호하였으며, 역시 대단한 설득력을 발휘하자 까롤리는 즉시 칼빈에 대한 자신의 고발을 취소하였다. 칼빈은 화렐의 주장과 자신의 주장이 동일하다는 것을 주장하고, 비레(Viret)와 함께 베른 정부로부터 대회소집을 얻어내는데 힘을 함께 하자고 베른의 목사들에게 요구했다. 어려움이 없었던 것은 아니었으나 그것은 허락되었다. 베른의 영적지도자들은 정통성을 의심받을 수도 있었던 그 스위스에 온 외국인들에 의해서 이루어지는 그 토론회를 관찰하기로 하였던 것이다. 5월 14일 베른의 목사들과 베른 정부의 관리들, 그리고 백 명 이상의 프랑스계 스위스 목사들이 참석한 가운데 대회가 로잔에서 개최되었는데, 이때 칼빈과 화렐은 웅변가인 맹인 목사 꾸로(Elie Courauld)와 함께 나타났다. 베른에서와 같이 칼빈은 매우 격렬하게 까롤리에게 답변하고, 자기 입장에 대한 확고한 방어를 하자 성공은 즉시 칼빈의 것이 되었다. 그리고 제네바의 개혁자들은 정통주의로 선언되고, 까롤리는 그의 목사직을 박탈당하였다. 다시 한 번 이 문제가 공개토론에 들어가게 되었다. 이때 베른 지방에서 온 독일계 목사들의 대회가 베른 시의 200인 의회와 관련하여 5월 31일 베른에서 소집되었는데 여기서 화렐이 까롤리의 사생활에 가장 치명적인 상처를 입히므로 까롤리는 베른 지방에서 설교하는 것이 금지되었다. 제네바의 개혁자들이 베른 정부에 의해 정통주의로 선언되자, 까롤리는 재빨리 프랑스로 돌아가서 로마 교회에 복귀하였다. 1539년 잠시 다시 한 번 그는 개신교도가 되었다가, 1543년 다시 로마 교회로 돌아갔다.

1539년 10월 스트라스부르에서 칼빈이 화렐에게 보낸 한 편지는, 칼빈 자신에 대해서와 마찬가지로 이 논쟁에 대한 설명에도 도움을 준다. 까롤리는 스위스를 떠난 후 다시 로마 교회의 신앙을 받아들였으나 기대에 어긋났다. 그래서 그는 스위스로 돌아가서 거기서 화렐과 화해했다. 그리고 그는 스트라스부르에 가서 그 곳 개신교지도자인 부처(Bucer)를 만나 칼빈과의 화해에 영향을 미쳤다. 화렐에게 보낸 칼빈의 편지들은 이 일들을 말하고 있다. 칼빈은 까롤리가 자기를 중상하였다는 것을 알게 되었을 때 몹시 격분했다. 그는 다음과 같이 말한다. "거기서 나는 격분한 나머지 자제하지 못하고 슬프게도 범죄하였습니다. 분통함이 나의 마음 전체를 점령했기 때문에, 나는 그때 나의 비통함을 쏟아 부었던 것입니다." 후에 그 편지에서 그는 부처와 다른 사람들과 저녁식사를 하는 자리에서 까롤리에 대하여 이야기했다고 기록하고 있다. "드디어 나는 식당 문을 박차고 나갔는데, 부처가 따라 나와 아름다운 말로 나를 진정시키고 나에게 안정을 찾아 주었습니다." 여기서 우리는 화를 잘 내는 기질과 자기중심적 습관을 칼빈에게서 볼 수 있다. 그러나 그는 자기중심적이며 이기주의가 지불해야 할 값을 지불해야 했다. 그는 다음과 같이 계속한다. "내가 집에 도착했을 때, 나는 비상한 발작 증세에 사로잡혀 한숨과 눈물 외에는 아무런 위로도 느낄 수가 없었습니다." 후에 까롤리는 로마 교회로 다시 돌아가서 어디서 어떻게 살다가 죽었는지 알려지지 않았다. 칼빈이 화렐에게 보낸 편지는 계속된다. "내가 당신을 직접 만나서 말할 수 있었다면, 아마 다른 사람에게 퍼부었던 그 격분을 당신에게 쏟았을 것입니다." 화렐은 분명히 그를 이해했고, 그의 비위를 충분히 맞출 수 있었을 것이다. 칼빈은 그 편지를 이렇게 끝마친다. "당신은 나의 무례함에 너무도 잘 익숙해있기 때문에, 내가 버릇없이 당신을 대한데 대하여 변명하지 않겠습니다."

1538년 1월 칼빈이 친구 띨레(Louis Du Tillet)에게 보낸 편지는 이미 앞에서 인용한 것보다 더 적절한 칼빈의 성격묘사를 보여준다. 떨레는 빠리 학창시절 칼빈과 따뜻한 우정 관계를 맺고 있었다. 그는 로마 교회의 사제가 되기 위해 공부했으나 칼빈과 다른 친구들과 함께 개혁신앙에 깊이 기울어져 있었다. 칼빈이 1534년 빠리를 떠날 때, 그는 떨레와 함께 앙굴렘(Angoulême)에 머물면서 떨레의 엄청난 장서를 이용하여 많은 일을 하였다. 그리고 떨레는 칼빈과 함께 바젤, 이태리, 그리고 제네바로 갔다. 그럼에도 불구하고 떨레의 온순한 성격은 칼빈 주위에서 일어나는 여러 가지 복잡한 사건에서 마음의 평화를 얻을 수가 없었다. 종교개혁의 성공에 대한 믿음이 식은 것이다. 그래서 그는 칼빈에게 자신의 양심의 가책과 변화의 이유들을 고백하였다. 그러나 칼빈은 그런 것들은 충분한 이유가 못된다고 말하고, 진지하면서도 친절하고 공손하게 떨레에게 경고하였다. 두 사람이 헤어진다는 것은 매우 고통스러웠으나 서로를 존중하므로 위로를 받을 수밖에 없었다. 떨레는 아무도 모르게 제네바를 떠나 빠리에 가서 로마 교회로 다시 복귀했다. 칼빈은 크게 실망하지 않을 수 없었다. 그는 친구의 그런 처신을 전적으로 찬성할 수 없었다. 그러나 칼빈은 자제와 절제를 보여주었다. 다른 사건들에 비추어볼 때 이것은 참으로 놀라운 일이었다. 칼빈은 분명히 대단한 인격적 매력을 가진 사람이었다. 그는 매우 강한 의리로 그의 친구들을 붙잡고 있었던 것이다. 그의 몸의 상태는 기질의 폭발과 크게 관계되어 있었으며, 역시 그의 엄격한 도덕성도 그를 냉철하고 준엄하게 만들었다. 분명히 사람들을 인식시키는 데는 오랜 시간이 걸리지만 따뜻함과 친절함이 그 안에 숨어있는 것을 발견할 수 있었다.

V

제네바에는 공작을 지지하는 마멜루크 파(Mameluks)와 제네바 시의 자유를 위해 싸운 유그노 파(Huguenots)가 있었다. 자유가 얻어진 후 잠시 동안은 일치가 이루어지는 것처럼 보였으나, 그 표면 밑에는 여전히 불화가 내재하고 있었다. 모든 불평가들의 집단인 자유 파(Libertines)는 점점 더 성장해가고 있었다. 그들은 다양한 형의 사람들로 구성되어 있었다. 거기에는 로마 교회의 신앙을 실제로 포기하지 않은 사람들도 많이 있었다. 그들은 옛 사상을 그대로 붙들고 있을 뿐만 아니라, 모든 사람이 개신교 예배에 참석해야 한다는 설교자들의 압력에 항의하기도 하였다.

이 외에도 거기에는 자유를 위하여 활발히 투쟁하고, 또한 개혁운동에 단결하는 것이 유익하다고 생각하는 사람들도 있었다. 물론 그들은 정치적 개신교도일 뿐, 새 신앙의 신자는 아니었다. 이런 형의 사람은 제네바에서만 문제를 일으킨 것은 아니었다. 그 후 수백 년 동안 유럽을 흔들었던 모든 종교전쟁에서도 발견된다. 이들은 자기들이 자유를 위해서 투쟁했으며, 그 이유로 인해서 자유파라고 부르기를 주장했다. 거의 30년 동안 제네바는 대주교와 공작의 멍에에서 벗어나기 위해 싸웠다. 어린아이들은 이 시련기 한 가운데서 성장했으며, 개혁운동의 지도자들은 지금은 중년이 되고 노인이 되어 있었다. 제네바 사람들은 스위스의 다른 모든 사람들과 함께 개인의 자유를 열정적으로 사랑했다. 위치상 유럽각지에서 다양한 직업에 종사하던 수천 명의 외국인들이 매년 물밀 듯이 쇄도했다. 이들 외국인들은 자기들의 다양한 문화와 도덕체계를 가지고 들어왔다.

자유파는 모든 기회를 이용했다. 그들은 재세례 파와 결탁하여 칼빈에게 야유를 퍼부으며 괴롭혔다. 칼빈과 화렐을 아리우스파라고 까롤리가 고발하면, 자유파는 그 비난을 널리 퍼뜨렸다. 갖은 방법을 다 써서 이 파는 칼빈을 방해하며 추방되도록 노력하였다. 한편 그들은 출교(出敎)의 교리와 개혁자들의 급진주의를 반대하고 있던 베른의 도움을 받고 있었다.

　위기를 몰고 온 또 하나의 불만은 한층 더 온건한 사람들 중에서 터져 나왔다. 성상(聖像)파괴에 열을 올리고 있던 화렐은 칼빈이 제네바에 오기 전부터 주일 외의 모든 성일(聖日)들, 세례반(洗禮盤) 사용, 그리고 성찬식에서의 누룩 없는 떡 사용 등을 모두 폐지시켰다. 이것들은 베른의 개혁교회에서는 그대로 유지되고 있던 것들이었다. 베른의 영향 하에 있던 로잔대회는 베른의 그 옛 관습들의 회복을 충고하였다. 의회도 이 결정을 강요하였다. 칼빈 자신은 이런 문제들은 중립적인 것으로 생각하고 있었기 때문에 자기 동료들을 저버리기를 원하지 않았다.

　1537년 11월 12일 시민총회에서, 시민에게 일제히 신앙고백 하는 총고백이 요청되었을 때 아주 소수의 사람이 이에 순응하기를 거절하였다. 그리고 1538년 2월 3일 대중선거에서는, 4인의 지방행정관이 선출되었는데, 그들은 모두가 반 성직자파였으며, 의회의 대다수를 점령하였다. 그들은 제네바 시에서 베른의 영향력을 증대시킬 뿐만 아니라, 목사들의 교회정치에도 반대하려고 하였다. 칼빈은 협력과 이해가 부족하다는 것을 슬프게 생각하고 있었다. 1538년 초 쯔빙글리의 후계자인 불링거(Bullinger)에게 쓴 편지에서, 칼빈은 어떠한 교회도 사도적 권징이 회복되지 않는 한 든든하게 설 수 없다고 하였다. 이때 칼빈은 진지하게 교회의 출교권(出敎權)을 원하고 있었다. 칼빈의 반대자들이 이해와 협력이 부족했다고 하면, 칼빈 역시 동일한 결함을 지니고 있었다. 그는 제네바 시민의 마음을 이해하지 못했으며, 사람들이 강요에 의해서 신앙을 가질 수 없다는 것을 인식하지 못했다. 교회와 국가의 관계에 대해서는 아무도 만족스러운 해결에 도달할 수 없는 것이다.

자유파는 칼빈과 화렐을 반대하기 위해 베른의 간섭을 한층 더 이용했다. 정치적 음모가 앞으로 다가올 사건들을 파고들었다. 베른은 항상 자신들이 스위스의 지도자임을 자처했으며, 로잔과 마찬가지로 제네바를 자기들에게 예속된 위치에 두기를 열망하고 있었다. 그럴 만한 이유도 있었다. 베른은 12년 동안 제네바의 맹방이었으며, 투쟁하는 복음주의적인 제네바 교회를 보호해 왔다. 그렇다면 베른이 제네바 교회의 문제에 영향을 행사한다고 해서 크게 흠될 것은 없을 것으로 보인다. 그러나 제네바 사람들은 이에 대하여 강하게 저항했으며, 제네바 의회도 베른의 이러한 음모를 잘 알고 있었기 때문에, 베른의 그 정치적 움직임을 반대했다.

당시 베른 교회는 주의 성만찬에 대하여 프랑스 계 스위스의 입장보다는 루터 파의 경향으로 기울어져 있었다. 이 외에도 베른 교회는 교회 권징문제에 있어서 칼빈보다 더 관대하였다. 베른이 지킨 어떤 관습들은 제네바의 것과 달랐다. 즉 ① 세례는 교회 입구에 있는 돌로 된 세례반(洗禮盤)에서 베풀 것, ② 성찬식에는 누룩 없는 떡을 사용할 것, 그리고 ③ 네 절기를 지키되, 크리스마스, 부활절, 예수승천일, 성령강림절 등을 지킬 것을 그 골자로 하고 있었다.

행정관들은 베른을 그들의 모델로 삼고, 교회절기와 세례반에 관한 로잔대회의 결정을 따르라고 강요했다. 그러나 목사들은 이에 대해 한 치의 양보도 하지 않았다. 그들은 민중의 악을 계속 호통치고, 그것들을 억제하는 힘이 부족하다고 의회를 견책했다. 그 결과 그들은 정치에 간섭해서는 안 된다는 경고를 받았다(3월 12일). 열정에서 화렐을 능가하는 꾸로(Courauld)는 설교가 금지되어 있었으나, 4월 7일 다시 강단에 서서 무례한 방법으로 제네바와 그 시민을 공공연히 비난하다가 투옥되어 칼빈과 화렐의 강력한 항의로 6일 만에 추방되었다. 꾸로는 제네바 호숫가 기슭에 있는 토농(Thonon)이라는 곳에 가서 같은 해 10월 4일 거기서 세상을 떠났다.

목사들과 의회사이에는 험악한 긴장관계가 이루어지고 있었다. 칼빈과 화렐은 그들의 동료에 대한 가혹한 처사에 격분한 나머지 강단에서 대담하게 의회를 공격했다. 칼빈은 악마의 의회라고까지 공공연히 비난하였다. 그러자 목사들을 비방하는 소문들이 퍼져 나아갔다. 그들은 자주 "반역자를 론 강에 던져라"고 하는 고함소리를 저녁 늦게 듣곤 하였다. 그리고 밤에는 그들 집 현관문을 폭력적으로 두들겨서 불안하게 하였다.

목사들은 베른의 의식에 따라 부활절 성찬식을 거행하라는 지시를 받았다. 논쟁의 정점은 이 부활절이 되었다. 그러나 그들은 방탕과 불순종이 판을 치는 이곳에서는 그렇게 할 수 없다고 거절하였다. 칼빈은 준비된 사람만이 성찬에 참여할 수 있다는 것을 주장하고, "주의 몸을 분변치 못하고 먹고 마시는 자는 자기의 죄를 먹고 마시는 것이니라"(고전 11:29)는 바울의 말씀을 회상시켰다. 4월 21일 부활절에 칼빈은 마침내 성 삐에르 교회 강단에 서고, 화렐은 성 제르베 교회(Saint Gervais) 강단에 올라서서 많은 청중들 앞에서 설교했으나, 성례의 신성함이 더럽혀지지 않기 위해 이 반역하는 도시에서 성찬식을 베풀 수 없다고 선언하였다. 사실 이런 상황 하에서 구세주의 애찬을 먹는 의식을 갖는다는 것은 조롱꺼리가 될 뿐이었다. 많은 청중들이 무장하고 칼을 빼들고 설교자의 설교를 방해하자 설교자들은 교회를 빠져나와 친구들의 보호를 받으며 집으로 돌아갔다. 칼빈은 역시 저녁에도 제네바 시 아래쪽 리브 강가에 있는 성 후랜씨스 교회에서 설교하고 맹렬한 위협을 받았다.

성찬식의 거행을 거절한 이 결심은 교회 역사상 중요한 문제이다. 왜냐하면 그것은 칼빈이 후에 도입한 교회 권징의 전 체계의 기원이 되기 때문이다. 그리고 이 권징은 교회의 판단에 따라 교인의 특권을 누릴 자격이 없는 자들을 교회의 친교에서, 혹은 주의 성찬에서 제거한다는 근본원리에 근거하고 있기 때문이다. 또한 종교문제에 있어서 교회가 국가에 종속되어서는 안 된다는데 근거하고 있기도 하다.

소 의회는 대소동 가운데서 치룬 아침예배 후에 모여서 총회를 소집했다. 그리고 4월 22일과 23일 이틀에 걸쳐, 200인 의회는 성 삐에르 교회에 모여 화렐과 칼빈을 아무런 심문도 없이 해임하고, 3일 이내에 제네바를 떠날 것을 통고했다. 칼빈과 화렐은 그 소식을 듣고 침착하게, "매우 좋다. 사람을 섬기는 것보다 하나님을 섬기는 것이 더 좋다. 만일 우리가 사람을 기쁘게 하려 하였다면, 마땅히 불쾌한 보상을 받았을 것이다. 그러나 우리는 그의 상급을 보류하지 않으실 최고의 주인을 섬기고 있는 것이다"라고 칼빈은 말하였다. 칼빈은 그 결과에 대해서 적당하다고 말하기보다는 오히려 그것을 즐기기까지 하였다.

다음 3일 동안은 시련의 날들이었다. 칼빈은 거리에서 모욕을 당하고, 폭군들은 그를 론 강에 던져 버리겠다고 위협하고, 칼빈의 집 앞 거리에서는 총을 쏘아대기도 하였다. 그야말로 그는 모든 면에서 비참하였다. 몇 해 후에 그는 친구에게 쓴 한 편지에서 이때의 일을 회상한 바 있다. 이때의 일은 2년 동안 교제한 동지들과 단체, 혹은 교회를 떠나는데 용이하게 하였다. 제네바에 다시 초청되었을 때 그 일을 극복할 수 없을 정도로 제네바를 싫어하게 되었던 것이다.

칼빈과 화렐은 베른(Bern)으로 가서, 베른의회에 자신들의 사정을 이야기 했다. 베른의회는 추방자의 소식을 듣고 매우 당황했다. 온 제네바 시는 몹시 소란하게 보였으며, 의회의 처사는 조금도 불확실한 것이 없는 것 같았으나, 복음의 명분은 전적으로 불신을 받게 되었다. 의식(儀式)문제에 있어서 베른은 최상의 성의를 다했으나, 통일성을 증진시키려는 그들의 욕망은 가장 불행한 결과를 가져왔으며, 또한 가장 저명한 두 사람의 복음주의자를 추방당하게 만들었다는 것을 인식할 수밖에 없었다. 이 제네바의 목사들은 분명히 가혹한 대우를 받은 것이 확실하다. 왜냐하면 그들은 베른의 의식을 반대하지 않았다는 것이 인정되었기 때문이다. 이때 로마 교회는 이를 좋은 기회로 이용하게 되었으며, 의회는 스위스 종교개혁의 미래가 아직 불안한 상태에 있다는 것을 더 확신하게 되었다. 칼빈과 화렐이 도착한 바로 그 날에, 그들은 제네바에 강한 말투의 항의 서신을 보내 그들의 목사들을 다시 데려갈 것과 "그 가련한 맹인 목사 꾸로(Courauld)"를 즉시 석방하라고 요구했다. 제네바의회는 4월 30일 이 서신에 대하여 답변하였다. 즉 베른에 있는 그들의 친구들은 분명히 오해를 받았다. 제네바 시는 완전히 평온했으며, 주의 성만찬은 사실상 전 주일에 거행되었다. 그들은 그를 추방하였다는 것과 그가 로잔으로 갔다는 것을 말하지는 않았다. 하지만 그들은 확실하게 칼빈과 화렐을 다시는 받아들이지 않을 것이라고 하였다. 그러나 이 서신이 베른에 도착했을 때, 추방자들은 이미 쮜리히(Zürich)를 떠난 상태에 있었다. 왜냐하면 그들은 4월 28일에 정식으로 모이는 대회에서 회원들 앞에서 자신들의 행동을 정당화하기를 원했기 때문이었다. 이 목적으로 칼빈은 14개 항으로 된 "쮜리히 조문"(Articles of Zürich)을 작성하였다. 이 문서에는 교회가 어떻게 처신해야 하는지를 그가 생각하고 있던 원리들, 특별히 출교의 필요성을 강조하는 원리들이 포함되어 있다. 그러나 대회는 이 문서에 대한 어떠한 의견도 나타내지 않고 다만 두 목사에게 절제를 권고했다. 동시에 그들은 베른 의회에 목사들의 사상을 받아들이고, 가능하다면 그들의 복직을 얻어내라고 요구하였다. 이 결정에 대하여 칼빈과 화렐은 충분히 만족하였다. 그들은 5월 4일 쮜리히를 떠나 이틀 후에 베른으로 돌아왔다. 그러나 이 때 그들은 매우 독특한 환영을 받았다. 왜냐하면 베른이 제네바의 사건들이 생각했던 것보다 심각하지 않았으며, 따라서 그곳의 종교개혁이 위험한 상태에 놓여있지 않았다는 것을 발견했기 때문이었다. 불링거에게 보낸 편지에서 그들은 5월 중순까지 계속 이리저리 돌아다녔다고 하였다. 그것은 불공정한 처사였다. 왜냐하면 의회는 목사들이 쮜리히에서 돌아오기만을 기다리고 있었기 때문이었다. 그들이 도착하자마자 즉시 그들은 칼빈과 화렐을 받아들였으며, 칼빈에 의하면 쿤츠(kuntz)는 그들을 심히 비난하였다고 한다. 릿테르(Erasmus Ritter) 목사만이 동료의 적개심임에도 불구하고 감히 그들 편을 들었다. 의회는 더욱 호의적이었다. 그들은 제네바에 대표단을 파견하기로 결정하였으며, 칼빈과 화렐은 그들과 함께 가야만 하였다. 두 목사는 분명히 불명예를 벗기 위해, 모든 노력을 기울여 제네바를 설득하여 그들의 결정을 재고시키고자 하였다.

그러나 그 임무는 완전히 실패하고 말았다. 제네바 의회는 추방자들이 그들 지역에 들어오는 것을 허락하지 않았던 것이다. 따라서 그들은 노와용(Nyon)국경지방에서 기다려야 하였다. 베른의 사절단이 5월 23일 그 도시에 도착하자 의회는 즉시 그들을 받아들였다. 다음날 그들이 200인 의회에 설명하므로 그들에게 다소의 감명을 주었다. 그러나 "쮜리히 조문"은 이틀 후에 소집된 총회에 많은 것을 증명하였다. 칼빈은 불링거에게 쓴 편지에서, 그들의 진의(眞意)가 200인 의회의 의원이며, 반대파의 지도자인 삐에르 방델(Pierre Vandel)에 의해서 사람들에게 잘못 전달되었다고 말한다. 방델은 악의를 품고 있던 쿤츠로부터 신간견본(advance copy 新刊見本)을 공급받고 있었다. 그러나 어쨌든 사절단은 "쮜리히에서 설교자들이 작성한 조문들을 제시하고 설명할" 책임이 있었다. 총회가 네 사람의 반대자와 함께 목사들의 복직을 거절하자, 베른은 더 이상 논의를 할 수 없어 노와용으로 떠나고 말았다. 6월 1일 칼빈과 화렐은 그들과 함께 베른으로 돌아갔다. 이때의 분위기는 솔직히 적대적이었다. 베른의 당국자들은 그들이 할 수 있는 한 최선을 다 했으나, 그들은 칼빈과 화렐의 견해에 함께 하지 못하고, 다만 두 사람은 자신들의 추방에 대하여 감사할 수밖에 없을 것이라고 생각하였다. 두 사람은 거기서 더 오래 머물 수가 없어서 6월 3일 바젤로 떠났다.

그들은 참으로 무일푼의 가난한 사람들이었다. 제네바를 박차고 떠나는 불안 속에서 적으나마 개인의 소유물들을 가지고 갈 시간적 여유가 없었다. 더욱이 고통스러운 것은 그들의 마음의 상태였다. 화렐은 오랫동안 제네바와 관계를 가지고 있었기 때문에, 그에게 그 타격은 틀림없이 가혹하였다. 그러나 그는 엄청나게 강하고 다혈질의 사람으로, 주님은 반드시 준비하실 것이며, 그들의 원수를 혼란에 빠뜨리실 것이라고 믿고 있었다. 그러나 칼빈의 감정은 매우 달랐다. 그의 복음 운동의 첫 경험이 이처럼 불길하게 끝난 것이다. 그는 본래 그 일을 하려고 하지 않았다. 그러나 그 일을 착수하고 나서 그는 자기의 지식 능력에 따라 그 일의 성공을 위해 열심히 싸웠다. 하지만 18개월의 고된 중노동 끝에 그는 지금 실패한 것이다. 제네바가 한 번 더 올바른 정신을 가지고 칼빈이 돌아오기를 원하지 않은 한 그는 결코 다시는 그 일을 맡지 않을 것이 분명하였다. 기독교 강요 초판에는 그가 충분히 발전시키지 못한 것들이 많이 있었다. 그래서 그 일들을 좀 더 정성들여 만들기 위해 그는 지금 몸을 바치기를 원했다. 제네바에서의 경험은 그의 근본 원칙을 변경시키지 못하고 오히려 더 확실하게 하였다. 그러나 이에 앞서 칼빈은 자기 지위를 남용했다는 비난에 대하여 명백히 할 필요가 있었다. 7월에 칼빈은 부처의 후원을 얻기 위해 스트라스부르를 방문하였다. 그러나 스트라스부르의 목사들은 칼빈이 은둔 생활에 들어가려고 하는 그의 결정을 전적으로 찬성하지 않았다. 그들은 칼빈에게 많은 일을 맡길 수 있었다. 칼빈은 사과하고 바젤로 돌아왔다. 그리고 8월 초 그는 부처로부터 스트라스부르에 정착 해 달라고 재촉하는 편지 한 통을 받았다. 부처는 이 편지에서 당분간은 화렐과 떨어져 있어야 한다고 퉁명스럽게 말하기도 하였다. 그리고 감동을 줄만한 이야기를 덧붙였다.

즉 무슨 일이 있었는지를 조사하기 위해 대회가 소집되었을 때, 칼빈이 어떤 일에 매이지 않고 있는 것보다는 스트라스부르의 목사라는 것이 알려지게 된다면, 칼빈은 보다 더 유리한 위치에 있게 될 것이라는 것이었다. 그러나 칼빈은 여전히 주저하였다. 화렐을 7월에 전에 일하던 뇌샤뗄(Neufchatel)교회의 초청을 받고 권징제도를 반드시 채용한다는 조건하에 그 초청을 승낙하고 떠나버렸다. 그러나 화렐은 여전히 자기 친구가 가까이 있게 되기를 원했다. 부처는 그의 설득력을 높이 평가하고, 그리나이우스(Grynaeus)를 권하여 그의 영향력을 활용하라고 하자 그는 화렐을 자기편에 끌어들였다. 이 때 칼빈은 갑자기 의지를 굽히고 9월 초 스트라스부르에 가서 새 교회의 목사가 되었다.

어떤 점에서 추방은 칼빈에게 있어서 고통으로부터의 해방이었다. 그는 타의로 마지못해 제네바에 갔지만, 이번에는 강요에 의해 떠날 수밖에 없었다. 화렐의 안정성의 결여와 그의 과격한 기질은 이 파국에 공헌한 바가 컸다. 한편 칼빈에게 실수가 있었다면 그것은 그의 젊음이라고 할 수 있다. 그는 제네바 사람들의 성격을 이해할 만한 충분한 판단력을 아직 가지지 못했기 때문에 적절한 협력을 얻을 수가 없었다. 스트라스부르의 생활은 여러 면에서 그를 강하게 하였으며, 그의 생애에 있어서 가장 행복한 시기였다. 그리고 제네바는 전체적으로 볼 때 보다 나은 미래의 기회가 되었다.

제6장

스트라스부르의 추방생활

칼빈과 화렐은 제네바에 들어가는 것이 허락되지 않았기 때문에 베른(Bern)으로 옮겨서 거기서 잠시 머물다가 바젤(Basel)로 향하였다. 그들의 강요된 추방은 오히려 칼빈의 발전을 위해서 도움이 되었을 뿐만 아니라, 다음에 있을 제네바에서의 일을 준비하는 계기가 되었다. 베자는 그의 떠남에 대하여 다음과 같이 기록하였다. "이 일들이 제네바 교회의 어떤 파멸을 증명하게 되리라는 것을 누가 상상하지 못했겠는가? 하나님의 섭리의 목적은, 부분적으로는 어딘가 다른 곳에서 그의 충성스러운 종의 수고를 통하여 보다 위대한 성취를 이루시는데 있었고, 또 여러 시련을 통하여 그를 훈련하는데 있었으며, 부분적으로는 저 선동적이며 난폭한 자들을 타도하고 심히 부패한 제네바 시를 정화하는데 있었다. 그러므로 주님은 그의 모든 사역과 특별히 교회정치에서 자신을 놀랍도록 나타내셨다. 이 사실은 훗날 발생한 사건들에 의해서 충분히 증명되었다."

I

칼빈은 바젤에 도착하자 비레(Viret)에게 자신의 도착을 편지로 알렸다. 그들은 비를 흠뻑 맞았다는 것과 부어오른 냇가를 건너는 데 거의 생명을 잃을 뻔 했다고도 하였다. 바젤에서 그들은 따뜻한 환영을 받았는데, 특히 칼빈의 친구 그리나이우스(Grynaeus)의 환영을 받았다.

화렐은 비레와 크리스토퍼 화브리(Christopher Fabri)의 노력으로 뇌샤뗄 교회(Neufchatel)의 청빙을 받는다. 이곳은 화렐이 제네바에 오기 전에 한때 사역하던 곳이기도 하다. 화렐과 칼빈이 함께 있을 때 서로를 격려하며 열심히 봉사했던 것처럼, 그들이 이제는 피차 헤어져서 일하게 되었지만, 이것도 그들에게는 매우 유익한 일이었다. 칼빈 자신은 이 사실을 인정하였다. 그들의 이 따뜻한 우정은 평생 그들의 서신과 방문에서 증명된 대로 약해지지 않고 지속되었다. 바젤에서 7주간을 지내고 화렐은 뇌샤뗄에 부임하였다.

한편 칼빈은 저명한 개혁자 부처(Bucer)의 초청으로 스트라스부르(Strassburg)로 가게 된다. 사실 칼빈은 하나님께서 자신에게 무엇을 하기를 원하시는지를 깨달을 때까지 당분간 바젤에 남아있기를 원했다. 이런 그에게 부처와 까피토(Capito)는 그가 스트라스부르에 와서 프랑스인 교회를 목회하며 신학도 강의해줄 것을 요청했던 것이다. 그러나 칼빈은 화렐이 같이 초청되지 않았다는 이유로 그들의 초청을 거절하였다. 그러자 부처는 요나처럼 하나님의 부르심을 거절하는 죄를 범하고 있다고 그를 비난하였다. 그리고 학문의 연구도 순탄치 않을 것이라고 하였다. 마침내 칼빈은 선지자 요나의 경우를 생각하면서 부처의 계속되는 권유에 응할 수밖에 없었다. 화렐도 진심으로 이에 동의해주었다. 칼빈은 시편주석 서문에서 다음과 같이 그때의 일을 회상했다. "저 가장 뛰어난 그리스도의 종 마르틴 부처(Martin Bucer)가 전에 화렐처럼 강권적으로 나를 새로운 지위로 인도해주려고 했을 때, 나는 어떤 공적인 책임을 지거나 걱정에서 벗어나 사사로운 위치에서 살기로 결심했었다."

당시의 스트라스부르는 종교개혁의 확고한 기반을 갖고 있었으며, 1254년 이래 제국의 구속에서 벗어난 자유로운 도시였다. 가장 화려한 고딕 대성당 중의 하나가 있는 곳으로 유명했으며, 대 상업도시이며, 문예활동이 활발했던 도시이기도 하였다.

지리적으로 이 도시는 라인강 서쪽 2마일과 바젤북쪽 약 90마일 지점에 자리 잡고 있으며, 스위스 바깥쪽에 있었지만, 스위스 개혁자들뿐만 아니라 독일의 개혁자들과도 밀접한 연락이 있었다. 스트라스부르를 새 예루살렘으로 생각하면서 밀려드는 핍박받는 프랑스의 개신교도들에게 따뜻한 집을 제공해주기도 하였다.

시민들은 1523년 개신교의 지도적 두 파의 복음주의적 연합을 염원하면서 종교개혁을 받아들였다. 그곳 개혁교회에는 부처, 까피토, 헤디오, 슈투름, 니게르, 그리고 마티아스 쩰(Bucer, Capito, Hedio, Sturm, Niger and Matthias Zell)과 같은 중요한 목사들이 있었으며, 그들은 거기서 함께 화목하게 일하고 있었다. 스트라스부르는 남서독일의 비텐베르크였으며, 쮜리히와 제네바와도 우호관계를 맺고 있었다.

그들은 처음부터 이 젊은 추방객을 따뜻하게 대우하였다. 시 의회는 그를 적절한 봉급과 함께 신학교수로 임명하였으며, 한편 그곳의 프랑스인 피난민 교회의 목사로 청빙되기도 하였다. 그는 이제 생의 가장 행복한 3년 동안의 일을 여러 방면에서 시작하게 된 것이다. 이때는 1538년 9월이었다. 그는 집에 온 것 같은 생각이 들었으며, 다음해 여름에는 시민권을 받기도 하였다.

스트라스부르에 도착한 즉시 칼빈은 곧 화렐에게 장문의 편지를 써서 자신의 도착을 알리고, 제네바 교회에는 목회서신을 보냈다. 그는 화렐에게, 부처가 두 사람을 변호하는 서신을 제네바에 보냈으나 호의적인 답을 받지 못했다고 했다. 칼빈은 제네바교회의 불행은 부분적으로는 자신과 화렐의 "성숙하지 못함, 나태, 부주의, 그리고 잘못"에 기인한다고 기록하였다. 어쩌면 그 첫 시기는 그들에게 참으로 귀중한 시기였다. 왜냐하면 그들은 모든 일에 미숙했기 때문이었다.

칼빈은 제네바 교회에 보낸 편지에서는, 자기는 그들에 대한 애정 때문에 편지를 쓰지 않을 수 없었다고 기록하고 있다. 편지의 말투는 애정으로 넘쳐 있었다. 물론 그는 그들의 행동을 꾸짖고, 그들이 사탄의 유혹에 넘어갔다는 것과, 한편 칼빈 자신의 입장과 행동을 선지자 다니엘의 그것과 비교하기도 하였다.

스트라스부르의 최고의 개혁자 부처는 아량과 이해력이 깊은 관용의 화신이다. 그러한 성격은 1530년 아우그스부르크(Augsburg)의회에 제출된 테트라폴리탄 신앙고백(Tetrapolitan Confession)에서 잘 드러난다. 그 후 그는 평화적인 정신으로 루터 파와 쯔빙글리 파의 성찬론을 조화시키기 위해 비텐베르크 일치협정(Wittenberg Concordia,

1536)을 만들었는데, 그것은 도덕적으로 부패한 사람들까지도 그리스도의 몸과 피에 참여할 수 있다고 하는 루터의 견해에 너무 지나치게 양보했다는 이유로 불링거(Bullinger)와 스위스 교회에 의해서 거절되었다. 그는 1551년 켐브릿지 대학교 신학교수로써의 사역을 끝냈다. 그가 죽은 지 6년 후에 메리 여왕의 명령으로 그의 시체가 파내어 화형에 처해졌으나, 엘리자베스 여왕 때 그의 무덤이 재건되어 명예가 회복되었다. 그의 동료 화기우스(Fagius)도 그와 동일한 운명에 처해졌다.

쮜리히 사람들은 칼빈에게 쓴 편지에서 스트라스부르를 "종교개혁의 안디옥"이라고 하였고, 까피토는 "추방된 형제들의 피난처"라고 했다. 로마 교회의 사가 홀로리몽 드 레몽(Florimond de Raemond)은 "부처의 지배 하에 있는 루터 파와 쯔빙글리 파의 은신처, 또는 집합소이며, 프랑스에서 추방당한 자들의 피난처"라고 하였다. 일찍이 프랑스에서 온 저명한 피난민들 중에는 후란씨스 랑베르(Francis Lambert), 화렐, 르 페브르, 루셀, 그리고 미셸 다랑드(Michel d'Arande) 등 인사들이 있었다. 불행하게도 스트라스부르는 이러한 고상한 지위를 오랫동안 유지하지 못하고 치열한 분파싸움의 전쟁터가 되었으며, 얼마동안은 좁은 루터 파 정통의 본부가 되기도 하였다. 이 도시는 루이 14세(Louis XIV)에 의해 정복되고, 1681년에는 로마 교회적 프랑스에 합병되어 신교의 특성에 손상을 입었으나, 윌리암 1세 황제에 의해 정복되어 1870년에는 프랑스 동북부지방 알사스 로렌(Alsace-Lorraine)의 수도로써 통일 독일에 합병되었다.

칼빈은 스트라스부르 생활에서 그의 사상이 넓어지고 깊어졌으며 가치 있는 많은 경험을 얻을 수 있었다. 그는 또한 독일교회와 그 지도자들과 접촉할 수 있었고, 그들을 알게 된 것을 감사하게 여겼으나, 한편 그들에게 훈련의 부족과 세속 관리에 대한 성직자의 노예적 의존성을 실감할 수 있었다. 그는 교수로서, 목사로서, 저술가로서 끈기 있게, 그리고 성공적으로 일했다.

3년 동안 칼빈의 스트라스부르 생활의 경제형편은 매우 어려운 편이었다. 칼빈과 같은 사람에게 일상생활에 어려움을 준 것은 교회와 시 정부로서는 수치스러운 일이었다. 처음 5개월 동안은 전혀 봉급 없이 살았으며, 다만 친구네 집에서 집세 없이 살았다. 그는 1539년 4월 화렐에게 보낸 편지에서, 프랑스의 많은 친구들 중에 자기에게 로마 교회로 돌아오기를 원하는 띨레(Tillet) 이 외에는 한 푼의 동전도 보내준 사람이 없었다고 기록하였다. 그의 몸은 쇠약해졌다. 스트라스부르 시는 1539년 5월부터 그에게 겨우 은화 52길더(fifty-two guilders)라는 매우 불충분한 생활비를 지불했다. 그의 저서들은 별로 도움이 되지 못했다. 스위스가 그의 궁핍함을 들었을 때 화브리(Fabri)는 화렐 편에 10더커트 은화(ducats)를 칼빈에게 송금했다고 한다. 그러나 그는 자신의 가장 큰 보물, 즉 제네바에 남겨둔 책들을 팔고, 학생들을 자기 집에 하숙시키기도 했다. 이런 상황 속에서도 칼빈은 하나님을 신뢰하고 미래를 향해 전진할 뿐이었다.

II

칼빈은 제네바에서처럼 스트라스부르에서도 목사 일과 신학교수직을 겸임하였다. 목사의 일은 프랑스 피난민들을 접촉할 수 있게 하였고, 교수의 일은 독일학자들에게 그의 영향력을 넓힐 수 있게 하였다.

칼빈은 프랑스 피난민들로 구성된 최초의 프로테스탄트 교회를 설립하였다. 그것은 제네바와 프랑스의 개혁파 교회의 모델이 되었다. 당시 피난민 교인의 수는 약 400명에서 500명 정도였다. 그들은 모두가 같은 처지에 있는 사람들이었다. 다같이 프랑스인이며 피난민이요 한결같이 가난한 사람들이었다. 칼빈도 마찬가지였다. 그러므로 칼빈은 고향으로 돌아와서 행복하게 목회하는 느낌이었다. 칼빈은 성 니콜라 교회(St. Nicholas)에서 첫 설교를 했는데, 그것은 많은 프랑스 사람들과 독일 사람들을 감동시켰다. 그는 설교를 한 주일에 네 번하고 성경강의를 하였다. 그는 집사를 훈련하여 자기를 돕게 하고, 특히 많은 관심을 가지고 있던 가난한 자들을 돌보게 하였다. 집사들 중 첫 두 사람의 이름은, 후에 뇌샤뗄에서 목사가 된 니콜라 파랑(Nicholas Parent)이요, 다른 한 사람은 프랑스 헬레니스트인 끌로드 드 훼레이(Claude de Fer or Feray)인데, 그는 스트라스부르에 피난 와서 그리스어를 가르치다가 1541년 흑사병으로 사망하였다. 칼빈은 그의 죽음을 매우 슬퍼하였다.

칼빈은 귀중하게 여기는 권징제도를 도입하였으며, 행정관의 방해를 받지 않았기 때문에 첫 체류기간에는 제네바에 있을 때보다 더 성공적으로 일할 수 있었다. 질서와 권징이 없이는 가정도 사회도 있을 수 없으며, 하물며 교회는 더욱 그렇다고 그는 말한다. 루터가 교리에 강조점을 둔 것처럼, 칼빈은 권징을 강조하고, 이 권징을 건전한 교리와 그리스도인 생활의 최선의 안전장치라고 생각했다. 그는 한 달 동안 공 예배에 참석하지 않거나 도덕적으로 타락한 학생들에게는 성찬참여를 금지시키고 회개할 때까지는 성찬에 참여할 수 없게 하였다.

적지 않은 많은 수의 젊은 사람들이 출교는 로마 교회의 제도라고 하여 반대하였다. 그러나 그는 그리스도의 멍에와 교황의 횡포를 구별하였다. 그는 로마 교회의 제도를 비판하고, 자신은 다만 그리스도께서 명령하신 것을 수행하는 것뿐이며, 그리스도에 대한 순종이 곧 그리스도인의 자유임을 회중들에게 설득시켰다. 그는 참고 또 참는 가운데서 성공하였다. 그는 화렐에게 쓴 편지에서 "나는 심한 싸움을 싸웠지만, 그들은 나에게 훌륭한 학교입니다"라고 기록하였다.

그는 스트라스부르 지역에서 관대하게 허용되었던 재세례 파(再洗禮派) 사람들을 많이 개종시켜, 그들의 자녀들을 세례 받게 하였다. 이런 경우도 있었다. 헤르만(Hermann of Liege)이라는 재세례 파 교인이 있었는데, 그는 칼빈을 통해 복음주의 교회로 돌아온 인물이다. 그는 칼빈의 "교회 밖에는 구원이 없다"는 원리가 옳은 것임을 인정하고, 자신이 교회를 떠난 것은 범죄행위였다는 것을 고백할 뿐만 아니라, 용서와 복귀를 강청하기에 이르렀다. 그는 예정 교리에서 예지와 섭리의 차이에 대해서 의심하고 있었으나, 칼빈은 회개하고 선한 의도에서 교회와 화합했다는 이유로 그를 받아드렸다. 그는 모든 중요한 종교문제에 대하여 행정관의 상담을 받았다. 그는 성실하게 목회사역에 임하고 모든 교인에게 관심을 쏟았다. 이런 방법으로 그는 짧은 시간 안에 부흥하는 교회를 만들어 스트라스부르 공동체의 존경과 예찬을 한 몸에 지니게 되었다.

불행하게도 이 피난민 교회는 25년간 유지되고 분파적 편협 때문에 문을 닫게 되었다. 배타적인 루터주의자 마르바흐(Marbach)가 스트라스부르의 지배권을 잡고 칼빈주의적 신자들을 위험한 이단자들로 취급한 것이다. 1556년 8월 칼빈이 후랑크후르트(Frankfurt)로 가는 도중에 이 도시를 통과했을 때, 슈투름(John Sturm)과 학생들이 다 일어나서 칼빈을 환영하므로 존경을 표시하였다. 그러나 그는 자신의 교회 회중에게 설교할 것을 허락받지 못했다. 그 이유는 그가 공재설(共在說, consubstantiation)을 믿지 않는다는 것 때문이었다. 공재설은 루터 파의 성찬관이다. 루터 파는 로마 카톨릭 교회의 화체설(化體說)을 부정하고 공재설을 주장하고 있었다. 그들은 떡과 포도주는 여전히 존재하나. 그리스도의 전(全)인격, 즉 몸과 피는 그 요소들(떡과 포도주)속에, 그 요소들 밑에, 그리고 그 요소들과 함께 임재한다고 생각하였다. 그리스도께서 떡을 그의 손에 들으셨을 때 그의 몸도 떡과 함께 계셨기 때문에, 그는 "이것은 나의 살이니라"고 말씀하실 수 있었다는 것이다. 이 견해에 의하면, 이 떡을 받는 사람은 누구든지 다 그가 신자이든 신자가 아니든 그리스도의 몸을 받는다고 하였다. 이것이 사실이라면 성찬이 시행되는 곳에는 어디서든지 그리스도가 장소적(場所的)으로 임재하신다는 말이 된다. 한편 칼빈은 루터 파와는 달리, 성찬에 있어서 주님의 육체적 임재(臨在)를 부정하고, 영적이며 실재적(實在的)임재를 주장하였으며, 그의 임재는 영적덕행과 효과의 원천이라고 역설하였다. 더욱이 칼빈은 성찬을 인간의 행동(기념이나 신앙고백)으로 보지 않고, 인간을 향하신 하나님의 은혜로우신 선물이며, 기본적으로 신앙의 강화를 위해 하나님께서 제정하신 수단이라고 주장하였다. 수년 후에 개혁파 교회의 예배는 1563년 8월 19일 의회의 명령에 의해 전적으로 금지되었다.

Ⅲ

칼빈은 스트라스부르 피난민 교회를 위하여 예배 의식서를 집필하였다. 그는 성찬식을 매주 한 번씩 지키는 것이 좋다고 믿고 있었으나, 스트라스부르 시 의회에 양보하여 한 달에 한 번씩 거행하기로 하였다. 칼빈은 비본질적인 것에 대하여는 항상 관대하였다. 이러한 이유로 인해서 칼빈과 독일 개혁자들 사이에는 원만한 협력이 많이 이루어지곤 했다. 비록 성찬관에 차이가 있었지만, 칼빈은 저들과 다투지 않았다. 그는 늘 즐거운 마음으로 의회에 협력했는데, 그것은 외국에서 사는 피난민으로서 매우 성숙한 행동이 아닐 수 없었다.

칼빈은 쯔빙글리(Huldreich Zwingli)와 화렐을 기초로 해서 자신의 예배 형식을 만들었는데, 그것은 이미 스위스 개혁파 교회에서 사용되고 있었다. 그것은 1542년에 두 번 출판되고, 같은 해 로잔에 소개되었으며, 점점 다른 개혁파 교회에서도 사용되었다.

칼빈은 선배들과 마찬가지로 비성경적인 유전과 미신으로 가득찬 로마 교회의 의식주의에 대하여는 전혀 찬성하지 않았다. 그는 또한 예배 시에 예술적이며 상징적이며 장식적인 것들을 사용하는 것을 혐오하였다. 그는 미사, 두 성례를 제외한 모든 성례, 성인의 날, 주일을 제외한 거의 모든 교회축제, 형상과 유물 숭배, 행렬기도, 지성과 양심보다는 감각과 상상에 호소하는 허식적이며 화려한 예배, 그리고 구원하는 복음진리에 대한 명상에 집중하는 것보다 외적인 과시에 마음을 흩어지게 하는 그런 예배를 모두 반대하였다. 칼빈은 그 자리에 하나님의 영의 임재와 능력으로 활기를 얻으며, 이성적 헌신에 잘 어울리는 단순하고 영적인 예배의 양식을 대치시켰다. 그러나 그 능력이 없으면 예배는 빈약하고 메마르고 냉냉하고 싸늘해질 것이다. 칼빈은 설교를 예배의 중심에 두고, 라틴어로 된 미사대신에 지방어로 교훈하고 교화하였다. 그는 강단을 설교자의 보좌로 높이고, 사제의 제단보다 위에 두었다. 그는 공중예배에 계속적인 자유기도의 샘을 열어놓고, 변하는 환경과 욕망에 적응할 수 있게 하였다. 그는 루터와 같이 노래의 축복을 교회에서 회복시켰는데, 이것은 진정한 대중의 예배였으며 기록된 기도서를 읽는 형식보다 훨씬 효과적이었다.

칼빈의 스트라스부르 교회의 주일 아침예배의 순서는 다음과 같다. 성경 몇 절을 봉독하고, 목사와 회중이 죄를 고백하는 것으로 예배는 시작된다. 그리고 십계명의 첫 부분이 운율로, 즉 장단에 맞춰 노래로 불리어진다. 이것이 끝나면 하나님의 율법의 교훈과 항상 그 안에서 살게 해달라는 은혜를 구하는 기도가 있다. 다음에는 십계명의 둘째 부분이 운율로 불리어지는데, 노래하는 동안에 목사는 강단에 올라간다. 이때 결혼예고가 3주전에 공포되었으면 결혼식이 거행된다(이 부분은 오늘날의 관습과는 매우 다르다). 이어서 조명의 기도(a prayer for illumination)가 있고, 주님 가르치신 기도가 뒤따른다. 다음에 목사의 성경봉독이 있고, 이어서 설교가 있다. 교회는 나라의 재정후원을 받기 때문에, 교회유지를 위한 헌금은 없었으나 가난한 자를 위한 헌금이 거두어졌다. 다음에는 알기 쉬운 말로 하는 긴 기도와 주님 가르치신 기도가 뒤따른다. 사도신경의 암송이 있고, 주일 성찬식에서 그것을 노래로 부른다. 예배는 시편찬송가를 부르므로 끝이 난다. 이 예배가 60분 안에 이루어지지 않았다는 것을 우리는 쉽게 짐작할 수 있다.

이와 동일한 순서는 대체로 프랑스 개혁파 교회에서도 지켜졌다. 칼빈은 역시 세례와 성찬을 위한 의식서를 준비하였다. 결혼과 환자 심방을 위한 의식서는 벌써 화렐에 의해 작성되어 있었다. 세례는 항상 공중예배가 끝날 때 회중 앞에서 그리스도께서 세우신 제도에 따라 가장 단순한 방법으로 거행되었다. 귀신 쫓아내는 주문의식이나 소금을 사용하거나, 침을 뱉거나 또는 촛불을 켜거나 하는 것은 없었다. 왜냐하면 그런 것들은 성경의 교훈이 아니며, 미신을 조장하고, 예배의 영적 본질에서 외부적 형식으로 관심을 돌리게 하는 것들이기 때문이다. 칼빈은 침례를 세례의 원시적 형식으로 보았으나, 물을 붓거나 뿌리는 것도 동등하게 유효하다고 주장하였다. 앞에서도 언급했지만, 성찬식은 한 달에 한 번씩 단순한 방법으로 거행하되 아주 엄숙하게 시행되었다. 칼빈은 성찬 참여 희망자에게, 그 전 주일에 미리 통지해 줄 것을 요청하였다. 그 이유는 첫째로, 교훈하기 위해서이며, 둘째는 믿음의 충고를 위해서이고, 셋째는 고통당하는 자에게 위로를 주기 위해서였다. 한편 도덕적으로 무가치한 자는 성찬 참여가 허락되지 않았다.

칼빈이 시편을 본국어로 소개한 것은 특징 중에서도 가장 중요한 특징이며, 예배와 신앙 생활사에서 오래된 영웅적인 사건의 시작이었다. 시편은 루터 파의 찬송가처럼 개혁파 교회에서도 중요한 자리를 차지한다. 그것은 혹독한 시련과 박해의 시대의 유그노파 교회와 스캇틀랜드의 장로교 언약파 교도들에게 위로와 힘의 원천이 되었다. 칼빈은 친히 시므온의 노래와 십계명의 운율판(a metrical version)과 함께 시편 25, 36, 43, 46, 91, 113, 120, 138, 142 등 여러 편의 운율판을 준비하였다. 그 후 그는 당시의 위대한 프랑스 시인 끌레망 마로(Clemen Marot)의 우수한 번역판(the superior version)을 사용하였다. 마로는 궁중시인이며 교회의 성가 작가(1497-1544)이기도 하였다. 그가 처음 마로를 만난 곳은 훼라라 공작 부인의 왕궁(1536)이며, 후에는 제네바에서도 만났는데(1542), 거기서 칼빈은 그를 격려하여 시편의 운율 번역을 계속하라고 권하였다. 마로의 시편은 1541년 빠리에서 처음 나왔는데, 여기에는 30편의 시편과 주기도, 천사의 인사, 사도신경, 그리고 십계명의 운율판이 함께 들어 있다. 50편의 시편과 함께 몇 편의 번역판(editions)은 1543년 제네바에서 인쇄되고, 한판은 1545년 스트라스부르에서 인쇄되었다. 후기의 번역판은 베자의 번역으로 확대되었다. 칼빈과 베자의 시편의 대중성과 유용성은 끌로드 구디멜(Claude Goudimel, 1510-1572)의 풍부한 선율에 의해 한층 더 크게 높아졌다. 구디멜은 1562년 개혁파 교회에 가입하여 성 바돌로메(St. Bartholomew) 학살 때 리용(Lyons)에서 순교하였다. 그는 그의 음악적 재능을 종교개혁운동에 바쳤

다. 그의 가곡은 부분적으로는 대중가요에 기초하고 있으며, 개혁
파문화의 단순하고 진지한 정신을 숨쉬고 있다. 그중 몇 곡은 루터
파 교회의 합창곡에 들어있기도 하다.

IV

칼빈은 독일에 머물고 있는 동안, 부처와 까피토, 그리고 슈투름과
함께 스트라스부르 시와 교회의 위원 중 한 사람으로서 종교개혁으
로 발생한 분열을 치유하기 위해 몇몇 회의에 참석했다.

1539년 봄 칼빈은 부처와 슈투름과 함께 후랑크후르트(Frankfurt)에
서 모이는 한 회의에 참석했는데, 이 회의는 촬스 5세(Charles Ⅴ)가
구교와 개신교사이의 분쟁을 해결해보고자 소집한 회의였다. 촬스는
마침 후랜씨스와 평화조약을 맺고 그의 최대의 국내문제, 즉 종교문
제를 조정하는데 숨 돌리기를 원하고 있었다. 그는 역시 스위스와
독일 개혁자들의 차이점이 좁혀지기를 바라기도 하였다. 그들은 후
랑크후르트에서 싹소니의 선거후 모리스(Maurice), 그리고 헷세 주의
휠립(Hesse of philip)등 독일개신교의 지도적인 왕자들을 만날 수 있
었다. 이 독일 개신교의 왕자들은 작년에 조직된 스말칼드 동맹, 즉
개신교 동맹(League of Smalkhald)에 가입했기 때문에 황제와는 협력
할 의사가 전혀 없었다. 사실상 그들은 전쟁을 선포할 준비가 되어
있었다. 촬스가 그의 사절들을 통하여 말하고자 했던 주요한 요지는
터키 사람들이 독일과 유럽을 침략할 기회를 노리고 있다는 것이었
다.

이들 회의에서 지도적인 신학자는, 루터 파에는 멜랑히톤이 있고, 로마 교회는 율리우스 플뤼그(Julius Pflug)가 있었다. 그들은 교리와 권징의 적은 차이에 대하여 서로 양보하므로 교회의 재 연합을 이루어보자는 것이었다. 그러나 회의는 모든 타협에서 실패하였다. 루터와 칼빈은 교황에게 한 치의 굴복도 허락하지 않았으며, 교황 측의 극단분자들, 예를 들면 엑크(John Eck)와 같은 사람도 개신교에 전혀 양보하지 않았다. 칼빈은 탁월한 능력과 학식 때문에 양파의 존경을 받고 있었으나, 독일어를 모르는 외국인이며 프랑스 사람이어서 하위부분에서 활동하였다.

영국의 헨리 8세(Henry Ⅷ)도 대표로 참석하였다. 그는 멜랑히톤을 영국에 파송해 대륙과 자기 밑에 있는 새 교회사이의 상호일치를 공식화하는데 도움이 되게 해달라고 요청했다. 멜랑히톤은 지나치게 융통성있는 사람이기 때문에 개혁자들은 그를 보내기를 원치 않았다. 칼빈은 그의 서신에서 헨리는 개혁신앙 문제에 있어서 "얼간이" 일 뿐이라고 하였다. 그는 성직자의 결혼을 금하고, 매일 미사를 거행하고, 7성례를 신봉하고, 평신도가 성경 읽는 것을 허락지 않으며, 또한 화체설을 부인했다 해서 처형한 그런 사람이었다. 참으로 헨리와 칼빈 사이에는 거리가 멀었다. 화체설(化體說)은 1215년 제4차 라테란 회의(Lateran Council)에서 정식 채택된 이후 줄곧 로마 카톨릭 교회의 성찬관이다. 그들은 예수 그리스도가 참으로 실체적(實體的)으로 성찬에 임재(臨在)하신다고 믿는다. 떡과 포도주의 실체는 사제(司祭)의 성찬제정의 말씀과 동시에 그리스도의 몸과 피로 변환된다. 그리스도는 성찬의 요소(떡과 포도주)속에, 또는 각 요소의 매 조각 속에 임재하신다. 그러므로 떡의 작은 조각을 받는 사람마다 그리스도를 전부 받는다. 그리고 그리스도는 성찬참여자가 소품들을 받기 전에도 그 요소 안에 임재하신다고 그들은 주장하고 있다. 이렇게 주장하므로 그들은 떡에 대한 숭배를 날조하고 있는 것이다.

칼빈이 회의에서 얻은 주요한 소득은 멜랑히톤(Philip Melanchton)과의 대화였다. 그들은 첫 만남에서부터 서로의 애정과 예찬이 시작되었다. 멜랑히톤은 학식이 있고 품위 있는 사람으로 존경을 받고 있었다. 그러나 그에게는 루터의 마음을 상하게 하는 그런 투지가 전혀 없었다. 멜랑히톤은 특별히 성찬 문제에 있어서 칼빈과 완전히 일치하였음에도 불구하고 이와 관련해서 그는 루터와 공적으로 단절하지는 못하였다.

같은 해 11월에 보다 중요한 회의가 보름스(Worms)에서 개최되었다. 이 옛 도시에서 루터는 교황의 반대에도 불구하고, 제어할 수 없는 능력이 된 양심의 자유의 선언을 한 것이다. 칼빈은 이때 스트라스부르와 뤼네부르크(Lüneburg)공작의 위원자격으로 참석하여 토론에서 탁월한 역할을 하였다. 그는 두 번째 토론에서 빠쏘(Passau)의 주교 로베르 모샴(Robert Mosham)을 물리치고, 멜랑히톤과 거기 참석하고 있던 루터 파 신학자들로부터 "그 신학자"(the Theologian)라는 명예스러운 칭호를 얻게 되었다. 칼빈은 역시 보름스에서 출판을 위한 것은 아니지만 61편의 서사시를 썼는데, 이 시들은 그리스도의 승리와 원수들의 패배를 찬양하는 내용이었다. 그는 시의 천재는 아니지만, 연구에 의하여 자연의 결함을 메꿀 수 있었다. 보름스 회의는 시작하자마자 다가올 레겐스부르크(Regensburg) 회의에서 황제의 참석 하에 다시 열기로 하고 1541년 1월 해산하였다.

레겐스부르크 회의는 1541년 4월 5일에 개회되었다. 칼빈은 다시 스트라스부르의 대표이며, 멜랑히톤의 특별요청으로 참석했으나 성공의 희망은 보이지 않았다. 회의는 프로테스탄트가 어거스틴의 권위로 보호하는 원죄교리와 의지의 노예성 교리를 가볍게 생략하였다. 로마교도들은 복음주의적 이신칭의 교리(루터 파의 Sola 없이)에 동의하고, 평신도에게 성찬식의 잔을 줄 것을 양보했으나, 교회의 권위와 실재적 임재 교리에 대하여는 찬동하지 않았다. 칼빈은 특별히 화체설(化體說)은 스콜라주의의 허구라는 것과 성찬식의 떡을 숭배하는 것은 우상숭배라는 결정적인 판단을 내렸다. 그는 멜랑히톤과 부처의 동기의 진실성에 대하여는 전혀 의심하지 않았으나, 그들에게 복종하는 것은 마음에 내키지 않았다. 그는 평화와 연합보다는 진리와 일관성을 더 사랑했기 때문이었다.

칼빈은 1541년 5월 12일 화렐에게 쓴 편지에서, "멜랑히톤과 부처는 아무 것도 주지 못하면서 반대파를 만족시킬 수 있는지를 시험해보려고, 화체설에 대한 애매하고 눈가림의 법식을 작성하였습니다. 그들이 이에 대한 합리적인 근거를 가지고 있다 하더라도 나는 이 계책에 동의할 수 없습니다. 왜냐하면 그들은 교리문제를 열어 놔두면 짧은 시간 안에 좀 더 명백해질 것이라고 생각했기 때문입니다. 그러므로 그들은 오히려 그것을 뛰어넘기를 원했으며 그 애매한 말을 두려워하지 않았습니다. 그러나 나는 그들이 가장 좋은 생각으로 활동하며, 그리스도의 왕국을 확장하려는 의지 외에는 어떠한 다른 목적도 가지고 있지 않다는 것을 말씀드릴 수 있습니다."

모든 협상은 마침내 양파의 과격한 사람들의 반대로 말미암아 실패로 돌아갔다. 황제는 6월 28일 의회를 폐회하고, 신학 문제를 해결하기 위해 총회를 소집하여 교황과 함께 자신의 영향력을 행사하겠다고 약속하였다.

후랑크후르트 회의와 그 다음에 있었던 보름스와 레겐스부르크 회의는 칼빈의 발전에 많은 것을 안겨다 주었다. 그는 개인적으로는 독일의 왕자들과 개혁자들을 알게 되었다. 그의 영역은 넓혀졌으며, 그의 지방의식은 사라졌다. 그와 접촉하게 된 사람들은 그의 능력을 인정하게 되었고, 가장 뛰어난 은사를 받은 사람이 바로 여기 우리와 함께 있다는 것을 알게 되었다.

이때 그는 경제적으로 궁핍하였다. 그의 봉급은 적었으며, 거기다 적어도 한번은 사기꾼들에게 사기를 당했다. 그는 제네바에서 약간의 책들을 헐값에 팔기도 하고, 화렐에게서 소액의 돈을 빌리기도 하였다. 띨레(Tillet)가 생활비 얼마를 그에게 제공했으나 그는 그 돈을 거절했다. 해가 지나면서 더 많은 봉급과 인세수입이 있었으나, 그는 검소한 생활을 하면서 가난한 사람들과 친척들을 도왔기 때문에, 죽을 때에는 소유한 재물이 거의 없었다.

칼빈은 스트라스부르크에서 발생한 흑사병으로 인해서 정신적 고통이 극심했다. 흑사병은 그의 사랑하는 집사 끌로드 훼레이(Claude

Féray), 그의 친구들, 즉 베드로 투스(Bedrotus)와 까피토(Capito), 하숙생 중의 한 사람인 루이 드 리쉬부르(Louis de Richebourg), 그리고 외콜람파디우스의 아들들, 쯔빙글리와 헤디오(Hedio)등을 휩쓸어 갔다. 그는 몹시 불안하고 우울증에 빠졌으며, 이 사실을 1541년 3월 29일 화렐에게 편지로 알렸다. "둘도 없이 사랑하는 나의 가까운 친구 끌로드(Claude)는 전염병으로 죽었습니다. 3일 후에 루이(Louis)가 죽었습니다. 나의 집은 처참한 상태에 놓여 있었습니다. 나의 동생 앙뜨완느(Antoine)는 샤르르와 함께 이웃 동네로 떠났습니다. 나의 아내는 나의 동생네 집으로 갔습니다. 끌로드의 제자 중의 가장 젊은 제자는 지금 병으로 누워 있습니다. 고통스러운 이 슬픔에 더하여 아직 살아 남아 있는 자들을 위한 근심이 또한 컸습니다. 지금 도움을 필요로 하고 있는 내 아내는 밤낮 내 머릿속에 떠오르고 있습니다… 이 사건들은 내 안에 많은 슬픔을 가져왔기 때문에, 그것은 마치 마음을 극도로 뒤흔들어 놓고 정신을 내리누르는 것 같았습니다. 당신은 나의 사랑하는 친구 끌로드의 죽음으로 나를 삼켜버린 그 슬픔을 믿을 수 없을 것입니다."

V

칼빈과 멜랑히톤(Melanchton)은 1538년10월 부처를 통하여 서신왕래로 처음 알게 된다. 그후 1539년 2월 후랑크후르트(Frankfurt)에서 그들이 처음 만나게 되는데, 그들은 즉시 친밀해져서 교리, 권징, 그리고 예배와 관련된 당시의 뜨거운 문제들을 자유롭게 토론하였다. 칼빈의 스트라스부르 체류는 칼빈과 개혁파 교회에 중요한 유익을 가져다주었는데, 그것은 칼빈과 멜랑히톤과의 우정 관계였다. 그것은 루터 파와 개혁파 신앙고백의 관계를 위하여 상징적 의의를 갖는다. 그러므로 여기서 짧게나마 특별히 고려할 필요가 있다.

칼빈은 멜랑히톤 보다 12세가 젊었다. 그는 제자와 스승의 관계처럼 멜랑히톤을 항상 존경하는 감정으로 대했다. 칼빈은 다니엘서 주석 헌정사에서, 멜랑히톤을 가장 탁월한 분야의 지식과 경건과 덕망에 있어서 비교할 수 없는 분이며, 모든 시대의 존경을 받을만한 사람이라고 예찬했다. 한편 겸손하고 질투심이 전혀 없었던 멜랑히톤은 신학자이며 엄격한 인물인 그 젊은 친구의 우수성을 인정하고 칼빈을 서슴치 않고 "그 신학자(the theologian)라고 불렀다.

그들은 서로 접촉점을 많이 가지고 있었다. 두 사람은 다 같이 보기 드물게 조숙하였으며, 인문주의적 문화와 세련된 품격에서 동시대의 어느 누구보다도 월등하였다. 그들은 그들의 학문을 교회혁신에 바쳤으며, 똑같이 성실하고 이타적(利他的)이었다. 그리고 그들은 경건의 근원과 모든 본질적인 교리에 일치하였다. 그들은 다 같이 개신교 내의 분열을 한탄하고, 진리로 연합하고 조화를 이룰 것을 중심으로 염원하였다.

그러나 한편 그들은 서로 체질이 달랐다. 멜랑히톤은 겸손하고 친절하고 민감하고 여성다웠으며, 평화롭고 신축성이 있었으며 타협적이고 항상 새로운 지식에 문을 열고 있었다. 그러나 칼빈은 본래 겸손하고 수줍어하고 성급했으나. 원리와 확신한 것에 대하여는 전혀 양보가 없었고, 결과에 대하여 두려움이 없었으며, 모든 타협을 반대했다.

그들은 역시 교리와 권징의 적은 문제에 대하여도 차이를 보였다. 멜랑히톤은 진리와 평화에 대한 사랑으로, 그리고 실제적인 상식의 요구에 대한 관심에서 자신의 중요한 두 교리를 자유롭게 변경하였다. 하나는 루터 파의 성만찬에서의 육체적 편재적(遍在的) 임재교리를 포기하고 칼빈의 이론에 접근한 것이었다. 다른 하나는 선과 악에 대한 초기의 숙명론적 예정론을 버리고 회심(回心)은 세 원인, 즉 하나님의 영과 하나님의 말씀과 인간의 의지 등이 협동으로 이루어진다는 신인합력중생론(神人合力重生論)을 주장한 것이다. 그는 또한 구원을 받아들이고 거절하는 것은 인간의 자유라고 말하면서도 자유로운 은사를 받아들이는 공로는 인간에게 돌리지 않았다. 이 점에서 그는 칼빈의 엄격하고 논리적인 체계와 의견을 달리하였다. 멜랑히톤은 하나님의 주권과 인간의 자유의 문제에 대하여 너무 한쪽에 치우치고 있다는 것을 칼빈에게 은근히 암시한바 있다. 그러나 멜랑히톤은 논리학자요 논객으로서는 부족하지만, 예정론과 자유의지의 신비에 대한 깊은 통찰력을 가지고 있었다.

교리와 권징문제에 차이가 있었음에도 불구하고, 칼빈이 주석이 붙은 서문을 써서, 1545년 멜랑히톤의 신학통론(Loci Communes) 불어 번역의 개정판을 출판하여 자신의 존경심을 나타낸 것은 매우 자랑스럽고 명예스러운 일이며 칼빈만이 할 수 있었던 유일한 모범적 사례였다. 이 서문에서 칼빈은, 이 책은 구원의 지식에 필요한 모든 것

을 요약하고 있다는 것과 또한 박식한 저자에 의해서 가장 단순한
방식으로 저술되었다고 하였다. 그는 자유의지 문제에 대하여는 견
해의 차이가 있다는 것을 숨기지 않았으며, 그리고 멜랑히톤은 구원
에 있어서 인간에게 어떤 몫을 양보한 것 같다고도 하였다. 그러나
하나님의 은혜는 어떤 면에서도 취소되지 않기 때문에, 우리의 자랑
의 근거가 되지 못한다고 하였다.

위대하고 선량한 두 사람의 진실하며 계속적으로 이어진 우정은
그러므로 더욱더 놀랍고 가치 있는 것이었다. 이것은 신학적 차이가
있음에도 불구하고 심원한 영적 연합과 조화가 공존할 수 있다는 증
거이기도 하였다.

VI

1539년은 칼빈에게 매우 분주한 한 해였다. 『기독교 강요』 개정
판을 완성하고, 로마서 주석과 사돌레토 추기경에게 보내는 답변서
(the reply to Cardinal Sadoleto)등 다른 저술활동에도 힘썼다. 그는 매일
신학과 성경을 강의하고 설교했다. 그의 명성은 날이 갈수록 높아가
고 있었으며, 사람들은 계속 광범위하게 모여들었다. 이 해의 4월 화
렐에게 보낸 편지에서 이 사실을 다음과 같이 그리고 있다. "나는
일 년 내내 여러 가지 일을 하면서 무슨 일에 더 충실히 종사했는지
를 하루도 기억하지 못하고 있습니다. 현재 나를 돕는 분이 『기독교
강요』의 일을 시작하기를 원했는데, 나에게 수정하도록 요구된 것
은 약 20쪽이었습니다. 게다가 일반 강의가 있었고, 역시 설교도 했습

니다. 네 편의 편지를 썼습니다. 몇 번의 논쟁도 진정시켰습니다. 동시에 열 번 이상의 방해 공작에 대하여 답변도 해야 했습니다." 칼빈이 활동한 일의 양과 질을 보면서 사람들은 자주 놀란다. 더 놀라운 것은 겨우 30세의 젊은 나이에 끊임없이 건강으로 고통당하고 있는 것을 알았을 때 그러했다.

칼빈은 스트라스부르의 생활이 바빴지만 제네바에 있을 때보다는 문서 활동에 더 많은 시간을 할애할 수 있었다. 그는 교회전체의 조직에 대하여 염려하지 않아도 되었고, 제네바에서 자주 있었던 것처럼 의회나 사람들과의 갈등도 없었다. 1539년 칼빈은 『기독교 강요』 개정판을 완성하고, 그의 최초의 성경주석, 즉 로마서 주석을 저술하기 시작하여 1540년 3월 스트라스부르에 있는 방들린 리엘 출판사(Wendelin Rihel)에서 출판하였다. 이것은 그의 긴 성경주석 사업의 출발이 되었으며, 이 저술과 『기독교 강요』로 인해서 그는 위대한 저술가로서의 명성을 떨치게 되었다.

1539년 기독교 강요의 새 개정판은 증보인 동시에 재구성이었다. 율법, 믿음, 기도, 성례, 소위 성례의 5가지 의식, 그리고 그리스도인의 자유 등으로 구성되어 있는데, 1536년 초판의 형식은 대부분 그대로였으나, 새로운 장들이 첨가되었으며, 전체의 분량은 초판의 3배나 되어, 6장에서 17장으로 늘어났다. 이 책은 어느 모로 보든지 아름다웠으며, 제본이 잘되고 인쇄도 깨끗하게 되었을 뿐만 아니라, 문체가 참으로 아름다웠다. 칼빈의 문장이 최고도에 달한 때는 바로 이 스트라스부르 시대였다. 그리고 개정판은 부피가 꽤 많은 책이지만, 새로운 사상이 첨가된 것은 없었다. 칼빈은 생각을 바꾼 것이 없었으며, 초판의 어떤 교리도 취소된 것이 없었다.

칼빈은 저술가로서의 명성뿐만 아니라, 성경주석가로서도 높은 평가를 받고 있었다. 초대교회 때부터 사람들은 성경 각 권에 대한 주석사업, 혹은 주해의 활동을 해왔다. 칼빈은 로마서 주석에서 어거스틴, 오리겐, 암브로스, 유세비우스, 크리소스톰, 그리고 에라스무스 등의 저술에서 많이 인용했다. 그는 이처럼 교부들을 친숙히, 그리고 널리 알고 있었던 것이다.

칼빈은 작년 바젤에서 자기를 도와준 유식한 독일 친구 시몬 그리나이우스(Simon Grynaeus)에게 그 책을 증정했는데, 그는 다음 해에 세상을 떠났다. 사람들은 칼빈이 친구를 위하여 가지는 따뜻한 애정과 역시 친구를 붙드는 그의 능력에 다시 한 번 감탄한다. 칼빈은 헌정 서문에서 다음과 같이 기록하고 있다. "우리는 다 같이 해설자의 주요덕목은 명쾌하고 간결하게 표현하는데 있다고 생각했습니다." 사실 그의 문장은 언제나 명쾌하고 간명하였으며 말장난이 아니었다. 그의 글을 읽으면 그가 말하고자 하는 의미에 대하여 전혀 의심하지 않게 된다. 그는 오리겐처럼 풍유적이 아니고 성경본문 해석에 문자대로, 또는 직접적으로 해석한다. 500여년이 지나고 성경에 많은 해석이 주어졌지만, 그러나 칼빈은 아직도 유능하고 유효한 주석가로 남아있다. 그는 사색적인 것을 원하지 않았기 때문에, 계시록 주석을 쓰지 않았다. 그것은 이해할 수 없는 동양적 신비의 책이며, 그러므로 여기에 혼란을 더하기를 원하지 않는다고 그는 말하였다.

칼빈의 로마서 주석은 멜랑히톤과 부처와 불링거의 로마서 주석보다 뒤에 나왔으나 그들의 것보다 훨씬 더 월등하였다.

로마서에 대해서 칼빈은 다음과 같이 말한다. "이 서신을 이해하는 사람에게는 성경 전체를 이해하는데 통로가 열린다." 칼빈의 신학은 바울에 매우 깊숙이 뿌리박고 있다. 바울은 로마서에서 그의 사상을 가장 완전하게 해석해주고 있다. 칼빈주의라고 부르는 칼빈의 신학은 어거스틴을 통해서 직접 전달된 바울의 사상이다. 역사의 역설은 개혁파 교회와 로마 교회가 다 같이 어거스틴을 존경하고 있다는 점이다. 칼빈주의자들은 주로 그의 신학 때문이고, 로마주의자들은 그의 교회정치 형태 때문에 어거스틴을 존경한다.

칼빈 사상의 열쇠는 주권적 통치자요 만물의 창조주로서의 하나님 사상이다. 그는 소요리문답 제1장에서, "그의 영원성, 권능, 지혜, 선하심, 진리, 의, 그리고 자비를 말하지 않고는 어떠한 개념도 하나님을 형성할 수 없다."고 하였다. 오늘날에는 여기에 사랑을 더 가한다. 하나님의 의와 반대되는 것은 인간의 부패이다. "하나님의 의는 하나님의 보좌 앞에서 인정된 것을 의미한다."고 그는 기록하고 있다. 심판장으로서의 이 하나님 개념은 부분적으로는 중세기 신학의 유산이지만, 역시 칼빈의 법률 훈련과 관심을 가리키기도 한다. 죄인은 현재 하나님의 이 보좌 앞에 소환되고 있는 것이다.

칼빈은 원죄(原罪)를 주장한다. 원죄는 우리 본성의 유전적 타락과 부패이며, 영혼의 모든 부분에 만연되어, 우리로 하여금 하나님의 진노를 받게 하고, 성경에서 말하는 "육체의 일"(갈 5:19)을 행하게 한다. 우리의 본성은 모든 부분이 철저하게 손상되고 부패했기 때문에 당연히 하나님의 정죄를 받아 마땅하다. 이 정죄는 다른 사람의 범행으로 오는 것이 아니라 바로 우리 자신의 죄 때문에 온다. 우리가 아담의 죄 때문에 하나님의 심판을 받게 되었다는 것은, 무죄하고 아무 책임이 없는 우리가 아담의 죄에 대한 책임을 진다는 뜻이 아니라, 아담의 범죄로 말미암아 우리가 그 저주에 함께 말려들었기 때문에 아담의 죄책이 우리에게 전가되었다는 것을 의미한다.

칼빈은 죄가 한 세대에서 다른 세대로 어떻게 전가(轉嫁)되는가 하는 문제에 대해서, 아담의 부패가 부모로부터 자녀에게 생물학적으로 전가된다고 주장하는 유전설의 입장을 반대한다. 그는 "육으로 난 것은 육이요"(요 3:6)라고 하신 예수님의 말씀을 해석하면서, "아담 한 사람으로 말미암아 온 인류가 부패한 것은 생식과정을 통하여 된 것이 아니라, 하나님의 섭리에 의해서 되었다. 하나님께서 한 사람 안에서 우리 모든 사람을 장식한 것처럼, 역시 그 안에서 그의 은사를 우리에게서 박탈한 것이다."라고 하며 유전설을 부정한다. 그러므로 우리는 부모에게서 각자의 악덕과 부패를 유전 받은 것이 아니라, 아담 한 사람 안에서 모두 부패하게 된 것이다. 왜냐하면 아담이 타락한 즉시 하나님은 인간에게 주셨던 것을 인간으로부터 취해 가셨기 때문이다. 우리는 우리가 입고 있던 은사들을 아담으로 인하여 빼앗기게 된 것이다. "아담이 그 받은 천품들을 잃었을 때 자신만이 아니라 우리 모두가 잃게 된 것이다."

다른 사람의 죄 때문에 무죄한 사람이 형벌 받는 것은 불공평하지 않는가? 이에 대하여 칼빈은 다음과 같이 답한다. "아담 안에서 하나님이 우리에게 주신 선물이 무엇이든지 간에 그것은 하나님이 주신 것이기 때문에 다시 가져가실 권리도 그에게 있는 것이다. 다시 말해서 아담이 타락했을 때 그것을 빼앗아 가실수도 있다는 말이다." 하나님은 아담의 인격 안에서 인류전체에게 이 형벌을 가한 것이다. 그것은 하나님의 섭리에 따라 아담은 우리 모두의 대표가 되었기 때문이다. 하나님은 우리가 가져야 할 것을 자신의 뜻에 따라 우리 조상에게 주셨는데, 그것이 박탈되었을 때 우리도 아담과 함께 동일한 부패와 타락에 처하게 된 것이다. 아담은 다만 개인이 아니며 온 인류의 대표이다. 아담이 우리를 대표하고 있는 것은 하나님의 뜻이다. 그의 태도가 우리의 태도이며 그의 행위가 곧 우리의 행위인 것이다. 그러므로 우리는 각자 부모에게서 악덕과 부패를 물려받은 것이 아니라, 한 아담 안에서 동시에 부패하게 된 것이다.

지금 인간은 하나님에게 접근할 수 없으나 하나님은 그를 직접 만나신다. 이것은 하나님의 불가항력적 은혜를 통하여 그를 자신에게 끌어당기시는 것을 의미한다. 그는 그의 로마서 주석 5장에서 은혜를 다음과 같이 정의한다.

그러므로 은혜는 그리스도 안에서 한 증거로 주신 하나님의 자유로우신 선하심, 혹은 무상의 사랑을 의미하는데, 이것은 우리를 고통에서 구원하실 수 있는 은혜이다. 우리는 여기서 은혜를 사람의 마음에 주입된 한 특성에 불과하다고 가르친 스콜라 신학자들의 정의가 얼마나 불합리한가를 알 수 있다. 다른 말로 하면, 은혜는 하나님 안에 있는 것이며, 우리 안에 있는 것은 은혜의 결과일 뿐이다.

그러므로 칼빈주의자들은 은혜가 없는 곳에는 복음이 없다고 주장한다. 강조점은 항상 사람을 자기에게로 끌어당기셔서 세상에서 의의 도구로 삼으시는 의로우신 하나님이다. 이것은 단호하면서 강력한 교리이다. 이것은 높은 윤리적 도덕적 규약을 산출하며, 사람들에게 가장 중대한 성취를 이루게 하는 동기를 부여한다. 만일 당신이 선택되고 하나님의 부르심을 받았다는 것을 믿는다면, 당신은 무한한 자원이며 중요한 사람이 될 것이다. 이 주석에서 그의 태도 전체를 반영하는 한 문장을 소개한다면, "하나님은 온 인류를 동등하게 창조하시고 그들을 한 상태 하에 두셨다."는 것이다.

칼빈은 역시 이 스트라스부르에서 프랑스어로 된 주의 성찬에 관한 대중적인 논문을 저술했다. 이 논문에서 그는 루터의 실재론(Realism)과 쯔빙글리의 유심론(Spiritualism)의 중간입장을 취했다. 두 파는 그들의 열정 때문에 진리에서 떠나고 실패했지만, 그러나 하나님께서 루터와 쯔빙글리를 통하여 인류에게 부여한 그 위대한 유익에 대하여 눈을 감아서는 안 된다고 칼빈은 주장하고, 한편 우리는 두 파의 화해를 기대해야 한다고도 하였다.

칼빈은 1541년 레겐스부르크 회의에서 다른 개신교의 대표들과 함께 아우그스부르크 신앙고백(Augsburg Confession)에 서명했다. 그는 자신이 분명하게 말한 대로, 전년에 제10항목(성찬교리)에 대한 중요한 변경과 함께 수정판을 출판한 저자의 의식으로 그것을 이해하고 정직하게 서명할 수 있었다.

칼빈이 이 시절에 쓴 많은 편지는 우정의 의무에 대한 끊임없는, 그리고 믿음직한 관심을 보여주고 있다. 화렐에게 쓴 편지에서 그는 마음을 쏟아 부었고, 자신의 고통과 즐거움의 참여자가 되게 하였다. 화렐은 칼빈과 오랫동안 서로 헤어져 있는 것을 참을 수 없어, 1539년 과 1540년에 두 번의 짧은 방문을 하기도 하였다.

VII

스트라스부르에 체류하고 있을 때 칼빈이 저술한 것 중에 관심을 끄는 것이 또 하나 있다. 그것은 1539년 3월 추기경 사돌레토(James Sadoleto)는 제네바 시민과 의회에 보낸 편지에 대한 답변서이다. 이 답변서는 순수문헌으로서는 칼빈 자신도 앞으로 그 이상 더 잘 쓸 수 없을 정도의 뛰어난 문헌이다. 오랫동안 까르빵뜨라(Carpentras)의 감독이었던 사돌레토는 최근에 추기경으로 승진하였다. 그는 편지에 서 제네바를 로마 교회로 다시 돌아오게 하기 위해 노력하였다. 로마 교회 지도자들은 칼빈과 화렐의 추방을 보고는 잘 설득하기만 하면 제네바를 로마 교회의 품안으로 다시 돌아오게 할 수 있을 것이라고 잘못 판단했다.

제네바 시 의회는 사돌레의 편지에 답변할 만한 인물을 찾느라고 심히 고심하다가 비레(Viret)에게 권했으나, 그가 이 요청을 거절하자 칼빈에게 써줄 것을 요청하게 되었다. 칼빈의 답변서는 1만 5천 단어로 구성되었으며, 6일에 걸쳐서 완성되었다.

사돌레의 편지는 온건하였다. 매도하거나 비방이 없었다. 그는 학자요 시인이며 그 인격이 고결하고 신앙심이 깊었다. 로마 교회의 비리를 날카롭게 지적할 뿐만 아니라, 개신교의 교의에 대하여도 상당한 이해를 갖고 있어, 로마 교회의 대변인으로서는 매우 적합한 인물이었다.

칼빈의 답변은 화려한 라틴어 문체에다 위엄이 있고 힘이 있는 훌륭한 것이었다. 칼빈은 매우 진지한 자세와 정열적인 확신을 가지고, 복음주의는 이단이나 분리주의가 아님을 제시하고, 오히려 추기경인 사돌레에게 교회의 사도들과 교부들의 신앙으로 돌아올 것을 촉구하였다.

사돌레는 칼빈의 이 강력한 변호에 당황한 나머지 답변하는 것이 아무런 유익이 없다고 생각하고 포기하고 말았다. 그리하여 제네바 시민들은 신앙의 순결을 보전하고 로마의 정략적 교회주의의 음모에서 벗어날 수 있었다.

이 두 편지는 반대편 교회의 견해를 명백히 설명하고 있기 때문에, 이를 간단히 논평하는 것이 좋을 것이다.

사돌레는 교회의 권위를 강조하였다. 그는 다음과 같이 주장했다.

"우리 모두는 우리의 영혼의 구원, 즉 우리의 생명을 발견할 수 있는 그리스도를 믿는다. 이보다 더 진지하게 바랄 것이 없으며, 이보다 더 내면적이며 우리에게 가깝고 친숙한 축복은 없다." 그는 계속해서 "사람이 구원받는 것은 그리스도를 믿음으로 되지만 그러기 위해서는 죄의 보상(expiations), 고해성사(penances), 고행(satisfactions) 등의 방법으로 교회의 명령이 뒤따라야 한다."고 하였다. 그는 질문하기를, 천오백년의 오랜 역사를 가진 로마 교회를 따르는 것이 옳은가, 아니면 겨우 25년 밖에 안 되는 새 교리를 인정하는 것이 옳은가 하고 물었다. 그는 성만찬, 신앙고백, 성자숭배(聖者崇拜), 그리고 죽은 자를 위한 기도에 대하여는 논하지 않고, 전 교회와 조화하여 교회법과 성례를 충실히 준수하던가, 혹은 분쟁과 신기함을 찾는 사람들에게 찬동하던가 하는 문제에 집중하였다. 그는 성령께서 교회의 일반적 보편적 신조들과 회의들을 끊임없이 인도하시기 때문에, 교회는 오류가 없으며, 오류를 저지를 수도 없다고 하는 무섭고도 놀라운 주장을 하였다. 그리고 그는 프로테스탄트의 가장 약한 점을 지적하고, 그들은 성경을 사사로이 해석하므로 모순된 견해와 해석의 차이가 생겨 이미 찢어졌다고 하였다. 그는 진심으로 그들이 모 교회로 돌아오기를 간청하였다.

칼빈은 그의 답변서에서 사돌레의 뛰어난 학식과 품위가 있는 웅변을 예찬하였다. 칼빈은 자기편과 자기 자신의 사역을 변호해야 한다는 것을 느끼지 못했다면 아마 답변하지 않았을 것이다. 그는 거칠고 과격한 표현을 사용하지 않기를 원한다고 말한다. 그것은 신사들 사이의 논전이며, 사실 그 논쟁은 높은 수준에서 수행되었다. 그럼에도 불구하고 칼빈은 추기경이 가끔 교묘하게 환심을 사려고 하는 모습을 보고, 그를 예리하게 꾸짖었다.

그 중 하나는, 사돌레가 종교개혁자들의 인격을 비난하고, 탐욕과 야심 때문에 종교개혁의 일을 한다고 하였다. 이 비난은 종교개혁자들과 칼빈을 자극하였다. 만일 칼빈이 자신의 유익을 염두에 두었다면, 로마 교회를 결코 떠나지 않았을 것이다. 왜냐하면 "내가 욕망의 정상에 오르는 것은 어렵지 않았을 것이기 때문이다. 즉 자유롭고 명예로운 위치에서 학문의 즐거움을 쉽게 누릴 수 있었을 것이기 때문이다." 좀 더 말한다면 칼빈의 성격의 열쇠는 "하나님의 영광을 설명하려는 열심"이었다. 분명히 칼빈은 하나님에게 도취된 사람으로, 신비주의자로서가 아니라 창조주의 사실상의 총명한 종으로서 그러하였다.

칼빈은 교회문제로 사돌레를 만나, 로마 교회는 진정한 교회를 이탈한 교회이지만, 개혁자들은 그것을 개혁하고 사도적 형식으로 계속하고 있다고 주장하였다. 로마 교회는 크리소스톰, 바실, 싸이프리안, 암브로스, 그리고 어거스틴(Chrysostom, Basil, Cyprian, Ambrose, and Augustine)의 교훈을 떠난 교회라고 말하고, 칼빈은 다음과 같이 교회를 정의하였다. 즉, "교회는 모든 성도의 단체, 즉 온 세계에 흩어져서 모든 시대에 존재하고 있으나, 한 교리와 그리스도의 한 성령으로 결속하여 동일한 믿음과 형제애를 계발하고 준수하는 단체이다."라고 하였다.

칼빈은 성경연구를 옹호하고 그리스도의 몸을 파괴하는 것을 반대하였다. 교회의 안전은 교리, 권징, 성례, 그리고 의식 등에 기초하고 있다. 그는 로마 교회가 이 네 가지 기본적인 것들을 얼마나 악용하고 있는지를 직성이 풀릴 만큼 보여주기 위해서 노력하였다.

그는 역시 이신칭의(以信稱義)의 교리를 충분히 논하였으나, 성체교리(Eucharist), 죽은 자를 위한 기도, 고해실(告解室), 연옥, 그리고 고해성사 등의 개념을 반대하였다. 답변서는 이렇게 끝을 맺는다.

사돌레여, 우리를 하나님 아버지와 화목하게 하신 주 그리스도께서 현재 서로 나뉘어져 있는 가운데서 그리스도의 몸과 교제하도록 우리를 모으시고, 그의 말씀과 영을 통하여 한 마음과 영혼으로 우리를 결합시키신다면, 교회일치의 참된 결속이 있게 될 것을 당신과 당신의 교회로 하여금 마침내는 알게 하실 것입니다.

VIII

칼빈의 나이가 현재 30세가 되었으나 아직 미혼이었다. 그래서 그의 친구들은 그가 결혼할 것을 간곡히 권하면서 이 문제해결을 위해서 바쁘게 돌아갔다. 칼빈 자신은 친구들의 노력에 묵묵히 따르기로 하였으나 크게 서두르지는 않았다. 그러나 칼빈으로 하여금 마침내 결혼하게 한 것은, 첫째는 그리스도에게 좀 더 충성하기 위해서이고, 둘째는 자신의 건강을 돌봐 줄 아내를 필요로 했기 때문이었다. 그는 1539년 5월 화렐에게 쓴 편지에서, 배우자에 대한 자신의 견해를 다음과 같이 설명하였다. "그러나 나는 어떤 여자를 찾아야 하는지를 항상 마음에 두고 있습니다. 나는 첫눈에 그 멋진 모습에 반해서 자기가 좋아하는 사람의 비행까지도 포용하는 그런 정신 나간 애인은 아닙니다. 그녀가 정숙하다면, 너무 까다롭거나 괴팍스럽지 않다면, 겸손하고 참을성이 있다면, 그리고 제 건강에 관심을 두기를 소망하는 여성이라면, 이것만이 나를 유혹하는 유일한 아름다움입니다. 그러므로 당신이 이것을 좋게 여기시면 즉시 말씀해 주십시오. 그러나 달리 생각하고 계시다면, 나는 그대로 따르겠습니다."

분명히 이것은 열렬한 애인의 편지가 아니라, 주부 혹은 간호사를 구하는 사람의 편지였다. 그러나 결혼했을 때, 칼빈에게는 부부가 행복하다는 것을 믿을만한 모든 이유들이 있었다. 행복은 깊은 감정에 빠져있는 한 쌍의 열렬한 애정에서 보다는 오히려 조용하고 평온한 가운데서 오는 것이다. 칼빈이 조금이나마 관능적이었다는 비난을 한 사람은 아무도 없었다.

칼빈은 에베소서 5:28-33 주석에서도 결혼에 대한 자신의 견해를 밝히고 있다. "사람이 아내를 사랑해서는 안 된다는 것은 자연에 어긋난다. 왜냐하면 하나님께서 둘이 하나가 될 수 있도록 결혼제도를 제정해 주셨기 때문이다. 이것은 다른 어떠한 결연도 성취할 수 없는 결과이다. 모세는 사람이 부모를 떠나 아내와 합하여 그 둘이 한 육체가 된다고 했는데, 그가 이때 말하고 싶었던 것은, 사람은 다른 모든 연합보다 결혼을 가장 거룩한 것으로 좋아해야 한다는 것이었다. 그것은 그의 생명을 우리에게 불어넣어주신 그리스도와 우리의 연합을 나타낸다. 왜냐하면 우리는 그의 살 중의 살이요 뼈 중의 뼈이기 때문이다. 이 사실은 사람의 언어로서는 표현할 수 없는 대신비요 위엄인 것이다."

부처는 칼빈의 결혼을 위하여 어느 다른 사람들보다 더 바쁘게 움직였다. 칼빈이 마침내 한 과부와 결혼하기 전에 예상된 두 신부감이 있었다. 첫 후보자는 귀족 출신의 젊은 여성이었다. 그녀의 오라비와 시누이는 동생의 결혼이 성사되지 않은 것을 특별히 걱정하였다. 그 오라비는 칼빈의 가까운 친구였으나, 칼빈은 두 가지 이유에서 주저하였다. 그는 그 젊은 여성이 지위와 부요함 때문에 남편보다 자기를 더 소중히 여길 것이라고 염려했다. 이 장애는 극복할 것같이 생각되었지만, 둘째 위험이 그 일을 압도했다. 그녀는 프랑스어를 말할 수 없었다. 그래서 칼빈은 그녀가 프랑스어를 배우기를 동의해주기를 원했다. 분명히 사람은 자기 아내와 대화를 나눌 수 있어야 하는데, 그녀는 라틴어도 거의 사용할 수 없었다. 그녀는 생각할 시간을 달라고 요구했으나, 칼빈은 그의 형제와 친구를 보내 또 다른 신부감을 스트라스부르로 보내줄 것을 요청하므로 협상을 중단시켰다. 칼빈은 다음 여성에 대한 이야기를 들었으나 역시 적합한 배우자가 아니라는 것을 알게 되자, 결혼의 시도를 전부 끝낼 준비를 하고 있었다.

그러나 부처는 칼빈을 설득하여, 1540년 8월 칼빈이 개혁신앙으로 개종시킨 재세례 파의 과부 이들레트 드 뷔르(Idelette de Bure)라는 여자와 결혼하게 된다. 이 과부의 남편은 전염병으로 사망했는데, 당시 유럽 전역에서 수천 명의 목숨을 앗아간 그 재앙으로 죽은 것이다. 이들레트에게는 결혼 지참금은 없었으나, 베자에 의하면 그녀는 "용감하고 존경받을만한 여인"이었다.

이들레트는 아마 여섯 명의 동료시민과 함께, 1533년 이단의 판결을 받고 전 재산의 몰수와 함께 영원히 추방된 랑베르 드 뷔르(Lambert de Bure)의 딸인 것으로 여겨진다. 그녀는 몇 명의 아이를 둔 어머니요 가난하고 허약한 몸으로 은퇴생활을 하며 그의 아이들을 가르치는 데 힘쓰고 있었고, 그의 아름다운 마음씨와 명석한 두뇌로 친구들의 존경과 사랑을 받고 있었다. 칼빈은 목사로서 그녀의 집을 가끔 심방하였고, 조용하고 겸손하며 온순한 성격에 매력을 느끼게 되었다. 칼빈은 그녀에게서 그가 바라던 확고한 신앙과 헌신적인 사랑과, 그리고 가정적인 재능도 발견할 수 있었다. 그는 그녀를 "내 생애의 훌륭한 동반자", "내 사역의 영원히 충성스러운 조력자", 또는 "보기 드문 여인"이라고 불렀다. 칼빈 역시 그녀에게 헌신적이었을 뿐만 아니라, 그녀의 첫 결혼에서 얻은 아이들의 훌륭한 아버지가 되어 주었다. 결혼 후 그녀와 칼빈 사이에 한 아들이 태어났으나 출생 후 곧 사망하였다.

칼빈의 결혼생활은 매우 행복하였으나, 그 생활은 겨우 9년으로 끝났다. 그의 아내는 오랜 병고에 시달리다가 1549년 4월 초 제네바에서 세상을 떠난 것이다. 그는 아내의 죽음을 매우 슬퍼하였으나 일에서 위로를 찾을 수 있었다. 그는 아내의 장례식이 끝난 후 아무 일도 일어나지 않은 것처럼 조용히, 그리고 성실히 다시 이전의 직무를 계속하였다. 그리고 그는 15년간의 남은 생애를 독신으로 외롭게 살아갔다. 그는 "보기드문 성품의 여인인 나의 아내가 1년 반 전에 죽은 후 나는 지금 고독한 생활을 즐기고 있다."고 기록하기도 하였다.

우리는 루터에 비해 칼빈의 가정생활에 대하여는 아는 것이 많지 못하다. 칼빈은 항상 자기 자신이나 개인적인 일에 대하여는 말이 없었으나, 반면 루터는 매우 솔직하고 노골적으로 나타냈다. 종교개혁자들 중에는 아무도 아내를 택하는 일에 있어서 미와 부의 매력이나 심지어는 지적자질(재능)에 대하여 관심을 둔 사람이 없었다. 그들은 다만 도덕적 가치와 가정적 미덕을 보았을 뿐이다. 루터는 41세에 결혼했고, 칼빈은 31세에 결혼했다. 루터는 친구 암스돌프(Amsdorf)에게 한번 소개한 바 있는 천주교 수녀와 결혼했다. 이 수녀가 거절하는 바람에 그 친구와의 결혼이 성사되지 못했던 것이다. 루터는 농민전쟁의 혼란 속에서 갑작스럽게 결혼하였다. 그는 이 결혼이 자기 아버지를 기쁘게 해드리고, 교황을 희롱하며, 마귀를 괴롭히기 위해서였다고 하였다. 칼빈은 쯔빙글리와 같이 몇 명의 아들이 있는 프로테스탄트의 과부와 결혼했다. 칼빈은 친구들의 숙고와 간청으로, 애정보다는 존경심에서 결혼했다.

루터의 가정생활은 유머와 시와 노래로 유쾌하고 즐거웠으나, 칼빈의 가정생활은 항상 온건하고 조용하며 하나님을 두려워하는 가운데서 의무 의식에 사로잡혀 있었다. 그러나 행복이 덜한 것은 아니었다. 칼빈이 냉철하고 매정한 사람이었다는 것은 비난에 지나지 않는다. 그가 쓴 일생 동안의 편지들을 보면 오히려 그와는 정반대라는 것을 알 수 있다.

IX

칼빈은 죽은 아내를 생각하면서 화렐(Farel, 1549.4.2)과 비래(Viret, 1549.4.2.)에게 각각 편지를 쓴다. 화렐에게 쓴 편지는 다음과 같은 내용이었다.

"제 아내의 죽음의 소식이 아마 지금쯤 당신에게 전해졌으리라 생각됩니다. 저는 슬픔에 사로잡히지 않기 위해 할 수 있는 노력을 다하고 있습니다. 친구들 역시 저의 정신적 고통을 덜어주기 위해 모른체 하지 않았습니다. 당신의 형제가 돌아갔을 때 그녀의 생명은 절망시 되었습니다. 화요일 형제들이 모였는데, 그 때 그들은 함께 기도하는 것이 최선의 길이라고 생각했습니다. 그래서 그들은 기도했습니다. 아벨(Abel)이 남은 사람들을 대표해서 그녀에게 믿고 인내하라고 권고하자, 그녀는 자신의 마음의 상태를 간단히 밝혔습니다. 저도 후에 좋은 기회라고 생각되는 때에 그녀에게 권유했습니다. 그리고 그녀가 자기 자식들에 대하여 아무 말도 하지 않았기 때문에, 병 자체보다도 그녀에게 보다 더 큰 고통의 원인이 되는 자식들에 대하여 걱정하고 있지 않나 생각되어, 지금부터 그들은 나의 친 자식처럼 돌보겠다고 형제들 앞에서 선언했습니다. 그러나 그녀는 이렇게 대답했습니다. '저는 이미 아이들을 주님께 위탁 했습니다' 그 말은 나의 의무를 실천하지 못하게 하는 것이 아니냐고 내가 말하자 그녀는 즉시 다음과 같이 말했습니다. '주님께서 그 아이들을 돌보신다면, 그들은 당신에게 위탁되신 것입니다' 그녀의 아량이 그처럼 위대했기 때문에, 그녀는 이미 이 세상을 떠난 사람같이 보였습니다. 그녀가 영혼을 주님께 바친 그날 6시경 우리의 형제 부르구엥(Bourgouin)은 그녀에게 몇마디 믿음과 위로의 말씀을 말했는데, 형제의 말이 끝나자 그녀는 소리를 크게 질렀습니다. 이때 모든 사람은 그녀의 마음이 이 세상 높은 곳으로 들어 올리워지는 것을 보았습니다. 그녀는 이렇게 말하는 것이었습니다. '오 영광스러운 부활이여! 아브라함의 하나님, 모든 조상들의 하나님, 오래 전에 진실하고 충성된 사람들은 당신을 신뢰하되, 당신을 헛되게 신뢰하지 않았습니다. 저도 역시 하나님을 신뢰합니다.' 이 짧은 말들은 특별하게 말했다기보다는 갑자기 지른 소리였습니다. 이 말들은 다른 사람의 제의에서 나온 것이 아니라, 자신의 생각에서 나온 말들입니다. 그녀는 자신이 명상한 몇 마디 말에서 이것을 명백하게 드러나게 하였습니다. 저는 6시에 나갔습니다. 7시 후에 다른 집으로 옮겼기 때문에, 그녀는 즉시 기울기 시작했습니다. 그녀의 음성이 갑자기 떨어지면서, 다음과 같이 말했습니다. '기도합시다. 기도합시다. 저를 위해 모두 기도해주십시오' 그녀는 아무 말도 할 수 없었습니다. 그녀는 괴로운 것 같이 보였습니다. 나는 그리스도의 사랑, 영생의 소망, 우리의 결혼생활, 그리고 그녀의 죽음에 대하여 몇 마디 말하고 기도하였습니다. 그녀는 마음을 전부 바쳐 그 기도를 들었고, 또 그 기도에 참여했습니다. 8시 전에 그녀는 조용히 숨을 거두었기 때문에 사람들은 그녀가 살아 있는지 죽었는지를 거의 분간할 수가 없었습니다. 저는 그때 슬픔을 자제했기 때문에 저의 의무를 다할 수 있었습니다. 그러나 동시에 주님께서는 저에게 다른 시련을 주셨습니다.

안녕! 형제요 가장 탁월한 친구, 주 예수께서 당신을 성령으로 강하게 하시기를 기원합니다. 심한 고뇌에 시달리고 있는 저에게도 주님께서 도와주시기를 빕니다. 그는 하늘에서 손을 내밀어 패배자를 일으키시고, 약한 자를 강하게 하시며, 지친 자들에게 활력을 불어넣어주십니다. 모든 형제들과 당신의 온 가족에게 문안을 전해주시오.”

다음은 비레에게 쓴 편지이다.

“아내의 죽음은 나에게 심한 고통을 주고 있지만, 저는 할 수 있는 한 잘 견뎌내고 있습니다. 친구들도 역시 저에 대하여 그들의 진정한 예의를 다 하고 있습니다. 참으로 그들은 저와 그들 자신에게 유익이 될 수 있기를 원했습니다. 그러나 제가 얼마나 저들의 관심의 대상이 되어 있다는 것을 말하는 사람은 하나도 없었습니다. 그러나 당신은 제 마음이 얼마나 허약한 상태에 있는지를 충분히 아실 것입니다. 그러므로 강한 자제력이 나를 도와주지 않았다면, 나는 그처럼 오랫동안 버틸 수가 없었을 것입니다. 저는 ‘나의 생애의 가장 좋은 반려자’를 잃었습니다. 그녀는 나의 추방생활과 가난을 기쁨으로 함께 했을 뿐만 아니라, 나의 죽음까지도 함께 할 수 있는 그런 사람이었습니다. 그녀는 살아있는 동안 ‘제가 하는 일의 충실한 조력자’였습니다”.

“그녀에게서 저는 지극히 적은 방해도 받은 일이 없었으며, 병중에서도 귀찮게 하는 일이 없었습니다. 그녀는 자신보다 그녀의 어린 자식들에 대하여 더 많이 걱정하였습니다. 그래서 저는 이 개인적인 사사로운 걱정이 그녀를 공연히 괴롭게 하지 않을까 염려가 되어, 그녀가 죽기 3일 전에 기회를 얻어 그 아이들을 맡아 잘 돌보겠다고 말했습니다. 제 말이 끝나자 즉시 그녀는 ‘저는 이미 그 아이들을 하

나님께 위탁하였습니다'라고 하는 것이었습니다. 당신의 말씀은 제
가 그 아이들을 돌보지 못하게 하는 것이 아니겠지요? 라고 제가 말
하자 그녀는 또 이렇게 말했습니다. '하나님께 위탁하였다는 말을 당
신은 소홀히 하지 않으실 줄 압니다.' 역시 후에 그녀가 이 문제에
대하여 저와 이야기 했다는 것을 어떤 부인이 저에게 말하면서, 그녀
가 다음과 같이 말했다는 것을 들었습니다. '확실히 중요한 것은 그
들이 경건하고 거룩한 삶을 사는 것입니다. 나의 남편은 종교적 지식
이나 하나님을 경외하는 일에 있어서 억지로 가르치지 않습니다. 만
일 그들이 경건하게 산다면 분명히 그는 기쁘게 그들에게 좋은 아버
지가 될 것이라고 확신합니다. 그러나 그렇게 살지 못한다면 그들을
위해서 무엇을 구할 가치가 없을 것입니다.' 그 고결한 정신은 나에
게는 백 통의 추천서보다 더 소중한 것입니다. 당신의 친절한 위로에
진심으로 감사드립니다. 안녕, 가장 탁월하고 가장 정직한 친구, 주
예수께서 당신과 당신의 부인을 지켜주시기를 기원합니다. 그녀와
그 형제들에게도 저의 간곡한 문안을 전해주십시오"

제7장

칼빈, 제네바에 다시 돌아오다

칼빈은 처음 제네바를 떠날 때, 비록 떠나면서도 초청이 있으면 다시 돌아올 생각을 갖고 있었던 같다. 그러나 스트라스부르 (Strassburg)의 일이 순조롭게 진행되고 있었고, 한편 제네바에서의 그 불쾌한 경험 때문에 그러한 욕망을 포기해 버리기로 하였다. 사실상 제네바에 돌아올 생각은 아예 지워 버린 것이다. 그러나 이에 대한 가능성은 그의 마음속에 영원히 간직하고 있었는지도 모른다.

I

제네바에는 어려운 일들이 일어났다. 이 도시는 본래 소란한 도시이며, 칼빈과 화렐을 추방한 후 내부의 소동이 뒤따랐고, 그 작은 공화국은 파멸의 위기에까지 이르게 되었다. 개혁자들이 추방된 후 2년 동안에, 그들의 추방을 선포한 네 명의 지방행정관들은 모두가 재난을 당하게 된다. 장 휠맆(Jean Phillippe)은 제네바의 최고의 지휘관이며 반개혁파의 가장 영향력 있는 지도자였으나, 격한 성격 때문에, 1540년 6월 10일에 살인범이며 폭동교사죄로 참수되었다. 카포루즈(Ami de Chapeaurouge)와 뤼렝(Jean Lullin)은 날조자요 반역자로 사형선고를 받았고, 네 번째 사람 리샤르데(Richardet)는 처벌을 피하려다가 받은 상처 때문에 죽었다. 이처럼 일련의 불행들은 섭리의 결과로 생각되었으며, 이것은 반 종교개혁당에 치명적인 타격을 주었다. 한편 칼빈의 일을 이어받은 목사들은 사태 처리능력이 절대 부족하였다. 그 중 두 목사는 자포자기했고, 다른 두 목사는 그 생활에서 본이 되지 못했다.

그러나 종교개혁자들에게 우호적인 사람들도 있었는데, 반대자들은 화렐(Guillaume Farel)의 이름을 따라 그들을 귀에르멩(Guillermins)이라고 불렀다. 그들은 종교개혁을 회복하고자 하는 확실한 목적을 갖고, 추방된 개혁자들과 계속 서신으로 연락하였으며, 특히 그들에게 조언하고 용기를 주었던 뇌샤뗄의 화렐과 연락을 취하였다.

반 개혁자들이 쇠퇴하자 종교개혁 옹호자들(귀에르멩)의 시민에 대한 영향력이 더 강해졌다. 지방행정관의 빈자리는 그들의 사람들로 채워졌고, 새로 부임한 이 행정관들은 베른을 향해 대담하게 독립의 음조를 높이고 제네바의 공민권을 강조하였다.

이제는 칼빈에게 제네바에 돌아올 수 있는 길이 준비되었다. 칼빈의 친구들은 이처럼 착실히 영향력을 행사하며 칼빈에게 편지를 써서 돌아오도록 강권하는 위치에까지 이르렀다. 마침내 제네바의 선량한 시민들도 칼빈의 귀환을 요청하였다. 그들은 칼빈을 제네바의 구세주로 생각하고, 칼빈의 이름은 곧 교회와 국가의 질서, 평화, 그리고 개혁을 의미하는 것이었다. 심지어는 여론에 압도된 반 개혁자들까지도 1540년 6월 17일 시민총회에서, 이전상태의 회복을 결정할 것을 제의하고, 로마 교회를 반대할 것을 큰소리로 외쳤다.

II

칼빈은 스트라스부르에 있으면서도 항상 제네바를 잊지 않았다.

그러나 제네바에 돌아가는 것은 다만 섭리의 분명한 지시에 따를 뿐이라고 마음먹고 있었다.

스트라스부르는 칼빈이 독일과 프랑스의 중재자로써, 또는 두 나라 모두에게 유익이 되는 사람으로서 활동할 수 있는 매우 유익한 곳이었다. 그의 주일 예배에는 사람들이 물밀듯이 모여들었고, 그의 신학강의는 프랑스와 다른 나라에서 온 학생들을 매혹시켰다. 한편 그는 성실한 아내와 함께 평화로운 가정생활을 즐기고 있었다. 스트라스부르 정부는 그에게 감사하고 있었으며, 그의 동료들은 그가 여기에 오랫동안 머물러주기를 원하고 있었다.

동시에 칼빈은 섭리의 지시가 명백해지면 즉시 하나님의 뜻에 순종하기로 결심하고 있었다. 그는 화렐에게 보낸 편지에서 "내가 기억하고 있는 대로, 이 문제에 있어서 나는 나 자신의 주인이 아니기 때문에, 내 마음을 제물로 바치고 그것을 주님께 드리기로 하였습니다"라고 하였다. 우리는 이 편지에서 칼빈의 경건한 마음을 읽을 수 있다. 17년 후에 전 생애의 위급한 시기를 뒤돌아보면서, 그는 이와 동일한 생각을 나타냈다. "그 교회의 안녕이 그처럼 내게 소중했기 때문에, 나는 아무런 어려움 없이 내 생활을 희생할 수 있었다. 그러나 나는 소심해서 내 어깨에 지워진 무거운 짐을 벗어보려고 많은 핑계의 이유를 댔다. 그러나 나의 의무감은 내가 강탈당한 양무리에게 돌아가도록 인도하였다. 나는 이것을 슬픔과 눈물, 마음의 근심과 고통 속에서 행하였으며, 주님과 그 고통을 기쁜 마음으로 나누어준 많은 경건한 사람들이 나의 증인이 되었다" 칼빈은 특별히 "그리스도의 뛰어난 종" 마르틴 부처(Martin Bucer)를 언급하면서, 칼빈이 처음 제네바에 왔을 때 화렐이 하나님의 진노로 그를 위협했던 것처럼, 부처는 요나의 예를 들어 자신을 위협했다고 하였다.

제네바의 친구들, 의회, 그리고 시민들은 한결같이 칼빈만이 제네바를 무정부상태에서 구출할 수 있다는 확신을 갖고 모든 노력을 다해서 그의 귀환을 위해 힘썼다. 그의 귀환은 1539년 초 의회에서 처음으로 진지하게 논의되었고, 1540년 1월에 다시 논의되었으며, 1540년 9월 21일에는 마침내 결정되었다. 준비 단계로는 베른, 바젤, 쮜리히, 그리고 스트라스부르의 협력을 얻는 일이었다. 1540년 9월 13일에는 대의회가 칼빈의 옛 친구 미셸 뒤 브아(Michel du Bois)로 하여금 한통의 편지를 들고 칼빈에게 가서 구두로 초청을 강요할 것을 지시하였다. 답변을 기다리지 않고 계속 청원서를 보내고 대표단을 파송했다. 10월 19일에 200인 의회는 목적달성을 위해 모든 노력을 동원하기로 결의하였다. 10월 21, 22일에는 아미 뻬렝(Ami Perrin)과 루이 뒤푸르(Louis Dufour)가 칼빈을 데려오기 위해 대표로 전령관(herald)과 함께 스트라스부르에 파송되었다.

화렐에게도 도움을 청했다. 누구보다도 이타적인 마음의 소유자인 화렐은 자기를 초청해 주지 않은 제네바의 그 배은망덕을 용서하고, 처음에 제네바에 머물면서 함께 일하기를 강요했던 그 젊은 친구의 귀환을 위해 모든 노력을 아끼지 않았다. 그는 칼빈에게 많은 편지를 썼을 뿐만 아니라, 심지어는 스트라스부르에까지 가서 이틀이나 머물면서 개인적으로 압력을 가하고, 까피토(Capito)와 부처가 한 것처럼 제네바에 반드시 돌아가야 한다고 그를 설득하였다.

　루이 뒤푸르는 11월 스트라스부르에 도착하여 의회를 방문하고 칼빈을 만나기 위해 보름스(Worms)에 갔는데, 칼빈은 거기서 회의에 참석하고 있었다. 이때 뒤푸르는 제네바 시 행정관과 시 의회가 서명한 10월 22일자 정식 초청장을 칼빈에게 전달하였다. 이 초청장에는 다음과 같은 내용이 기록되어 있었다. "우리는 소의회, 대의회, 그리고 총회를 대신하여 귀하가 우리에게 다시 오셔서 귀하의 전 위치와 사역에 종사해 주시기를 정중히 요청하는 바입니다. 그리고 우리는 제네바 시민이 귀하를 대단히 갈망하고 있음을 보면서, 이 과정이 하나님의 도우심으로 복음전파의 추진을 위하여 위대한 유익이 되기를 소망합니다." 칼빈은 이처럼 가장 끈덕지게, 그리고 가장 명예스럽게 의회와 성직자들과 3년 전 부당하게 그를 추방했던 제네바 시민들의 연합된 한 목소리로 다시 초청된 것이다.

　칼빈은 다음날 화렐에게 편지를 써서 제네바의 사절과 그 초청장에 대하여 알려주었다. 그는 제네바가 자신의 귀환을 열망하고 있음을 놀라워했다. 보름스에서 그와 함께 있던 칼빈의 친구들은 베른이 동의한다면 그 초청에 응하라고 조언하였다.

　칼빈은 이와 같은 관심과 신뢰의 나타남에 감동되어 마음이 움직이기 시작했다. 그러나 보름스에 온 스트라스부르의 대표들은 그들 정부의 비밀지령을 받고 칼빈의 떠남을 강하게 항의하였다. 부처, 까피토, 슈투름, 그리고 그리나이우스(Bucer, Capito, Sturm, and Grynaeus)

등은 조언해 줄 것을 요청받고, 칼빈은 프랑스 개신교를 대표하는 프랑스 교회의 수장이며, 독일, 프랑스, 이태리 등지에서 학생들을 유인하고 그들을 전도자로 양성하여 그들 자신의 나라로 파송할 신학교수라는 것, 그리고 스트라스부르교회를 복음사역자의 신학교로 만드는 조력자로써, 스트라스부르에 없어서는 아니 될 사람임을 강조하였다. 멜랑히톤(Philip Melanchthon) 이외에는 아무도 칼빈과 비교될 수 있는 사람은 없었다. 제네바는 참으로 중요한 위치에 있었으며 프랑스와 이태리로 가는 관문이었다. 그러나 제네바는 칼빈의 복음의 수고를 파괴할 수 있는 정치적 분규에 언제든지 다시 연류 될 수도 있는 불안한 곳이기도 하였다. 스트라스부르의 목사들과 의회의원들은 쮜리히와 바젤의 교회들의 강권에 못 이겨 마침내 보름스 회의 후 칼빈의 귀환에 동의하기로 결론을 내렸다.

두 도시는 말하자면 "그 신학자"를 소유하기 위해 서로 싸우고 있었다. 미래의 칼빈의 전 생애와 교회사의 중요한 장은 그 결정에 달려 있었다. 이런 상황 속에서 칼빈은 스트라스브르와 베른의 동의를 얻는 조건으로 회의의 폐막 후 제네바를 방문하는 것 외에는 아무런 결정적인 약속도 할 수 없었다.

칼빈은 이전에 비레(Pierre Viret)가 로잔에서 돌아와 줄 것을 권한 바 있었다. 이것은 베른의 허락으로 1540년 12월 31일 이루어졌는데, 그 기간은 반년으로 국한되어 있었다. 비레가 제네바에 도착한 것은 1541년 1월 17일이었다. 그의 설득력 있는 설교는 많은 회중들을 모아들였으며, 행정관들은 하나님의 말씀에 대한 존경심을 크게 보여주었다. 그러나 비레는 교회와 학교, 병원과 구빈원(救貧院)등의 일이 너무 많고 힘들었기 때문에, 칼빈에게 빨리 오라고 촉구하면서 그렇지 않으면 철수할 수밖에 없다고 하였다. 베자는 칼빈 전기에서 비레를 높이 평가하고 있다. 베자에 의하면, 화렐이 고상한 이상형의 사람이라고 하면, 비레는 매력있고 감동적인 웅변술을 가진 사람이다. 화렐과 비레와 칼빈, 이 세 사람의 자질들이 한 사람 안에 다 합쳐진다면, 그 결과는 완전한 목사가 될 것이라고 베자는 주장하였다.

칼빈이 소중하게 여겼던 친구 비레에 대한 이야기를 좀 더 나누어 보기로 하자. 로잔의 종교개혁자인 비레는 서부 스위스의 프로테스탄트 개척자들 중에서는 유일한 스위스 원주민이었다. 그는 1511년 오르브(Orbe)에서 태어나서 빠리에서 사제(司祭)가 되는 교육을 받았다. 그의 저술에서 알 수 있는 대로, 그는 상당한 양의 고전과 신학적 지식을 습득하였다. 그는 루터나 화렐처럼 진리와 양심의 평화를 얻기 위하여 엄격한 정신적 도덕적 투쟁을 경험하였다. 그는 목사 안수를 받기 전에 로마 카톨릭 교회와 단절하고 스위스로 돌아와서 1531년 화렐의 권유를 받고 오르브에서 설교를 시작했다. 그는 상당한 성공을 거두었으나 역시 많은 난관이 있었으며, 사제들과 사람들의 반대에 부딪치기도 하였다. 그는 오르브에서 자기의 부모와 약 200명의 사람들을 그리스도에게 돌아오게 하고, 1532년에는 그들에게 성례를 베풀었다. 그는 제네바에서 화렐과 후로망(Froment)의 노고와 고난을 함께 했다. 그들을 독살하려는 시도가 있었을 때 비레만이 그 독극물을 먹고 후에 회복되었으나. 이 사건으로 인해서 비레는 건강의 손상을 영원히 입게 되었다.

그는 주로 로잔(Lausanne)에서 일했는데, 22년 동안 거기서 목사요 교사요 저술가로 일했다. 1536년 10월 1일에서 10일까지 베른정부의 지령에 의하여 공개토론회가 개최되었는데, 비레, 화렐, 칼빈, 화브리 (Fabri), 마르꾸르(Marcourt), 그리고 까롤리(Caroli) 등이 개혁파 교리를 변호하도록 초청되었으며, 몇 사람의 사제와 승녀들도 참석하였다. 화렐은 10편의 논제를 준비하여, 성경의 절대성, 이신칭의, 그리스도의 대제사장직과 중보권, 의식이나 형상이 없는 영적예배, 결혼의 신성함, 금식이나 축제와 같은 중요하지 않은 것들을 지키고 안 지키는 것은 그리스도인의 자유에 속한다는 것을 강조하였다. 화렐과 비레 두 사람은 토론회를 주도했다. 그 결과는 같은 해 11월 1일 종교개혁의 채용으로 나타났다. 비레와 까롤리는 설교자로 임명되었으며, 비레는 동시에 1540년 베른에 설립된 아카데미의 교수가 되었다. 비레는 금지되어 있는 엄격한 권징을 도입하려고 시도했으나, 칼빈이 제네바에서 경험하고 화렐이 뇌샤뗄에서 당한 것처럼 많은 반대를 받았다. 베른은 그 권징을 인정하지 않았으며, 역시 그 엄격한 예정교리도 설교하지 못하게 하였다. 그래서 비레는 제네바로 가서 그 도시의 설교자로 임명되었다(1559.3.2). 그의 설교는 칼빈의 설교보다 더 인기가 있었고 감동을 주었기 때문에 많은 청중들이 모여들었다. 그는 프랑스계 스위스의 개혁파 교회의 설립자 세 사람 중의 한 사람이었다. 그는 키가 작고 병약하고 매말랐으나, 영력이 있었고 지칠 줄 모르고 열심히 일하는 사람이었다. 그는 유능하고 결실이 많은 저술가였으며, 고전과 신학에 비범하게 정통한 사람임을 보여주고 있다. 그는 대부분 대화형식으로 사도신경, 십계명, 주기도, 기독교 교리개요를 해석하고, 트렌트 회의(the Council of Trent)와 미사와 기타 로마 교회의 다른 교리들을 반대하는 논쟁적인 책들을 저술하였으며, 섭리와 성례와 실제적인 종교에 관한 소책자들을 저술하였다. 가장 중요한 저술은 기독교 복음과 율법에 관한 서론이며(1564) 이 책은 희귀서로 남아있다. 1571년에 그는 죽어서 주님 품으로 갔다.

1541년 5월 1일 제네바 시 총회는 정식으로 1538년 4월 23일의 추방선언을 취소하고, 모든 시민은 칼빈과 화렐과 소니에(Saunier)는 명예스러운 분들이며 하나님의 참된 종들임을 엄숙히 선언하였다. 5월 26일 상원은 스트라스부르와 쮜리히와 바젤에 또 다른 청원서를 보내 칼빈의 귀환을 위해 제네바를 도와줄 것을 요청하였다.

칼빈의 이 귀환 문제가 스위스와 독일 전역을 흥분케 했다는 것은 참으로 놀라운 일이었다. 제네바의 운명은 칼빈에게 달려있으며, 프랑스와 이태리의 복음주의적 신앙의 운명은 제네바에 달려있다는 것이 당시의 일반적인 생각이었다. 많은 편지들이 개인과 단체에서 쇄도하였다. 화렐은 계속 큰 소리를 지르며 칼빈을 돌려보내지 않는다고 스트라스부르를 꾸짖었다. 한편 칼빈에게는 "돌들이 당신을 부를 때까지 기다릴 것입니까?" 하고 격분하였다.

Ⅲ

칼빈은 제네바에 돌아가기로 계획하고 다시 열심히 일하였다. 그러나 그 전망에 대하여는 겁이 났다. 칼빈은 레겐스부르크 (Regensburg)로 가는 도중에 제네바 귀환을 강권했던 비레에게 답신을 보내서, "하늘 아래 이보다 더 큰 두려움이 있는 곳은 어디에도 없다고 생각하오. 내가 그곳을 두려워하는 것은 그곳을 증오해서가 아니라, 그곳에는 내가 극복할 수 없다고 느꼈던 많은 난관들이 있음을 보았기 때문이요"라고 했다.

그해 봄 칼빈은 쮜리히의 목사들에게 자기를 위하여 베른과 스트라스부르에 편지를 써준데 대하여 감사의 편지를 보냈다. 그리고 쮜리히에 편지를 쓰기 바로 전에 칼빈은 레겐스부르크에서 화렐에게 또 한 통의 편지를 보냈다. 이 시기에 우리는 그가 쓴 편지들을 통하여 그의 생각과 활동을 추적할 수 있다. 그는 제네바에 가기를 원한다는 확신을 화렐에게 보여준 것이었다. 얼마 안 있어서 8월에 다시 화렐에게 떠날 때가 가까 왔다는 것을 알려주었다. 그리고 때가 되었다. 칼빈은 제네바가 보낸 전령관 위스타스 벵쌍(Eustace Vincent)의 호위를 받으며 제네바를 향해 떠났다. 스트라스부르는 칼빈이 미련의 감정을 품고 떠나는 것을 볼 수 있었다. 왜냐하면 칼빈은 마음속 깊이 스트라스부르에 대한 애정과 존경심을 갖고 있었기 때문이었다.

스트라스부르는 칼빈에게 시민권과 신학 교수의 봉급으로 책정했던 연봉 수입을 그대로 유지해 줄 것을 제의했다. "칼빈은 존경의 표시로 제의하는 영주권을 기쁜 마음으로 수락했으나, 봉급은 받아들이지 않았다. 왜냐하면 부에 대한 관심은 지극히 적은 것이라도 그의 마음을 점령한다고 생각했기 때문이었다" 라고 베자는 전해주고 있다. 칼빈은 돈만 탐내는 사람이 아니었음을 알 수 있었다.

부처는 1541년 9월 1일 스트라스부르의 목사들의 이름으로 제네바 시 의회와 지방행정관들을 위해 쓴 한 통의 편지를 칼빈에게 건네주었다. 이 편지에서 부처는 "하나님의 선택되고, 이 시대에 아무도 그와 비교할 수 없이 귀중한 도구인 칼빈은 마침내 지금 떠날 때가 되었습니다."라고 하였다. 그는 또한 그처럼 크게 존경받던 사람을 스트라스부르는 그가 확실히 돌아온다는 조건으로 잠시 동안만 보내드릴 수 있다고 덧붙였다. 스트라스부르 시 의회도 같은 날 제네바 시 의회에 서신을 보내, 칼빈이 세계 교회의 유익을 위해 즉시 그들에게 돌아올 수 있기를 바란다고 하였다. 제네바 시 상원은 1541년 9월 17일 감사의 편지를 써서, 칼빈을 제네바에서 영원토록 모시겠다는 결정을 말하고, 칼빈은 스트라스부르에서처럼 여기서도 세계 교회에 유익한 일을 할 수 있을 것이라고 하였다.

칼빈은 솔루르(Soloure)에서 화렐이 뇌샤뗄의 행정관에 의하여 재판 없이 쫓겨나게 됐다는 사실을 알게 되었다. 사실 그는 두 달 안에 떠나라는 명령을 받고 있었다. 한 설교에서 그는 남편과 이혼했다는 이유로 어떤 상류계급의 부인을 강하게 책망한 바 있다. 그런데 그 부인으로서는 정당하고 충분한 이유가 있다고 생각된 이혼이었다. 자연히 그녀는 화렐의 설교에 불쾌할 수밖에 없었고, 한편 많은 사람들도 그녀를 동정하였다. 결과는 화렐이 떠나야한다는 명령뿐이었다. 칼빈은 그 불화를 치료하며 그의 친구를 구출하기 위해 노력하였다. 칼빈은 그 문제를 완전히 풀지는 못했으나, 화렐은 그대로 남아 있도록 허락되었다.

스트라스부르에 있는 동안 칼빈은 9월 7일자로 무슨 일로 뇌샤뗄에 잠시 갔다가 곧 제네바로 갈 것이라는 내용의 편지를 제네바 시 의회에 보냈다. 칼빈은 약속대로 1541년 9월 13일, 3년 8개월의 추방 생활을 끝내고 제네바에 돌아왔다. 론 강을 건너고, 시청사로 가기 위해 언덕을 넘어 성문에 들어가던 그 날, 칼빈에게는 그 날에 대한 많은 기억들이 있을 수밖에 없었다. 그의 승리의 날들과 반대의 시간은 그의 사상의 배경이었다.

스트라스부르에서의 그 행복한 때는 이제는 과거가 되었다. 분명히 그 시기에 그는 여러 면에서 많이 발전하였다. 설교, 사상, 문필에서 뿐만 아니라, 국제적인 종교회의에서 세계지도자들과 어깨를 나란히 할 수 있는 위치에까지 이르게 된 것이다. 그는 이제는 더 이상 시골뜨기가 아니었다. 칼빈주의는 국제적 취향을 갖게 된 것이다. 그 창설자는 이제는 모든 준비 단계를 통과하고 활동무대에 돌아오고 있었다. 겨우 32세의 젊은 청년이지만 충분히 성숙한 사람이었다. 그는 이때부터 죽을 때까지 23년 동안 제네바를 위하여 자신의 모든 정력을 쏟아 부었다.

칼빈은 즉시 시 의회를 찾아가서 자신의 도착이 늦어진데 대하여 사과하고, 교회정치 질서와 권징제도를 준비할 수 있는 위원을 임명해줄 것을 요청하였다. 시 의회는 그의 요청대로 공동으로 연구할 수 있는 6명의 이름과 함께 허락하였다. 그들은 끌로드 페르탕, 아미 뻬렝, 끌로드 로제, 장 랑베르, 포라리, 그리고 장 발라르(Claude Pertemps, Ami Perrin, Claude Roset, Jean Lambert, Poralis and Jean Balard)

등이었다.

당시 제네바 시 기록에는, 그들이 칼빈을 존경하고 있다는 것을 보여주고 있다. "칼빈을 항상 여기에 보유하기로 결의하였다"는 기록에서 그것을 알 수 있다. 그는 유명한 박사로 돌아왔으며, 멀리까지 그 명성이 뛰어나 있었다. 그의 연봉은 은화 500홀로린(Florins)에, 12말의 밀과 2통의 포도주로 정해졌다. 이것은 1년 동안 먹을 수 있는 충분한 식량이며, 하루 두 병의 포도주를 마실 수 있고, 또한 절제있게 운영하면 돈도 여유있게 사용할 수 있는 생활비였다. 의회는 이것을 풍부한 봉급이라고 생각했다. 존경의 또 다른 표시로 벨벳 옷을 선물했다. 그의 아내가 후에 제네바에 도착했을 때, 칼빈의 복장이 전에 없이 위엄있는 것으로 바뀐 것을 보고 충격을 받기도 하였다. 그러나 개혁자의 필요한 지출과 손님을 접대하는데 드는 비용에는 충분하지 못했다. 그래서 의회는 수시로 그의 필요를 공급해주기로 했다. 그러나 칼빈은 그 임시수당이 없어도 살아갈 수 있을 때에는 언제든지 그것을 거절했다. 그는 그의 지위에 비해서는 아주 검소하고 단순하게 살았다. 성 삐에르 교회의 강단은 칼빈을 위해서 폭이 넓고 낮게 만들어서 모든 회중이 그의 설교를 좀 더 쉽게 들을 수 있게 만들었다.

칼빈이 제네바에 도착한지 며칠 후에 시 의회는 그의 아내와 함께, 가재도구를 스트라스부르에서 가져올 것을 결정하고 세 마리의 말과 수레를 보내드렸다. 제네바에서 스트라스부르까지 갔다가 돌아오는데 22일이 걸렸다(9월 17일에서 10월 8일까지). 그리고 제네바 시는 후레니비예씨(Fregniville)의 저택을 260크라운을 주고 사들였다. 조금 지나서 칼빈은 평생 살게 될 그 집으로 이사했다. 그 집은 캐논 가(Canon Street)라고 하는 짧고 좁은 거리에 자리 잡고 있었는데, 성 삐에르 교회(St. Pierre)에서 걸어서 수분 내에 갈 수 있는 곳이었다. 오늘날 이 작은 거리에는 칼빈 가(Rue Calvin)라는 이름이 붙여져 있다. 집 뒤에는 정원이 있으며, 이 정원에서 칼빈은 아름다운 호수를 내려다 볼 수 있었다. 칼빈은 지금까지 자연의 미에 대하여는 전혀 언급한 바 없었다. 스위스 사람들이 그들 문학에서 조국의 그 놀랄만한 아름다움을 언급하기 시작한 것은 이일 후에도 오랜 세월이 지나서부터였다. 칼빈은 교회, 강의실, 시청, 그리고 후에 세워진 학교에 쉽게 걸어갈 수 있었다.

칼빈은 즉시 비레와 의회에서 임명한 6인의 위원들의 도움으로 교회법規(Ecclesiastical Ordinances)를 작성하는 작업에 착수하였다. 두 주 동안에 첫 초안이 완성되었으며, 11월 20일에는 시민의 투표로 그 초안이 채택되었다. 이 일에 대하여 말하기 전에 먼저 칼빈의 일 습관에 대하여 잠간 말해보는 것도 흥미로울 것 같다. 오랫동안 칼빈의 협력자요 후계자인 베자는 칼빈에 관한 최초의 전기 작가이기도 한데, 그는 칼빈을 가리켜 자기 일에 끝없이 몰두하는 사람이라고 예찬했다. 주중에 칼빈은 하루 걸러 설교하고 강의하였다. 목요일에는 감독원, 혹은 장로회의(consistory or presbytery)가 있었고, 금요일에는 회중들의 성경공부 모임에 참석하였다. 스위스와 유럽 여러 지역의 사람들과의 서신 교류가 빈번하였으며, 게다가 계속해서 책이 출판되었다. 어떤 점에서 그가 한 일의 양은 엄청난 것이었다. 항상 몸이

약하고 고통을 당하면서도 그의 일이 질적으로 높이 평가된 것은 참으로 놀라지 않을 수 없다. 칼빈은 불굴의 의지를 소유한 사람이었다. 그러나 과로와 병은 분명 그를 신경질적인 사람으로 만들었다. 한편 그는 자신의 기질을 억제하기 위해 무척 노력하고 또 애씀으로 놀라울 정도까지 성공하였다.

칼빈은 제네바에 돌아오자 즉시 화렐을 초청하였다. 화렐은 뇌샤뗄 교회와의 어려운 관계 때문에 처음에는 올 수 없었으나 가을 전에 칼빈을 방문할 수 있었다. 제네바가 그 젊은 개혁자와 함께 초청해주지 않았기 때문에, 칼빈은 화렐이 기분상하지 않았나하고 걱정하고 있었다. 화렐은 불같은 성격의 사람이지만, 그의 내면의 가치는 그 처지를 잘 받아들이는데서 보여주었다. 이런 사람들과의 관계에서 존재하는 우정은 칼빈의 생애에 있어서 가장 빛나는 것들 중의 하나이다. 몇 년 후 칼빈은 화렐과 비레에게 디도서와 빌레몬서 주석을 헌정하기도 하였다. 바울과 두 사람, 즉 디도와 빌레몬 사이에 있었던 그 우정에서 우리는 칼빈과 이들 목사들 사이의 우정을 회상할 수 있다.

칼빈만큼 정부와 시민에 의해 큰 목소리로 초청받은 사람은 없었다. 칼빈만큼 그 초청을 마지못해 받아들인 사람도 없었다. 그리고 칼빈만큼 초청의 의무를 충실하고 효과적으로 수행한 사람도 없었다. 마침내 그는 하나님의 음성에 순종하여 제2기 제네바 사역을 시작한 것이다.

칼빈은 그가 품었던 사상을 위하여 가장 많이 일하고, 가장 많이 저술하고, 가장 많이 활동하고, 가장 많이 기도하였다. 하나님의 주권과 인간의 자유의 공존은 분명히 신비로운 것이다. 그러나 칼빈은 모든 것을 하나님이 하셨기 때문에, 자기는 개인적으로 한 일이 아무 것도 없다고 고백하였다.

칼빈은 현재 매우 명확한 두 가지 목적을 갖고 있었다. 그 중 하나는 교회와 국가의 일관된 행정조직을 형성하는 일이고, 다른 하나는 제네바를 프로테스탄트의 근거지로 만들어, 여기에 유럽의 피난민이 올 수 있고, 또한 여기로부터 개혁파의 교리가 전 유럽에 전파될 수 있도록 하는 것이었다. 지금으로부터 그가 죽을 때까지 이에 수반하는 모든 것들과 함께 이 문제들은 끊임없이 그의 생활을 점령하고 있었다.

교회법규의 초안이 완성되고 그것이 의회에 제출되었을 때, 나이 든 사람들 중에는 반대의사를 나타내는 사람도 있었다. 사람들은 칼빈이 제네바의 독재자가 되었다고 말하는 경향을 보였다. 그러나 이것은 참이 아니었다. 의회도 그들의 권위를 빼앗길 것을 걱정한 나머지 몹시 경계하였으며 지배권 포기를 원치 않았다. 그러나 제네바교회는 국가가 감독하는 교회였다. 칼빈이 강력한 영향력을 행사한 것은 사실이지만 제네바의 독재자는 아니었다.

마침내 교회법규는 1542년 1월 2일에 60인 소 의회와 200인 의회에 제출되었으며, 이 법규는 채택되기 전에 가벼운 수정을 받아 제네바 공화국 교회의 기본법으로써 시민총회에 의하여 엄숙히 비준되었다.

그리고 이 법규의 본질적인 특징들은 훗날 유럽과 미국의 대부분의 개혁파 교회, 또는 장로교회의 헌법과 권징조례로 채용되기도 하였다. 이 교회법규는 1561년에 최종 형식을 갖추게 된다. 그러나 칼빈은 『기독교 강요』에서 발전시킨 대로 그것을 충분한 형식으로 통과시키는데 성공하지 못했었다. 『기독교 강요』에서 그는 교회는 독립해야 한다고 주장하고 있으나, 그러나 제네바에서 최고의 권위는 의회에 있었다.

1541년의 이 교회법규는 정교함과 정확성에 있어서 1537년의 조례(條例)들보다는 훨씬 더 발전되었으나, 5년 전의 그 다소 미숙하고 한정된 문서에 깔려있는 사상에서 볼 때 본질적인 변화는 없었다. 1541년의 법규는 훨씬 더 상세하고 정황적(情況的)이었다. 즉 그 당시의 사정에 따른 것이었다. 그러나 그 주요목적은 초기의 조례들과 같이 국가와의 유용한 관계를 유지하면서 개신교 국가들 어디에서도 찾아볼 수 없는 자치(自治)의 방법을 교회에게 제공하는데 있었다. 그리고 칼빈이 가장 절박한 의무로 생각하던 것은, 효과적인 권징을 통하여 회중들로 하여금 바른 교리와 바른 생활을 하게하고, 또 유지하게 하려는데 있기도 하였다. 이 법규는 정치적 관계 혹은 시민에게 형벌을 과하는 문제에 있어서는 교회가 국가를 감독하지 못한다고 말한다.

이 법규는 모든 면에서 칼빈이 원하는 대로 다 결정된 것은 아니다. 그가 원하는 규칙들 중의 어떤 것은 종교적 확신 때문에, 심지어는 편견 때문에 거절되었다. 이 문서를 개관하면 그 주요한 내용을 이해하게 될 것이다.

IV

이 교회법규는 그리스도께서 목사, 교사, 장로, 그리고 집사 등 네 직책을 제정하셨다는 선언으로 시작된다.

교회법규(Ordinances)는 그리스도의 원리들과 도덕을 강조한다. 칼빈은 하나님의 주권과 하나님의 의지를 준수하는 것이 가장 중요하다는 것을 강조했다는 사실을 항상 마음에 두어야 한다. 칼빈주의는 사람이 행동의 과정을 결정하고 그 다음에 하나님의 도움을 요청한다고 주장하지 않는다. 오히려 하나님의 의지를 먼저 알고 그의 의지에 따라 최종 결정에 도달하려고 노력한다. 그러면 우리의 생활은 위대한 감독 앞에서 산다고 말할 수 있다.

칼빈은 그리스도인의 이상과 행동에 기초한 사회를 건설하기 위해 노력하였다. 우리가 기억할 것은, 중세기의 의회는 지극히 작은 것까지도 시민의 생활을 감독할 권리를 주장하고, 또 그것을 행사했다는 점이다. 그러나 칼빈은 철저한 감독체제를 시작하지 않았다. 교회는 국가가 관리하는 교회였으며, 따라서 교회가 설정한 표준에 따라 국가의 권력을 돕도록 부름을 받았다. 물론 이것은 현대인의 태도와는 다르다. 제네바는 시민이 다스리는 공화국이라는 것, 그리고 칼빈의 교회는 장로가 치리하는 대의체제(代議體制)라는 것을 기억할 때, 우리는 이 시도의 중요성이 무엇인가를 인식할 수 있다. 칼빈은 기독교양심이 국민생활의 세력이 되기 전에는 결코 만족할 수 없었다.

교회의 직원은 앞에서 본대로 교회법규에서 네 종류로 분류되었다. 즉 목사, 교사, 장로, 그리고 집사이다. 칼빈은 항상 주장하기를, 자기는 교회와 관계를 단절하는 것이 아니라, 그것을 새롭게 갱신하고 있다고 주장하였다. 그는 신약교회와 초대교회로 돌아가서 자신의 모델을 찾았다.

교회법규는 가장 중요한 지위를 목사에 두었다. 제네바교회의 목사는, 후에 그 수가 더 많아졌지만, 다섯 명의 목사와 세 명의 조사(助事)로 되어 있었다. 목사는 설교뿐만 아니라, 동료목사들에게 경건과 지식의 증거를 보여주도록 노력해야한다. 그는 회중 앞에서 설교하고, 임명되기 전에 먼저 그들의 선택을 받아야 한다. 목사의 선택은 감독이나 노회, 혹은 의회에 의해서 위로부터 강요되지 않는다. 이것은 물론 그의 이상이었으나 항상 그대로 실현되지는 않았다. 개혁파교회는 그 후 줄곧 이에 따라 실천하였으며, 자신의 목사를 선택할 때 회중 한 사람 한 사람의 권리를 포기하는 것을 원하지 않았다.

설교가 크게 강조되었다. 설교는 예배의 중심이기 때문이다. 목사가 하나님의 말씀을 선포하는 것은 교육과 훈계와 권고, 그리고 견책을 위한 것이었다. 여기서 물론 훈련된 목사를 강조하게 되었다. 우리는 후에 교육받은 성직자를 확보하기 위해 취해진 단계를 찾아보게 될 것이다. 종교개혁기에는 설교가 더 많이 필요했으며, 분명히 지금보다 더 많이 만족시키기 위해 힘썼다. 사람들은 성경을 전혀 알지 못했고, 논쟁점에 대한 개념이 여러 면에서 희미하였다. 그래서 교리와 논쟁이 되는 문제를 다루는 설교가 눈에 띄게 많았다. 거의 3천편이나 되는 칼빈의 설교가 지금도 남아있는데, 칼빈은 일 년 내내 하루 한편씩의 설교를 한 셈이다. 그는 성경을 시리즈로 연속 설교하였으며, 그의 속기사가 기록하면 그는 그것을 수정하고 나서 책의 형태로 출판하였다.

성경은 하나님께서 친히 말씀하신 하나님의 말씀이다. 칼빈은 복음의 설교가 하나님의 말씀이라는 것을 주장하면서, 그것은 "마치 하나님의 살아있는 말씀을 하늘로부터 직접 듣는 것"같은 것이라고 하였다(Inst. Ⅰ.7.1.). 설교자는 하나님께서 한 인간의 입을 통하여 우리에게 말씀하시는 것처럼 설교하는 자이다. 그러므로 설교는 항상 성경의 주해이어야 한다고 칼빈은 강조한다.

현대인에게 특별히 흥미로운 것은, 칼빈의 설교는 길지 않다는 점이다. 그는 요점을 말하고, 말을 많이 하거나 완곡하게 표현하지 않았기 때문에, 오늘날의 회중에게도 지루하게 느껴지지 않을 것이다. 칼빈이 기록하고 말한 것은 모두가 다 명료하고 간결하다. 아무도 그가 생각하고 있는 의미를 의심하는 자가 없었으며, 그 위대한 사상 체계를 가능한 한 가장 적은 말로 압축하였다고 생각한다. 다시 우리는 여기서 그의 현대적 특징을 보게 된다.

칼빈은 원고없이 설교했다. 직접 히브리어 구약성경과 헬라어 신약성경에서 설교했던 것으로 보인다. 그는 설교를 준비하는데 많은 시간이 소요되지 않았으며, 그의 해박한 성경지식과 광범한 독서내용이 항상 머리에 입력되어 있었다. 칼빈의 설교 자세는 생동감과 열정이 넘쳐흘렀다. 그는 강단에서 자신을 잊을 정도로 몰두했으며, 마음에서 우러나오는 설교를 할 수 있었다. 칼빈의 설교는 또한 회중에게 강력하게 호소하는 힘이 있었다. 무엇보다도 칼빈의 설교는 믿음의 참여를 요구했다. 설교에서 받는 은혜는 믿고 받아들일 때 열매를 맺기 때문이다. 그렇지 않으면 사망에 이르는 냄새를 풍길 뿐이다 (고후 2:16). 믿음의 참여는 성령에 의해 가능해진다. 하나님은 말씀이 전해질 때 성령으로 귀를 여시고 이해할 수 있도록 마음을 조명하시며, 듣는 자와 인격적이고 창조적인 만남을 갖도록 하신다. 칼빈은 먼저 자기 자신에게 설교해야 한다고 강조한다.

교회법규는 교회의 또 다른 하나의 직원은 교사라고 한다. 『기독교 강요』 제4권에서, 칼빈은 교회를 다스리도록 되어 있는 자들을 임명한 바울을 인용하고 있다. 첫째는 사도요, 둘째는 선지자요, 셋째는 전도자이며, 그 다음에 목사와 교사가 있다. 첫 세 직원은 비상직원(非常職員)이라고 한다. 이 직원들은 교회정치의 고정된 직원이 아니라고 칼빈은 말한다. 그리스도를 보지 못하거나 그리스도와 함께 살지 아니한 사람은 아무도 사도가 될 수 없다. 선지자와 전도자는 신약성경에서 볼 수 있는 대로, 기독교가 이 세상에서 기반을 얻게 되는 그 초창기를 위해 있었다. 목사와 교사는 칼빈의 조직 구조에서 중요한 직원이다. 그는 이들 직원에 대하여 매우 훌륭하게 다음과 같이 요약하고 있다.

다음이 목사와 교사로 교회에서 없어서는 안 되는 직책이다. 나는 둘 사이의 차이점이 다음과 같다고 믿는다. 교사들은 제자훈련이나 성례시행이나 경고와 권면하는 일을 맡지 않고 성경을 해석하는 일만을 맡았다. 이것은 신자들 사이에 건전하고 순수한 교리를 유지하려는 것이었다. 그러나 목사직은 이 모든 의무를 겸한다(『기독교 강요』 Ⅳ.3.4)

칼빈은 물론 목사요, 교사였다. 우리는 앞으로 제네바에서의 학교와 대학의 형성과 교육에 대한 강조를 관찰할 기회를 갖게 될 것이다. 이것은 칼빈주의 특징의 한 부분, 즉 교육의 문제이며, 칼빈주의가 전파되는 곳에는 어디서나 교육이 함께한다는 것을 의미한다. 칼빈과 칼빈 당시의 로마 교회 사이를 갈라놓은 틈도 아마 교육사역에 대한 강조점일 것이다.

장로에 대한 칼빈의 견해는 그가 교회정치와 사상에 미친 특별한 공헌 중의 하나이다. 장로에 의해 교회가 다스려진다는 것 때문에 장로교라는 명칭이 붙여졌는데, 이 명칭은 특수하게 칼빈주의적 교회에 주어진 이름이다. 그는 『기독교 강요』 제4권 3장 8절에서 다음과 같이 주장한다.

내가 교회를 다스리는 사람들을 감독, 장로, 목사, 또는 사역자라고 부르는 것은, 성경이 이 말들을 구별하지 않고 사용하기 때문이다. 말씀을 전하는 사람들을 성경에서는 모두 감독이라고 부른다. 바울은 디도에게 각 도시에 장로들을 임명하라고 명령한 직후(딛 1:5), '감독은…책망할 것이 없고'라고 한다(딛 1:7; 딤전 3:1). 다른 곳에서는 한 교회에 있는 여러 감독에게 문안하였다(빌 1:1). 사도행전에는 그가 에베소교회 장로들을 불러 모으고 이야기한 기사가 있는데(행 20:17), 그는 그들을 감독이라고 불렀다(행 20:28).

칼빈은 좀 더 나아가서 감독의 지위에 대해서 말한다.

그래서 제롬(Jerome)은 디도서 주석에서 말한다. 감독과 장로는 똑같다. 마귀의 유혹으로 교회에 불화가 생기고, 사람들이 나는 바울 파다, 나는 게바 파다 하기 전에는(고전 1:12; 3:4) 장로들의 협의로 교회를 운영하였다. 그 후에 불화의 씨를 없애기 위해서 감독권을 한사람에게 맡겼다. 그러므로 장로들은 교회의 관습에 따라 주관하는 사람에게 복종해야 한다는 것을 알고 있었다. 그와 같이 감독들도 자기들이 장로들보다 높다는 것은 주께서 정하신 것이 아니라 교회의 관습에 의한 것이며, 장로들의 협력을 얻어서 교회를 다스려야 한다는 것을 알고 있었다.

본래 장로와 감독이라는 말이 상호교대적으로 사용되었다는 것은 의심의 여지가 없는 것 같다. 점진적으로 한 장로가 다른 장로들 사이에서 우위의 직책을 떠맡았고, 역시 그 의무의 감독부분이 전면에 서게 되어 감독이라는 말이 사용되게 되었다. 그래서 감독들 중의 한 감독은 능력이나 혹은 지리적 이유 때문에 등용되었다. 이와 같이해서 감독은 사역의 정도에서 장로나 집사의 직책보다 우위에 서게 되었다. 이 장로들은 본래 사도들의 안수를 받았고, 그들 역시 다른 장로들을 안수하였기 때문에, 장로제도의 계승이 있게 되었다. 이것은 크게 중요한 것은 아니지만, 그러나 장로교회는 아직도 사도적 계승이 아닌 장로제도의 계승을 주장한다.

　교훈하는 장로, 혹은 목사 외에 치리하는 장로가 있었다. 칼빈은 이 사람들이 회중에 의하여 선택되기를 원했으나, 제네바에서 이것은 이루어지지 않았다. 의회는 목사 한 사람에 두 장로를 임명하므로, 열 두 장로와 여섯 명의 목사가 제네바 시의 교회를 다스리는 당회 혹은 감독원(Consistory)을 구성하였다. 지방행정관 중의 한 사람이 의장이 되었다. 그러나 칼빈은 곧 주재하는 직책을 맡았고, 그가 죽을 때까지 이 지위를 계속 수행해 나아갔다.

　당회(감독원)는 의회의 지배하에 있었다. 프랑스에서 교회가 국가로부터 완전히 독립하고, 칼빈의 선택받은 당회체제가 완성된 것은 그리 늦지는 않았다. 스캇틀랜드에서는 그 당회제도가 최선의 형식에 접근하였다. 이것은 장로교 정치의 특징이다. 즉 회중에 의해서 선택된 대표자, 혹은 장로가 다스리는 개교회정치의 특징이다. 칼빈이 없었다면 제네바에서 당회는 전적으로 국가에 보조적이 되었을 것이다. 그의 능력과 위세가 그처럼 컸기 때문에 그런 일은 없었다. 그러나 칼빈은 자신의 방법을 완전히 행사하지 못하고, 의회의 견제를 한결같이 받았다는 것을 또한 잊어서는 안 된다.

　교회법규가 규정한 교회의 제4의 직원은 집사이다. 지식과 권위의 원천은 성경이다. 사도행전에서 우리는 일곱 집사가 예루살렘교회의 자선사업을 위해 더 많은 시간을 가질 수 있게 되었다는 것을 읽게 된다. 제네바에서도 집사는 교회의 자선사업을 감독하도록 되어 있었다. 그것은 정부후원으로 운영되기 때문에, 사람들은 조직의 유지를 위해서나 계속 들어가는 비용을 위해서 돈을 지불하지 않았다. 우리는 제네바교회의 재정운영이 어떠했는지는 알지 못하지만, 일반적으로 말해서 정부의 후원을 받는 교회들은 많은 헌금을 드리지 않는다. 다른 한편 칼빈주의 교회의 역사는 지구 전역에서 마음이 풍부한 사람들을 소유한 공동체였음을 보여준다. 칼빈은 성직자의 생활비를 국가와 관계없이 지불하도록 노력하였으나 의회의 동의를 얻는 데는 실패하였다.

교회법규에서 다루는 또 하나의 문제는 교육을 강조하고 있다는 점이다. 우리가 아는 대로 종교개혁은 부분적으로 르네상스의 도움을 받았다고 할 수 있다. 전 유럽에서 일어난 학문의 부흥은 성경연구와 교회 교부의 연구를 자극하였다. 로마 교회의 성직자들은 여러 가지 실증(實證)에서 볼 수 있는 대로 거의 무식하였다. 평신도들은 더욱 심해서 거의 대부분이 종교가 무엇인지도 모르고 미신적이며 공포놀이(fear playing)를 일삼았다. 칼빈은 훈련된 목회사역뿐만 아니라, 지식있는 사람들을 가르칠 필요가 있다는 것을 강조하였다. 이런 생각으로 그는 나이 어린 아이들로부터 시작해서 어른들까지도 가르쳤다. 어린아이들은 요리문답으로 교육을 받았으며, 교회의 완전한 회원이 되기까지 그것을 암송하도록 하였다. 우리는 칼빈이 제네바에 처음 왔을 때 요리문답을 어떻게 준비했는지를 보았다. 지금 그는 그것을 수정하여 교회법규 안에 편입시켰다. 그 후 100년이 지나서 웨스트민스터 소요리문답이 편찬되어 칼빈의 『기독교 강요』 대신 사용되었다. 장로교인들이 있는 곳에서는 소요리문답은 잘 알려져 있는 책이다. 그러므로 이 책은 지난 500여 년 동안 칼빈주의 권내에서 창조적 교육의 수단이 되었다.

칼빈은 매일같이 강당에서 강의를 하였다. 성 삐에르 교회(St. Pierre) 바로 가까이에 있는 이 단순한 홀에는 칼빈 당시 사용하였던 그 의자 몇 개가 눈에 뜨인다. 역시 그가 가르친 강단도 볼 수 있다. 이 강의를 듣기 위해 사람들은 전 유럽에서 모여들었다. 한편 제네바의 학자들은 대륙의 모든 지역에서 개혁파 교리를 가르치기 위해 떠났다.

그러나 설교를 통하여 직접 시민들과 더 많이 접촉하였다. 교회법규는 주중에는 여섯 번의 설교를, 그리고 주일에는 네 번의 설교를 하도록 규정하였다. 이것은 참으로 지나치게 많은 양의 설교였던 것 같다.

칼빈은 이제 제네바를 위한 자신의 두 가지 목적을 달성하기 위해 바쁘게 일하기 시작했다. 즉 그것은 교회의 교리와 정치형태를 확립하여 제네바를 유럽에서 가장 강한 프로테스탄트의 요새로 만드는 일이었다. 그의 남은 여생은 이 계획을 수행하는데 고스란히 바쳐졌다. 그리고 그는 그 계획을 훌륭하게 성공시켰다.

V

교회법규에 따라 칼빈은 제네바 시와 그 지역의 모든 목사들로 구성된 순수한 성직자회(the Venerable Company of Pastors)를 조직하였다. 이 성직자회는 일반적으로 교회관계의 모든 일들을 의논하고, 특히 교육, 목사후보생의 시험, 예배관리, 안수, 그리고 복음사역자의 임명 등을 엄격하게 감독하였다. 그러나 그 일들을 시작하기 위해서는 먼저 시정부와 회중의 동의를 필요로 하였으며, 이처럼 목사들과 시민들은 협력하여 일하였다.

한편 성직자회는 1년에 네 번씩 모여 상호 솔직하고 애정 어린 자기비판을 감행하였다. 그리고 목사들은 매 금요일에 모여 한 목사가 성경의 한 단락을 해석하면 다른 목사들은 그것을 듣고 토의를 벌이는 일종의 성경연구회(Congrégation)를 가지기도 하였다. 그리고 성직자와 평신도의 혼합체인 감독원 혹은 장로회(The Consistory or Presbytery)가 조직되었는데, 이것은 성직자회보다 더 크고 더 영향력이 있었다. 그것은 교회와 국가의 연합을 의미한다. 칼빈 시대에 이 감독원은 5명의 제네바 시 목사와 12명의 평신도 장로로 구성되어 있었으며, 장로 중에 2명은 60인 의회에서 선출되고, 10명은 200인 의회에서 선출되었다. 그러므로 평신도가 다수를 이루고 있었다. 그러나 목사의 영역은 비교적 고정되어 있었으나, 장로는 목사의 영향 하에 매년 선출되었다. 행정관은 그 조직의 장이 되었다. 칼빈은 정식으로 사회하지는 않았으나, 그의 출중한 지성과 무게 있는 판단으로 사실상 회의진행을 지도하였다.

감독원의 의무는 권징을 유지하고 시행하는 일이었다. 목사와 장로는 매년 모든 가정을 심방하기로 되어있었다. 이 일을 용이하게 하기 위해, 제네바 시는 성 삐에르 교회(Saint Pierre), 마들레느 교회

(La Madeleine), 그리고 성 제르베 교회(Saint Gervais) 등 세 교구로 나누고, 칼빈은 성 삐에르 교회를 맡도록 하였다. 감독원은 제네바 교회의 통제세력(the controlling power)이었다. 그래서 그것은 자주 일종의 조사국(법정), 혹은 인기 있는 판사실로 잘못 인식되었다. 그러나 그것은 다만 영적 검으로만 사용되었으며, 전적으로 의회에만 속하는 일반시민의 형벌에 대하여는 전혀 관계하지 않았다. 칼빈이 1553년 11월 26일 쮜리히의 목사들에게 쓴 편지에서도 이를 알 수 있다. "감독원은 시민에 대한 사법권을 갖고 있지 않습니다. 그러나 하나님의 말씀에 따라 책망할 권리만을 갖고 있으며, 그 가장 엄한 형벌은 출교입니다." 그는 지혜롭게 평신도 영역에 더 많은 무게를 두었다.

의회는 처음에는 바젤과 베른을 본받아 감독원이 출교권 가지는 것을 부정하였다. 감독원은 무거운 범죄와 부도덕한 생활 때문에 교회로부터 제명된 자들은 마땅히 정부로부터 일 년간, 혹은 회개할 때까지 추방되어야 할 필요가 있다고 하였으나, 의회는 이에 동의하지 않았다. 칼빈은 항상 자신의 견해를 자신이 원하는 대로 수행할 수 없었으며, 그러므로 폐지할 수 없는 것을 묵인하는 원리에 따라 행동할 수밖에 없었다. 1555년 자유파(Libertines)에 대한 마지막 승리 후에 비로소 의회는 감독원에게 출교의 권한을 양보했다.

이 사실에서 우리는 칼빈이 일반적으로 비난조로 "제네바의 교황"으로 자주 불리어져 왔다고 판단할 수 있다. 그렇게 부른 것이 사실이라면, 그것은 칼빈의 천재성과 명성에 대한 무의식중의 찬사가 아닐 수 없다. 왜냐하면 그는 물질적인 후원을 받지 않았으며, 자기 이득, 혹은 개인적인 목적을 위하여 영향력을 행사하지 않았기 때문이다. 제네바 시민들은 칼빈을 너무도 잘 알고 있었고, 그러므로 아낌없이 그에게 순종하였다.

VI

여기에서 우리는 칼빈이 1541년 제네바에 돌아와서 반대파들의 공격을 받으며 몸이 약한 어려운 상황 속에서도 약 10년 동안 불굴의 의지를 가지고 내놓은 주옥같은 저작들을 간단히 살피게 된다. 1541년 칼빈은 스트라스브르로부터 제네바에 돌아와서는 1539년 라틴어판 『기독교 강요』를 모국어인 프랑스어로 번역하여 제네바의 쟝 지라르(Jean Girard)출판사를 통하여 출판한다. 이 프랑스어 판은 프랑스 산문사에서 경계선을 그어 놓은 책이 되었다. 이것 때문에 칼빈은 라벨레(Rabelais)와 함께 프랑스 산문계의 아버지요 창시자라는 예찬을 받았다. 칼빈의 프랑스어 산문체의 특징은 명백함과 위엄과 간결함에 있다.

칼빈은 1543년 세 번째로 21장으로 확대된 새로운 라틴어판 기독교 강요를 출판한다. 그리고 1545년에 이 책을 프랑스어로 번역하고, 같은 해에 라틴어판을 재판한다. 프랑스어 판(1545년)이 나온 지 5년 후인 1550년에 또 라틴어 판이 나왔으며 곧 이어 1551년에는 프랑스어 번역판이 뒤따른다. 그리고 1553년과 1554년에는 라틴어 판이 판을 거듭하지 않으면 안 될 정도로 불티나게 팔려 나갔다. 1550년과 1557년 사이에 출판된 판수는 모두 7판(라틴어와 프랑스어)이나 되었다.

1550년 라틴어 판은 1543년 라틴어 판과 마찬가지로 21장으로 되어 있었으나 여기서 처음으로 장마다 절로 세분되었다. 이것은 독자들이 많은 분량의 책을 읽는데 큰 도움이 되었다. 칼빈은 새로운 판을 낼 때마다 새로운 인용문을 제시했다. 이 사실은 칼빈이 끊임없이 고대의 문헌들을 읽고 있었다는 것을 입증한다.

1559년 칼빈은 『기독교 강요』의 마지막 결정판을 내놓는다. 그는 중병임에도 불구하고, 이전 판들을 정사하여 여기저기 첨가하고 새로 발전시키기도 하였다. 불명료하거나 잘못된 표현으로 생각되는 곳들을 수정하기도 하였다. 이번에는 21장에서 4배가 되는 80장으로 늘어났다. 여기서 그는 사도신경에 따라 하나님, 예수 그리스도, 성령, 그리고 교회의 4부로 재구성했다.

칼빈에게 있어서 1546년은 혼란하고 성가신 해였다. 그럼에도 불구하고 그는 두 권의 성경주석을 펴냈다. 칼빈은 제네바 시민들과 제네바 시 군대의 사령관인 아미 뻬렝(Ami Perrin)으로부터 자유를 억압하는 독재자라는 비난을 받고 있었으며, 한편 프랑스와 다른 유럽 여러 나라에서 엄청나게 밀려드는 개신교도 피난민과 제네바 시민 사이에 조절의 문제가 발생하고 있었다.

1540년 로마서 주석이 출판되고 나서 몇 년간의 침묵이 흐르고 난 1546년 1월에 고린도전서 주석이 나오고, 그 해 8월에는 고린도후서 주석이 출판된다. 다시 한 번 우리는 칼빈은 지칠 줄 모르는 일꾼이었다는 것을 알게 된다. 사람들은 그처럼 다양한 일에 활동하면서도 문서 활동에 집중하는 그의 능력에 놀란다. 그의 주석들은 일반적으로 서기가 기록한 강의를 수정하든가 다시 써서 출판하였다. 그 주석들은 처음에는 라틴어로 쓰고, 다음에는 자신이 친히 프랑스어로 번역하였다. 칼빈은 이 두 언어의 명인(名人)이었으며, 힘 있고 순수한 라틴어를 구사할 뿐만 아니라, 살아있는 프랑스어를 사용하여 조국의 문학에 혁혁한 공헌을 남겼다.

칼빈은 여전히 첫째로 꼽히는 으뜸가는 주경신학자로 간주된다. 그는 성경의 본문을 자기 생각에 맞추지 않고 본문과 문맥에 충실히 따랐다. 그는 또한 상상이나 풍유적 해석도 하지 않았다. 창세기 주석에서 그는 다음과 같이 진술한다. "우리는 오리겐이나 다른 사람들의 풍유를 전적으로 거절해야 한다. 왜냐하면 그것은 아주 음흉하고 교활한 사탄이 성경의 교리를 애매하게 하며, 모든 확실성과 견고성을 없애버릴 목적으로 교회에 소개했기 때문이다." 사람들은 오늘날에도 그와 같은 풍유적 해석을 발견하고 놀란다. 예를 들어 소위 천년기설자(千年其設者)들이다. 칼빈은 풍유적 해석을 피하고 예표론을 강조했다. 예표론은 앞으로 있을 일들, 혹은 사람을 예표하는 것이다.

칼빈은 고린도전서 주석을 지난 날 서신 왕래가 있던 활레(Monsieur du Falais)에게 헌정했다. 이 귀족은 종교적 견해 때문에 챨스 5세의 궁중을 떠나서 몇 곳을 전전하다가 이곳 제네바에 정착하였다. 분명히 그와 칼빈 사이에는 따뜻한 우정관계가 있었다. 그럼에도 불구하고 그로부터 몇 년 후 칼빈과 볼세끄(Bolsec)와의 논쟁에 활레는 후자 편에 서 있었다. 칼빈은 이때 활레와의 관계를 단절하고, 1556년 고린도전서 주석이 재판되었을 때, 제네바에 살고 있던 이태리의 한 귀족에게 그 헌정의 명예를 옮겼다. 카라치올루스(Lord Galliazus Caracciolus)라는 이 사람은 개신교의 사상을 아주 강하게 믿었기 때문에, 그의 가족과 이태리에서 누렸던 사회적 지위를 모두 포기한 사람이었다. 칼빈이 이처럼 고린도전서 주석을 재 헌정한 것은 단 한번 뿐이었다.

고린도후서 주석은 브르제 대학 시절 헬라어 교수였던 볼마르(Melchior Wolmar)에게 헌정되었다. 칼빈이 오를레앙 대학과 브르제 대학에서 라뚜알(L'Atoile)과 알시아(Alciat)교수 밑에서 법학 공부를 할 때에는 헬라어를 거의 알지 못했다. 알시아 교수가 볼마르 교수에게 젊은 칼빈을 소개한 것이다. 다른 수학 과정에서와 같이 헬라어 진전에서도 칼빈은 뛰어남을 보여 주었다. 볼마르 교수는 역시 칼빈에게 히브리어 공부를 시작하게 하였다. 칼빈은 볼마르 교수와 1년이 좀 못되게 지냈지만, 칼빈의 후계자 베자는 여러 해를 볼마르 교수 밑에서 공부하였다.

이 시절에 출판된 주석들을 간단하게 살펴보자. 1548년 2월에 갈라디아서, 에베소서, 빌립보서, 그리고 골로새서 주석들이 출판되었다. 칼빈은 이 주석들을 베르텐부르크(Wertenburg)의 공작 크리스토퍼(Christopher)에게 헌정하였다. 그는 크리스토퍼 공작을 알지 못했지만, 그의 고전 지식과 이 어려운 때 그의 영지(領地)를 통솔한 방법에 감탄하고 있었다. 학자들은 칼빈이 바울 서신에 대한 주석 작업에 최선을 다한 것을 잘 알고 있었다. 칼빈은 비범하게 바울이 의미하는 바를 명백하게 파악하고 그의 목적에 찬동하였다.

1549년 5월에는 히브리서 주석이 나왔다. 칼빈은 이 책을 폴란드 왕 시기스문드 아우구스투스(Sigismund Augustus)에게 헌정한다. 칼빈은 폴란드로 하여금 복음을 순수하게 이해하도록 인도한 이 군주를 히스기야, 혹은 요시아에 비유하였다. 그리스도의 희생에 관한 히브리서의 가르침은, 로마 교회의 미사 교리를 영원히 지킬 수 없도록 만들었다고 칼빈은 설명하였다. 16세기의 신학자들은 독설을 퍼붓는데 서슴치 않았다. 칼빈도 그의 헌정사에서 그의 적들을 거칠게 다루었다.

같은 해 11월에는 디도서와 빌레몬서 주석이 출간되었다. 이 두 짧은 서신이 바울의 가까운 친구들에게 보낸 편지인 것처럼, 칼빈은 이 주석을 그의 다정한 두 친구, 화렐과 비레에게 헌정하였다. 칼빈의 전 생애에서 가장 눈에 띄는 것 중의 하나는 이 두 친구에 대한 진정한 애정이었다. 그는 이렇게 말한다. "나는 우리의 사역에서 보여준 것처럼, 그렇게 진실되게 결속되어 있는 친구들은 없다고 생각합니다. 나는 당신들과 함께 여기서 목사의 직무를 다하고 있습니다. 여태까지 질투는커녕 오히려 당신들과 나는 하나입니다."

성경주석이 계속되어 1550년 2월 17일에는 데살로니가 전서가 출간되었으며, 칼빈은 이 책을 옛 교수 꼬르데리우스(Corderius)에게 헌정하였다. 칼빈은 이 교수를 가장 정직하게 평가하였다. "만일 후에 나의 저술에서 어떤 유익한 것들이 나타난다면, 그것은 어느 정도

교수님에게서 왔다는 것을 그들은 알게 될 것입니다." 데살로니가 후서는 같은 해 6월에 나왔다. 칼빈은 이 책을 그의 주치의 베네딕트 텍스토(Benedict Textor)에게 헌정한다. 이 친구에 대한 칼빈의 생각은 오랫동안 그리스도인 의사에 대한 탁월한 평가가 될 것이다.

이 시기에 다른 두 주석의 출간이 빠르게 계속되었다. 이사야서 주석은 1550년 12월에 나왔고, 공동서신은 한 달 후인 1551년 1월에 출간되었다. 이 두 책은 영국의 젊은 왕 에드워드 6세(Edward Ⅵ)에게 헌정되었다. 이사야서 주석의 헌정은 1550년 12월 25일로 되어 있다. 그것이 왜 성탄절이었는지에 대하여는 아무런 암시도 없다. 종교개혁자들은 크리스마스나 부활절 같은 것을 지키지 않고 있었다. 사실 여러 해가 지나서야 개혁파 교회들은 그런 절기를 인식하게 되었다.

공동서신 주석에는 야고보서, 베드로전·후서, 유다서, 그리고 요한 일서 등이 포함되어 있다. 이 10년간에 출판된 마지막 책은 1552년 9월 20일에 나온 네 권의 설교집 이었다.

Ⅶ

이제 우리는 여기서 칼빈, 화렐, 그리고 비레의 그 진정한 사랑의 관계를 이야기하기로 한다.

칼빈은 이태리에서 돌아와 프랑스를 서둘러 떠나면서 먼저 제네바로 향하였다. 그는 비레(Viert)를 방문하고 여행을 계속하기를 원했다. 베자(Beza)는 말하기를, "하나님은 그를 여기로 안내하셨다"고 하였다. 칼빈 자신도 이렇게 말한다. "나는 거기서 하루 밤만 묵을 작정이었다. 이 도시는 여전히 모든 것이 무질서 하고, 적대적인 내분으로 분열되어 있었다.

칼빈은 하나님의 은밀한 작정에 의해서 제네바에 영원히 정착하게 되었는데, 그것은 복음전파에 매우 유익한 계기다 되었다. 1549년 칼빈은 불링거(Bullinger)에게 다음과 같은 편지를 보낸다.

"제가 만일 저의 생명, 혹은 개인적인 유익만을 보살피고 걱정하였다면, 아마 저는 곧 이 도시를 떠났을 것입니다. 그러나 제가 이 작은 구석진 곳의 중요성을 생각하고, 하나님 나라의 확장을 마음에 두었을 때, 저는 이 도시의 번영을 위한 열망으로 가득 차게 되었습니다."

이때부터 칼빈은 화렐과 비레와의 가장 가깝고 가장 친밀한 우정 관계를 갖게 되었으며, 거룩한 3인조 친구가 형성되어 한 마음으로 적그리스도의 세력을 대항하여 싸우게 된다. 여기서 우리는 칼빈의 정신을 대충 읽을 수 있게 하는 한편의 글을 찾아보기로 하자. 이 글은 사랑의 우정을 느끼게 한다. 그것은 디도서 주석 첫 부분에 기재되어 있는데, 디도와 자신을 비교하고 있다. "나는 책임의 상태가 사도 바울이 디도에게 위탁한 것과 유사하기 때문에 나의 이 노작(勞作)을 어느 누구보다도 먼저 귀하에게 헌정하는 것이 좋을 것 같습니다. 그것은 적어도 우리 시대의 사람들과 우리 후대의 사람들에게도 우리의 우정과 거룩한 친교의 미덕을 보여줄 수 있을 것입니다. 제가 생각하기로는, 이 세상의 일반적인 관계에서 우리가 우리의 목회사역에서 보여준 것처럼, 그런 우정으로 함께 살아간 사람들은 아마 지금까지 없는 줄로 압니다. 저는 여기서 귀하와 함께 목사의 직무를 수행하면서 어떠한 시기의 모습도 보이지 않고 귀하와 저는 한 사람처럼 일했습니다. 우리는 그 후 헤어졌습니다. 기옴 화렐, 당신은 교황의 횡포에서 구출되고, 그리스도를 위하여 정복된 뇌샤뗄교회의 청빙을 받았습니다. 그리고 삐에르 비레씨(Mr. Pierre Viret), 로잔교회는 같은 직책으로 귀하를 청빙하였습니다. 그러나 우리는 우리에게 맡겨진 자리를 잘 지키고 연합함으로 하나님의 자녀들이 그리스도의 양떼와 결합하고 그리스도의 몸에 연합하도록 재촉해야 하겠습니다.”

이 다정하고 친밀한 우정은 죽을 때까지 계속되었다. 칼빈이 마지막 질병으로 누워있을 때, 화렐은 한 친구에게 편지를 써서 자신이 제네바에서 칼빈을 처음 만났을 때를 다음과 같이 회상하였다. “… 그는 가끔 자기를 가엾이 여기며, 언제나 자기가 살아온 그런 방법으로 하나님을 열심히 섬길 수 있도록 도와달라고 하나님의 이름으로 간청하였습니다. … 그가 달려온 길이 얼마나 영광스러웠던가! 하나님은 그가 달려온 것처럼 우리도 하나님이 주신 은혜에 따라 그렇게 달려갈 수 있도록 허락하고 계시는 것입니다.”

화렐은 당시 80세의 고령이었지만, 뇌샤뗄에서 제네바까지 쉬지 않고 달려가서 죽어가는 그의 친구를 가슴에 껴안아주고 싶었다. 그런데 칼빈은 이미 화렐에게 작별의 편지를 보낸 상태였다.

“탁월하며 경건한 나의 형제, 안녕! 귀하가 우리의 우정을 잊어버리지 않고 이 세상에서 살아가게 한 것은 주님의 뜻이기 때문에, 하나님의 교회에 대한 축복이 그것을 증명하는 대로 그 열매는 하늘나라에서 우리를 위해 남을 것입니다. 저는 귀하가 저 때문에 괴로워하지 않기를 원합니다. 나의 호흡은 약해지고 있으며, 나는 계속 마지막 순간을 기다리고 있습니다. 저는 살든지 죽든지 저를 자기 백성으로 삼으신 그리스도 안에 있기를 원합니다. 다시 한 번 안녕, 형제"

화렐과 칼빈의 우정은 대단히 놀라운 것이었지만, 두 사람의 기질에 있어서는 유사성이 적었다. 그러나 무한한 신뢰는 두 사람을 연합시켰다. 칼빈은 본래 허약했으나 투쟁에 의해서 강해졌다. 한편 화렐은 개인적인 용기를 많이 부여받았으며, 위험을 모르고 항상 전진하였다. 칼빈은 심원한 사상가요 학자였으며, 여유를 두고 살았다. 화렐은 계속 활동하고 즐겁게 살았으며, 박력있는 연설과 우렁찬 목소리를 가진 참된 프랑스인이었다. 하지만 외모는 잘 생긴 사람이 아니었으며 학자도 아니었다. 칼빈은 조심성 있는 사람이었으나, 화렐은 성급하고 진정한 개혁자 같이 결과를 생각지 않고 항상 과감하게 모험하며 전진을 서두르는 사람이었다. 그러므로 그는 끊임없이 위험을 벗어나지 못하고, 가는 곳마다 돌에 맞고 모욕을 당하고 매를 맞았다. 그러나 이런 것들은 그의 전진을 막지 못했다. 그의 이러한 헌신적인 신앙의 용기는 칼빈의 눈에는 항상 존경스럽게 여겨졌다.

비레(Pierre Viret)는 상당한 재능이 있는 사람이었다. 그는 1511년 오르브(Orbe)에서 태어나서 빠리에서 공부하고, 거기서 화렐을 만나게 되어 곧 종교개혁자로 스위스로 간다. 1535년 그는 로잔의 초청을 받아 거기서 첫 목회에 투신해서 1558년까지 남아있었다. 권징문제로 고발과 고소를 당한 그는 제네바에 와서 안정과 위안을 얻는다. 얼마 후에 그는 건강 때문에 프랑스 남부지방으로 갔다가 1563년에 리용(Lyons) 교회의 초청을 받아 일하는 중에 거기서 대회의 의장이 되기도 한다. 그는 후에 나바르 여왕(the queen of Navarre)의 거주지인 오르테즈(Orthez)에 가서 신학교수로 일하다가 1571년 거기서 죽는다. 그는 많은 책을 저술하였으나 그 책들은 거의 알려지지 않았다.

베자는 다음과 같이 말한다. "칼빈은 자신이 화렐과 비레와 함께 즐겼던 그 두터운 우정을 대단히 기뻐했다. 그리고 다양한 은사를 받고, 하늘나라의 계획을 이루기 위해 함께 전적으로 연합하여 노력한 이들 비범한 세 사람을 생각한다는 것은 참으로 즐거운 일이었다. 화렐은 영혼의 위대함과 영웅적인 성격을 처음부터 끝까지 똑똑히 보여주었다. 그의 우레 소리 같은 웅변에 감동받지 않는 사람이 없었고, 하늘을 향한 감정 없이 그의 뜨거운 기도에 귀를 기울이지 않은 사람이 없었다. 한 편 이와 반대로 비레는 정교하고 우아하게 표현했기 때문에, 청중들로 하여금 그의 설교를 경청하게 하였다. 그러나 칼빈의 말에는 청중들의 가슴을 채워주는 심원한 사상들이 많았다. 그러므로 그것은 자주 내 마음에 떠올랐다. 그리고 이 세 사람이 즐겼던 그 은사들을 합치면 아마 최고의 완전한 복음주의 지도자가 될 것이라고 생각한다."

이들 세 친구들에 대하여 기술한 베자는 후에 그 자신이 가장 가까운 관계를 갖게 된다.

베자(Theodore Beza)는 온화하고 조용하며 칼빈과는 기질 상 다르지만 마음과 영혼과 사상에 있어서는 그와 하나였다. 베자는 마음과 타고난 재주에 있어서는 참으로 위대한 사람이었다. 그리고 베자는 노력과 확고한 믿음, 끈덕지며 때로는 엄격한 열심, 그리고 주님의 일에 대한 전적인 헌신으로 많은 영향력을 보여주었다. 여러 점에서 우리는 그를 칼빈의 멜랑히톤이라고 부를 수 있다. 그는 자기 스승보다는 더 많은 평온한 과정을 밟았다. 그의 기질이 온화하고 다정했기 때문에, 제네바에는 일반적으로 칼빈의 강한 굴레가 사람들을 놀라게 한다는 말이 퍼져 있었다. "칼빈과 함께 천당에서 사는 것보다는 베자와 함께 지옥에서 사는 것이 더 낫다."

　그러나 칼빈과 베자 사이에 존재하는 영혼의 연합은 전혀 흐트러지지 않았다. 베자는 칼빈을 전적으로 존경했기 때문에, 그와 함께 생각하고 그를 위해서 글을 쓸 뿐만 아니라, 그를 위해서 일하고 그의 교리를 해석하는 자신의 의무에 조금도 게을리 하지 않고 힘을 다해서 열심히 일하였다. 이것은 그가 스승에게 애착심을 갖고, 그를 자기 아버지로 부르기를 더 좋아한 그 비범한 우정관계가 증명해 준다. 그는 칼빈이 임종하는 마지막 순간까지 그에게 시중을 들었다. 칼빈은 베자 자신이 말한 대로 남은 원고들을 유언으로 베자에게 남겨놓았다. 칼빈이 죽은 후 베자는 칼빈의 전기를 성실히 저술해서 많은 적들을 대항하여 칼빈을 변호하였다. 이처럼 칼빈은 자기 사상체계의 원리들을 지키고 지지하는데 실패하지 않을 한 친구의 손에 자신의 작품들을 맡기고 떠날 수 있었던 행복한 사람이었다. 아마 이점에서 칼빈은 루터보다 더 행복하고 더 위대하였다고 말할 수 있을 것이다. 왜냐하면 멜랑히톤까지도 몇 가지 점에서 루터의 사상에 동의하지 않았기 때문이다. 자기 의견에 있어서 그처럼 확고하고 심지어는 엄격하였으며 불시에 성을 잘 내기도 하는 사람이 어떻게 그런 우정의 행복을 즐길 수 있었을까 하고 생각할 때 참으로 놀라지 않을 수 없다.

제8장

몸부림과 투쟁의 10년

칼빈은 교회법규(Ecclesiastical Ordinances)를 작성하고, 그 법규가 의회에서 받아드려짐에 따라 제네바 시대의 제 2기를 시작한다. 그는 지금으로부터 1564년 죽을 때까지 가끔 제네바를 떠나 여행한 것 외에는 쉬지 않고 일했다. 본장은 1553년 세르베투스(Servetus)의 심문과 처형사건을 제외하고는 1542년부터 1552년까지의 기간을 다룬다.

I

칼빈은 제네바에 돌아오자 즉시 화렐(Farel)과 비레(Viret)를 자신의 동역자로 확보하기 위해 힘썼으나, 이 계획은 성공하지 못했다. 화렐은 뇌샤뗄(Neufchatel)에 그대로 남아 있었고, 비레는 로잔(Lausanne)으로 돌아갔기 때문이다.

그러나 이 세 사람은 자주 편지 왕래를 통해, 그리고 서로의 방문을 통해 교제를 멈추지 않았다. 칼빈은 남은 여생을 홀로 제네바 교회를 세우는데 주력하였다. 그는 친구 미코니우스(Myconius)에게 보낸 편지에서, 제네바의 동료 교역자들에 대하여 다음과 같이 기록하고 있다. "우리의 다른 동지들은 우리에게 도움이 되기보다는 오히려 방해가 됩니다. 그들은 무례하고 교만하며 열심이 없고 훈련이 덜된 분들입니다." 칼빈의 초기 동료목사들 중에는 도덕적인 면에서 매우 부적절했으며, 사(私) 보다 공(公)을 앞세우는 목사는 거의 없었다.

1542년과 1543년 제네바에는 무서운 흑사병(전염병)이 창궐하여 많은 사람이 목숨을 잃었다. 좁은 거리들, 혼잡한 숙소들, 그리고 열악한 공중위생 등을 생각할 때, 당시 전 유럽에서 전염병이 계속 발생한 것은 놀라운 일이 아니었다. 제네바에는 종교적 박해 때문에, 프랑스와 스페인으로부터 온 수많은 피난민의 유입으로 그 상태가 더욱 나빴으며 사람들은 공포에 질려 있었다. 이때 사람들은 고의적으로 병을 퍼뜨렸다고 해서 고발되고 무서운 처벌을 받는 일도 있었다. 이런 일은 분명 공포에 떨고 있던 민중들의 상상에 불과 했지만, 그러한 믿음은 여러 곳에서 계속되고 있었다. 베자(Beza)에 의하면, 칼빈은 그들을 직접 돕고자 하였으나, 사람들은 그의 중요성 때문에 단념하게 하였다. 그러나 삐에르 불랑셰(Pierre Blanchet)라는 목사는 격리병원에서 그 위험한 일을 서슴지 않고 자원하여 환자들을 돌보았다. 칼빈은, 우리가 주의 일을 하는 동안 만일 감염이 두려워서 우리의 의무를 완수하지 못한다면 어떠한 변명도 도움이 되지 않을 것이라고 하였다. 그 후 몇 달이 지나서 불랑셰 목사는 환자를 돌보다가 아깝게도 세상을 떠나고 말았다.

1543년 교회 권징의 문제가 의회와 감독원(당회) 사이에 제기되었다. 특히 출교(出敎)의 권리문제가 주요쟁점이었다. 감독원의 수장인 행정관은 그것이 의회에 속한다고 주장했다. 그러나 칼빈은 그들이 자신을 먼저 죽이거나 추방하지 않는 한 절대로 안 된다고 반대했다. 그리고 칼빈은 행정관들에게 자신의 의견을 충분히 설명하므로 별 어려움 없이 자신이 원하는 바를 얻을 수 있었다.

우리는 칼빈이 프랑스에서 가장 강력한 교회들 중의 하나인 리용(Lyons)교회에 보낸 편지에서 칼빈의 목회관을 엿볼 수 있다. 카르멜

회의 전에 수도승 한 사람이 목사 안수를 받기 원해서 설교자로 프랑스에 오게 되었다. 그러나 칼빈은 소명의 확신의 필요성, 훈련과 준비의 시간, 그리고 회중에 의한 시험 등이 있어야 한다고 말하였다. 그 수도승은 거의 배운 것이 없었기 때문에, 칼빈은 이 모든 과정이 필요하다는 것을 느꼈던 것이다. 그러나 이 수도승은 이를 참지 못하고 제네바교회를 비난하면서 떠나버리고 말았다. 칼빈은 목사를 준비시키는 일에 있어서 지극히 작은 것 하나라도 정도에서 벗어나기를 원하지 않았다. 물론 이것은 오랫동안 칼빈주의적 교회들의 특징이 되어 왔다.

같은 해 여름 칼빈의 충실한 후원자 중 한 사람인 제일 행정관 아미 쁘아랄(Amy Poiral)이 세상을 떠났다. 이해 같은 여름에는 칼빈의 부인 이들레뜨(Idelette)가 조산(早産)으로 아들을 낳은 후 얼마동안 그녀의 몸 상태가 심상치 않았다. 그러나 그녀는 의사 베네딕트 텍스토(Benedict Textor)의 능숙한 치료를 받고 충분한 건강의 회복을 얻을 수 있었다. 8년 후 칼빈은 이에 대한 감사의 표시로 데살로니가후서 주석을 의사 텍스토(Textor)에게 헌정하기도 하였다. 이 사실에서 우리는 칼빈이 아내를 위해 품었던 진정한 사랑을 알 수 있다.

이 시절 칼빈의 문서 활동에는 창세기 주석이 있었는데, 이 책은 몇 년 후에야 출판되었다. 그리고 솔본느에 의해서 출판된 신앙조례에 대한 반박서와 피기우스(Pighius)의 "의지의 자유"에 대한 반박서가 있다. 솔본느는 로마 교회의 신앙을 설명하는 25개 항목을 출판하였다. 칼빈은 이에 대하여 반(半)해학적인 표현법으로 반박하였다. 「솔본느 신앙조례에 대한 해독제」 (Antidote Against the Articles of the Sorbonne)로 불리어진 이 반박서는 훗날 프랑스어로 번역되기도 하였다.

피기우스의 자유의지론에 대한 칼빈의 반박서는 1543년에 출판되었다. 피기우스는 자유의지 노예론을 반대하여, 그것은 상식에 모순되며, 시민과 세상문제에 있어서 용인된 의지의 자유와도 불일치하다. 모든 도덕성과 규율을 파괴하고, 인간으로 하여금 동물과 괴물이 되게 한다. 하나님을 죄의 창시자로 만들며, 그의 공의를 잔인성으로, 그리고 그의 지혜를 어리석은 것으로 만들게 한다고 하였다. 피기우스는 고대 노스틱파와 시몬 마구스(Simon Magus)의 이단설을 도입한 것이다.

이에 대하여 칼빈은 약 두 달 걸려 반박서를 작성하였다. 그는 우연히도 루터가 주의를 환기시키기 위하여 자주 사용했던 과장법을 사용하여 그를 반박했다. 그도 역시 인간은 자발적으로 자신의 내적충동으로 행동한다는 의미에서 자유 결정을 용인하기도 하였다. 그러나 인간은 성령의 도움이 없이는 영적으로 선한 것을 선택할 능력이 없음을 말하고, 로마서 6:17과 7:14,23을 인용하여 이를 입증하였다. 인간은 외부의 강요 없이 자유의사로 결정하기 때문에, 고의적으로 악을 택하며 죄를 짓는다. 그러나 그의 의지는 본래의 부패 때문에 죄로 향하게 되고, 따라서 항상 악을 택한다. 그러므로 자발성과 노예상태는 공존하는 것이다.

피기우스는 화란 캄펜(Campen)출신이며 루베인(Louvain)과 꼴로뉴(Cologne)에서 교육을 받은 사람으로, 보름스(Worms)와 라티스본(Ratisbon)회의에서 칼빈을 만난 것으로 안다. 그는 유트렉트(Utrecht)의 부사교(副司敎)로써 1542년 12월 26일 칼빈과 다른 종교개혁자들을 반대하는 책을 출판하고 나서 수 개월 후에 죽었다. 베자는 그를 가

리켜 그 시대의 최초의 궤변학자로, 칼빈에 대한 승리를 거둠으로
추기경의 모자를 쓰기를 원했던 자라고 했다. 그러나 그의 죽음은
그의 승진도 그의 야심도 채울 수 없었다.

피기우스는 인간의지 노예론을 종교개혁의 근본적인 오류라고 말
하고, 그것은 도덕적 무책임으로 인도한다고 비난했다. 그는 종교개
혁을 반대하는 열 권의 책을 썼는데, 그 중 첫 여섯 권에서는 자유의
지론을 변호하고, 네 권에서는 하나님의 은혜, 예지, 예정, 그리고 섭
리를 논하였으며, 마지막 책에서는 주제들과 관련된 성경구절들을
소개하였다. 그는 펠라기우스주의의 몇 가지 특징들과 반(半)펠라기
우스주의를 주장했는데, "우리가 하는 일은 하나님 앞에서 칭찬을
받을 만한 일"이라고 주장했다. 그는 아무런 허락도 없이 칼빈의 『기
독교 강요』에서 몇 페이지의 문장을 자기 목적에 맞게 그대로 베끼
고도 조금도 부끄러워하지 않았다. 칼빈은 그를 가리켜 표절자라고
말하고, "무슨 권리로 그 부분을 자기의 글처럼 사용했는지 그가 말
하지 않는 한, 그 약탈자의 특권을 나는 이해할 수 없다"고 하였다.

칼빈은 이 반박서를 멜랑히톤(Melanchthon)에게 헌정했다. 멜랑히
톤은 루터 파의 지적인 지도자였으나, 충동적인 독일인이라기보다는
매우 신사적이며 조용한 사람이었다. 그와 칼빈은 마지막까지 견고
한 우정을 유지하였다. 멜랑히톤은 그가 생각하는 대로 비록 칼빈의
그 극단적인 사상에는 찬동하지 않았으나, 칼빈의 헌정에 대하여 친
절한 서신으로 감사의 답을 보냈다.

칼빈의 솔본느에 대한 반박서는 다소 긴 느낌이 있으나 그는 자
신의 입장을 명백히 진술하고 있다. 솔본느의 제11항목은 자유의지
에 관한 것이었다. 인간에게는 자유가 있으며, 그것으로 그는 선과

악을 행할 수 있지만, 하나님의 도우심으로 그는 다시 은혜로 돌아올 수 있다"고 하였다.

칼빈은 이에 대하여 다음과 같이 반박한다. "사람은 그의 마음으로 생각하는 것은 모두가 악할 뿐이기 때문에(창 6:5) 다 더러운 자가 되고, 선을 행하는 자가 없고, 하나님을 찾는 자가 없으며(시 14:3), 무익하고 부패하며, 하나님을 두려워하지 않고, 하나님의 영광에 미치지 못하였다(롬 3:10). 육신의 생각은 사망이요 하나님과 원수가 되기 때문에(롬 8:6) 사람은 자유의지를 악용하므로 자신과 그것을 다 상실하게 된다는 것을 어거스틴과 함께 주장해야 한다. 그리고 의지는 부패에 의해서 정복되어 본성은 자유를 소유하지 못하게 되었다. 어떠한 의지도 육욕에 사로잡힌 의지는 자유가 없는 것이다. 암브로스(Ambrose)와 함께 우리는 우리의 마음이나 우리 사상은 어느 것 하나도 우리 자신의 능력에 속하지 않는다고 주장한다. 우리의 마음을 새롭게 하시고, 돌을 떡으로 만드시며, 그의 율법을 마음에 기록하시고, 그것을 우리 속에 두시고, 그의 교훈에 따라 걸어가게 하시며, 선한 의지와 그 결과를 얻게 하시고, 우리의 마음으로 그의 이름을 두려워하게 하는 것은 하나님 자신이 친히 하시는 일이라고 말씀하시기 때문에, 우리는 그리스도의 날까지 우리 안에서 시작하신 그의 일을 완수할 때까지 결코 중단해서는 안 된다(시51:12; 렘31:33; 빌 2:13; 겔 11:19). 우리는 다시 어거스틴과 함께, 하나님의 자녀들은 무엇을 하던지 하나님의 주권적 권리에 따라 행동해야 한다고 주장하는 것이다."

같은 해(1543년) 칼빈은 로마 교회의 유물숭배(성인, 순교자의 성골 등)를 반대하는 논문을 발표하였다. 당시 이런 의식의 습관이 성행하였으며, 그래서 그리스도 혹은 그리스도의 제자들의 유물을 다소라도 소유하지 못한 교회는 보잘 것 없는 교회로 취급되었다. 그리고 이 유물들은 대중에 숭배의 대상이 되어 있었다. 칼빈은 소년시절 고향 노와용에서 많은 유물들이 있는 것을 보았고, 또한 그 유물들이 대성당이나 축제일에는 화려하게 전시되었던 것을 기억하고 있었다. 그는 이 논문에서 다양한 유물에 대한 광범한 지식의 소유자라는 것을 보여주었다.

1543년 여름 칼빈은 한때 행복한 목회생활을 보냈던 스트라스브르에서 약 6주간을 보냈다. 그는 제네바 시 의회의 지시에 따라 멧츠(Metz)교회의 조직을 돕기 위해 거기에 파송된 것이다. 당시 멧츠는 제국(帝國)내의 자유도시들 중의 하나로, 약 20년 전 여기서 개신교주의가 작은 모습으로 출발하였다. 가을 전에 벌써 화렐은 개신교운동을 재편성하려는 열정을 갖고 거기 가 있었다. 그는 상당한 성공을 거두었으나, 로마 교회로 다시 돌아간 까롤리(Caroli)의 반대에 부딪쳤다. 까롤리는 기스(Guise)공작의 도움을 받아 개신교도를 아주 거칠게 다루고 있었다. 화렐은 스트라스브르에 도피할 수밖에 없었으며, 칼빈은 이 사업을 돕기 위해 거기에 간 것이다. 이때가 칼빈이 까롤리와 접촉한 마지막 기회였으나, 가까이 하던지 멀리하던지 그가 까롤리를 대할 때에는 항상 분노를 참지 못했다. 칼빈이 변절자 까롤리에 대하여 말할 때는 가장 부드러운 말로해도 "사악한 개"라고 불렀다.

한편 스트라스브르 의회는 그들이 멧츠에 가는 것을 허락하지 않았다. 왜냐하면 그들이 생각할 때 너무 위험하다고 보았기 때문이었다. 스말칼드(Smalkald)의 개신교 동맹에 호소해 보았으나, 이 단체는 멧츠 사건에 간섭하기를 원하지 않았다. 출장 중에도 칼빈은 의회에 수 편의 서신을 보내 맡은 일의 진행과정을 상세히 보고하고, 역시 제국의 소식을 전했다. 챨스 5세는 두 파의 반대되는 신앙의 화해를 가장 원했으나 성공하지는 못했다. 칼빈은 챨스를 다음과 같이 예찬했다. "그럼에도 불구하고 챨스는 자기 목적에 확고하였다. 그의 많은 고결함과 영웅적인 미덕들 중에서도 가장 예찬을 받아야 할 한 가지는, 제국이 동요하고 있는데도 온화함과 관대함, 그리고 자기 말에 대한 종교적 관심에 변함이 없었다는 점이다."

1543년이 거의 끝나갈 무렵, 칼빈과 모슈 드 활레(monsieur De Falais)라는 사람 사이에 몇 통의 서신 왕래가 있었다. 이 귀족은 제국 법정에 불려나가 프로테스탄트 신앙을 받아드렸다는 이유로 추방되었다. 그는 제네바에 오기 전에 잠시 꼴로뉴(Cologne)에 머물다가 스트라스브르에 와서 살고 있었다. 칼빈은 그의 부부와 편지를 주고받으면서 그들의 신앙을 칭찬하고, 한편 제네바 거주 문제를 의논하기도 하였다. 그들의 편지는 두 가지 이유에서 흥미로운 데가 있다. 즉 하나는 제네바는 전 유럽에서 모여든 망명객들의 피난처라는 사실이고, 다른 하나는 꼴로뉴에 파송된 목사는 칼빈이 일생 동안 제네바에서 훈련하여 유럽, 특히 프랑스에 파송한 수백 명 중의 전형적인 목사였다는 사실이다.

1544년 2월 칼빈은 비레에게 보낸 편지에서, 까스뗄리오(Sebastian Castellio)와의 어려운 관계에 대해서 말한다. 칼빈은 처음부터 제네바에 학교를 설립하기 위해 노력하였다. 그는 제네바에 돌아온 후 옛 친구 마뚜렝 꼬르디에(Mathurin Cordier)를 초청하여 제네바 학교의 교장직을 맡아줄 것을 요청했다. 꼬르디에는 그의 요청을 수락했으나 그 자리에 오래 머물지는 못했다. 그를 대신해서 재기에 넘치는 프랑스 사람 까스뗄리오가 그 직책을 맡게 됐는데, 칼빈이 그를 만난 것은 스트라스브르에서 였다. 칼빈과 까스뗄리오는 처음에는 다정한 친구사이였으나, 까스뗄리오가 목사 안수를 원하면서부터 걱정꺼리가 되었다. 칼빈은 까스뗄리오를 비판하지는 않았으나, 그의 신학적 입장 때문에 목사가 되는데 대해서는 찬성할 수가 없었다. 2년 전 까스뗄리오가 번역한 프랑스어 성경에 대해서 이 두 사람사이에 의견의 차이가 생긴 것이다. 까스뗄리오는 "그리스도께서 지옥에 내려가셨다"(지옥강하)는 표현은 사도신경에서 삭제되어야 한다고 생각했다. 물론 이 문구에 대해서는 오랫동안 여러 단체에서 논의되어 왔었다. 그는 역시 아가서도 외설스럽고 부도덕하기 때문에 정경에서 말소돼야 한다고 주장하였다. 까스뗄리오는 이러한 자기 주장이 받아드려지지 않자 불쾌하게 생각하고 제네바의 목사들을 맹렬히 공격하고 그들을 부도덕하다고 비난했다. 그러나 칼빈은 그와 논쟁하지 않고 다만 의회에 그에 대해서 보고하였다. 시 의회 원로들은 그를 제네바에서 추방하기로 결정하였으며, 약 두 달 후 그는 칼빈의 추천서를 가지고 이 도시를 떠났다.

우리는 칼빈이 1544년 10월 10일에 화렐에게 보낸 편지에서, 루터파와 개혁파 교회와의 성례에 대한 휴전협정이 쯔빙글리(Zwingli)를 맹렬하게 공격한 루터에 의해 깨어졌다는 사실을 알게 된다. 쮜리히(Zurich)교회는 이에 대하여 분개하여 후에 그곳 목사들은 쯔빙글리의 작품들을 출판하여 이에 대응하였다. 칼빈은 개탄하였으며, 멜랑히톤 역시 이 토론이 재개되는 것을 몹시 슬퍼하였다. 칼빈은 성례관에서 루터와는 결정적인 차이가 있었으나, 루터의 업적에 대해서는 최상의 존경을 표하였다.

칼빈은 1545년 1월 처음으로 루터에게 편지를 쓴다. 그는 이 편지에서 루터에게 최고의 존경심을 나타냈다. 칼빈은 프로테스탄트의 모든 세력이 다함께 연합하기를 원했으며, 이 목적을 위해서 그는 몸을 바쳐 전심으로 헌신했다. 그러나 루터는 말년에 이 일을 거절하고, 특별히 스위스 개혁자들을 강하게 반대했다. 그래서 멜랑히톤은 루터에게 보내는 칼빈의 편지를 감히 루터에게 보여주질 못했으며, 이 사실을 칼빈에게도 알려주었다.

이 해에 다시 전염병이 재발하여 많은 피해가 발생하였다. 칼빈은 당시의 사람들과 함께 그것은 사람들의 심한 죄 때문이라고 생각했다. 그는 강단에서 그들의 죄를 견책하고 우상숭배와 다른 죄를 버리라고 권고했다. 그러나 그는 잘못된 낭비보다는 사악한 행동을 책망했다. 그리고 그때 고의적으로 질병을 퍼뜨리는 자들이 있어서 그 용의자들은 엄격한 처벌을 받았다.

1545년 칼빈은 왈도 파(Waldensians)에 많은 관심을 가지고 그들을 높이 평가했다. 이 경건한 무리들은 이태리 북부 코르티안 알프스(Cortian Alps)계곡과 프랑스 남동부 프로방스(Provence)주에 살고 있었다. 그들은 일찍이 12세기 리용(Lyons)의 상인 왈도(Peter Waldo)에게서 그 이름을 얻게 됐다. 그들은 1544년 후랜시스 1세에게 그들의 신앙고백을 다음과 같이 진술한바 있다. "이것은 우리의 선조로부터 대대손손 전해 내려온 신앙고백으로, 우리의 선배들이 모든 시대 모든 사람에게 가르치고 전해준 것입니다" 그들은 루터의 종교개혁 운동에 대하여 듣고 대표를 독일에 파견하였으며, 이 단순한 무리들은 루터의 예정론 대신 자유의지를 주장한 것 외에는 그 유식한 독일인이 주장한 것과 동일한 해석과 예배의식을 그대로 받아들였다.

그들은 수많은 박해를 받았다. 그 중 하나는 밀톤(Milton)의 단시(短詩)에 기록되어 지금도 남아 있다. 올리버 크롬웰(Oliver Cromwell)이 교황에게 만일 박해를 멈추지 않으면, 영국의 대포가 교황의 도시를 포격하게 될 것이라고 경고했다는 이야기가 있다. 그 후 무서운 살해가 있었으며 약 3,600명의 사람이 죽었다. 많은 피난민들이 제네바에 와서 안식처를 찾을 수 있었다.

칼빈은 즉시 분발했다. 우리는 그의 여러 편지에서 그가 이 박해에 대하여 매우 큰 관심을 가지고 있었다는 것을 발견하게 된다. 그러나 이것뿐이 아니었다. 5월에 칼빈은 베른, 쮜리히, 샤프하우젠(Schaffhausen), 바젤, 그리고 스트라스브르 등 스위스 전역을 급히 여행하면서, 그들의 프랑스 형제들을 위하여 중재해줄 것을 지도자들에게 재촉한 것이다. 아랑(Aran)국회에서 그는 캔톤 주 의원들을 설득하여 후랜시스에게 강력한 편지를 써줄 것을 요청했으나 아무 효과가 없었다. 이 박해는 종교에 대하여 아량을 전혀 보여주지 못한 본보기였으며, 이 박해로 말미암아 나라의 가장 선량한 시민들의 얼마가 살해되고 말았다. 훗날 프랑스는 유그노 교도들에 대하여도 동일한 정책을 수행하므로 고칠 수 없는 절름발이 나라가 되었다.

1546년은 성가신 해였다. 칼빈은 자유를 무시한다고 생각하는 사람들의 심한 반대에 부딪쳤다. 비록 사보이의 권력과 종교의 지배권이 무너졌지만, 그들은 다만 칼빈의 독재가 사보이의 세력을 대신했을 뿐이라고 생각하고 있었다. 그러나 칼빈은 제네바에서 하나님을 위해서 말하고, 하나님의 의지를 확고히 세우는 것이 자신의 의무라고 믿고 있었다. 칼빈은 뻬렝(Perrin)과 투쟁하고 있을 때, 자신의 확신을 다음과 같이 표현하였다. "당신은 내가 누구인지를 알던가, 아니면 적어도 마땅히 알아야 합니다. 아무튼 주님의 율법은 너무도 고귀한 것이기 때문에, 이 세상의 어떠한 사람의 주장도 순수한 양심으로 그것을 지키지 못하도록 나를 설득할 수는 없습니다."

II

칼빈은 권징제도를 시행하여 성공하기까지 10년동안 투쟁하였다. 반대는 1545년 흑사병(전염병)이 맹위를 떨치고 있는 동안 나타나기 시작하여, 1553년 세르베투스(Servetus)가 재판을 받을 때 절정에 달했다가 1555년 마침내 그 기세가 꺾이게 된다.

칼빈은 시편주석 서문에서 (1557년), 자신을 이 투쟁에서 불레셋과 싸운 다윗과 비교했다. 한 때 칼빈은 이 사역에 거의 성공할 수 없다고 생각하고 있었다. 그는 1547년 12월 14일에 화렐(Farel)에게 편지를 써서 자신의 심정을 밝히고 있다. "사건들이 혼란한 상태에 있기 때문에, 나는 적어도 나 자신의 노력으로서는 이 이상 더 교회를 유지할 수 없습니다. 주님께서 우리를 위한 당신의 끊임없는 기도를 들어

주시기를 빕니다." 그리고 1547년 12월 17일에는 비레(Viret)에게도 이와 비슷한 편지를 보낸다. "지금 여기서 사악함이 발동하고 있기 때문에, 적어도 내 힘으로는 더 이상 교회를 유지할 수 없다고 생각됩니다. 하나님께서 그의 손을 펴시지 않으신다면 나의 힘은 무너질 것입니다."

칼빈의 적들은 몇 사람을 제외하고는 1538년 그를 추방시킨 자들과 동일한 사람들이었다. 칼빈이 생각했던 것보다 훨씬 더 엄격하게 권징제도를 수행하자, 그들은 옛 적개심을 들어내고 감독원과 의회의 행위를 비난하기 시작했다. 심지어 그들은 교황보다 칼빈을 더 증오하였다. 그들은 "권징"이라는 용어 자체를 싫어했다. 그들은 칼빈을 가인(Cain)이라고 불렀으며, 거리의 개라고도 하였다. 그들은 강단에서 설교하고 있는 칼빈을 위협하고, 칼빈의 손에서 성찬요소들(떡과 포도주)을 억지로 뺏기 위해 성찬상에 다가가기도 하였다. 칼빈이 한번은 흥분한 군중들 속으로 걸어가서 가슴을 내밀고 나를 찌르라고 위협하는 일도 있었다. 1554년 10월 15일 칼빈은 옛 친구에게 다음과 같은 편지를 썼다. "사방에서 개들은 공연히 떠들어 대고 있습니다. 나는 어디서나 이단자의 이름으로 욕을 당하고 있으며, 중상이란 중상은 모두 나에게 퍼부어지고 있습니다. 한마디로 말해서 내 편에 속한 적들이 교황주의자들 편에 속한 적들보다 훨씬 더 심하게 나를 공격하고 있습니다."

칼빈의 적들은 두 파로 분류된다. 하나는 애국당(the Patriots, 愛國党)인데, 정치적 이유에서 칼빈을 반대한 자들이고, 다른 하나는 그의

종교를 증오한 자유파(the Libertines, 自由派)이다. 애국당이라고 해서
다 자유파의 그 불신앙적인 자들과 동일한 사람들은 아니지만, 그들
은 다 같이 칼빈과 그 권징제도의 전복을 공동의 목표로 하고 있었
다. 그들은 불평을 품고 방종한 무리들 중에 많은 추종자들을 거느리
고 있었는데, 항상 혁명의 준비가 되어있었던 자들이었다.

그러면 이 두 파에 대해서 좀 더 구체적으로 설명해보자.

1. 먼저 애국당은 제네바에서 가장 오래됐고 가장 영향력있는 가
문들, 즉 화브르(Favre), 뻬렝(Perrin), 방델(Vandel), 베르뜰리에
(Berthelier), 그리고 아모(Ameaux) 등 가문에 속해 있었다. 그들과 그들
의 조상들은 정치적 독립을 성취하는데 능동적인 역할을 담당하였
으며, 심지어는 그 독립을 옹호하는 수단으로 종교개혁을 소개하는
일에 있어서도 능동적이었다. 그러나 그들은 종교개혁의 근본적 교
리에 대하여는 관심이 없었다. 그들은 다만 "법이 없는 자유"를 원했
을 뿐이었다. 그들은 오락에 대한 개인적인 자유와 사랑이 침해되는
것을 전적으로 반대했다. 그들은 사보이의 굴레보다 권징을 더 혐오
했던 자들이다.

그들은 역시 칼빈을 외국인이라 해서 싫어했다. 그들은 원주민 보
호주의의 편견과 자부심을 갖고, 종교 때문에 집과 재산을 버리고
떠난 망명객들을 모험꾼이며 파산자요, 칼빈의 스파이라고 비난했
다. 그들은 망명자들에게서 병역 의무권을 박탈하고 시민권 허락을
반대했다. 그 이유는 망명객들이 본토인들보다 수효가 더 많으면 투

표에서 이긴다는 우려 때문이었다. 칼빈은 1559년 의회의 대다수 의원들을 통하여 단번에 대부분이 프랑스인인 300명의 프랑스 피난민의 허용을 확보하였다.

2. 다음으로 자유파는 어떤 종류의 사람들이었는지를 알아보자. 그들은 한마디로 애국당보다 훨씬 더 나빴다. 그들은 칼빈의 엄격한 권징제도를 극단적으로 반대하였다. 그들은 고대 노스틱파와 마니교도 이래 모든 분파들 중의 가장 유해한 자들이며, 베드로 후서와 유다서에 나타나있는 이단들이라고 칼빈은 주장했다.

칼빈은 자유파를 도덕폐기론적 범신론자들이라고 규정지었다. 그들은 진리와 오류, 오른 것과 그릇된 것의 경계를 혼동하였으며, 자유정신을 핑계삼아 방종한 생활을 옹호하였다. 그들의 유심론(spiritualism)은 결국 육감적인 유물론으로 돌아갔다. 그들은 하나의 영, 즉 하나님의 영만이 있는데, 그는 모든 피조물 속에 존재하며, 이 영 없이는 아무것도 존재하지 않는다고 주장하였다. "나, 혹은 당신이 하는 것은 하나님이 하는 것이며, 하나님이 하는 것은 우리가 하는 것이다. 왜냐하면 그는 우리 안에 존재하기 때문이다."라고 퀭텡(Quintin)은 주장하였다. 죄는 단순히 부정이며, 상실이요, 그것이 알려지고 경시되는 즉시 사라지는 하나의 헛된 환각에 지나지 않는다. 구원이란 죄의 착각에서 구출되는 것을 의미한다. 사탄도 없고 천사도 없으며, 물론 선과 악은 존재하지 않는다. 그들은 복음역사(役事)의 진리를 부정한다. 그리스도의 십자가와 부활은 죄가 존재하지 않는다는 것을 우리에게 보여주기 위한 상징적 의미일

뿐이다.

자유파는 성경을 죽은 문자로 다루고, 그들의 환상에 맞게 제멋대로 풍유적 해석을 일삼았다. 그들은 사도들에게 익명을 붙여서 부르기도 하였다. 그들은 저들의 체제를 철저한 무신론과 신성모독적인 반 기독교체제로 운영하였다. 그들은 상황에 따라 로마 교회의 회원이 되기도 하고 개신교의 교인이 되기도 하였다.

이 분파는 프랑스 상류계급의 사람들 중에서도 성행하였는데, 약 4천명의 귀의자가 있었다. 퀭텡(Quintin)과 포크귀에(Pocguet)는 나바르의 여왕 마그리뜨(Queen Marguerite of Navarre)의 환심을 교묘하게 사서 그녀로 하여금 네락(Nerac)에 있는 그녀의 작은 궁정에서 그들을 보호하고 후원하게 했으나, 그녀는 그들의 견해와 사회적 관례는 받아들이지 않았다. 그녀는 칼빈이 그들을 신랄하게 공격하는 것에 몹시 화가 났다. 칼빈은 1545년 4월 28일 그녀에게 쓴 답변서에서 "개도 누가 자기 주인을 공격하면 짖습니다. 하물며 하나님의 진리가 공격을 받고 있는데 어떻게 침묵할 수 있겠습니까?"하고 반문했다. "고대의 가장 괴물 같은 모든 이단들의 후예인 이 무서운 분파는 화란 국경지대와 그 이웃 지방에 계속 서식하고 있었다." 고 칼빈은 주장하였다.

세르베투스가 재판받고 있는 동안 정치적이며 종교적인 이 자유파는 제네바에서 칼빈을 전복하기 위해 조직적인 노력을 기울였으나, 1555년 5월 마침내 시도된 반역은 실패하고 말았다.

Ⅲ

우리는 지금부터 주요 애국당과 자유파, 그리고 칼빈과 그 권징 체계에 대한 그들과의 투쟁을 살펴보게 된다.

1. 아미 뻬렝(Ami Perrin) 사건

뻬렝은 제네바의 군 최고사령관으로 애국당의 가장 영향력 있으며 인기 있는 지도자였다. 그는 비록 종교적 동기보다는 정치적 동기에서였지만, 종교개혁을 촉진시킨 최초기의 후원자중 한 사람이었다. 그는 사제들의 폭력을 대항하여 화렐(Farel)을 보호하였으며, 칼빈의 제네바 귀환을 위해 스트라스브르에 대표로 지명되기도 하였다. 그는 목사들과 함께 1542년의 교회 법규(the Ecclesiastical Ordinances of 1542)를 작성한 평신도 위원 6인 중의 한 사람이었으며 얼마동안 칼빈의 개혁운동을 후원하기도 하였다. 그는 권력을 휘둘렀으나 글을 쓰지는 않았다. 그러나 그는 허영심과 야심적이며 주장과 과장심이 강한 사람이었다. 칼빈은 그를 가리켜 무대의 황제라고 불렀다.

뻬렝의 부인 후랑세스카(Francesca)는 후랑스와 화브르(Francois Favre)의 딸인데, 그녀는 사보이를 대항하는 정치적 투쟁에서 탁월한 위치에서 싸웠으나, 자유를 방종으로 잘못 알았으며, 그래서 칼빈을 폭군이며 위선자로 증오하였다. 그녀는 춤과 환락을 지나치게 좋아하고 격한 성미에 입버릇까지 사나웠다.

1546년 3월 21일 앙뜨완느 레(Antoine Lect)의 딸과 아르티카르 (Artichard)의 아들 끌로드 휠립(Claude Philipe)의 약혼식이 거행되었다. 하객 중에는 아미 뻬렝과 그의 아내, 그리고 당시 감독원의 장이었던 행정관 앙블라르 꼬르느(Amblard Corne)가 있었는데, 그들은 이때 시의 규정에 위배되는 춤에 빠지고 말았다. 감독원은 권징의 절차를 밟았고, 그 위반 행위는 소 의회에 보고되었다. 그리고 춤꾼들은 투옥되었다. 그러나 그들은 짧은 기간의 형기가 만료되면서 감독원에 나와 훈계 받으라는 명령을 받았다. 꼬르느는 제네바 시의 종교적 관심에 복종했으나, 뻬렝은 거의 한달 동안이나 복종을 보류하였으며, 한편 그의 아내는 권징의 전 과정에 대하여 도전적인 태도를 보였다. 마침내 뻬렝은 복종하였으나 마음으로는 칼빈의 반대자가 되었으며, 그 후 그는 계속해서 화브르 이상으로 반대의 실제적인 강자가 되었다. 말하자면 칼빈 반대파의 두목이 된 것이다. 허영심과 이기주의로 가득차 있는 그에게는 도덕적 힘을 결집시킬만한 소질은 없었으나, 칼빈으로 하여금 많은 난관에 부딪치게 할 만한 강한 힘이 있었다.

뻬렝은 감독원을 교황의 법정이라고 까지 공공연히 비난하였다. 그는 1547년 3월 권징의 주도권을 장악하기 위해 의회에서 상당한 영향력을 회복하였다. 그러나 칼빈의 강력한 항의로 결국 확정된 교회법규가 그대로 지켜지도록 결정되었다.

뻬렝은 비록 패배하기는 하였으나, 1547년 4월 27일 그는 프랑스의 새 왕 앙리2세에 축하 사절로 프랑스에 매우 명예로운 대사로 파송

될 만큼 충분한 영향력을 소유하고 있었다. 거기서 그는 환대를 받으며, 프랑스 군대가 스위스를 대항하는 독일황제의 그 적대 행위를 좌절시키기 위해 제네바에 주둔해도 되는지를 질문받았다. 그는 조건적으로 동의하였다. 그러나 이것은 그의 충성심에 대한 의심을 만들어냈다.

뻬렝이 없는 동안 그의 부인과 그의 장인이 다시 술 먹고 떠들었다는 이유로 1547년 6월 23일 감독원에 소환되었다. 그의 장인 화브르(Favre)는 출두하지 않았으나, 그의 부인 후랑세스카(Francesca)는 사생활을 심리할 권리가 감독원에는 없다고 항의하며, 설교자 아벨 뿌뼁(Abel Poupin)을 "욕설가요, 자기 아버지를 중상 모략한 자요, 야비한 돼지치기요, 악한 거짓말쟁이"라고 비난하였다. 그녀는 다시 투옥되었으나 그녀의 한 아들과 함께 도피하였다.

빠리에서 돌아온 뻬렝은 반역자로 기소되었는데, 그것은 그의 명령 하에 200명의 프랑스 기병대를 제네바에 주둔시키려는 것 때문이었다. 그는 프랑스 정부의 고위관리와 회담을 하고도 양국의 동맹에 대하여 의회에 보고하지 않았으며, 자신이 총사령관으로 제네바에 주둔하는 프랑스 기병대의 지휘를 맡는다는 것도 알리지 않았다. 뻬렝은 수 주 동안 수감되었다가 석방 되었으나 그의 명예는 땅에 떨어지고 말았다. 따라서 사령관이란 위험한 직책은 아예 폐지되었다. 이로 인해 또 한 번의 큰 폭동이 일어나게 되었다.

자유파는 그들의 모든 세력을 규합하여 반발할 것을 계획하였다. 그들은 가장 많은 후원을 기대했던 200인 의회를 소집하였다. 1547년

12월 16일 상원에서 폭력사건이 벌어졌는데, 이때 칼빈은 생명을 걸고 맨손으로 무장한 군중들 속에서 들어가서, 당신들이 피 흘리기를 원한다면 그렇게 하라고 소리쳤다. 칼빈은 용기와 웅변으로 그 광풍을 가라앉히고 불명예스러운 학살을 막으므로 성공할 수 있었다. 이것은 격정에 대한 이성의 승리요, 육체적 힘에 대한 도덕적 힘의 장엄한 승리였다. 열정과 감동적인 칼빈의 웅변에 그들의 눈에는 눈물이 흘러내렸다. 그들은 서로 끌어안았으며 군중은 침묵으로 조용해졌다. 그 순간부터 승리는 칼빈의 것이라는 것을 쉽게 짐작할 수 있었다.

그러나 칼빈은 승리하였음에도 불구하고 그들을 믿지 못했다. 하나님의 손이 자기를 보호하지 않는 한 자신의 위치를 더 이상 지킬 수 없다는 것을 후에 화렐과 비레에게 편지로 말하였다.

삐렝은 이 사건에서 조용히 처신했기 때문에 유리하게 되었다. 그는 의원직과 사령관직에 회복되었으며, 1549년 2월에는 제일 행정관으로 피선되기도 하였다. 그는 세르베투스가 재판받는 동안에도 그 지위를 유지하였으며, 그래서 의회에서 그의 사형선고를 반대하였다.

세르베투스가 처형 된지 얼마 안 있어서, 자유파는 1553년 11월 1일 제네바에 와서 자기들을 맹렬하게 공격하는 화렐를 반대하여 시위운동을 벌렸다. 휠리베르 베르뜰리에(Philibert Berthelier)와 후랑수와 다니엘(Francois Daniel)은 노동자들을 선동하여 화렐을 론 강으로 던지라고 하였다. 그러나 그의 친구들은 화렐을 둘러싸고 보호하였으며, 의회 앞에서 행한 그의 변호는 그의 무죄를 청중들에게 확신시켰다. 모든 증오가 잊혀지고 감추어지므로 그 사건은 해소 되었다.

제일 행정관 삐렝은 약해졌던지, 아니면 좋은 감정에 끌려서인지 화렐에게 용서를 구하고, 화렐을 자신의 영적 아버지요 목사로 모시겠다고 말하였다. 이 일이 있은 후 칼빈의 친구들은 의회에서 우세해졌으며, 따라서 많은 수의 종교적 망명객들에게 시민권이 허락되었다.

당시 소의회의 의원인 삐렝과 그의 두 친구 삐에르 방델(Pierre Vandel)과 휠리베르 베르뜨리에는 지배하느냐 지배당하느냐를 결정짓는 무모한 음모를 꾸미기로 결심하였다. 즉 그들은 종교적 신앙 때문에 제네바에 망명한 모든 외국인들과 이들을 동정하는 제네바 시민들을 그들이 주일날 교회에 모일 때 다 죽이기로 계획을 세웠던 것이다. 그러나 다행이도 그 음모는 무르익기 전에 발각되고 말았다. 폭동자들이 200인 의회에서 심문을 받고 있을 때, 삐렝과 다른 주동자들은 뻔뻔스럽게도 재판관의 자리에 앉아 있었다. 그러나 문제가 법과 질서에 찬성하는 쪽으로 심각하게 돌아가는 것을 보고, 삐렝과 그 두 사람은 제네바를 피하여 도망가 버렸다. 그들은 전령관에 의해 소환 명령을 받았으나 나타나지 않았다. 그러나 도망자들의 재판을 위해 정해진 바로 그날에 사형이 선고 되었다. 더욱이 삐렝은 폭동 때 행정관의 지휘봉을 잡았던 그의 오른 팔을 자르도록 선고되었으며, 선고는 1555년 6월에 집행되었다. 그들의 재산은 몰수되고 그들의 처는 제네바를 떠날 수밖에 없었다. 군사령관의 직책은 군부독재의 위험성을 막기 위해 다시 폐지되었다.

2. 짜끄 그뤼에(Jacques Gruet) 사건

1547년 6월 27일 성 삐에르 교회 강단에는 다음과 같은 협박문 한 통이 붙여져 있었다. "야비한 위선자여! 당신과 당신의 일당은 아무리 수고해도 아무것도 얻지 못할 것이다. 만일 당신이 도망가서 스스로를 구원하지 않는다면, 아무도 당신의 파멸을 막을 사람이 없을 것이다. 그리고 당신은 수도원을 떠나는 그 시간을 저주하게 될 것이다. 마귀와 그 변절한 사제(司祭)들이 모든 것을 파괴하기 위해 여기에 온다는 경고를 이미 받은 바 있다. 그러나 사람들은 오랫동안 고통을 당한 후에 반드시 복수하는 법이다. 우리는 당신들과 같은 선생들을 원하지 않는다. 내가 말한 것을 명심하라"

칼빈은 이 협박을 심각하게 받아드렸다. 의회는 그뤼에를 체포하였다. 수 일 전부터 그는 칼빈을 위협하는 말을 하고, 음란하고 불경스러운 시와 편지를 쓴바 있다. 그의 집에서는 자유파를 반대하는 칼빈의 글들과, 그리고 칼빈을 거만하고 야심적이며 칭찬받기를 좋아하고, 교황의 영예를 박탈하기를 원하는 완고한 위선자로 매도한 편지들이 발견되었다. 그의 집에서 역시 그뤼에 자신이 쓴 두 편의 라틴어 문서가 발견되었는데, 거기서 성경은 어리석은 책이며, 그리스도는 모독되었고, 영혼의 불멸성은 몽상이며 우화로 다루어졌다.

그뤼에는 한 달 동안 매일 같이 매우 혹독한 고문을 받았다. 그는 자신이 협박문을 부착하였다는 것과 자기 집에서 문서들이 발견되었다는 것을 고백하였으나, 공범자의 이름을 대지는 않았다. 그는 종교적, 도덕적, 정치적 범죄자의 선고를 받았다. 즉 종교에 대한 명백한 경멸죄를 범한 것이다. 인간과 하나님의 법을 다만 인간의 변덕의 작품에 불과하다고 주장한 것이다. 간음은 쌍방이 동의하면 범죄가 아니라고도 하였다. 그리고 성직자와 의회 자체를 위협하였다.

그는 1547년 7월 26일 참수되었다. 그 집행은 과거 어느 때보다도, 더 엄격하게 수행되었다. 그뤼에는 주로 종교적 이유로 처벌되었다고 하며, 많은 사람들, 특히 청년들은 그를 자유의 순교자로 추앙하였다. 3일후 의회는 20명 이상의 청년이 칼빈과 그의 동지들을 론강에 던져 넣으려는 음모가 있다는 사실을 보고 받았다. 칼빈은 모욕을 받으며 위협을 받지 않고는 거리를 다닐 수가 없었다. 칼빈은 이미 살해되었다는 소문까지 나돌았다. 사람들은 거리에서 그에게 개로 덤벼들게 하여, 옷을 찢고, 그의 발을 물게 하는 등 가진 모욕을 다 저질렀다.

그뤼에가 죽은 지 2,3년 후 즉 1550년에 그가 살던 집 마루 밑에서 그가 쓴 문서가 발견되었는데, 이 문서에는 그리스도와 동정녀 마리아, 선지자들과 사도들, 그리고 성경과 모든 종교를 반대하는 신성모독으로 가득 차있는 글들이 실려 있었다. 그는 유대교와 그리스도교의 설립자들은 범죄자이며, 그리스도가 십자가에 못 박힌 것은 당연하다고 하였다. 그리고 그는 모세와 그리스도와 모하멧은 다 종교적 사기꾼으로 매도하였다.

그뤼에의 문서들은 칼빈의 권고에 따라 1550년 5월 22일 그뤼에의 집 앞에서 교수형 집행인에 의해 소각되었다.

그뤼에는 칼빈의 권징체계의 최초의 희생자로, 선동과 신성 모독죄로 죽임을 당했다. 그의 경우 세르베투스 사건 다음으로 가장 유명한 사건이었다. 그는 정치적으로 종교적으로 최악의 유형의 자유파였으며, 당시로서는 어느 다른 나라에서도 사형선고에 해당되는 죄인이었다. 그는 옛날의 존경할만한 가문의 애국당 이었으나, 선술집을 자주 드나드는 고정손님이었으며, 개인의 자유에 방해가 되는 교회와 국가의 모든 법규를 반대하였던 것이다. 그는 교회에서 설교자의 얼굴을 뻔뻔스럽고 시비조로 쳐다보곤 했다. 칼빈은 그를 가리켜서 비열한 놈이라고 부르고, 그의 도덕적 종교적 평판을 아주 낮게 평가하였다. 사실 그뤼에는 쓸모없는 인간이었다.

3. 삐에르 아모(Pierre Ameaux)사건

이 사람은 정치적 종교적 자유파와 밀접한 관계를 갖고 있었으며, 200인 의회의 일원이기도 하였다. 그는 극단의 자유연애주의 때문에 종신형을 선고받은 아내와 이혼한 자이다. 그는 칼빈의 신학과 권징을 증오하였다. 그의 집에서 있었던 한 저녁 연회에서 그는 만취 상태에서 칼빈을 거짓 교리의 교사이며 매우 악한 자라고 비난하였다.

이 일로 인해서 그는 의회에 의해서 두 달 동안 투옥되고, 60불의 벌금이 부과되었다. 그는 사과하고 자신의 말을 취소하였으나, 칼빈은 이에 만족하지 않고 2차 재판을 요구했다. 의회는 그에게 "공식적 사죄"(amende honorable)라고 하는 가벼운 형벌을 선고하였다. 즉 모자를 쓰지 않고 손에 횃불을 들고 속옷 차림으로 거리를 행진하며, 무릎을 꿇고 하나님과 의회와 칼빈에게 용서를 구하는 벌을 명한 것이다. 이 가혹한 판결이 성 제르베 교회(St. Gervais)지역에서 민중의 폭동을 자극하자 의회는 즉시 한 덩어리가 되어 술집을 폐점하고 폭도들을 위협하기 위해 세운 교수대에 그들을 매달라고 명령하였다. 아모(Ameaux)의 처형은 1546년 4월 5일 집행되었다.

4. 삐에르 방델(Pierre Vandel)사건

방델(Vandel)은 잘 생긴 멋쟁이요, 손에는 가락지를 끼고 가슴에는 금목걸이를 늘어뜨리고 다녔다. 그는 칼빈을 추방시키는데 능동적이었으며 칼빈이 돌아온 후에도 늘 반대했다. 그는 감독원(당회) 앞에서 그의 방탕과 건방진 행동 때문에 투옥되었다. 그는 1548년에 행정관(Syndic)이 되었으며, 삐렝의 음모사건에 주도적 역할을 담당한 것 때문에 유죄판결을 받고 추방되었다.

5. 제롬 볼세끄(Jerome Bolsec) 사건

볼세끄는 빠리 태생으로 카르멜 수도승이었는데, 1545년경 로마교회를 떠나, 훼라라(Ferara) 공작 부인의 보호를 받으며, 거기서 그는 결혼하고 생활수단으로 의술을 직업으로 택했다. 그 후 줄곧 그는 자신을 의사라고 불렀다. 그는 난폭한 성격과 행동 때문에 추한자로 인정되고, 어떤 기만행위로 인해서 공작 부인에 의해서 추방되었다.

1550년 그는 그의 아내와 한 하인과 함께 제네바에 와서 정착하고

의사의 일을 하였다. 그러나 그는 신학에 관심을 가지고 칼빈의 예정
교리(豫定敎理)를 문제 삼기 시작했다. 그는 칼빈의 하나님을 위선자
요 거짓말쟁이며, 범죄의 후원자요 사탄보다 악한자라고 매도했다.
그는 1551년 3월 8일 성직자회의 경고를 받고, 역시 개인적으로 칼빈
의 가르침을 받았으나 아무 소용이 없었다. 두 번째 위반으로 그는
감독원에 소환되어 15명의 목사들과 다른 유능한 인사들 앞에서 공
적으로 책망을 받았다. 그는 어떤 일정 수의 사람이 구원 받도록 하
나님에 의해 선택된다는 것은 인정하지만, 멸망 받도록 예정된다는
것은 부정하였다. 그는 선택은 온 인류에게 미치기 때문에, 구원의
효과적인 은혜는 모든 사람에게 동등하게 주어진다는 것, 그리고 구
원을 받고 못 받는 것은 모든 사람이 부여 받은 자유의지에 달려있다
고 하였다. 동시에 그는 공로라는 말을 증오하였다. 이것은 칼빈의
눈으로 볼 때 논리적 모순이며 불합리였다. 왜냐하면 어떤 사람이
선택되면 다른 사람은 선택 받지 못하고 멸망 받게 되기 때문이다.
그리스도에게 온 자는 선택에 따라 성령의 특별한 역사로 말미암아
성부 하나님에 의해서 받아들여진다고 고백해야 하는 것이다. 만일
그렇지 않으면 모든 사람이 무차별적으로 선택되든가, 아니면 선택
의 원인은 사람 각자의 공로에 달려 있다고 말해야 하는 것이다.

1551년 10월 16일에, 볼세끄는 매 금요일 성 삐에르 교회에서 모이
는 성경연구집회에 참석하였다. 이때 안드레(Andre) 목사는 요한복음
8:47의 "하나님께 속한 자는 하나님의 말씀을 듣나니 너희가 듣지
아니함은 하나님께 속하지 아니하였음이로다"라는 말씀을 봉독하고
예정에 대하여 설교하였다. 볼세끄는 갑자가 설교자의 말을 가로막

고, 사람이 구원받는 것은 선택받았기 때문이 아니며, 믿음을 가졌기 때문에 선택받는 것이라고 주장하였다. 그는 하나님께서 인간의 운명을 태어나기 전에 벌써 결정하고, 어떤 사람에게는 죄와 형벌을, 또 어떤 사람에게는 미덕과 영원한 행복을 누리게 한다는 생각은 거짓이며 불경이라고 하였다. 그는 성직자들에게 욕설을 퍼부으며 성경연구회를 잘못된 길로 끌어들이지 말라고 경고하였다.

볼세끄가 말을 마치자, 남의 눈에 띄지 않게 들어와 앉아 있었던 칼빈은 약 한 시간 동안 즉석에서 그를 반박했다. 모임이 끝나자 법원의 조수는 예정을 부인했다는 이유에서가 아니라, "우리가 하나님을 우상으로 만들고 있다"고 말한 죄목으로 볼세끄를 체포했다.

이날 오후 목사들은 볼세끄를 반박하는 17개 항목을 작성하여 의회에 제출하면서, 볼세끄를 소환해서 설명하도록 해달라고 요청하였다. 한편 볼세끄는 칼빈에게 몇 가지 질문을 제출하고 양심적인 답변을 요구했다.(10월 25일)

감독원은 의회에게 스위스 여러 교회의 의견을 물어주기를 원했다. 따라서 의회는 볼세끄의 다음과 같은 다섯 가지 오류들을 쮜리히, 베른, 그리고 바젤 등 여러 교회에게 발송하였다.

1. 믿음은 선택에 달려 있는 것이 아니라, 오히려 선택이 믿음에 달려 있다.
2. 그렇게 하는 것이 그의 기쁨이기 때문에, 어떤 사람을 유기한다고

주장하는 것은 하나님을 모독하는 것이다.

3. 하나님은 모든 이성적 피조물을 품어 안으시며, 자주 그를 반항하는 자들만을 유기하신다.

4. 하나님의 은혜는 보편적이기 때문에 어떤 사람이 다른 사람보다 더 구원받도록 예정되는 것이 아니다.

5. 하나님께서 그리스도를 통하여 우리를 선택하셨다는 사도 바울의 에베소서 1:5의 말씀은 구원의 선택을 의미하는 것이 아니라, 제자직과 사도직을 위한 선택을 의미한다.

　

스위스 교회들의 답신은 전체적으로 보아 회의적이었으며 칼빈은 매우 만족하지 못했다. 하나님의 작정과 자유의지 문제에 대하여 독일계 스위스 교회와 프랑스계 스위스 교회 사이에 차이를 나타내고 있었다. 그들은 구원에 대한 자유선택의 교리를 찬동하고, 이 논쟁에서 가장 실질적인 문제인 절대적이며 영원한 유기교리의 그 불가해한 신비를 교묘히 피하였던 것이다.

　

쮸리히(Zürich) 교회 목사들은 쯔빙글리가 『섭리』라는 그의 책에서 하나님을 죄의 창시자로 만들었다고 하는 볼세끄의 비난을 변호하고, 죄의 기원을 인간의지의 부패에 있다고 주장한 쯔빙글리의 다른 책에 대하여 설명하였다. 베른(Bem) 교회 목사들의 답변은 현대적 관용정신을 보여준다. 그들은 진리와 일치를 위한 열정에 박수를 치면서, 한편 사랑과 용서의 의무 또한 동등하게 중요하다는 것을 강조하였다. 바젤(Basel)교회는 볼세끄의 견해를 지지할 수 없다고 하였으나, 그들의 입장은 기대했던 것보다 훨씬 미흡한 것이었다. 그들은 오히려 단순하기를 원한다고 하였으며, 그러나 볼세끄는 궤변자요 이단적인 기미가 있기 때문에 그와는 아무런 관련이 없기를 바란다고 하였다.

이 여러 교회들의 취지는 한마디로 볼세끄를 보다 관대하게 판결하라는 것임을 알 수 있다. 그러나 화렐의 뇌샤뗼(Neuchatel) 교회만은 칼빈을 전적으로 지지했다. "이 모든 것들은 우리의 형제 칼빈이 그의 명저 기독교 강요에서 보여준 것처럼 순수하고 참되고 경건하게 설명해줄 사람이 또 어디 있겠습니까?" 볼세끄는 거룩한 일에 대해서 더러운 돼지보다 더 아는 게 없는 불쌍한 악인이요 성경을 전복하려는 배반자라고 그들은 분노했다.

칼빈은 『기독교강요』 제3권 21장 5절에서 예정(豫定, predestination)을 다음과 같이 정의했다.

"우리는 예정을 하나님의 영원한 작정이라고 부르며, 이 작정에 의해서 하나님은 각 사람이 어떻게 되기를 원하신다는 것을 스스로 예정하셨다. 이는 모든 사람이 같은 상태로 창조되는 것이 아니라, 도리어 어떤 사람을 위해서는 영생이 예정되고 어떤 사람을 위해서는 영원한 저주가 예정되기 때문이다. 각 사람은 이 중의 어느 한쪽 결말에 이르도록 창조되므로 우리는 그를 생명 또는 사망에 예정되었다고 말하는 것이다."

볼세끄는 선동을 자극하고 펠라기우스주의(Pelagianism) 사상 때문에 제네바에서 추방되었다. 판결은 1551년 12월 23일 발표되었다. 그는 베른 주 토농(Thonon)에 가있다가 거기서도 소동을 일으켜 1555년 다시 추방당하는 처지에 이르게 된다. 그는 프랑스로 가서 개혁교회에서 일자리를 찾다가 여의치 않자 1563년 로마 교회로 돌아가고 말았다. 그는 리용(Lyon) 가까이 오튄(Autun)에서 살다가 1584년 쯤 죽었다. 그는 일생동안 칼빈의 적으로, 칼빈과 베자의 전기를 써서 온갖 허무맹랑하고 아무 근거 없는 허위 사실들을 열거하여 그를 중상했다. 이것은 오늘까지 로마 교회가 칼빈을 비난하는 자료가 되고 있다.

6. 휠리베르 베르뜰리에(Philibert Berthelier)사건

베르뜰리에(Berthelier)는 1519년 독립전쟁 때 그가 맡은 역할 때문에 참수된 저명한 애국자의 아들이지만 이에 어울리지 않는 사람이며, 한편 칼빈의 가장 악의적인 원수들 중에 속해 있었다. 베자는 베르뜰리에를 "가장 뻔뻔스러운 자"요 "많은 불법을 저지른 범죄자"라고 하였다. 그는 1551년 감독원에 의해 파문 되었는데, 그것은 칼빈에게 욕설을 퍼붓고, 교회 예배에 참석하지 않을 뿐만 아니라, 그 밖의 다른 죄들을 범하고도 한 번도 사과하지 않은 것 때문이었다. 베르뜰리에는 그가 서기로 있는 의회에 호소하였다. 의회는 처음에는 감독원의 결정을 재확인 하였으나, 후에는 뻬렝이 행정관으로 있고 세르베투스의 재판이 있는 동안 그를 해벌(解罰)하였다. 그리고 그에게 공화국이 서명한 사면서를 주었다(1553년).

칼빈은 그리하여 의회와의 직접적인 투쟁에 들어가서 복종이냐 불복종이냐의 두 갈림길에 서게 되었다. 불복종하는 경우에 그는 제2

의 추방의 위험을 겪어야 한다. 그러나 그는 그러한 위험에 굴복할 사람이 아니었다. 그는 불굴의 의지를 가지고 의회에 반대하기로 결심하였다.

베르뜰리에의 해벌이 있은 다음 주일에 9월 성찬식이 거행되었다. 칼빈은 보통 때와 같이 성 삐에르 교회에서 설교를 했는데, 설교를 끝마치면서 파문당한 사람에게 성찬식을 시행하므로 성례를 더럽혀서는 안 된다고 강조하였다. 이때 그는 소리를 높이고 그의 두 손을 높이 들고 다음과 같이 크리소스톰(Chrysostom)의 말로 외쳤다. "나는 하나님을 멸시하는 자로 낙인찍힌 자들에게 하나님의 거룩한 것을 내 손으로 던지느니 차라리 내 생명을 버리겠노라." 이것은 기독교의 숭고한 영웅적 행위의 또 다른 계기가 되었다.

종교와 칼빈의 성격에 대하여 다소나마 적절한 감정을 가지고 있던 삐렝은 이 엄숙한 경고에 크게 감동되어 베르뜰리에에게 성찬상에 접근하지 못하도록 비밀리에 명령하였다. 베자가 보고 한대로, 성찬식은 "마치 하나님 자신이 가시적으로 그 가운데 임재하신 것처럼 매우 조용히 그리고 엄숙하게" 거행되었다.

오후에 칼빈은 바울이 에베소 장로들에게 한 고별설교에 대하여 설교하고(행 20:31), 회중들에게 그리스도의 진리에 머물 것을 권고하는 동시, 자기는 교회와 신자 각 사람을 섬기는 것을 기뻐한다고 말하면서 다음과 같이 말을 맺었다. "이 설교는 여러분에게 드리는 마지막 설교가 될 수 있습니다. 왜냐하면 권세 있는 자들이 하나님께서 허락하지 않는 것을 하라고 나에게 강요하기 때문입니다. 그러므로 나는 여러분들이 바울과 같이 하나님과 그의 은혜의 말씀을 가장 사랑하는 사람들이 되기를 권합니다."

이 말은 그를 가장 싫어하는 적들에게까지도 깊은 인상을 주었다. 다음 날 칼빈은 동료들과 감독 회원들과 함께 총회에서 가결된 법이 공격을 받기 때문에 시민들을 만나게 해달라고 의회에 요구했다. 의회는 그 요청을 거절하였으나, 파면권이 의회에 속한다고 선언된 그 판결은 일시 중지하기로 결정하였다.

11월 3일 베르뜰리에는 주의 성찬을 허락해 달라는 그의 요구가 인정받았다. 한편 의회는 칼빈을 입법자로 복종할 것을 전혀 원하지 않았으며, 파면권을 자기들 손 안에 그대로 두기를 원했다. 그러나 어떠한 타협도 양보하지 않는 목사들과의 단절을 피하기 위해 그들은 이 문제에 대한 스위스 네 개 주(州)의 의견을 말해 줄 것을 간청했다.

불링거(Bullinger)는 쮜리히 교회와 치안관을 위하여 12월 칼빈의 견해를 실질적으로 인정하는 답을 주었다. 물론 그는 개인적으로 칼빈에게 지나친 엄격을 반대한다고 권고하였다. 베른의 치안관들은 그들 교회에는 파문제도가 없다는 답을 주었다. 그리고 다른 두 주에서는 답이 없었으나, 칼빈의 사상에 오히려 회의적이었던 것 같다.

그러나 동시에 문제들은 더욱 기대되는 국면을 취하였다. 1554년 1월 1일 의회와 재판관들에 의해서 베풀어진 대연회에서 평화의 요구가 일반적으로 표현되었다. 칼빈도 이 연회에 참석하였다. 2월 2일 200인 의회는 두 손을 높이 쳐들고, 종교개혁의 교리를 따르며 과거를 잊고 모든 악의와 증오심을 버리고 연합하여 같이 살 것을 맹세하였다.

그러나 칼빈은 이것을 단순한 휴전으로 보고, 앞으로 더 많은 어려움이 있을 것으로 내다보았다. 칼빈은 의회 앞에서, 자기는 모든 적들을 쉽게 용서했으나 감독원의 권리를 희생시킬 수는 없으며, 그렇게 하기보다는 차라리 제네바를 떠나겠다고 선언하였다. 짜증나게 하는 일들이 1554년에도 계속되었다. 이미 말한 대로 외국인과 의회를 반대하는 음모에서 다시 반대가 터져 나왔다. 그러나 음모는 실패하였다. 베르뜰리에(Berthelier)는 뻬렝과 함께 사형선고를 받고 도주하므로 처벌을 면하였다.

이것이 제네바에서의 자유파의 방탕의 종말이었다.

IV

권징은 칼빈의 교회 정치 형태(church polity)에서 중요한 요소이기 때문에 충분히 고려할 필요가 있다. 권징은 칼빈이 제네바로부터 추방당하는 원인이 되었고, 스트라스부르에서의 프랑스 피난민 교회의 부흥의 기초가 되었으며, 동시에 제네바 귀환의 중요한 이유가 되고 또한 청빙에 대한 수락의 조건이 되기도 하였다. 그리고 그의 생애의 전투와 승리요, 그 시대에 대한 그의 도덕적 영향력의 비결이기도 하였다. 그의 엄격한 권징은 그의 엄격한 교리에 기초해서 용감한 프랑스인, 화란인, 영국인, 스캇틀랜드인, 그리고 미국 청교도들은 교육하였다. 그것은 시련과 박해를 이길 수 있도록 그들을 강하게 하고, 공민의 자유와 종교적 자유를 증진시키는데 조성자가 되게 하였다.

이 체계의 엄격함은 제네바, 스캇틀랜드, 뉴잉글랜드 등에서는 폐지되었으나, 자치(自治)의 힘과 조직의 역량, 그리고 유럽과 미국에 있어서의 개혁파 교회의 특성을 나타내는 그 질서와 실제적인 능력에서 그 결과가 남아있다.

칼빈의 위대한 목적은 인간의 허약함 때문에, 교회의 순수성과 성결을 실현하는데 있었다. 그는 끊임없이 바울이 에베소서에서 "티나 주름 잡힌 것이나 이런 것들이 없이 거룩하고 흠이 없게 하려 하심이다"(엡5:27)고 기술한 그런 교회에 대한 이상을 가슴에 품고 있었다. 칼빈은 모든 그리스도인이 자기 일(직업)에 성실하고, 선한 일로 자기 믿음을 보여주며, 그리고 하늘에 계신 우리 아버지께서 온전하신 것처럼 온전하게 되기 위해 노력하기를 원했다. 그는 전(全) 공동체에서 이 숭고한 이상을 시도하고 바로 수행한 개혁자들 중에 유일한 사람이었다.

루터는 복음의 설교는 필요한 모든 변화를 일으킨다고 생각하였으나, 그는 말년에 비텐베르크의 학생들과 시민들의 방탕한 생활 태도에 몹시 불만을 품고 그 도시를 떠나는 문제를 심각히 생각하였다.

이 세계에서는 그 이상이 불완전하게 실현된다는 것을 칼빈은 충분히 알고 있었으나, 그럼에도 불구하고 우리는 그 완전을 향해 우리의 의무를 다 해야 한다고 하였다. 칼빈은 자주 재세례 파들처럼 교회의 상상적 순수성을 꿈꾸던 도나티스트파(Donatists)를 대항하여 싸운 어거스틴을 인용하였다. 도나티스트파는 여러 점에서 천사와 같이 완전하지 않는 한 어떠한 신자도 그리스도에게 속한다고 말할 수 없다고 주장하고, 열심을 핑계 삼아 모든 교화(教化)를 파괴하는 자들이었다. 칼빈은 어거스틴의 다음과 같은 견해에 동의한다. "분리의 계획은 사악하고 신성모독이다. 왜냐하면 그것은 교만과 불신앙에서 나오며, 사악한 자를 시정하기보다는 선한 자를 불안하게 만들기 때문이다." 칼빈은 각종 물고기를 모는 그물 비유에서(마 13:47) 다음과 같이 설명한다. "교회가 지상에 있는 동안은 의인과 악인이 함께 섞여 있으며, 결코 불결에서 자유로울 수가 없다. … 질서의 하나님이신 하나님께서 우리에게 징계를 행할 것을 명 하시면서도, 그는 마지막 날 그의 나라를 완성하실 때까지 당분간 신자들 중에 한 자리를 위선자에 허락하신다. 그리스도께서 염소와 양을 분리 하실 때까지, 교회가 모든 오염과 결점에서 벗어나지 못할지라도, 우리는 악을 시정하고 교회의 불결함을 깨끗이 씻도록 노력해야 한다."

칼빈은 기독교 강요 제4권 12장에서 권징의 문제를 논한다. 그의 견해는 건전하고 성경적이다. 그는 처음부터 권징 없이는 "어떠한 사회"나 "어떠한 가정"도 정상적인 상태에서 보존 될 수 없다고 말한다. 교회는 무엇보다 가장 질서 정연한 사회가 되어야 한다. 그리스도의 구원 교리가 교회의 영혼인 것처럼, 권징은 회원들을 연결시키고 각자를 그 적절한 위치에 있게 하는 신경이며 띠가 된다. 그것은 그리스도의 교훈을 반항하는 완고한 자들을 억제하는 굴레의 역할을 한다. 혹은 게으름의 자극제가 되기도 한다. 그리고 때로는 그리스도의 영의 자비와 온화함으로, 타락한 자들을 징벌하시는 아버지의 막대기의 역할도 한다. 그것은 교회 안에서 일어나는 무서운 황폐에 대한 유일한 치료수단인 것이다.

칼빈이 당시의 로마 교회를 가장 크게 반대한 것 중의 하나는 주교들의 끊임없는 범죄에도 불구하고 권징이 없었다는 것이었다. 그는 이렇게 말한다. "만일 고대의 교회법에 따라 그들의 행위를 판단한다면, 파문을 면하거나 적어도 면직을 당하지 않을 주교가 거의 한 사람도 없고, 교구신부들은 백에 하나도 없을 것이다."(『기독교 강요』 제4권 제5장 14절)

칼빈은 권징 교리를 제네바교회에 도입하기 위해 격렬한 투쟁 끝에 마침내 성공하였다. 감독원과 의회는 칼빈의 지도하에 부도덕의 시정을 위한 청교도적 열정으로 서로 경쟁하였다. 그러나 그들의 열정은 가끔 지혜와 절제의 명령을 어기곤 했다. 교회와 국가의 연합은 모든 시민이 교회의 회원이며, 권징에 복종해야 한다는 그릇된 가정에 근거를 두고 있었다.

춤, 도박, 술 취함, 빈번한 선술집의 출입, 불경스러운 언행, 사치, 과다한 공개된 연회, 사치스럽고 무례한 복장, 방탕하고 불신앙적인 노래들이 금지되고, 견책, 벌금, 혹은 투옥되었다. 식사 때의 접시의 수까지도 규정되어 있었다. 술고래는 위반 할 때마다 3솔(프랑스의 화폐)씩의 벌금이 부과되었다. 상습적인 도박꾼은 거리에서 웃음거리가 되게 하였다. 불량서적이나 부도덕한 소설을 읽는 것도 금지되었다. 부모들은 자녀들의 이름을 로마 교회 성자(聖者)의 이름을 따라 짓는 것을 경고 받았다. 그것은 미신적 습관을 조장할 것이기 때문이었다. 그 대신 아브라함, 모세, 다윗, 다니엘, 스가랴, 예레미야, 그리고 느헤미아와 같은 이름들이 일반적으로 사용되었다. 이단, 우상승배, 신성모독, 그리고 야만적인 고문의 관습 등에 대한 사형은 존속되었다. 간음죄를 두 번 범하면 역시 사형에 처해졌다.

　이것들은 불신앙과 부도덕을 막고 벌하기 위하여 의도된 금지법이요 보호법들이었다. 그러나 의회는 역시 강압적인 법을 만들었는데, 이것은 종교의 본질과 반대되었으며, 오히려 위선과 불신을 번식시키는 경향이 있었다. 리용(Lyons)에서 온 한 피난민이 감격하여 "우리가 여기서 자유를 누리게 되었으니 얼마나 영광스러운가"하고 외치자, 어떤 부인이 "우리는 이전에는 자유롭게 미사에 참석했는데 지금은 강제적으로 설교를 듣고 있소"하고 고통스러운 심정을 토로했다. 사람들이 교회에 가는지를 알기 위해 감시원이 배치되었다. 감독원의 회원들은 1년에 한 번씩 가정의 신앙과 도덕성을 조사하기 위해 각 가정을 심방하였다. 거리에서의 모든 부적절한 언사와 행동이 보고되었으며, 범법자는 감독원에 소환되어 책망 또는 경고를 받았고, 혹은 감독원에 넘겨 엄중한 벌을 받게 했다. 인물, 지위, 혹은 성(性)이 고려되지 않았다. 불편부당의 엄격한 원칙이 유지되었으며, 노인이나 가장 저명한 가문의 사람들과, 신사와 숙녀들이 서민과 가난한 자들과 꼭 같이 대우를 받았다.

제9장
칼빈과 예정론

여기서 우리는 칼빈이 예정에 대해서 무엇을 가르쳤으며, 그의 신학에서 예정을 어떻게 적용하였는가 하는 것을 고찰하게 된다. 예정은 칼빈 신학에서 중심교리이다. 예정론은 칼빈 자신이 말한 대로 초기 칼빈주의자들에게 강장제 역할을 하고, 고무적인 영향력을 행사하였다.

I

예정(Predestination, 豫定)이란 말이 정식으로 처음 사용된 것은 1539년판 『기독교 강요』(基督敎綱要)에서였다. 그러나 칼빈은 분명히 자신의 전 신학체계를 이 개념으로 조직하려고 하지는 않았다. 자세히 검토해보면 칼빈의 선택교리는 독창적이 아니라는 인상을 준다. 이 교리에 대한 그의 사상은 루터(Luther)나, 쯔빙글리(Zwingli), 그리고 부처(Bucer)에서 볼 수 있는 것과 본질적으로 동일하기 때문이다. 이와 함께 칼빈은 자주 어거스틴(Augustine)을 인용했으며, 토마스 아퀴나스(Thomas Aquinas), 리미니의 그레고리(Gregory of Rimini), 토마스 브래드워딘(Thomas Bradwardin)과 같은 중세기의 급진적인 어거스틴주의 전통을 좋아하기도 하였다. 마침내 그는 이 교리를 자신의 신학적 도식에 배치하였다.

예정교리는 일반적으로 또는 논리적으로 신론과 관계된 섭리교리의 특별한 적용으로 다루어진다. 예를 들면 토마스 아퀴나스, 쯔빙글리, 그리고 베자(Beza)나 윌리엄 퍼킨스(William Perkins)와 같은 후기 개혁파 신학자들이 그런 경우이다. 칼빈도 초기의 『기독교 강요』에서는 섭리와 예정을 나란히 배치했다. 그러나 1559년의 최종판에서는 이 둘을 분리하여, 섭리는 『기독교강요』 제1권 성부 하나님 교리에 배치하고, 예정은 『기독교강요』 제3권 마지막 부분인 성령의 사역 일반 항목에 배치했다. 섭리교리가 어떤 의미에서 창조주 하나님에 관한 교리를 완성하는 것이라고 하면, 예정교리는 구속주 하나님 교리에 대한 갓돌(capstone)이라고 할 수 있다.

Ⅱ

칼빈은 예정론으로 시작하지 않고, 속죄, 중생, 칭의, 그리고 다른 교리들로부터 시작한다. 예정은 구원사에서 쟁점이 된다. 칼빈은 사실상 예정을 복음전파에 의하여 야기되는 문제로 소개했다. 복음이 선포될 때, 어째서 어떤 사람은 응답하고 어떤 사람은 응답하지 않는가하고 그는 묻는다. 이 다양성 속에서 하나님의 심판의 심오함이 알려진다고 칼빈은 말한다. 칼빈에 있어서 예정은 처음부터 마지막까지 목회적 관심사였다. 신자에게 선택의 사실은, 하나님의 은혜가 죄의 어두움과 죽음 한 가운데서 어떻게 역사하는가 하는 것을 소급해서 명상하게 한다.

칼빈은 예정교리를 그의 성경주석과 피기우스(Pighius), 볼세끄 (Jerome Bolsec), 까스텔리오(Sebastian Castellio)에 대한 반박문들, 그리고『기독교 강요』제3권 21, 22, 23, 24장에서 다룬다. 그는 예정을 다음과 같이 요약한다. "그러므로 우리는 성경이 분명히 보여주는 바와 같이, 하나님은 그의 영원하고도 변치 않는 계획에 따라 구원으로 받아들이실 사람들과 멸망에 내어주실 사람들을 오래 전에 확정하셨다고 말한다. 선택된 사람들에 대해서 이 계획은 그들의 인간적 가치와는 아무 관계없이 하나님의 값없이 베푸시는 자비를 근거로 하고 있다. 그러나 하나님께서는 공정무흠 하면서도 불가해한 판단으로 저주에 넘겨주신 사람들에게는 생명의 문을 닫으셨다(『기독교강요』제3권 21장 7절). 이 말은 하나님은 인간이 아직 창조되기 전부터 구별하여 일부는 구원 받도록 예정하시고, 그 나머지는 멸망 받도록 예정하셨다는 것이다. 하나님이 인간적 가치에 관계없이 하나는 구원으로, 다른 하나는 멸망으로 예정하신 것은 하나님이 그렇게 하시기를 원하시기 때문이며, 그러므로 이를 아무도 설명하거나 추궁할 수 없다. 오히려 칼빈은 호기심을 갖은 자들을 경계한다. "주께서 깊이 감추어두시기로 정하신 일을 사람이 마음대로 탐색하거나, 가장 숭고한 지혜를 사람이 영원 자체로부터 풀어내려고 하는 것은 옳지 않기 때문이다. 하나님은 우리가 그의 지혜를 이해하기보다는 경외하기를 원하시며, 경외함으로써 찬탄하기를 원하신다. 우리에게 나타내시고자 하시는 그의 비밀의 뜻은 그의 말씀을 통해서 계시되었다. 우리에게 관계되며, 유익하리라고 예견(豫見)하신 범위 내에서 계시하기로 결정하신 것이다 (『기독교강요』제3권 21장 1절).

이처럼 하나님의 뜻은 신비롭고 깊이가 있기 때문에, 사람은 이것을 알 수 없으며, 함부로 알고자 하는 것은 죄이다. 하나님은 우리에게 보이기를 원하시는 것만 성경에 나타내셨으며, 우리는 이것으로 하나님의 뜻을 배울 수 있게 된다. 다시 말하면 하나님의 말씀인 성경을 떠나서는 하나님의 비밀을 아무것도 알 수 없다. 만일 이러한 생각이 우리를 지배한다면, 우리는 경솔하게 행동하지 않게 될 것이라고 칼빈은 주장한다. "그 이유는 우리가 말씀의 한계를 넘는 순간 바른 길에서 벗어나 암흑 속으로 들어간다는 것과, 거기서 반드시 헤매며 미끄러져 넘어지게 된다는 것을 알게 될 것이기 때문이다. 그러므로 우리는 우선 이 점을 명심해야 한다. 즉 예정에 대해서 하나님의 말씀이 알려주는 것 이외의 것을 알려고 하는 것은, 길 없는 황야를 걸어가려는 것이거나(욥 12:24 참조), 또는 어두운데서 무엇을 보려고 하는 것 못지않게 어리석다는 것이다. 이 문제에 대해서 모르는 점이 있다고 해서 부끄러워하지 말자(『기독교 강요』 제3권 21장 2절).

한편 어떤 사람들은 예정에 대하여 전혀 말하지 않는 것이 가장 현명한 태도라고 말한다. 칼빈은 이에 대하여 "성경에서 예정에 대하여 밝힌 것을 신자들에게서 빼앗지 않도록 주의해야한다"고 말하고, 그렇지 않으면 "우리는 하나님께서 주시는 복을 그들에게서 빼앗는 악한 자"가 될 것이라고 경고한다. 왜냐하면 "성경은 성령의 학교이며, 또 필요하고 유익한 지식은 하나도 빠뜨리지 않는 동시에, 유익한 지식이 아니면 아무것도 가르치지 않기 때문이다"(『기독교 강요』 제3권 21장 3절).

III

　칼빈의 신학은 하나님의 절대주권의 중심원리와 그 필연적 결과로 인간의 전적 무가치함에 근거를 둔다. 하나님은 영원한 심판자요, 율법 수여자이시며, 그의 의지는 도덕적 질서의 중심이 된다. 인간의 어떤 방법으로도 헤아릴 수 없고, 가까이 할 수 없는 이 하나님은 죄 많은 인간으로부터 절대적으로 멀리 계신다. 우리가 아는 대로, 로마 교회에 대한 칼빈의 고발은 그들의 신성모독, 미신, 그리고 우상숭배 때문에, 하나님이 그가 마땅히 받으셔야 할 영광을 박탈당하였으며, 구원을 인간 공로의 보상으로 만들었다는 것이었다.

　인간은 자연에서 주어지고 율법에 기록된 하나님의 광대한 계시를 자기 앞에 두고 있으나, 그의 의지는 노예로 사로잡혀 있기 때문에, 그것을 사용할 능력이 없다. 인간 본성에 대한 칼빈의 불신은 그의 하나님 개념에서 뿐만 아니라, 인간의 경험에서 기본적인 요소가 되는 죄에 대한 그의 압도적인 신념에서 온 것이다. 죄는 단순히 인간의 약점에서 오는 적극적, 혹은 부정적 악행들을 의미하지 않는다. 그는 오히려 그것을 유전적 오염으로 생각한다. 왜냐하면 성경에 타락과 아담의 범죄 설화에서 증언하는 그 무서운 최초의 대격변사건 외에는 이에 대하여 어떠한 설명도 발견할 수 없기 때문이다. 생명의 발생은 처음부터 더럽혀지고, 인류는 죽음의 선고를 받았다. 하나님의 간섭 없이는 아무것도 이 오염을 제거할 수 없다. 따라서 그는 인간이 자신의 구원을 이루는데 하나님과 협력할 능력을 가진다는 것을 전적으로 부정하게 되었다. 만일 인간이 그렇게 할 수 있었다면, 그 정도가 아무리 미소(微小)하다 할지라도 그는 하나님을 떠나서 독립하였을 것이다. 그런데 이와 반대로 인간은 전적으로 하나님께 의존하게 되고 자신의 공로와는 아무 관계없이 초자연적 행위에 의하여 구원받게 되었다. 그러나 모든 인간이 다 구원받는 것은 아니기 때문에, 칼빈은 더 나아가서 "특별속죄교리", 혹은 제한속죄교리(制限贖罪教理)를 주장하게 되었는데, 이것은 하나님께서 모든 사람에게 다 구원의 은혜를 주시는 것이 아니라, 오직 피택자(被擇者)에게만 주신다는 사상이다. 그러나 그 구원을 받아들이고 받아들이지 않는 것은 우리 자신과는 아무 관계가 없다. 믿음은 인간의 마음에서 나오지 않고, 성경에서 객관적으로 현현(顯現)된 성령의 사역이다. 이것은 두려움을 일깨워주는데, 칼빈은 이것을 회개의 주요 원인이라고 하였으며, 동시에 구속하시는 하나님을 그리게 하고, 이 하나님께 영혼이 응답하므로 피택자의 특징인 신뢰를 유발한다.

그러나 이 모든 것이 일어나고 일어나지 않는 것은 다 하나님의 손에 달려있다. 그의 결정은 예지(豫知)에 근거하지 않는다. 하나님은 개인이 믿을 것인지, 안 믿을 것인지를 예견(豫見)하지 않고 개인의 앞날을 판단하신다. 이것은 다시 한 번 인간의 믿음의 행위를 선택의 원인으로 만들 것이기 때문이다. 그러므로 칼빈은 선택이 믿음의 원인이라는 것을 강조하는데 지치지 않았다. 어떤 사람은 택하시고, 다른 사람은 유기(遺棄)하시는 하나님의 행동은 그러므로 인간의 이성으로서는 전혀 이해할 수 없다. "나는 이스라엘을 사랑하고 에서는 미워하였다" 그러나 어째서 그런 구별이 있어야 하는지를 우리는 알지 못한다. 우리가 알고 있는 모든 것은, 의인이 하나님께서 이미 구속하신 자들 중에서 구원받은 후에는 굶주린 자와 목마른 자가 있을 수 없다는 것이다. 한 가지 남은 문제는, 하나님께서 인류의 미래 역사와 상관없이 피택자를 영원 속에서 예정하시고, 그 다음에 타락을 허락하기로 작정하셨는지, 아니면 먼저 인류의 타락과 부패를 예지하시고, 정죄 받은 무리를 영생 얻도록 선택하셨는지 하는 문제이다. 첫째, 견해를 타락전선택설(墮落前選擇說,Supralapsarianism)이라 하고, 둘째 견해를 타락후선택설(墮落後選擇說,Infralapsarianism)이라 부른다. 칼빈의 견해는 일반적으로 첫째 견해와 동일시된다. 그는 사실 모든 개인의 운명은 창세전에 봉인(封印)되었다고 주장한다. 그러나 그는 저주받아 지옥에 떨어지는 자는 자신의 죄 때문에 고통을 당한다고 강조한다. 하나님의 지식이 무한하시다면 모든 개인의 궁극적인 운명은 항상 하나님에게 알리어져 있어야 할 것이다. 그러므로 칼빈의 타락전선택설은 타당하다. 그러나 동시에 그는 유기자의 운명에 대한 책임을 유기자 자신에게 맡기기를 원했다. 그래서 그는 타락후선택파이기도 하였다. 그는 자신의 그 유명한 공식에서 이 두 입장을 조화시키는데 최선을 다했다.

Ⅳ

칼빈의 예정론을 우리는 다음과 같이 셋으로 요약할 수 있다. 첫째로, 예정은 전적으로 하나님의 의지(意志)에 의한 작정이다. 그것은 어떤 유한한 우연성에 의해서가 아니라, 전적으로 하나님의 불변적인 의지에 의존하고 있다는 점에서 절대적인 작정(作定)이다. 앞에서도 인용했지만, "하나님은 그의 영원하고도 변하지 않는 계획에 따라 구원으로 받아들이실 사람들과 멸망에 내어주실 사람들을 오래 전에 확정하셨다'(『기독교강요』 제3권 21장 7절)고 함으로써 칼빈은 예정의 절대성을 역설한다.

칼빈은 선택(選擇)이 인간성취에 대한 하나님의 예지(豫知)에 근거한다고 주장하는 스콜라주의자들의 견해를 반박한다. "하나님의 예지는 선택의 이유가 될 수 없다. 왜냐하면 하나님께서 미래를 바라보시며 온 인류를 관찰하실 때, 그는 그들이 처음부터 마지막까지 동일한 저주아래 있음을 발견하시기 때문이다. 그러므로 하나님의 선하신 기쁨에 근거를 두어야 할 것을 단순한 예지에 돌리므로, 경솔한 자들이 수다를 떠는 것은 얼마나 어리석은 짓인가" 칼빈은 선택을 공로에 대한 예지에서 오는 것이 아니라, 하나님의 주권적인 목적에서 온다고 말하고, 이를 반대하는 자들을 일반적으로, "하나님이 각 사람의 공로를 미리 아시고, 그것에 따라서 사람들을 구별하신다고 생각한다"고 비판한다. 그들은 또한 "하나님께서는 자기의 은혜를 받을 가치가 있다고 예지하시는 자들을 자녀로 선택하시고, 악한 생각과 불경건한 생활로 기울어질 성향을 가질 것이라고 보시는 자들을 죽음의 저주를 받도록 결정하신다"고 주장한다. 이처럼 그들은 "예정을 예지의 보자기로 덮음으로써 예정을 모호하게 만들 뿐만 아니라, 예정의 근원이 다른 데 있는 것처럼 주장한다'(『기독교강요』 제3권 22장 1절). 그들 주장대로, 하나님의 일하심이 예정이 아니라 예지에 근거를 둔다면, 결국 하나님은 인간의 행동을 따라 다니며 일하시는, 즉 자신의 주권적 의지를 전혀 상실한 인간 예속적인 하나님이 될 것이다.

바울은 "창세전에" 선택되었다고 말함으로써(엡 1:4) 가치에 대한 고려를 전적으로 배제한다. 더욱이 "거룩하고 흠이 없게 하시려고"(엡 1:4 이하) 그들을 선택하셨다는 사실은 분명히 선택의 원인을 예지라고 생각하는 과오를 반박한다. 왜냐하면 사람들에게 나타나는 모든 덕은 선택의 원인이 아니라, 결과라고 바울은 말하기 때문이다. 만일 우리가 거룩하게 되리라고 하는 것은 하나님께서 예견하셨기 때문에 우리를 선택하셨다고 하면, 우리는 바울이 말하는 순서를 뒤집어엎는 것이 될 것이다. 바울은 이렇게 가르친다. "하나님이 우리를 … 거룩하신 부르심으로 부르심은 우리의 행위대로 하심이 아니요 오직 자기 뜻과 영원 때 전부터 그리스도 예수 안에서 우리에게 주신 은혜대로 하심이라"(딤후 1:9). 신자들의 구원은 하나님의 선택의 결정만 기초로 한 것이며, 이 은혜는 행위에 의해서 얻는 것이 아니라, 값없는 부르심에 의한다는 것이 바울의 가르침이다.

둘째로, 예정은 하나님의 특수한 작정이다. 그것이 특수하다는 것은, 개인과 관계된 것이요 단체와는 아무런 관계가 없기 때문이다. 물론 칼빈은 하나님께서 이스라엘을 자기의 특별한 언약 백성으로 택하셨다는 것을 알고 있다. 그러나 바울이 지적한대로 그들한 사람, 한 사람이 다 구원받도록 선택된 것은 아니었다(롬 9:1-16). 은혜의 언약은 각자에게 개인적으로 적용된다. 속죄에 대해서 말한다면, 그것은 그리스도께서 모든 사람을 위하여 무차별적으로 죽으신 것이 아니라, 오직 선택된 자 만을 위해 죽으셨다는 것을 의미한다.

어떤 사람들은, 하나님께서 모든 사람을 보편적으로 부르시면서 몇 사람만 선택하여 받아들이신다면, 그것은 자가 당착에 빠질 것이라고 항의한다. 그러나 이사야서는 구원의 약속을 선택된 자들에게만 특별히 주신다는 것을 명백히 가르치고 있다. "그들만이 그의 제자가 되는 것이지 인류 전체가 차별 없이 다 되는 것이 아니라고 선포하신다(사 8:16). 그러므로 교회의 자녀들을 위해서만, 즉 그 개개인을 위해서만 보존되어 있는 구원의 교리는 모든 사람에게 적용될 때에도 실제로 똑같이 유익한 것이라고 한다면, 그것은 분명히 이 가르침을 그릇되게 저속화하는 것임이 분명하다"(『기독교강요』 제3권 22장 10절). 복음의 말씀은 모든 사람에게 일반적으로 널리 전해지지만, 믿음의 선물은 몇몇 개인에게만 주어지는 것이다. 이사야는 "주의 팔"이 모든 사람에게 "나타나지 않았다"는 말로 그 이유를 설명한다. "혈통으로나 육정으로나 사람의 뜻으로 나지 아니하고 오직 하나님께로서 난 자들"(요 1:13), 즉 선택받은 신자들에게만 특별한 지위가 부여되는 것이다.

이 교리는 칼빈주의 정통의 보증물들 중 하나가 되었는데, 17세기 영국에서 많은 침례교도들에 의하여 채택되었으며, 그 결과 그들은 그리스도의 속죄 사역의 보편성을 믿고 있던 침례교도들과는 달리 특별침례교도들(Particular Baptists)이라고 불렸다.

셋째로, 예정은 이중적작정(二重的作定)이다. 하나님은 자신의 자비하심에 따라 어떤 개인들을 영생하도록 결정하시고, 또 자신의 공의(公義)에 따라 어떤 사람들을 영원히 파멸하도록 결정하신다. 칼빈은 이 사실을 다음과 같이 역설한다. "버림과 대조되지 않으면 선택은 설명될 수 없다". 하나님은 왜 이 사람을 택하시고 저 사람을 버리셨는가라고 묻는다면, 분명히 그 질문자는 하나님의 의지보다 더 위대하고 더 높은 것을 찾고 있는 사람이라고 할 수 있다. "그러므로 하나님은 왜 그렇게 하셨느냐고 묻는다면, 우리는 하나님께서 그것을 원하셨기 때문이라고 대답해야한다. 한 걸음 더 나아가서, 왜 그것을 원하셨는가라고 묻는다면, 이 질문은 하나님의 뜻보다 더 위대하고 더 높은 어떤 것을 찾으려는 것이며, 그것은 찾아볼 수 없다"(『기독교강요』 제3권 23장 2절).

하나님의 선택을 받아 구원받도록 예정되었다고 하는 신앙은 신자에게 큰 위안의 근원이 된다. 칼빈의 선택교리에서 우리는 대략 다음과 같은 강조점을 발견 할 수 있다. 첫째로, 인간은 전적으로 타락한 죄인이며, 그러기 때문에 어떠한 영적선(靈的善)도 행할 수 없다는 것. 둘째로, 로마 교회의 스스로 의롭게 된다고 하는 자력주의(自力主義)를 반대하고, 오직 하나님의 주권적 은혜에 의해서만 구원을 얻을 수 있다는 것. 그리고 셋째로, 구원과 영원한 진리의 유일한 교사인 성경으로 돌아가야 한다는 것 등이다.

V

칼빈은 선택과 함께 멸망으로 예정된 유기(遺棄)에 대해서도 강조한다. "참으로 많은 사람들은 하나님으로부터 책망을 받지 않으려는 듯이 선택을 용인하면서도 누군가 정죄(定罪)받는 자가 있다는 것을 부정한다. 그러나 이것은 대단히 무지하고 유치한 짓이다. 버림과 대조되지 않으면 선택은 성립될 수 없다… 그러므로 하나님께서는 선택하지 않은 사람들을 정죄하신다. 그리고 이렇게 하시는 것은, 자신의 자녀들을 위해서 예정하신 기업에서 그들을 제외하고자 하시는 것 이외에 다른 이유가 없다"(『기독교 강요』 제3권 23장 1절). 성경은 모든 사람이 한 사람으로 인해서 영원한 사망에 예속되었다고 선언한다(롬 5:12 이하). "이 일은 자연에 돌릴 수 없으므로 하나님의 놀라운 계획에서 온 것이 분명하다". 이것은 무서운 결정이지만, 그러나 하나님은 사람을 창조하시기 전에 사람의 결말이 어떻게 되리라는 것을 예견하셨으며, 따라서 스스로 그렇게 결정하시고 또한 명하셨다. "하나님은 처음 사람의 타락과 그로 인해서 그 후손이 멸망할 것을 예견하셨을 뿐만 아니라, 그 자신의 결정에 따라서 그렇게 되도록 마련하셨다"(『기독교 강요』 제3권 23장 7절).

아담의 타락과 버림받은 자의 유기는 이처럼 하나님이 허락하셨을 뿐만 아니라 결정하신 것이다. 그러나 하나님은 이 일을 공의로 하셨다. 어떤 사람들은 하나님의 뜻과 허락이 서로 다르다고 말한다. 그들은 악한 자들이 멸망하는 것은 하나님께서 허락하셨기 때문이지, 그것을 뜻하시기 때문은 아니라고 주장한다. 그러나 하나님께서 그렇게 되는 것을 뜻하지 않으셨다고 하면, 어떻게 허락할 수 있겠는가? 하나님께서 허락하기만 하고 아무것도 뜻하지 않으셨는데, 사람이 자기 힘으로 멸망을 초래했다는 것은 생각조차 할 수 없다. "그들의 멸망은 하나님의 예정에 근거하되, 그 원인과 기회는 그들 자신안에 있다. 첫 사람이 타락한 것은 주께서 그것이 유익하다고 판단하셨기 때문이다. 왜 그렇게 판단하셨는지 우리에게는 감추어진 일이다. 그러나 그 일로 인해서 하나님의 이름의 영광이 충분히 나타나리라고 보셨기 때문에, 하나님께서 그렇게 판단하셨다는 것이 확실하다"(『기독교강요』 제3권 23장 8절). 사람은 하나님의 섭리가 정한대로 넘어지지만, 자기의 허물 때문에 넘어지는 것이다.

칼빈은 그가 "침울한 독재자이기 때문에 이 교리를 가르친 것이 아니라, 성경에 분명히 있기 때문에 그렇게 믿었다. 그는 이 무서운 교리를 초신자에게 자랑삼아 말하는 것을 경고하고, 예정교리는 오직 성경에서 나왔다고 말하기를 원했다". 우리는 주께서 비밀로 그대로 두신 것은 탐색해서는 안 되는 동시에, 공개하신 것은 버리지 말아야 한다고 주장한다. 그래야 한편으로 과도한 호기심을 가졌다는 비난을 피하면서, 또 다른 한편으로는 너무도 은혜를 모른다는 비난을 피할 수 있다"(『기독교강요』 제3권 21장 4절).

칼빈은 이 예정교리가 모든 사람에게 복음이 전파되지 못한다는 구실로 사용되는 것을 용인하지 않는다. 자신이 누구를 선택하시고 누구를 버리셨는지 하나님만 아시기 때문에, 우리는 무차별적으로 복음을 전파하며, 성령께서 창세전에 그리스도 안에서 택하심을 받은 자들의 유효적 소명을 위하여 그것을 외적수단(外的手段)으로 사용하신다는 것을 믿는다. 교회사를 통하여 몇몇 가장 유능한 복음전도자들과 선교사들은 모두가 다 예정교리의 충실한 옹호자들이었다. 예를 들면, 18세기 대각성기에 칼빈주의자였던 조지 윗필드(George Whitefield)는 알미니안인 존 웨슬리(John Wesley)보다 훨씬 더 많은 사람들을 그리스도에게로 인도했다. 그것은 유혹과 시련의 때의 요새요, 하나님의 은혜와 그의 영광을 찬양하는 신앙고백이다.

제10장
칼빈의 권징론

　권징(Discipline)은 칼빈의 교회정치 형태에 있어서 매우 중요한 요소이다. 권징은 그의 제네바 추방의 원인이 되었으며, 제네바 귀환의 주요한 이유가 되기도 하였다. 그리고 그의 생애의 몸부림이요 승리였고, 그 시대에 대한 칼빈의 도덕적 영향의 비결이었다.

　칼빈의 그 위대한 목적은 교회의 순수성과 거룩함을 실현하는 데 있었다. 그는 항상 바울이 에베소서 5:27에서 "자기 앞에 영광스러운 교회로 세우사 티나 주름 잡힌 것이나 이런 것들이 없이 거룩하고 흠이 없게 하려 하심이니라"고 말한 그런 교회를 염두에 두고 있었다. 그는 모든 그리스도인이 자기의 신앙고백과 일치하게 살며, 선한 행위로 자신의 믿음을 보여주고, 하늘 아버지께서 온전하신 것처럼 온전한 사람이 되도록 노력하는 사람이 되기를 원했다. 개혁과 교회 전 공동체에서 이 고상한 이념을 시도하고 바로 시행한 사람은 종교개혁가들 중 오직 칼빈 한 사람뿐이었다.

I

　칼빈은 『기독교 강요』 제4권 12장에서 권징 문제를 다룬다. 그의 견해는 건전하고 성경적이다. 그는 처음부터 권징이 없는 단체나 가정은 적절한 상태에서 보존될 수 없다고 하였다. "조그마한 가족 같은 사회에서도 규율이 없이는 올바른 상태를 유지할 수 없다면,

가장 질서가 정연해야 할 교회에서는 규율이 더욱 필요하다"고 하므로 권징의 필요성을 강조하였다. 그리스도의 구원의 교훈이 교회의 생명인 것처럼, 권징은 그 근육이며, 이 근육에 의해서 몸의 지체들은 서로 결합된다. 그러므로 권징을 폐기하거나 그 회복을 막으려는 사람들은 결국 교회를 해체시키는 데 이바지하게 될 것이다.

권징은 그리스도의 교훈을 반대하고 날뛰는 자들을 억제하며 길들이는 굴레의 역할을 한다. 게으른 자들을 격려하는 자극제가 되기도 한다. 그리고 몹시 타락한 자들을 그리스도의 영의 유화(宥和)로써 부드럽게 징계하시는 아버지의 매와 같기도 하다. 그리스도 신자들을 억제하는 방법이 없어서 교회가 위험에 처하게 될 때에는 이를 시정할 대책이 필요하다. 이 때 그리스도께서 명령하셨고, 경건한 사람들이 항상 사용한 시정책은 오직 이 권징뿐이다.

칼빈은 "모든 사람이 각각 제멋대로 행동하도록 내버려 둔다면 어떤 결과가 생길까?" 자문하고 "교리를 전하기만 하고, 사적인 충고와 시정과 그 밖의 보조 수단을 첨가해서 교리를 지탱하며 실천하게 하지 않는다면 각 사람이 제멋대로 행하는 결과가 될 것이다"라고 스스로 답한다. 이것은 권징에 대한 칼빈의 강한 의지의 표현이었다.

칼빈이 당시 로마 교회를 가장 크게 반대한 것 중의 하나는, 그들이 성경의 법을 계속 위반하면서도 그들에게 권징이 전혀 없다는 것이었다. 칼빈은 주장하기를, "로마 교회의 감독들 중의 한 사람도, 아니 백 명의 교구 사제들 중의 한 사람도, 고대교회의 법을 따라 그의 행위에 대하여 형이 선고되었을 때에도 출교되지 않았으며, 기껏해야 그 직책에서 쫓겨났을 정도였다……그만큼 성직자들의 행위를 더욱 엄격하게 책망하라고 하던 옛날 규율은 이제는 폐물이 되고 말았다'고 한탄하였다. 칼빈은 그들의 도덕적 생활을 보면서, 예수님이 요구하신 "세상의 빛"과 "세상의 소금"은 지금 어디 있는가 하고 물었다. 그들은 무절제와 나약과 주색 등, 모든 정욕에 깊이 빠지는 데 있어서 그들보다 더 이름난 계급은 없다고 하였다. 그들처럼 온갖 기만과 사기와 반역과 배반에 능숙한 계급도 없다고 하였다. 그리고 사람을 해하는 일에 있어서도 그들같이 교묘하고 대담한 계급은 없다고 하였다.

한편 칼빈은 이 세상에서는 복음의 이념이 완전히 실현될 수 없다는 것을 너무나 잘 알고 있었다. 그럼에도 불구하고 그는 그 완전을 향해 노력할 의무가 우리에게 있다는 것을 잊지 않았다. 그는 "모든 점에서 천사같이 완전하지 않은 곳에는 그리스도의 모임이 없다고 하며, 열성을 구실로 삼아 있는 미점을 모두 부정"하는 재세례파와 그리고 "교회의 허물을 말로는 책망하면서도 출교하지 않는 것을 보고, 감독들이 규율을 위반했다고 맹렬히 공격하며, 그리스도의 양떼로부터 분리를 감행"한 도나티스트파를 반대하고 어거스틴의 입장을 옹호하였다. 칼빈은 마태복음 주석에서 다음과 같이 이를 설명한다. "교회가 지상에 있는 동안에는 선과 악이 혼재하기 때문에 불결에서 자유롭지 못할 것이다……질서의 하나님은 마지막 날 그의 나라를 완전하게 세우실 때까지는 잠시 동안 신자들 사이에 한 자리를 위선자에게 허락하신다. 우리는 마땅히 그리스도께서 염소와 양을 구별할 때까지 교회가 모든 더러움과 결함에서 벗어나지 못할지라도 악을 시정하고 교회를 불결에서 씻어내는 일에 힘써야 할 것이다."

II

칼빈은 권징의 목적을 세 가지로 구분했다. 첫째는 하나님의 이름을 존귀하게 하는 데 있다. "교회는 그리스도의 몸이기 때문에(골 1:24) 그런 악하고 썩은 지체에 의해서 부패된다면, 그 머리에도 어느 정도의 치욕이 돌아가지 않을 수 없다. 그러므로 교회의 가장 신성한 이름에 수치를 씌우는 일이 없도록 하려면, 그리스도인이라는 이름을 더럽히는 악행을 하는 사람들이 교회라는 가정으로부터 추방되어야 한다. 또 여기서 우리는 주의 성만찬의 제도를 보존하며 무분별하게 제공함으로써 성찬을 더럽혀서도 안 된다." 합당치 못한 사람들을 참여시킴으로 성찬을 모독해서는 안된다는 생각이 칼빈이 권징을 역설하는 하나의 근본적 동기가 되었다. 칼빈은 성찬의 제도를 잘 보존하되 무분별하게 제공함으로써 성찬을 더럽혀서는 안 된다고 강조했다. 그러므로 성찬 분배의 일을 맡은 사람은 합당치 못한 자를 당연히 거절해야 하는데, 그런 사람을 의식적으로 성찬에 참여시킨다면 그것은 마치 그리스도의 몸을 개에게 던져주는 것과 같은 모독죄를 범한다고 할 수 있다. 그러므로 이 가장 신성한 신비를 수치스럽게 하지 않게 하기 위해서는 성찬 분배에 신중한 태도가 필요하다. 그렇게 하려면 교회의 재판권이 행사되어야 한다.

칼빈은 사제(司祭)들이 권세 있는 자들을 두려워해서 감히 아무도 제외시키지 못하는 것을 엄중히 공격한 크리소스톰(Chrysostom)의 말을 다음과 같이 인용한다. "그대들의 손에서 피 값을 요구할 것이다(겔 3:18; 33:8). 그대들이 사람을 무서워하면 그는 그대들을 비웃을 것이다. 그러나 만일 그대들이 하나님을 두려워하면 그대들도 사람들의 존경을 받을 것이다. 우리는 권력이나 자색 옷이나 왕관들을 무서워하지 말자. 우리에게는 더 큰 힘이 있다. 나는 그렇게 더러운 일에 가담하는 것보다는 차라리 죽으며 피 흘리기를 진정으로 원한다."

권징의 둘째 목적은, 교회를 순결하게 지켜서, "흔히 있는 일이 지만 악한 자들과 항상 교제함으로써 선한 사람들이 타락하는 일이 없도록 하려는데 있다." 사람은 옳은 길에서 이탈하기 쉽기 때문에, 우리도 나쁜 행실을 보면 바른 생활을 버리고 다른 데로 끌려가기가 쉽다. 사도 바울은 근친상간 죄를 범하는 자를 교회에서 추방하라고 명령하고 "적은 누룩이 온 덩어리에 퍼지는 것을 알지 못하느냐"(고전 5:6)고 경고했다. 바울은 여기에 큰 위험이 도사리고 있는 것을 알고 그들과의 모든 교제를 금지시켰던 것이다. "만일 어떤 형제라 일컫는 자가 음행하거나 탐욕을 부리거나 우상 숭배를 하거나 모욕 하거나 술 취하거나 속여 빼앗거든 사귀지도 말고 그런 자와는 함께 먹지도 말라"(고전 5:11). 칼빈이 이 말씀을 인용한 것을 보면, 엄격한 종교적 태도뿐 아니라, 교인들의 도덕성에 대해서도 엄격하였다는 것을 알 수 있다. 그러므로 니젤(Wilhelm Niesel)이 "권징은 교회의 도 덕적 행위를 증진시키거나 교회생활의 순결성을 유지하기 위해서 있는 것이 아니다"라고 말한 것은 칼빈의 입장을 충분히 이해하지 못한 것 같다. 물론 칼빈은 이 권징이 사법적 성격을 갖는 것으로 생각하지 않는다. 그것은 강압적인 것도 아니며, 공공질서를 보호하 기 위해서 만들어진 것도 아니다.

권징의 셋째 목적은 "자신의 비열한 행동에 대한 수치를 이기지 못하는 자들을 회개시키려는 데 있다." 악을 행한 자들이 자신의 구원 을 위하여 벌을 받고 매를 맞아 각성하며 유익을 얻도록 하려는 것이다. 바울은 이런 뜻에서 "누가 이 편지에 한 우리 말을 복종하지 아니하거든 그 사람을 지목하여 사귀지 말고 그로 하여금 부끄럽게 하라"(살후 3:14)고 했다. 다른 곳에서는 고린도 사람을 사탄에게 내어주었다고 하면서 "영은 주 예수의 날에 구원을 받게 하려 함이라"(고전 5:5)고 했다. 칼빈은 이 말씀을, 그를 임시로 정죄해서 영원토록 구원 얻도록 한 것이라고 해석한다. "사탄에게 내어 주었다"는 말은 마귀는 교회 밖에 있고 그리스도는 교회 안에 계시기 때문이다. 권징의 목적은 칼빈에게 있어서 무엇보다도 최우선적으로 교육적인 것이었다.

위에서 본 바와 같이 권징의 세 가지 목적은 다음과 같이 정리할 수 있다. 첫째는 하나님을 존귀하게 하는 것이고, 둘째는 교회를 순결하게 보존하는 데 있으며, 셋째 목적은 회개 또는 개선을 이끌기 위함이다. 그러나 우리의 주목을 끄는 것은, 칼빈이 교회의 권징을 아주 강조하면서도 그것을 참된 교회의 표지 중 하나로 삼지 않았다는 점이다. 권징을 참된 교회의 표지로 본 것은 후기 개혁주의 정통 신학이다. 그는 스트라스부르의 개혁자 부처(Bucer)의 영향을 많이 받았음에도 불구하고 이 점에서는 그와 의견을 달리했다. 루터가 교회의 두 표지(notae ecclesiae), 즉 복음 전파와 성례의 시행을 주장한 데 반하여, 부처는 여기에 교회의 권징을 하나 더 가했던 것이다. 칼빈에 있어서 권징은 물론 중요하지만 교회 개념의 본질적인 것은 아니다. 그것은 단순히 방어의 표준이며 성화의 수단이다. 그러므로 그것은 칼빈의 생각대로 교회의 조직에 속한 것이지 교회의 정의(definition)에 속한 것은 아니다. 교회가 비록 지상에 존재하는 한 항상 불완전하지만, 그럼에도 불구하고 자신의 성화를 위해서 끊임없이 노력해야 한다. 교회는 확실히 그리스도의 몸이지만 그 회원들이 현재 죄인이라는 사실 때문에,

그리스도의 몸이 되려고 항상 힘써야 하는 것이다. 승천하셨으나 여전히 육체로 계신 그리스도, 즉 하나님의 형상이요 부패하지 않은 육체는 사람을 위한 새로운 모범이시다. "그렇다면 교회는 매일 진보하지만 아직은 완전하지 않다는 뜻에서 거룩하다. 즉 하루하루 전진하지만 아직은 거룩이라는 목표에는 도달하지 못했다는 것이다."

Ⅲ

칼빈은 교회 권징을 세 단계로 분류한다. 첫 단계는, 사적으로 권고한다. 칼빈은 다음과 같이 설명한다. "권징의 첫 기초는 사적인 충고를 하는 것이다. 어느 교인이 그 의무를 다하지 않거나 불손한 행동을 하거나, 점잖지 않는 생활을 하거나, 또는 비난 받을 행동을 했을 때에, 그는 충고를 받아야 한다. 필요한 때에는 모든 사람이 형제에게 충고하도록 노력해야 한다. 특별히 목사와 장로들이 이 일을 해야 한다." 목사와 장로는 신자들에게 설교뿐 아니라, 일반적인 교훈으로 충분한 성과를 거두지 못할 때에는 각 가정을 심방하여 경고하고 충고할 의무가 있다. 바울은 개인적으로 또는 각 가정에서 가르쳤다고 하였다. "유익한 것은 무엇이든지 공중 앞에서나 각 집에서나 거리낌이 없이 여러분에게 전하여 가르치고"(행 20:20). 바울은 "밤낮 쉬지 않고 눈물로 각 사람을 훈계"했다고 하였다(행 20:31).

권징의 둘째 단계는, 몇몇 증인들 앞에서 혹은 교회 앞에서 권고한다. "만일 이런 충고를 완강하게 거부하거나 계속 그 죄를 범함으로써 충고를 멸시하는 태도를 보일 때에는 증인들 앞에서 두 번째로 충고하며, 그 후에는 교회 재판소, 즉 장로회의에 불러 그리스도께서

명하신 대로 더욱 엄중히 충고한다." 이것은 그가 교회를 존중하여 굴복하고 순종하게 하려는 데 있다.

권징의 셋째 단계는 완고하게 불순종하면 성찬 참여를 허락하지 않는다. 이것은 그리스도의 법에 따라 집행된다. "이렇게 해서도 굴하지 않고 그 악한 행동을 계속하면 그 때에는 교회를 경멸하는 자로 인정해서 그리스도의 명령에 따라 신자의 공동체에서 제거한다." "만일 그들의 말도 듣지 않거든 교회에 말하고 교회의 말도 듣지 않거든 이방인과 세리와 같이 여기라"(마 18:17).

출교는 오직 기독교 신앙고백을 더럽히는 파렴치한 범죄에 대해서만 집행되어야 한다. 즉 간통, 간음, 도둑질, 강도, 선동, 위증 그리고 하나님과 그의 권위를 경멸하는 죄 등이다. 그리고 이 권징은 감독 혹은 목사에 의해서만 집행되어서는 안 되고 장로회에 의해서도 집행되어야 한다. "일반 신도가 대책을 결정하지는 않으나 이렇게 함으로써 증인과 감시인이 되어 사태를 알며 소수 사람들의 변덕에 따라 일이 처리되지 않도록 해야 한다. 이 조치의 전 과정에는 하나님의 이름을 부르며, 그리스도의 임재를 증거 하는 엄숙함이 있어야 하며, 그리스도께서 친히 그의 재판관을 주관하신다는 것을 의심할 여지가 없도록 해야 한다." 더욱이 교회는 "온유한 심령(갈 6:1)"으로 그 엄격함을 조절해야 한다. 왜냐하면 바울이 명령한 것처럼 "벌을 받는 사람이 너무 심한 슬픔에 빠지지 않도록(고후 2:7) 특별히 주의해야 하기 때문이다"

죄인이 회개의 합당한 증거를 보일 때에는 출교가 해제되어야 한다고 칼빈은 강조한다. 칼빈은 타락한 자의 회복을 거절한 고대 교회의 지나친 엄격주의를 반대하였다. "우리는 고대인들의 과도한 엄격주의를 도저히 용납할 수 없다. 그것은 주의 명령에서 완전히 떠난 것일 뿐 아니라, 극히 위험한 것이었다. 엄숙한 참회와 수찬 정지를 혹은 7년, 혹은 4년, 혹은 3년, 혹은 종신토록 계속해야 했으니 큰 위선이나 철저한 절망 외에 무엇이 있을 수 있었겠는가?하고 고대인들이 현명하지 못했음을 지적하였다. 그리고 한편 칼빈은 키프리아누스(Cyprianus)의 방법이 정당하다고 인정하였다. "우리는 모든 사람이 오는 것을 참고 온유하고 인자한 마음으로 기다리고 있다. 나는 모두가 교회로 돌아오기를 바란다. 나는 우리의 동료 군인들이 모두 그리스도의 진영과 하나님 아버지의 집에 모이기를 갈망한다. 나는 모든 일을 용서하며 많은 일을 묵인한다. 형제들을 모으겠다는 열망으로 나는 하나님에 대한 허물을 자세히 법적으로 검토하지 않는다. 용서해서는 안 될 허물까지도 용서하는 나는 거의 허물을 범한다고 하겠다. 나는 회개하면서 돌아오며 겸손하고 단순한 보상으로 죄를 고백하는 사람들을 즉시 받아들이고 완전히 사랑한다." 칼빈은 또한 "하나님께서 그렇게 친절하신데 그의 사제가 엄격한 체 할 까닭은 무엇이냐"고 하면서 엄격주의를 반대한 크리소스톰과 분열을 버리고 돌아온 도나티스트파를 서슴지 않고 받아들인 어거스틴의 온유한 태도를 예찬하였다.

칼빈은 이어서 더 말하기를, 온유한 태도는 교회 전체에 필요하다고 한다. 교회는 타락한 사람을 온유하게 대해야 하며, 극도로 엄격한 벌을 주어서는 안 된다고도 말한다. 오히려 바울이 지시한 대로 그들에 대한 사랑을 보여주어야 한다. "그러므로 너희를 권하노니 사랑을 그들에게 나타내라"(고후 2:8). 평신도들도 이와 같이 온유한 태도를 가지도록 노력하라고 칼빈은 다음과 같이 권고한다. "교회에서 추방된 사람들을 선택된 사람들의 수효에서 삭제하거나 이미 멸망한 사람인 것처럼 절망하는 것은 우리가 할 일이 아니다. 그들은 교회와 그리스도에게서 멀어진 사람이지만, 그러나 떨어져 있는 동안에 한해서만 그렇게 생각할 수 있다. 그러나 그들이 온유한 태도가 아닌 완고한 태도를 보일 때에라도 우리는 그들을 주의 판단에 맡기고 그들의 일이 앞으로는 현재보다 더 잘 되기를 희망해야 한다. 또 우리는 그들을 위해서 기도하기를 중단해서는 안 된다."

칼빈은 출교(excommunication)와 저주(anathema)를 구별한다. "저주는 모든 용서를 거부하고 사람을 영원한 멸망에 들어가도록 정죄한다. 출교는 그의 도덕적 행위를 처벌하고 징계한다. 출교도 벌을 주는 것이지만, 장차 정죄를 받게 된다는 것을 미리 경고함으로 사람을 돌이켜서 구원받게 하는데 있다. 그가 돌아오면 언제든지 화해와 교제의 회복이 그를 기다리고 있다." 따라서 교회의 권징은 출교된 자들과 가까이 접촉하는 것을 금하고 있지만, 그러나 우리는 모든 방법을 사용해서, 그들을 바른 생활로 돌이키며 교회에 돌아와서 함께 연합된 삶을 살도록 인도해야 한다는 것이 칼빈의 생각이다. 사도 바울도 그들을 "원수와 같이 생각하지 말고 형제같이 권하라"(살후 3:15)고 가르쳤다. "이 온유한 태도를 유지하지 않는다면, 우리는 권징에서 즉시 도살 행위로 타락하게 될 것이다."

칼빈은 목사라고 해서 재판받는 것을 면제하는 것은 잘못이라고 말하고 성직자의 권징을 찬동했다. 성직자도 평신도와 동일한 형벌을 받는 것이 마땅하다는 것이었다. 고대 교회 감독들은 자신들과 자기 계급에 부과한 교회법을 만들어서 지키도록 하였다. 예를 들면 "성직자는 사냥, 도박, 환락 등에 빠지지 말고, 고리대금이나 장사도

하지 말고, 난잡한 무도회에도 참석하지 말라"는 그런 법이다. 이 교회법을 어기면 반드시 처벌받는다는 것을 알게 하여 교회법의 권위를 세우려고 벌칙도 첨가했다. 감독들은 이 법에 따라 성직자들을 다스리며 그 의무를 지키게 하였다. 감독들은 매년 순시하며 종교회의를 열어서 직책을 등한히 하는 자를 경고하고, 죄를 범하는 자에게 벌을 주었다. "죄가 있는 자에 대한 가장 엄중한 처벌은 면직시키는 것과 성찬 참여를 금지하는 것이었다."

이 엄격한 제도가 실시되는 동안에는 성직자들은 자기들의 모범과 행동에 나타난 것 이상을 신자들에게 요구하지 않았다. 사실 그들은 신자들에 대해서 보다 자신들에 대해서 훨씬 더 엄격하였다. 신자들에 대해서는 더 온유하고 관대한 규율로 다스리면서, 성직자들끼리는 서로 더욱 엄격하게 책망하였으며, 다른 사람들보다 자기들에 대해서는 관대하지 않았던 것이다. 그런데 부끄럽게도 당시 로마 교회 성직자들은 이 교회법을 무시하고 죄를 범하고 있었던 것이다. 칼빈은 "이 모든 권징이 폐물이 됐다는 것을 말할 필요도 없으며, 오늘날 이 계급보다 더 방종하며 방탕한 것은 상상할 수도 없다"고 분개하며 탄식하였다.

IV

칼빈은 제네바에서 자신의 권징 제도의 확립을 위한 격렬한 투쟁 끝에 마침내 성공하였다. 감독원과 의회는 부도덕성의 시정을 위해서 청교도적 열정을 가지고 서로 경쟁하였다. 그러나 그들의 열심은 가끔 지혜와 절제의 한계를 넘곤 하였다. 교회와 국가의 연합이 곧,

모든 시민은 교회의 회원이며 권징에 복종해야 한다는 그릇된 가정에 근거하고 있었던 것이다.

춤, 도박, 술 취함, 선술집의 빈번한 출입, 불경스러운 언행, 사치, 평민의 지나친 접대, 의복의 사치와 무례함, 방탕하거나 불경한 노래가 금지되고, 책망과 벌금 혹은 투옥으로 형벌이 가해졌다. 심지어는 식사 때 접시의 수량까지 규제되었다. 술고래는 한 번 범죄에 3솔(sol, 프랑스의 화폐 sou의 옛말, 옛 동전)의 벌금이 부과됐다. 상습 도박꾼은 목에 굵은 노끈을 두르고 웃음거리가 되게 하였다. 불온 서적이나 부도덕한 소설을 읽는 것도 금지되었다. 부모들은 그들 자녀의 이름이 로마 교회 성자(聖者)들의 이름을 따서 짓지 않도록 경고를 받았다. 미신을 조장하기 때문이었다. 이단, 우상 숭배, 신성 모독 그리고 고문 등의 야만적인 관습에 대한 사형이 그대로 유지되었다. 간음도 역시 사형에 처해졌다. 이것들은 무신앙과 부도덕성을 예방 또는 처벌하기 위해 만들어진 금지법이며 보호법이었다.

그러나 의회는 역시 위압적인 법률도 만들었다. 이 규칙들은 종교의 본질과 위배되며, 오히려 위선과 무종교를 양성하기 쉬운 법이라고 할 수 있다. 예를 들어 사람들이 교회에 출석하는지를 보기 위해 감시원이 임명되었다. 감독원 회원들은 교인 가정의 신앙과 도덕생활을 조사하기 위해 일 년에 한번 씩 매 가정을 방문하였다. 거리에서의 부적절한 언사와 행동이 보고되었으며, 범죄자는 감독원 앞에서 책망 또는 경고를 받았고, 혹은 의회에 넘겨주어 엄격한 형벌을 받게 하였다. 인격과 지위와 성에 관계없이 모든 사람이 동일한 취급을 받았다. 신사숙녀 할 것이 가장 명망 있는 가문의 인사들도 가난하고 하류계층의 사람들과 마찬가지로 엄격하게 다루어졌던 것이다.

권징의 가장 인상적인 경우들이 있다. 상류 사회의 어떤 귀부인은 과도한 춤 때문에 투옥되었다. 저명한 정치가 중의 한 사람은 친구와 더불어 한 병의 포도주를 걸고 주사위 놀이를 하다가 감독원에 소환되었다. 어떤 사람은 나귀의 울음소리를 듣고 농담 삼아 "그는 아름다운 시를 읊었다"고 한 것 때문에, 3개월 동안 제네바 시에서 추방되었다. 어떤 청년은 그의 신부에게 "이 책은 가장 좋은 시편이다"라는 논평이 붙은 가계부 한 권을 선물로 주었다고 해서 처벌되었다. 설교 도중 웃었다고 해서 세 사람이 3일 동안 투옥되었다. 어떤 사람은 성령 강림절에 성례에 참여하지 않았기 때문에 공중 앞에서 회개를 해야 했다. 세 어린이는 설교 도중 교회당 밖에서 과자를 먹었다고 해서 벌을 받았다. 어떤 어린이는 자기 어머니를 도둑이요 마귀라고 부른 것 때문에 채찍으로 맞았다. 어떤 소녀는 그녀의 부모를 때렸다고 해서 참수형에 처해졌는데, 이것은 제 5계명의 위엄을 옹호하기 위해서였다. 어떤 은행가는 계속해서 간음죄를 범한 것 때문에 처형되었다. 그러나 그는 회개하고 죽었으며, 공의의 승리를 위해서 하나님을 찬양하였다.

볼세끄(Bolsec), 젠틸르(Gentilis), 그리고 까스뗄리오(Castellio) 등은 이단 사상 때문에 공화국에서 추방되었다. 마법사들은 남녀 할 것 없이 모두 화형에 처해졌다. 그뤼에(Gruet)라는 사람은 선동죄와 무신론을 주장했다 해서 참수형을 당했다. 세르베투스(Servetus)는 이단과 신성 모독죄로 화형에 처해졌다.

1541년부터 1559년까지 의회가 공적으로 한 결정은 견책, 벌금, 감금, 그리고 처형 등의 어두운 사건들을 보여준다. 1542년에서 1546년까지 58건의 사형 재판과 76건의 추방 결의가 통과되었다. 1558년과

1559년 사이에는 각종 범죄에 대한 여러 가지 형벌들이 있었는데 그것은 414건이나 되었다. 그 대부분의 사건들은 칼빈의 적들과 관계가 되어 있었는데, 그들은 칼빈의 모든 업적들을 무시하고 그 위대한 개혁자를 냉혈 동물이니 잔인한 폭군이니 하면서 칼빈을 비난했다. 이런 종류의 법률 제정은 그리스도의 복음보다는 이교적인 로마 교회와 레위기적 규약의 엄격한 맛이 나는 것을 부정할 수 없었다. 그리고 권징의 실제적인 집행은 너무 사소하고 불필요하게 가혹한 데 있었다. 그러나 칼빈은 교회의 순결성을 위한 열정에서 그러했고 개인적인 원한 때문은 아니었다.

이제 이 글을 맺으려 한다. 교회는 피택자가 아닌 자들을, 그들이 선택받지 않았다는 것을 도저히 식별할 수 없기 때문에, 그들을 모두 신자가 아니라고 배제할 수 없지만, 그러나 교리나 회원의 행동 문제에 있어서 그들의 무질서 혹은 추문을 용납해서는 안 된다. 칼빈이 권징을 강조하게 된 것은, 교리의 순수성과 성화에 대한 교회 회원들의 노력을 보존하고자 하는 열망 때문이었다. 칼빈은 그리스도의 구원 교리가 교회의 영혼이라면, 권징은 그 근육이며 이 근육을 통하여 그들은 각자가 그 위치에서 서로 결합하게 된다고 하였다. 해방 후 권징이 사라진 우리 한국 교회는 진리 수호를 위해 하루 속히 권징의 회복을 서둘러야 할 것이다. 진리를 모든 오류에서 지키기를 원하며 기도하는 교회라면, 권징의 중요성을 인식하고 어떠한 난관이나 반대 세력도 두려워해서는 안 된다는 것을 우리는 칼빈에게서 배워야 한다. 칼빈이 강조한 대로, "권징을 폐지하거나 그 회복을 막으려는 사람들은 마침내 교회를 해체시키는 데 이바지하게 될 것이다."

제11장

칼빈의 성찬론

I

성찬론(聖餐論)에 대한 종교개혁자들의 견해는 다양하였다. 성찬론의 문제점은 "이것은 내 몸이니라", "이것은 나의 피, 곧 나의 언약의 피니라"고 하신 주님의 말씀을 어떻게 해석하느냐 하는 것이었다. 쯔빙글리(Zwingli)는 처음에는 떡과 포도주는 다만 주님의 죽음을 생각나게 하는 표징이요 기념일뿐이라고 하였다. 그의 입장은 한 마디로 기념설 혹은 상징설이다. "이것은 내 몸이니라" "이것은 나의 피 곧 언약의 피니라"고 하신 주님의 말씀은 "이것은 내 몸을 의미 한다" 는 뜻으로 해석되어야 한다는 것이다. 떡과 포도주는 은혜를 상징하는 것뿐이며, 성찬식 중에는 실제로 아무것도 일어나지 않는다. 그것은 신앙고백이며, 그리스도에 대한 충성의 표시이다. 쯔빙글리는 로마 교회와 루터를 반대하여 기념설을 주장한 것이다. 성찬은 그리스도의 못 박히신 몸과 흘리신 피에 대한 그림 같은 표현이라고 말한다. "성찬은.. 기념이요 축제이며, 우리의 구원에 대한 찬양이다", 쯔빙글리는 성찬에 그리스도의 신체적임재(身體的臨在)를 부정하고, 성찬은 다만 그리스도에 대한 신자의 신앙고백에 불과하다고 보았다. 그는 성찬의 의의를 그리스도가 죄인을 위하여 행하신 일에 대한 기념에서, 그리고 참여자의 신앙고백의 행위에서 찾았다. 그는 에라스무스(Erasmus)의 인문주의의 영향을 받아 모든 것을 이성적으로 해석한 결과 성찬을 다만 그리스도에 대한 신앙고백으로 보았던 것이다. 이 성찬은 신앙을 굳게 하고 죄의 용서와 함께 그리스도와 교제하며, 성결에 이르게 하는 힘을 얻게 하며, 미래의 희망을 더욱 명확하게 해준다고 주장하였다. 그러므로 쯔빙글리는 "이것을 행하여 나를 기념하라" (고전 11:24,25)는 주님의 말씀이 성찬에 대한 바른 해석의 열쇠로 보고, "이것이 내 몸이니라", "이것은.. 나의 피, 곧 언약의 피니라"의 "이다"를 다만 "상징하다"의 뜻으로 풀이했던 것이다. 성찬에서의 그리스도의 임재는 그의 인성(人性)에 따라 육체적인 것이 아니라, 그의 신성(神性)에 따라 영적인 것이라고 그는 강조한다. 그 이유는 승천하신 그리스도의 몸은 편재(遍在)하지 않으시기 때문이다.

루터(Luther)는 로마 교회의 화체설(化體說)을 반대하고 공재설(共在說)을 주장하였다. 그러나 그의 공재설은 로마 교회의 화체설과 별로 다른 것이 없다. 루터는 떡과 포도주는 아무런 변화 없이 그대로 남아있으나, 몸과 피를 가지신 그리스도의 전인격(全人格)이 주의 만찬 중에 성찬의 요소들(떡과 포도주)안에, 요소들 밑에, 그리고 그 요소들과 함께(in, under and along with) 신비롭고 기적적인 방법으로 임재하신다고 주장한다. 그리스도께서 떡을 그의 손에 들으셨을 때 그의 몸도 떡과 함께 계셨기 때문에, 그는 "이것이 내 몸이니라"고 말씀하실 수 있었다는 것이다. 루터와 그의 추종자들은 이 성찬에 그리스도의 물질적인 살과 피가 장소적(場所的)으로 임재하신다고 주장한 것이다.

따라서 그들은 주의 만찬에서 성찬의 요소들을 먹고 마시는 자는 주의 살과 피를 "육신의 입으로" 먹고 마시는 것이며, 단순히 신앙만으로 주의 살과 피를 자기 것으로 만드는 것이 아니라고 한다. 성찬을 가치 있게 먹고 마시는 자는 죄의 용서와 믿음의 강화, 그리고 영원한 생명을 받는다. 그러나 성찬에 참여할 자격이 없는 자가 성찬을 받을 때에는 정죄가 있을 뿐이다. 그리스도의 임재는 인간의 믿음 여하에 달려 있지 않기 때문에, 주의 성찬에 참여하는 자는 그가 비록 불신자라 하더라도 성찬의 요소들을 받는다. 죄의 용서가 오직 믿음에 의해서 되는 것이 사실이지만, 그리스도의 살과 피를 먹고 마시는 것은 영적으로만 되는 것이 아니라, 육체적인 방법으로 즉, 육신의 입으로도 되는 것이다. 그들은 또한 그리스도의 영화하신 인성이 편재한다고 하는, 있을 수 없는 교리를 만들어 성찬이 시행되는 곳에서는 어디서나 그리스도가 장소적으로 임재하신다고 가르쳤던 것이다.

칼빈은 그리스도의 부활하신 몸은 현재 하늘에 계시기 때문에, 성찬에서의 그리스도의 임재는 영적인 몸이라고 강조한다. 칼빈은 "이것은 내 몸이니라", "이것은 나의 피, 곧 언약의 피니라"고 하신 주님의 말씀을 문자적으로 생각하지 않고, 성령과의 관계에서 생각한다. 그리스도는 말씀과 표징과 성령의 능력을 통해서만 임재하시기 때문이다. 그리스도의 살과 피는 하늘에 있으며, 우리는 이 지상에 있다. 그리고 성령께서는 성찬에 임재하시며 그리스도와 신자와의 관계를 결속시키신다. 성령의 이 역사를 통하여 우리는 하늘에 계시는 그리스도의 살과 피에 참여하게 된다. 칼빈은 그리스도의 임재를 강조하지만 현실적으로 살과 피가 성찬의 요소와 함께 주어진다고 보

지 않는다. 그래서 우리는 칼빈의 견해를 영적임재설(靈的臨在設)이
라고 한다.

성찬에서 먹고 마시는 것은 쯔빙글리의 주장처럼 단순히 그리스
도의 사역을 회상하거나 기념하는 것이 아니다. 성령께서 성찬에서
그리스도 전체를 신자에게 현실적으로 전달하시며, 십자가에 못 박
히시고 부활하신 중보자를 이 친교의 행동을 통하여 그들을 양육하
신다(고전 10:16). 이 심원한 의미에서 성찬은 신자에게 "영적 자치"
가 된다. 즉 "떡과 포도주가 신체의 생명을 유지하는 것처럼 우리의
영혼은 그리스도의 살과 피를 양식으로 삼는다". 불신자는 믿음 없이
성찬의 요소들을 받기 때문에, 성찬은 그들에게 은혜를 나누어 주지
못한다.

칼빈은 성찬에 대한 견해를 『기독교강요』 제4권. 제 17,18장과 그
밖의 많은 소 논문들과 특히 그의 『성만찬에 대하여』 라는 소 논문
에서 발표하였다. 칼빈의 신학사상에서 가장 특징적인 것은 그의 성
례교리, 특히 성찬교리이다. 분열된 프로테스탄트의 연합을 위한 그
의 갈망은 의론이 분분한 이들 성찬 문제 처리에서 보다 더 분명하게
들어난다. 칼빈에게 성례의 가치는 하나님의 은혜를 증명하는 그것
이다. "그것은 주님께서 우리 믿음의 허약함을 유지하기 위하여 우리
를 향하신 그의 선한 의지의 약속을 우리 양심에 보증하시며, 한편
우리 편에서는 주님을 향한 우리의 경건을 입증하게 하는 외적 징표
이다" 칼빈은 『성찬론 소 논문』 을 내면서, 계속된 논쟁으로 매우
혼란한 상태에 있기 때문에, 가야할 곳을 찾지 못하고 있던 수많은

경건한 영혼들에게 안정을 회복시켜주기 위해 이 책을 출판한다고 말한다.

II

칼빈은 다음과 같은 내용으로 성찬론을 시작한다. 그리스도는 무슨 목적으로 성례를 제정하셨는가. 성례에서 무슨 유익이 오는가, 그리고 그리스도의 몸(body)이 성례에서 어떤 방법으로 우리에게 주어지는가. 성례의 정당한 이용은 무엇인가. 옛 시대에는 무슨 오류들이 성례 교리에 있었는가. 어떻게 해서라도 교회를 세우려고 한 자들을 선동한 그 반목의 발단은 무엇인가.

칼빈의 이 작은 논문은, 당시 독일에서 올바른 정신을 일깨우고 반목을 부끄럽게 하므로 가장 만족스러운 영향력을 행사할 수 있었다. 그 내용은 간단히 다음과 같이 살펴볼 수 있다.

"하나님은 우리의 많은 허약함을 돕기 위해서 우리에게 주의 성만찬의 성례를 주셨는데, 이 성례라는 거울을 통해서 우리의 죄와 사악함이 제거될 수 있도록 십자가에 못 박히시고 부활하신 그리스도를 명상할 수 있게 하셨다. 우리가 주의 성만찬에서 받은 이 특별한 위안은 우리를 십자가와 주의 부활로 인도하고, 또한 우리는 비록 사악하고 불의하나 의인으로 용납될 수 있다는 것을 가르친다. 우리가 그리스도 자신을 소유하지 않는 한, 그리스도의 공로는 우리와는 아무런 관계가 없기 때문에, 그는 먼저 성례에서 자신을 우리에게 주셨다. 그러므로 그리스도는 성례의 내용이며 실체이지만, 성례의 효능은 우리에게 나누어 주시는 은혜와 자비라고 나는 말한다. 성만찬의 힘은 이것으로 구성되어 있으므로, 그것은 그리스도의 고난을 통하여 우리의 하나님과의 화목을 확증하고, 그의 순종으로 우리는 그의 의의 분담자가 된다는 것을 확신하게 된다. 그러므로 우리는 마땅히 그리스도의 실체는 성례의 효능과 일체가 된다고 결론을 내려야한다. 그리하여 그리스도는 두 겹의 방법으로 제시되는데, 모든 공로의 기초, 즉 원천이요 원인으로 표현되었으며, 역시 성례 자체의 말씀이 보여 주는 대로 그의 죽음과 고난의 열매로도 표현되었다. 그가 그의 살과 피에 참여하도록 우리를 부르셨을 때, 그의 몸은 우리를 위해 주셨고 그의 피는 죄의 사유함을 위해 흘리셨다는 말씀을 덧붙이셨다. 몸과 피는 단순한 형식으로 우리에게 제공된 것이 아니라, 그것과 함께 그 열매가 결합되어 있다는 것을 가르킨다.”

그는 지금 그리스도 자신의 실체 없이는 아무런 열매도 맺을 수 없다는 사실을 입증하기 위하여 계속 말한다. “그리스도께서 자신을 우리에게 주신다면, 그 자신을 주시는 것이기 때문에 우리는 그를 실제로 소유할 수 있다. 그러므로 성경이 말하는 대로 그의 영은 우리의 생명이다. 그가 말씀하신대로 그의 살은 우리의 양식이며, 그의 피는 우리의 음료이다. 그러므로 우리의 생명이 그리스도 안에 있기 때문에, 우리의 영혼은 진정한 양식이 되시는 그의 살과 피로 양육을 받아야한다”. 그는 살(flesh)과 피(blood)라는 단어들을 사용하시어 우리가 거기서 우리의 영적 생명의 실체를 인정할 수 있게 하셨다. “만일 어떤 사람이 떡(bread)이 몸(the body)인지 아닌지, 그리고 포도주가 피(the blood)인지 아닌지를 묻는다면, 나는 떡과 포도주는 살(flesh)

과 피로 불리는 가시적인 표징(visible signs)이기 때문에 그것들은 주 예수께서 우리에게 나누어주신 도구이다"라고 답변할 것이다. 이런 양식의 말은 사실과 일치한다. 즉 우리는 눈이나 마음으로는 그리스도의 몸이 함께 하시는 성찬을 이해하지 못하지만, 그러나 이것은 눈에는 보이셨다. 잘 알려진 실례를 하나 들어보자. 하나님은 그리스도께서 요한의 세례를 받으실 때 그의 영이 나타나셨는데, 이 때 그는 비둘기 형상으로 그에게 보이셨다. 요한은 하나님의 영이 하늘로부터 내려오시는 것을 보았다고 말한다. 우리는 그 주제를 아무리 주의 깊이 생각해도 비둘기, 즉 보이지 않는 성령의 실체 이외에는 아무것도 보지 못했다는 것을 알 수 있다. 그러나 이 나타나심이 단순한 형식이 아니라, 성령의 임재하심에 대한 가장 확실한 표징임을 그는 알고 있었기 때문에, 그는 확실하게 그를 보았다고, 즉 그러한 방법으로 그를 보았다고 진술하였다. 그러므로 그리스도의 몸과 피가 함께 하시는 성찬에는 인간의 눈이나 마음으로는 결코 이해할 수 없는 영적 신비가 수반한다고 우리는 주장해야 한다.

이와 같이 주께서 실제적이면서 영적으로 임재하신다고 정의한 칼빈의 성례에 대한 해석은 살아있는 참된 신앙에 근거하고 있기 때문에, 그것은 충분히 모든 그리스도인을 하나로 결합시킬 수 있다. 특별히 그것은 마음으로나 눈으로는 접근할 수 없는 신비가 수반된다고 할 때 더욱 그러하다. 이점에서 칼빈은 아직도 로마 카톨릭 교회의 속박에서 벗어나지 못하고 있던 논쟁적인 루터 파에 비해 대단히 월등하였다. 그는 이 작은 논문에서 주의 성만찬에 대한 논쟁에 대하여 치밀하게, 그리고 조심스러운 방법으로 말을 많이 했다.

"나는 영원한 망각 속에 파묻혀 있는 이 논쟁에 대해 알기를 원한다. 왜냐하면 그것은 불행한 논쟁이며, 틀림없이 마귀의 선동으로 복음의 전진을 제한하고 전적으로 막아버릴 목적을 가진 것이기 때문이다. 나는 이에 대하여 말할 마음이 없으나, 많은 영혼들이 당황하고 있기 때문에, 필요한 것을 간단하게 말하며 그들이 해야 할 일이 무엇인지를 알게 하고자 한다. 내가 간절히 원하는 것은, 복음을 가르치며 진리로 돌아와서 우리의 지도자가 된 자들이 논쟁을 시작한 것 때문에 모든 신자들이 실족하지 않기를 바란다."

루터가 가르치기 시작했을 때, 그는 당시 그리스도의 육체적 임재 개념이 마치 일반적으로 받아들여지고 있는 것처럼 성례 교리를 다루었다. 그는 로마 교회의 화체설(transubstantiation)을 거절하고, 떡을 그리스도의 몸(body)으로 받아들였다. 이 때 쯔빙글리(Zwingli)와 외콜람파디우스(Oecolampadius)는 이 육체적 임재를 마귀의 발명품이라고 주장하고, 그것을 조용히 넘어갈 수 없다고 생각하였다. 마음에 깊이 뿌리박힌 이 개념을 몰아내는 것이 얼마나 힘들다는 것을 알고 있던 그들은 그들의 모든 정력을 바쳐 싸웠다. 그리스도는 성경대로 하늘에 육체로 올라가셨다고 그들은 주장했다. 그러나 그들은 어떻게 우리가 성례에서 그의 몸과 피의 분담자가 될 수 있느냐 하는 것을 설명하지 못했다. 그러므로 루터는 그것은 아무런 영적 실체가 없는 단순히 공허한 표징으로 되어 있다고 표현하기를 그들은 원한다고 생각하였다. 그래서 그는 그들을 반대하고 그들의 주장을 이단적이라고 매도하였다. 논쟁의 불이 지펴지자 드디어 불이 확 타올라 15년 동안 이치에 맞지 않은 폭력으로 논쟁이 계속되었으며, 그동안 어떠한 파도 다른 파의 말을 공정하게 혹은 조용히 들으려고 하지 않았다. 그들은 한 번 만났으나 감정의 폭발이 너무 심했기 때문에 목적을 이루지 못하고 그만 분열하고 말았다. 의견의 일치를 찾는 대신 그들은 자기네 주장을 변호하고, 다른 파의 견해를 전복하려는 각 파의 욕망 때문에 그 거리가 더 멀어지게 되었다. 우리는 루터가 무엇 때문에, 그리고 쯔빙글리와 외콜람파디우스가 무엇 때문에 실패했는지를 잘 알고 있다. 루터는 처음부터 교황주의자들이 주장하는 실재적 임재 교리(real presence)를 받아들이지 않았다는 것을, 그리고 성례는 하나님 대신에 예배의 대상이 된다는 것을 용납하지 않았다는 것을 설명했어야만 하였다. 그는 역시 자극적이며 납득하기 어려운 대조법의 사용을 전적으로 자제하고, 더욱이 모든 경우 화가 나게 하는 일을 피하도록 힘써야만 하였다. 마지막으로 그는 논쟁이 깨지자 자제력을 상실하고 지나치게 과격한 언어를 사용하여 자신의 의견을 주장하고 변호하였다. 그는 자신의 생각을 이해시키기 위해서 노력해야만 하였으나, 오히려 그의 평소의 격정이 폭발하여 반대자들을 항복시키려고 과장법을 사용하므로, 이미 그의 교리에 불만을 품고 있던 자들에게 불쾌감을 심어주었다.

"이 일에 실패한 다른 사람들도 있었다. 그들은 실제적 임재 교리에 관한 교황주의자들의 미신과 광신적 개념, 그리고 이와 관련되어 있는 예배를 반대하는 투쟁에서 완강하게 행동했다. 그리고 그 오류의 뿌리를 근절하려는 노력에서 건전한 지식을 확립하기 위해 모든 힘을 다 쏟았다. 그러나 그들은 그 진리를 부정하지는 않았으나 명백히 가르쳐야 할 진리를 가르치지 못했다. 그들은 맹렬하게 떡과 포도주가 그리스도의 몸(body)과 피로 불린다는 것을 입증하면서 그것들 (떡과 포도주)이 살과 피의 표징이기 때문에 어떤 확실한 진리가 그 것과 관련되어 있음을 잊어버리고 있었다. 양 쪽에 다 오류가 있었 다. 그러나 우리는 그것들을 향한 우리의 의무를 다하는데 소홀히 해서는 안 되며, 하나님께서 그것들을 주시고 그것들을 통하여 우리 에게 나누어주시는 은혜를 잊어서도 안 된다. 그리고 거룩한 생활과 탁월한 교리로 그들이 어떻게 유명해졌는지를 알게 되면, 우리는 아 주 존경하는 마음으로 그들을 생각하고 그들에 대하여 이해할 것이 다. 특별히 그것은 하나님을 기쁘시게 하는 일이기 때문에, 끝까지 혹은 적어도 이 불행한 싸움을 부드럽게 할 것이다. 나는 이것을 말 하기를 원하고 있었다. 즉 그처럼 필요한 평화가 마지막으로 재확립 될 수 있는 수단으로 신앙의 공식이 아직 공개적으로 인정되지 않고 있다는 말이다. 동시에 우정과 교회를 하나 되게 하는 일치는 그리스 도인의 연합에 반드시 필요하다는 말도 하고 싶었다. 그러므로 우리 모두는 하나님의 법에 따라 믿음으로 성례에 참여하고, 실체의 진리 안에서 그리스도의 살과 피의 분담자라는 것을 한 입으로 고백하는 자가 되자. 마지막으로 우리는 주 예수께서 부패한 요소들에 의해 에워싸여 있다는 생각을 거부하면서 현세적인 것을 모두 추방하고, 우리의 마음이 하늘로 향하고 있다는 것을 굳게 주장해야 한다. 더 나아가서 주님과의 이 연합의 거룩한 사역의 역사는 작아져서는 안 되기 때문에 그것은 하나님의 감추어지고 놀라운 권능을 통하여 일 어나게 된다는 것을 믿어야 한다. 하나님의 영은 이 연합의 수단이시 며, 그러므로 영적이라 불리어진다.”

칼빈은 이 명백하고 정확한 해석을 통하여 위대한 공헌을 남겨놓았다. 칼빈이 이처럼 보여준 절제의 정신은 프랑스 개혁파 교회에서 항상 볼 수 있었다. 이것은 루터 파의 그것과 확실히 비교되는 점이었다. 연합의 거의 모든 운동은 개혁파와 함께 시작되었으며, 드디어 1631년에 샤렌톤 대회(the Synod of Charenton)는 선언하기를, 루터 파는 그들 신앙에 관한 조사 없이, 또는 어떠한 선서도 없이 성만찬에 참석하도록 허락되어야 한다고 하였다. 이것은 전적으로 칼빈의 의견에 따른 것이었다. 이것은 하나 됨의 정신과 그리스도의 임재에 대한 믿음에서 이루어진 연합이었다. 그리고 이와 같은 칼빈의 성만찬에 관한 견해는 우리 시대에도 연합을 발전시키려고 하였던 모든 신자들 사이에서 널리 보급되었다.

지식으로 그 신비를 헤아리고자 하는 노력 대신에 마음과 사랑과 생활을 통하여 모든 의견을 조정하려고 한 칼빈의 이 최초의 실험을 오늘날 우리 시대에도 여전히 연합된 복음주의 교회 안에 있는 모든 정직한 루터 파에게 올바른 길을 보여줄 수 있을 것이다. 절제가 처음부터 교회 안에 널리 보급되었다면 모든 성례 논쟁을 미연에 방지하여 사랑의 연합을 가능케 하였을 것이며, 또한 "아버지여. 아버지께서 내 안에, 내가 아버지 안에 있는 것 같이 그들도 다 하나가 되게 하시어 세상이 아버지께서 나를 보내신 것을 믿게 하옵소서" 라고 하신 구세주의 기도의 역사를 입증하였을 것이다.

제12장

세르베투스 사건

세르베투스(Michael Servetus)라는 이름은 칼빈의 이름과 영원히 연결되어 있다. 칼빈은 그 불행한 스페인 사람의 죽음을 무죄(無罪)한 죽음으로 생각할 수가 없었다. 그는 하나님의 의지가 국가의 법률이 되어야 한다고 생각하고 있었으며, 하나님의 의지에 대한 자신의 이러한 해석이 정확하다는 것을 또한 확고히 믿고 있었다. 칼빈은 하나님의 이름을 높이는데 열중하고 있었기 때문에, 하나님을 저항하는 것을 보면 참을 수가 없었다. 이것이 이해된다면 우리는 칼빈을 좀 더 명백히 알 수 있을 것이다.

I

세르베투스의 비극적인 종말을 이해하기 위해서는 1553년 이전의 그의 생애와 그가 한 일에 대하여 조사할 필요가 있다. 그는 1509년 옛 스페인 왕국 아라곤 주(Aragon) 빌라노바(Villanova, Villanueva)에서 태어났으며, 그러므로 그는 그의 대적수 칼빈과 같은 해에 태어난 셈이다. 그는 제네바 법정에서 자신은 고대의 귀족가문의 태생이라고 말한바 있다. 그의 아버지는 스페인 사람으로 법률가요 공증인으로 일했으며, 그의 어머니는 프랑스인이었다.

그는 호리호리한 키에 몸이 허약했으나, 조숙하고 호기심이 많았으며 상상력이 풍부하고 날카롭고 독립심이 강하였다. 어떤 점에서 그는 수재라고 할 수 있는 인물이었다. 그리고 그는 신비주의와 광신주의에 마음이 쏠리는 경향을 가진 사람이었다. 그는 초기교육을 도미니칸파 수도원과 사라곳사(Saragossa)대학에서 받았는데, 처음에는 사제(司祭)가 되려는 생각으로 그랬던 것 같다. 그 후 그의 아버지는 그를 유명한 툴루즈(Toulous)대학에 입학시켜, 거기서 2,3년 동안 법학을 공부하게 하였다. 툴루즈 대학은 로마 교회의 엄격한 정통파에 속한 학교로, 루터 파를 이단으로 계속 감시하였다. 그러나 거기서 세르베투스는 루터가 에어후르트(Erfurt)대학에 입학한 후 경험했던 것처럼 처음으로 성경전서를 볼 수 있었다.

성경은 지금은 그의 안내자가 되었다. 그는 프로테스탄트가 주장하는 것처럼 성경의 권위와 충족성(充足性)의 원리를 전적으로 받아들였다. 그러나 그는 그것을 자신의 사색적 환상을 조건으로 받아들였다. 그리고 그는 종교개혁자들보다 훨씬 더 로마 교회의 전통을 반대하였다.

세르베투스는 그가 처음 쓴 책에서, 성경은 자신의 모든 철학과 과학의 기초이며 매우 많이 읽어야 할 책이라고 주장하고 있다. 그것은 하늘에서 내려온 하나님의 선물이라고도 하였다. 성경 다음가는 책은 "니케아 전 교부들"(the ante-Nicene Fathers)을 꼽았는데, 이 책들은 보다 단순하고 다소 명확한 교훈을 주기 때문이라고 말하고, 이 책에서 많은 자료들을 인용하기도 하였다.

우리는 그가 종교개혁자들의 저술에서 영향을 받았는지, 받았다면 어느 정도까지 받았는지에 대하여는 알지 못한다. 그는 일찍이 스페인어로 번역된 루터의 소책자들을 읽었는지는 모르나 그의 책에서 인용한 것은 없다.

세르베투스는 후랜씨스칸 파의 탁발수도사요 촬스 5세 황제의 고해신부(confessor)인 쟌 퀜타나(Juan Quintana)의 비서로 고용된다. 1529년에는 그를 따라 보로냐(Bologna)에서 있은 황제 대관식에 참석하고, 1530년에는 루터의 종교개혁사에서 신기원을 이룬 아우구스부르크 (Augusburg) 국회에도 참석하였다. 거기서 그는 멜랑히톤과 루터 파 지도자들을 만났으나, 그가 너무 젊었기 때문에 관심을 끌지 못했다. 그해 가을에 그를 바젤에서 볼 수 있었다.

우리는 종교개혁자들이 경험한 것처럼 그의 생애에서 회심이나, 혹은 도덕적 몸부림을 겪었다는 이야기를 들어본 적이 없다. 그는 로마교도도 아니고 개신교도도 아니었으며, 다만 모든 정통과 격렬하게 싸우고 있는 한 자유인일 뿐이었다.

세레베투스는 독일에서 스위스로 옮겨 바젤(Basel)에서 얼마동안 지낸다. 바젤에서 그는 처음으로 삼위일체론과 그리스도의 신성(神性)에 대하여 이단설을 자유롭게 발표하였다. 그는 여기서 오이콜람파디우스(Oecolampadius)를 만나 면접과 서신을 통해 그를 전향시키려고 하였으나, 오히려 오이콜람파디우스는 그를 소름끼칠 정도로 싫어하게 되었다. 1530년 10월 그는 바젤에 와있던 부처, 쯔빙글리, 그리고 불링거 등 여러 친구에게 자신이 세르베투스로부터 고통을 받았다는 것과, 그 스페인 사람이 삼위일체 하나님과 그리스도의 영원한 신성을 부정한다는 사실을 이야기해주었다. 이때 쯔빙글리는 그에게 세르베투스의 오류를 납득시키되 건전한 논의를 통하여 그를 진리로 돌아오게 하라고 권하였다. 이에 대하여 외콜람파디우스는 자기는 그 건방지고 무모하며 다투기 좋아하는 그 자에게 아무런 감명도 줄 수 없다고 하였다. 쯔빙글리는 "이것은 참으로 하나님의 교회에서 참을 수 없는 일입니다. 그 엄청나게 무서운 신성모독죄의 유포를 막기 위해 가능한 한 모든 조치를 취해야 하겠습니다"라는 말로 답하였다.

세르베투스는 잘못된 신앙고백으로 외콜람파디우스를 만족시키려고 하였으나 그는 그 해석에 속지 않고 오히려 세르베투스를 권면하여 "성자 하나님은 성부 하나님과 동질(同質)이시며, 영원히 공존하신다는 것을 고백하라"고 강조하였다. 칼빈은 세르베투스의 그 강한 자만심과 완고함을 참아줄 수가 없었다. 세르베투스의 이러한 성격으로 인해서 그는 자신의 생명을 잃은 것이다. 그는 청년의 열정을 가지고 있었으나, 그 열정은 그에게 잘난 체 하는 자만심을 갖게 하였다. 그에게는 매력과 이해력이 부족하였다. 완고함과 자만심은 사람들을 새로운 사상으로 끌어들이는데 가치 있는 재산이 될 수 없었다. 그 옛날에도 세르베투스는 사귀고 싶은 부드러운 성격의 사람이 아닌 것 같았다.

세르베투스는 바젤에 머물다가 스트라스부르(Strassburg)로 이사한다. 거기서 그는 부처(Bucer)와 까피토(Capito)의 친절한 환영을 받는다. 그들은 세르베투스를 돌이키기 위하여 노력하였으나 허사였다. 1531년 7월 그는 여기서 『삼위일체론의 오류들』(Errors of the Trinity)이라는 책을 출판한다. 이 책은 로마 교회와 프로테스탄트를 다같이 분노케 할 정도로 그들을 흔들어 놓았다. 그 라인강의 나라는 세르베투스에 대하여 너무 분노하고 있었기 때문에, 그는 빠리에 도망가서 20년 동안 미카엘 비예뇌브(Michael Villeneuve)라는 익명으로 살게 된다.

이 『삼위일체론의 오류들』은 그 저자가 20대의 젊은 나이의 사람이라는 점에서 주목할 만한 책이다. 그의 젊음이 이 책속에 반영되어 있었다. 그것은 진지하고 솔직하며, 그리고 거의 표현할 수 없을 정도로 그리스도에 대한 신비로운 사랑으로 꽉 차있는 책이다. 그러나 이 책은 그의 사상을 따르기에는 너무도 문제가 많은 책이다. 그는 성경에 대한 광범한 지식을 보여주고 있는데, 52권의 성경에서 인용하였으며, 역시 칼빈처럼 교회 교부들에서도 40회나 인용하고 있다. 그는 성경을 비평적으로 해석하면서도 성경을 반박할 수 없는 권위서로 받아 들였다.

『삼위일체론의 오류들』은 7편으로 되어있는데, 다음과 같이 요약해 볼 수 있다.

그는 나사렛의 역사적 예수로부터 시작한다. 로고스로 시작하는 자들을 반대하고 인간(humanity)으로 시작하므로 참 그리스도를 파괴한다. 로고스와 하나님의 아들의 동일성을 부정하고 속성전달설(屬

性傳達說)을 부정한다. 속성전달설이란, 성육신 후에 인성과 신성의 특성들이 인격의 특성이 된다는 이론이다. 성령(聖靈)은 히브리어의 '루아흐'ruach와 헬라어의 '프뉴마'pneuma에 따라 바람, 혹은 호흡이며, 성경에서는 하나님 자신, 천사, 사람의 영, 그리고 신적 충동(divine impulse)을 가리킨다고 주장한다. 삼위일체(三位一體) 하나님은 세 인격이 아니라, 하나님의 세 경향이다.

루터 파의 칭의교리는 사람을 게으르게 만들며, 선한 일에 대하여 무관심하게 만든다. 세르베투스는 삼위일체론자들을 삼신론자(三神論者)요 무신론자라고 하였다. 삼위일체론자의 세 분 하나님은 악마의 속임수이며, 후에는 머리 셋이 달린 괴물이라고까지 악담하였다. 이 책이 신교와 구교에 다 같이 큰 모욕을 주었으며, 불경(不敬)한 책으로 인식되었다는 것은 조금도 놀라운 일이 아니었다.

멜랑히톤은 삼위일체론과 기독론 문제의 난관들을 느끼고, 앞으로 논란이 있을 것을 내다보았다. 그는 친구 카메라리우스(Camerarius)에게 쓴 편지에서 자신의 입장을 다음과 같이 표명하였다. "당신은 내가 세르베투스에 대하여 어떻게 생각하는지를 물었습니다. 나는 그가 논쟁에 예리하고 예민하다는 것을 보았습니다만, 그를 높이 평가할 마음은 없습니다. 내가 생각하기로는 그는 혼란스러운 상상력의 소유자이며, 그의 사상은 성숙하지 못한 것 같습니다." 한편 바젤의 신학자이며 세르베투스를 정통적인 신앙으로 인도하기 위하여 호의적인 만남을 시도한 외콜람파디우스도 쯔빙글리에게, 세르베투스는 교만하고 건방지고 싸우기 좋아하는 아무 쓸모없는 자라고 비난하였다.

세르베투스는 1532년 삼위일체론에 관한 대화와 칭의론에 대한 논문 두 권을 출판하였다. 그는 서문에서 이전 책에서 주장한 모든 것을 취소한다고 하였다. 그러나 취소한 것은 그것들이 거짓이라서가 아니라, 유치하기 때문이라고 하였다. 그는 루터 파의 칭의론을 거부하고, 역시 루터 파와 쯔빙글리 파의 성례관도 부정하였다. 그리고 그는 "교회의 모든 횡포"를 저주하므로 책의 결론을 맺었다.

앞에서도 이미 말한바 있지만, 세르베투스는 스위스와 독일 개혁자들로부터 거절당하고 나서 프랑스로 가 비예뇌부(Villeneuve) 또는 빌라노바누스(Villanovanus)라는 익명을 가지고 생활 했다. 그의 이름과 혐오감을 주는 그의 책들은 세상 사람들의 눈에서 사라졌다가 20년 후에 비엔느와 제네바에 나타났다. 그동안 그는 수학, 지리학, 점성학, 그리고 의학연구에 몰두하였다.

세르베투스는 빠리에 가서 깔비대학(College Calvi)에서 의학을 공부하고, 다음에는 롬바르 대학(College of Lombards)에서 수학을 공부하였다. 1534년 그는 당시 빠리에 비밀리에 살고 있던 칼빈에게 토론하자고 제의 했으나, 자신의 약속시간에 나타나지 않아 토론회는 무산되고 말았다.

세르베투스는 돈이 떨어지자 리용(Lyons)으로 가서 유명한 인쇄업자 뜨르끄셀(Melchior and Caspar Trechsel) 형제 회사의 교정원과 편집인의 일을 맡아 일했다. 그가 빌라노바누스라는 이름으로 처음에 한 일은 「톨레미의 지리학」(Ptolemy's Geography)을 편집하는 일이었는데, 그는 몇 가지 독창적인 공헌을 남겼다. 그는 이 책 서문에서, 이 책을 편집하기 위하여 많은 책을 읽었다는 것과 많은 노력을 아끼지 않았다는 것을 자랑삼아 이야기했다. 사실 26세의 젊은 사람이 이런 책을 편집했다는 것은 그 박식함에 놀라지 않을 수 없었다.

세르베투스는 필요한 자금이 마련되자 1536년 다시 빠리에 가서 의학박사 학위를 받고 그 후 의사로써 큰 명성을 떨친다. 그리고 그는 1537년 약용 시럽 사용법에 관한 책을 써서 10년 동안 4판이나 출판될 정도로 대단한 인기를 얻는다. 뿐만 아니라 그는 폐의 혈액순환의 원리(the Pulmonary circulation of the blood)를 발견한 최초의 사람으로 알려져 있기도 하다. 그 후 100년이 지나서야 영국의 의사 하비(William Harvey)가 혈액순환의 원리를 독립적으로 발견할 수 있었다. 한편 그는 빠리대학에서 점성학을 강의했는데 그 인기는 대단했다. 하지만 그는 주제넘게 자기를 내세우는 교만한 성격 때문에 동료 교수들의 비판을 받았고, 그는 이것을 참지 못하고 모욕적인 팜플렛을 만들어 그들에게 응수하였다. 이 일로 인해서 그는 의회와 종교재판소에 소환되어 견책을 받고, 그 주제에 관한 강의를 중단하도록 명령을 받았다. 그들은 아직도 세르베투스가 삼위일체론에 대한 금지된 책의 저자라는 사실을 꿈에도 생각하지 못하고 있었다. 격분한 세르베투스는 파리를 떠나게 된다. 그의 거만한 성질과 그의 우수한 두뇌는 그로 하여금 빠리를 떠나지 않을 수 없게 만들었다. 자신을 과신하고 다른 사람의 의견을 받아들일 줄 모르는 그 완고한 성격은 그의 생애를 무너지게 만든 것이다. 그는 빠리를 떠나 리용 근처의 작은 거리 샬리외(Charlieu)에 가서 2,3년 동안 의사로 일했다. 그는 나쁜 평판 때문에 샬리외로 가지 않을 수 없었던 것이다.

세르베투스는 거기서도 사람들의 미움을 사 샬리외를 떠나서 1540년 도피네(Dauphine)주 비엔느(Vienne)로 가게 된다. 거기서 그는 비엔느의 주교 삐에르 빨미에르(Pierre Palmier)의 보호를 받으며 의사의 일을 하였다. 이 주교는 세르베투스가 빠리대학의 교수로 있을 때 수강생 중의 한 학생이었는데 지금은 그의 학문의 후원자가 된 것이다. 그 후 그는 13년간(1540-1553)의 가장 행복한 생활을 거기서 보낼 수 있었다. 그는 의사의 직업에 종사할 수 있는 기회와 특별히 부업으로 신학분야의 글을 쓸 수 있는 기회를 얻게 된 것이다. 그는 자신이 가장 싫어하는 로마 카톨릭 교회에 순응하며 고위 성직자들과 친하게 지냈기 때문에, 그의 이단성과 그가 『삼위일체론의 오류들』의 저자라는 것을 아무도 아는 사람이 없었다.

세르베투스는 시간을 얻어 자신이 좋아하는 문학과 신학 연구에 열중하는 한편, 톨레미의 지리학을 정정 재판하고, 그것을 빨미에르 주교에게 헌정하였다. 1542년에는 도미니칸파 수도사이며 사보나로라(Savonarola)의 제자인 파가니니(Paganini)의 라틴어 성경을 출판하여, 여기에 주석을 붙여 성경의 의미를 설명하였다. 훗날 세르베투스가 제네바에서 재판을 받을 때 칼빈은 이 책에서 많은 것을 인용하여 그의 이단성을 증명한바 있다.

세르베투스는 비엔느에서 그의 마지막 책을 준비하고 있었다. 이

때(1540년 초) 그는 리용의 박식한 출판업자요 칼빈의 친구이기도 한 쟝 후렐론(Jean Frellon)을 통하여 칼빈과 서신왕래를 시작하였다. 그는 책이 완성되자 책 한권을 칼빈에게 보내면서, 그 안에 "과거에는 전혀 들어보지 못한 엄청난 것들이" 들어있다고 허풍을 떨었다. 세르베투스는 또한 칼빈에게 다음과 같은 세 가지 질문을 제의 하였다. 1) 인간 예수 그리스도는 하나님의 아들인가. 그렇다면 어떤 방법으로 하나님의 아들이 되었는가? 2) 하나님의 나라는 사람 안에 있는가. 그렇다면 사람은 언제 그 나라에 들어가는가. 그리고 사람은 언제 중생하는가? 3) 세례는 주의 성만찬과 같이 믿음을 전제로 하는가, 그리고 무슨 목적으로 두 성례는 신약에서 제정되었는가?

칼빈은 원고 전체를 읽을 시간이 없었던 것 같았으나, 친절하게 답을 주었다. 1)그리스도는 영원하신 독생자의 신성(神性)과 하나님의 지혜가 육신이 되신 인성(人性)에 따라 하나님의 아들이시다. 2) 하나님의 나라는 사람이 중생될 때 그 안에서 시작되지만, 중생의 과정은 한 순간에 완성되지 않고 죽을 때 까지 계속된다. 3) 믿음은 세례에 필요하나, 주의 성만찬에서와 같은 동일한 개인적 방법에서는 아니다. 왜냐하면 할례의 양식에 따라서 약속은 신자의 자녀들에게도 주어졌기 때문이다. 세례와 주의 성만찬은 서로 할례와 유월절에 관계된다. 칼빈은 그의 책들에 대하여 자세히 설명했으나 원하는 만큼 더 설명하지는 않았다.

세르베투스는 칼빈의 답변에 전혀 만족하지 않고, 오히려 칼빈은 하나님의 아들을 둘 혹은 셋으로 만들었다고 비평하고, 솔로몬이 말하는 하나님의 지혜는 우화이며 비인격적인 것이라고 하였다. 그리고 중생은 물과 성령으로 세례 받는 순간 일어나며 영아세례에서는 일어나지 않는다. 그는 할례는 세례에 해당되지 않는다고도 하였다. 그는 다섯 가지 새로운 신학문제들을 칼빈에게 질문하고, 자신이 보낸 「기독교의 회복」에 있는 세례항목 제 4장을 읽어 줄 것을 요청했다. 이에 대하여 칼빈은 또 다른 보다 긴 답변을 보냈다. 그는 매우 바쁜 중에서도 다시 더 자세한 설명을 붙여 자신의 『기독교 강요』의 한 부분을 복사해 보내주었다. 세르베투스는 이를 다시 논박하고, 방대한 비판적 반박서와 함께 기독교 강요의 복사본을 돌려보냈다. "거기에는 거의 한 페이지도 그가 토해낸 말로 더럽혀지지 않은 것이 없었다"고 칼빈은 말하였다. 볼세크(Bolsec)까지도 세르베투스는 "참으로 매우 교만하고 거만한 인간"이라고 하였다. 1546년 2월 13일 칼빈이 후렐론에게 쓴 편지 중에 이런 구절이 있다. "나는 겸손만큼 많이 배워야 할 교훈은 없다고 확신합니다. 이것은 하나님의 은혜를 통해서만 그가 겸손해질 수 있고 다른 방법으로는 불가능합니다"

같은 날 칼빈은 화렐에게도 편지를 썼는데, 이 편지에서 칼빈은 세르베투스는 고칠 수 없는 위험한 인물이며, 마땅히 죽어야 할 자라는 확신에 도달해 있음을 보여주었다.

세르베투스는 계속 칼빈을 괴롭히는 중에 1553년 1월에 『기독교의 회복』(Restitutio; the Restoration of Christianity)이라는 책을 출판한다. 여기에는 출판날짜와 출판소의 이름이 없을 뿐만 아니라, 저자의 이름도 다만 M.S.V.라고만 기록되어 있다. 이 책은 여러 책을 한 권으로 묶은 책인데, 삼위일체에 관한 오류들, 믿음과 그리스도의 왕국, 적 그리스도, 중생, 30통의 편지들, 적 그리스도의 60가지 표적들, 그리고 멜랑히톤에게 드리는 삼위일체론과 교회 권징에 대한 변증등의 글들로 되어 있다. 세르베투스는 처음에는 바젤의 출판업자 마리누스(Marrinus)에게 출판해줄 것을 부탁했으나 책의 내용 때문에 거절되자, 비엔느의 출판업자 아르눌레(Balthasar Arnoullet)와 귀에룰(Gueroult)에게 부탁하여 자비로 일천부를 인쇄하였다. 그러나 이 책의 저자가 주교의 의사인 세르베투스라는 사실을 아는 사람은 비엔느에는 아직 한 사람도 없었다.

II

『기독교의 회복』의 저자가 세르베투스라는 사실은 리용(Lyons)에 사는 로마 교회의 열렬한 신자인 앙트완느 아르네이(Antoine Arneys)와 프로테스탄트로 개종하여 제네바에 망명해 있는 그의 사촌 기욤 드 트리(Guillaume de Trie) 사이에 오고간 편지를 통하여 로마 교회 당국자들에게 알려지게 되었다. 트리는 칼빈에게 매우 헌신적인 사람이었다. 아르네이는 트리에게 보낸 한 편지에서, 트리가 종교개혁 사상을 품고 있는데 대하여, 그리고 질서도 없고 규율도 없는 그런 교회에 개종한데 대해 비난했다. 그리고 종교개혁자들은 각처에서 방자하게 혼란의 씨앗을 뿌리고 다닌다고 하면서 빨리 로마 교회로 돌아오라고 재촉하였다.

이에 대하여 트리는, "프로테스탄트는 이단도 아니고 무질서한 집단도 아니라고 항변하고, 더욱이 하나님의 이름을 모독하거나 오류를 퍼뜨리는 그런 일을 하지 않는다"고 하였다. 트리는 계속해서, "로마 교회는 리용에서 예수 그리스도의 이름을 부른 5명의 학생들을 고문하고 잔인하게 불태워 죽였을 뿐만 아니라, 삼위일체를 부인하고 신앙의 기초들을 파괴하며, 유아세례를 악마의 발명품이라고 정죄하는 그런 신성모독자에게는 평안히 살도록 허용하였다고 반격하였다. 그는 또한 내가 말하는 그 사람은 자네가 비난하는 신교의 모든 교회에서 정죄 받은 사람임에도 불구하고, 로마 교회에서는 심지어는 신성모독으로 가득 차 있는 그 사람의 책을 소유하는 것까지도 허락하고 있네" 라고 하였다. 그리고 "그 사람은 포르투갈 계 스페인 사람으로 본명은 미카엘 세르베투스(Michael Servetus)인데, 지금은 자신을 의사라고 하면서 비예뇌브(Villeneuve)라는 익명을 사용하고 있네. 그는 언젠가는 리용에서 살다가 지금은 비엔느(Vienne)에 머물고 있는데, 거기서 그는 『기독교의 회복』(Christianismi Restitutio)이라는 책을 출판했네. 그러므로 자네는 내가 떠돌아다니는 풍문을 듣고 말한다고 생각하지 말게. 그 증거로 그 책의 첫 장을 보내드리네." 라고 말하였다.

아르네이는 사촌의 편지를 리용의 종교재판관 마띠외 오리(Matthieu Ory)에게 넘겨주었고, 그래서 세르베투스는 1553년 3월 비엔느 법정에 소환되어 심문을 받게 된다. 법정은 그에게 책의 첫 장이 제시되었으나, 그는 자신이 그 책의 저자라는 것을 부인하였으며, 인쇄업자도 그것을 부인하였다. 재판도중 그는 4월 7일 감옥에서 탈출하였다. 이제 법정이 할 수 있는 일은 다만 탈출한 죄수에게 결석

판결을 선고하는 길 밖에 없었다. "몸이 재가 될 때까지 천천히 타는 약한 불에서 산채로 화형에 처한다."는 판결이었다. 6월 17일의 이 선고는 세르베투스의 초상을 만들어서 거리로 끌고 와서 대중 앞에서 불태움으로 집행되었다.

두 달 동안 세르베투스의 행방은 전혀 알려지지 않고 있다가 그는 8월 중순에 제네바에 나타나서 배를 타고 이태리로 도망갈 계획을 세우고 있었다. 이곳은 그가 가고자 했던 이 세상에서의 마지막 장소였다. 그의 체포에 대해서는 여러 가지 설이 있었으나 일치점을 찾지 못하고 있다. 어떤 사람은, 그가 칼빈의 설교를 듣기 위해 제네바에서 성삐에르 교회(St. Pierre)에 갔다가 발각되었다고 말하고, 또 어떤 사람은 그가 여관에서 잡혔다고 말한다. 어떻든 그는 체포되어 8월 14일 칼빈의 비서이며 그를 고발한 니꼴라 드 라 횡떼느(Nicholas de La Fontaine)와 함께 소의회와 행정관들의 법정에 소환되었다. 제네바 법에 따르면, 고소자는 고소사건이 실증될 때까지 피의자와 함께 감옥에 수용되어 있어야 했다. 만일 실패하면 그는 벌금을 물어야 한다.

횡떼느는 38개의 문제점들을 제시했다. 그것들은 주로 칼빈에 대한 공격과 세르베투스의 신학적 성격에 관계된 것들이었다. 세르베투스는 「삼위일체론의 오류들」, 「기독교의 회복」, 그리고 성경에 대한 몇 가지 비평적 해석들(Errors of the Trinity, Christianity Restored, and some critical annotations on the Bible) 등이 모두 자신의 저술들임을 정식으로 인정하였다. 그는 역시 제출된 라틴어 사본은 자신이 칼빈에게 보내드린 것임을 시인하였다. 다음날 그는 다시 법정에 소환되었으며, 재판장은 죄수가 중죄를 범하였음을 결정하였다. 그리고 횡떼느는 구류에서 해방되었다.

재판은 착실히 진행되었다. 죄수의 요청에 따라 자신의 탄원서를 제출할 수 있도록 붓과 종이가 제공되었다. 8월 22일 세르베투스는 주장하기를, 자기는 부당하게 투옥되었으며, 어떠한 방법으로도 공공의 평화를 해치지 않았다고 하였다. 그리고 그는 외국인으로써 소송절차를 잘 모르기 때문에 변호사가 필요하다고 하였으나 변호사에 대한 요구는 허락되지 않았다. 그러나 그들은 세르베투스의 유죄에 대한 확신이 서있었기 때문에, 그의 처형이 집행되어야 한다고 결정하였다. 칼빈은 자신을 무자비한 사람이라고 생각하지 않았으나, 하나님에 대한 자신의 견해를 반대하는 사람에 대하여는 단호하였다. 아미 뻬렝(Ami Perrin)은 200인 의회 앞에서 재판을 열 것을 시도했으나 실패했다. 그는 자유파의 영향력이 대의회에 미칠 수 있을 것이라고 생각했던 것이다.

8월 마지막 날 제네바의 행정관과 시 의회는 비엔느(Vienne)의 부집행관과 왕의 변호사로부터 한통의 편지를 받았는데, 그것은 세르베투스가 체포되었다는 정보에 대한 감사와 함께 그를 비엔느에서 처형할 터이니 돌려보내달라는 요청의 서한이었다. 비엔느의 메시지는 그곳 왕궁 대위에 의해서 전달되었다. 세르베투스는 (그의 운명이 어느 쪽도 아닌 미정상태로 있는) 제네바에 머물다가 비엔느에서 죽기를 원했다.

세르베투스는 9월에 두 번이나 법정에 탄원서를 제출했다. 그는 자신의 무서운 곤경을 말하고 좀 더 좋은 위생 상태를 요구했다. 우리는 죄수의 5주 동안의 감금과 그 비참한 상태를 생각하면서 16세기 지하 감옥의 불결을 상상할 수 있다.

세르베투스는 다시 변호사의 도움을 요구했다. 그는 칼빈은 자신을 거짓으로 투옥시켰으니, 오히려 칼빈이 감옥에 들어가야 한다고 주장했다. 그가 원한 것은 공정이었다. 그는 이 공정이라는 단어를 세 번이나 반복 사용하였다. 세르베투스는 치명적인 오점을 들어 칼빈의 오만을 맹렬히 공격하였다. 그리고 개인적인 모욕에 더하여 칼빈의 하나님을 공격하였다.

세르베투스의 생명을 재촉하는 10월은 재판의 속도가 빨리 진행되고 있음을 보여주고 있었다. 10월 10일 세르베투스는 다시 의복이 부족하다, 교도소 독방이 춥고 더럽다는 등 자신의 비참한 상태를 글로 써서 제출했다.

제네바는 이 세르베투스 사건에 대하여 전적으로 책임지기를 원하지 않았다. 그래서 세르베투스의 책들과 이와 관련된 자료들을 스위스 개신교의 다섯 주에 보내서 그들의 의견이 어떠한 지를 물었다. 그 결과는 10월 26일 칼빈이 화렐에게 보낸 편지에서 알 수 있다.
"스위스에서 파송된 메신저가 돌아왔습니다. 그들은 모두가 한결같이 세르베투스는 사탄이 이전에 교회를 소란케 했던 그 사악한 오류들을 부활시킨 차마 용서할 수 없는 괴물이라는 것을 주장했습니다. 바젤(Basel) 사람들의 주장은 정당했습니다. 쮜리히(Zurich) 사람들의 주장은 매우 격렬했습니다. 그들은 매우 강한 어조로 세르베투스의 불신앙을 가증한 것으로 표현하고, 우리의 행정관들에게 그를 엄격히 다루어 줄 것을 권고했습니다. 샤프하우젠(Schaffhausen) 사람들은 그들이 밝힌 판단에 서명도 했습니다. 베른(Berne) 교회 목사들의 편지도 역시 적절하였는데, 그들 상원의 의견과 동일하였으며, 이 때문에 우리의 행정관들이 매우 많은 자극을 받았습니다. 익살꾼 세자르(Caesar)는 삼일 동안이나 아픈 체 하다가 마침내 법정에 나와서 저 방탕한 친구를 무죄석방하려고 하였습니다. 그는 조금도 부끄럽게 생각하지 않고 그 사건이 200인 의회로 넘어가야 한다고 하였습니다. 그러나 그는 아무런 논쟁 없이 유죄 언도를 받았으며, 내일이면 그는 처형될 것입니다. 우리는 그런 종류의 죽음을 바꾸기 위해서 노력하였으나 허사였습니다. 재판관들이 무슨 이유로 우리의 요구를 허락하지 않았는지를 앞으로 만나서 이야기 해드리겠습니다. ”

이 편지는 화렐이 뇌샤뗄을 떠나 제네바로 가는 도중에 전달되었다. 우리는 행정관들이 왜 칼빈의 요구를 거절했는지를 알지 못한다. 칼빈은 세르베투스의 처형은 원했으나 좀 더 인도적인 방법으로 처형되기를 원했던 것이다.

그러므로 칼빈이 세르베투스를 화형(火刑)에 처했다는 말은 기껏해야 반쪽만의 진실일 뿐이다. 칼빈은 혼자서 결정한 것이 아니라, 많은 사람과 함께 행동한 것이다. 그는 프로테스탄트의 여론을 대표해서 공적인 자격으로 행동했다는 말이다. 세르베투스가 사형을 받았다는 것은 당시의 일반적인 여론이었으며 결코 칼빈 혼자만의 결정이 아니었다. 칼러릿지(Coleridge)는 다음과 같이 주장했다. "세르베투스의 죽음은 특별히 칼빈만의 허물이 아니라, 유럽 전체교회의 일반적인 치욕이었다. 칼빈은 화형을 반대하고 참수하므로 보다 신속하고 보다 자비로운 죽음을 죽게 하자고 강권했던 것이다."

세르베투스는 8월 27일 아침 사형이 언도 되었다는 것을 통보 받았다. 그는 마지막까지 사형집행이 연기되기를 원했다. 지금 그는 무릎을 꿇고 자비를 구했다. 그것은 극도로 슬픔에 잠긴 인간의 자비로우신 하나님을 향한 진정한 부르짖음이었다. 그러나 모든 것이 허사가 되었다. 죄수를 가운데 둔 행렬은 성 삐에르교회당 옆 감옥으로부터 시성벽 외곽에 있는 샹뻴(Champel)이라고 하는 산허리에 까지 진행되었다. 오늘날 이 장소로 가는 거리를 미카엘 세르베투스로(Rue Michael Servetus)라고 부른다. 당시에는 그 길은 다만 시외로 빠져나가는 거리였다.

화렐은 세르베투스를 수행하여 마지막까지 그의 사상을 취소할 것을 권고하였으나, 그는 끝까지 완고하였다. 그는 기둥에 묶였으며, 심한 고통이 연장되었다. 그는 자기 영혼을 하나님께 위탁하고, 그리스도를 영원하신 하나님의 아들이라고 불렀다. 그러나 마지막까지 그는 그리스도를 하나님의 영원하신 아들이라고 말하기를 거절했다. 이것은 그가 나사렛의 역사적 예수로부터 시작했기 때문이었다. 즉 인간성으로부터 시작하므로 참 그리스도를 파괴하고, 로고스와 하나님의 아들의 동일성을 부정한 것이다. 그래서 그는 화렐의 간곡한 권유에도 불구하고, 그리스도를 영원하신 하나님의 아들이라고 부르고, 하나님의 영원하신 아들이라고 부르지 않은 것이다. 세르베투스는 그렇게 죽었다.

죽음을 앞두고 세르베투스와 칼빈, 두 사람 사이에는 마지막 대담이 오고 갔다. 세르베투스는 칼빈에게 자기를 용서해달라고 말했다. 이에 대하여 칼빈은 다음과 같은 말로 답했다. "나는 한 번도 개인적으로 당신에게 불평을 말한 적이 없소. 16년 전 내가 빠리에 있을 때 당신을 우리 주님에게로 인도하려는 노력을 게을리 하지 않았다는 것을 당신은 기억해야 합니다. 만일 당신이 그때 옳게 판단하였다면, 나는 하나님의 모든 진실한 종들과 함께 당신과 화해했을 것입니다. 당신은 그때 그러한 노력을 피했습니다. 그 후에도 나는 끊임없이 서신을 통하여 당신을 권했으나 모든 노력은 소용이 없었습니다. 당신은 단순한 분노가 아니라 믿어지지 않을 정도의 격한 분노로 나에게 욕설을 퍼부었습니다. 나머지 일에 관해서는 더 말하지 않겠습니다. 차라리 하나님의 용서를 비십시오. 당신이 본질에서 3인격으로 존재하시는 분을 매장하여 모독했던 그 하나님께 간구해보십시오. 오히려 하나님의 아들에게 용서를 구하십시오. 당신이 구세주로서의 그 가치를 떨어뜨리고 사실상 구세주임을 부정한 그분에게 용서를 간구하십시오." 이때 세르베투스는 처형되었다. 그렇다. 세르베투스의 이 비극적인 화형은 무서운 사건이다. 생명은 거룩하다 아무도 남을 죽게 할 권리를 가진 사람은 없는 것이다. 화형사건 후 얼마 안 있어서 까스뗄리오가 한 말은 일리가 있는 말이었다. "사람을 죽이는 것은 교리를 보호하는 것이 아니라 사람을 죽이는 것이다."

세르베투스에게 왜 그처럼 가혹한 형벌이 내려졌는가? 그것은 종교개혁자들도 역시 개혁파 교회와 마찬가지로 그들의 신앙이 로마 카톨릭적 이었기 때문이었다. 그들은 자신들은 항상 거룩하고 보편적 교회 역사의 참된 연장이라고 주장하고 있었다. 삼위일체에 대한 신앙은 모든 로마 교회의 교리일 뿐만 아니라, 기독교 문명 자체의 기초가 되어왔다. 그런 교리를 부정하고 유포하는 것은 반역죄이며, 무정부상태(무질서)를 퍼뜨리는 죄가 되는 것이었다. 다른 문제에 대하여 아무리 당국자들의 주장과 다르기를 원하여도 개인의 양심은 오직 신앙만이 결정한다. 그러므로 프로테스탄트와 카톨릭의 세계에서 세르베투스는 죽음의 선고 외에는 다른 어떤 해결책도 찾을 수가 없었다.

이단자를 처형하는데 어떤 방법으로 할 것인가 하는 문제에 대하여 논쟁이 일어났다. 그런데 제네바 당국자들이 칼빈의 요구를 반대하고 세르베투스를 화형(火刑)에 처해야한다고 강조한 것은 참으로 신기한 일이다. 제네바에서 교회와 국가는 밀접하게 묶여져 있었다. 그러므로 신앙고백에 대한 공격은 곧 정치구조에 대한 공격을 의미하는 것이었다. 세속적 조직의 회원이 교회의 회원을 포함하고 있는 한, 종교적 반대 혹은 부동의는 정치적 반대이며, 심지어는 반역에 해당하는 것이었다. 세르베투스는 1553년 10월 27일 "하나님을 모독하는 모든 사람에 대한 경고로써 제네바에서 화형에 처해졌다. 그는 삼위일체와 하나님의 아들을 반항하는 무서운 신성모독죄로 고발된 것이다. 사형집행자는 죄수의 긴 비명소리에 간담이 서늘해졌다. 그래서 그는 죄수를 불쌍히 여겨 집행과정을 서둘러 나뭇단을 더욱 빨리 던져 불이 잘 탈 수 있도록 힘썼다. 이렇게 해서 세르베투스가 죽는데 한 시간 반이 걸렸다고 한다. 칼빈은 그 자리에 없었다. 칼빈은 세르베투스가 화형으로 처벌받는 것을 원하지 않았기 때문이었다. 화렐은 마지막 순간에 그가 본 일에 대하여 전혀 입을 열지 않았으며, 칼빈을 만나지도 않은 채 곧바로 뇌샤뗄로 떠났다고 한다.

이 세르베투스 사건에 있어서 관용의 문제는 특별히 칼빈의 이름과 연결되어 있다. 칼빈은 이 관용문제에서 동시대의 대부분의 사람들과 다르지 않았다. 에라스무스(Erasmus)는 폭 넓은 관용을 주장했다. 그러나 그는 사건을 변화시키거나 단결시키는데 필요한 행동에는 연류 되지 않았다. 루터는 처음에는 이단에 대한 처형을 반대했다. "이단은 폭력으로 억제 되어서는 안 된다. 칼로 자를 수 없고, 불로 태울 수 없으며, 물에 빠뜨려 죽일 수 도 없는 영적인 것으로, 하나님의 말씀만이 그것을 처리할 수 있다"고 하였다. 그리고 모든 사람은 그가 할 수 있는 한, 자유롭고 용감하게 설교 할 수 있어야 한다고도 주장하였다. 그러나 재세례 파와 다른 파들에게 허용된 자유의 결과를 경험하고 나서부터 그는 그 상황을 도저히 감당할 수 없었다. 그래서 1531년 후에는 순수한 종교를 유지하기 위해서는 폭력이 사용되어야 한다는 사람들 편으로 넘어갔다.

그러나 만일 세르베투스]가 승리하였다면, 제네바의 종교개혁에 있어서의 칼빈의 권위는 위태롭게 되었을 것이다. 재판의 결과가 불확실한 것처럼 보였을 때, 칼빈은 제네바를 떠날 생각까지 하고 있었다. 이때 불링거(Bullinger)는 다음과 같은 편지를 써서 칼빈을 격려하였다. "그처럼 많은 훌륭한 성도들을 가진 교회를 포기하지 마시오. 선택받은 자들을 위해서 모든 것을 참고 견디시오. 거기에 그냥 머무르시오. 부탁이요.... . 주님께서는 당신을 버리고 떠나지 않을 것입니다."

사실 칼빈이 이단은 죽음의 형벌을 받아야 한다고 생각한 것은 잘못이었다. 그러나 한편 삼위일체 하나님과 그리스도의 신성(神性)의 부정은 매우 심각한 문제이며, 구원의 복음과 종교개혁 운동 전체에 대한 공격이라고 생각한 것은 참으로 옳은 일이었다.

현대의 프로테스탄트는 확실한 음성으로 세르베투스의 죽음에 대한 견해를 밝힌 바 있다. 그 후 350년이 지나서 칼빈의 헌신적인 추종자들은 세르베투스를 기념하며 칼빈 대신 보상한다는 뜻에서 1553년 10월 27일 그가 처형된 바로 그 장소에 1903년 10월에 속죄비를 세운 것이다. 비석 한쪽에는 세르베투스의 출생과 죽음이 기록되어 있었고, 다른 한 면에는 다음과 같은 비문이 새겨져 있었다.

우리의 위대한 종교 개혁자이신 칼빈에게 순종과 감사를 바치는 우리의 추종자들은 종교개혁과 복음의 참된 원리에 따라 그 시대의 오류를 비난하고 양심의 자유에 강한 애착심을 갖고 1903년 10월 27일 이 속죄비를 세웁니다.

이 기념비 설립을 위한 기금은 스위스, 프랑스, 그리고 화란의 개혁파 교회들과 영국과 미국의 장로교회 회원들에 의하여 기증되었다. 그리고 제네바의 역사 고고학회에 의해서 그 설립이 촉진되었다. 기념비 제막식의 설교는 칼빈 연구의 권위자인 몬타우반(Montauban)의 두메르그(Doumergue)교수가 담당하였다.

Ⅲ

세르베투스의 죽음과 그 죽음에 대한 칼빈의 역할에 대하여는 많은 논란꺼리가 있었다. 로마 카톨릭 교회의 비난객들은, 칼빈을 사형 집행자로 낙인을 찍었고, 심지어는 개신교의 저술자들까지도 "칼빈은 세르베투스를 불 태워 죽였다"고 비난했다. 칼빈은 복수심과 잔인성의 괴물로 생각된 것이다.

사실 우리는 세르베투스의 그 비참한 죽음을 생각하면서, 종교적 견해 때문에 사람을 처형하는 것이 개신교의 정신과 모순되지 않는가 하는 생각을 하게 된다. 16세기와 21세기 사이에는 의견의 차이가 있을 수 있다. 오늘날의 우리는 그 가련한 희생자의 고통과 아픔을 생각하면 마음이 아프다. 그러나 16세기 사람들은 질서의식이 강했기 때문에, 거짓교리에 의해 영혼이 파괴되고 교회가 무너지고, 또한 이로 인해 전쟁과 질병과 기근 등 하나님의 진노가 임할 것이라고 생각했을 때 역시 마음이 떨렸을 것이다.

그러나 당시의 개신교는 로마 교회의 격언, 즉 당신은 그의 영혼을 구원하기 위하여 그의 몸을 죽이고, 교회를 보존하기 위하여 이단을 처형하는 것이 정당하다고 한 그 격언을 버려야만 하였다.

세르베투스의 죽음과 관련하여 칼빈에게 붙여진 오명(汚名)은 엄청난 것이며 크게 부당한 것이었다. 그는 당시의 로마 카톨릭 교회의 신학자들과 마찬가지로 개신교에 의해서 공동으로 사용된 원리에 따라 행동했기 때문에 비난을 받았다. 다른 말로 하면 칼빈은 그 시대보다 앞서지 못한 것 때문에 비난을 받은 것이다.

우리는 다음 두 사람의 말에서 칼빈에 대한 올바른 판단을 내리는

데 도움을 얻고자 한다. 앞에서도 이미 언급한바 있지만 가장 공평정대하고 세련된 신학자들 중의 한 사람인 멜랑히톤(Melanchthon)은, 세르베투스는 논쟁에 예리한 사람이지만 그를 높이 평가할 수 없으며, 그는 혼란스러운 상상력의 소유자이며 그의 사상은 성숙하지 못하다고 평가하였다. 한편 바젤의 신학자이며 세르베투스를 정통적인 신앙으로 돌이키기 위해 호의적인 만남을 시도한 오이콜람파디우스(Oecolampadius)도 쯔빙글리(Zwingli)에게, 세르베투스는 교만하고 건방지고 싸우기 좋아하는 아무 쓸모없는 자라고 하였다.

얼마 안 있어서 세르베투스의 처형에 대하여 칼빈과 제네바 시 당국자들을 반항하는 격렬한 반항운동이 일어났다. 잠시 동안이라도 칼빈은 제네바를 다시 떠나야 할 것 같이 생각되었다. 말할 것도 없이 베자(Beza)와 다른 친구들은 칼빈을 변호하기 위해 뛰어들었다, 그리고 다음 해에 칼빈은 세르베투스 사건 전모에 대하여 「정통신앙에 대한 변호」(Defensio orthodoxae fidei)라는 변호서를 저술하였다.

이 변호서에서 칼빈은 정부의 목적은, "시민들이 호흡하고 먹고 마시고 몸을 따뜻하게 할 수 있도록 해주는데 있을 뿐만 아니라, 우상숭배, 하나님의 이름에 대한 모독, 그의 진리에 대한 경멸, 그 밖에 종교에 대한 공공연한 범죄 등이 나타나지 않고 유포되지 않도록 하는데 있다"고 하였다. 즉 국가의 임무란 진정한 종교를 확립하고, 한번 확립되면 그 종교를 계속 유지하는데 있다고 한 것이다. 법률과 그 법률을 집행하는 자들은 국가의 통치를 위해 하나님에 의하여 임명된 자들이며, 그러므로 그들은 하나님의 일꾼이요 종들이며 통치자로서 세상 직무의 권위뿐만 아니라, 주님의 권위까지도 가지고 있는데, 이들은 주님에 의하여, 그리고 주님을 위하여 이 직무를 수행해 나가는 것이다. 진정한 종교를 확립해 나가고 유지해 나가는 것이 국가의 임무라는 사실을 인정한다면, 진정한 종교가 근본적으로 공격받고 있을 때 정부가 무슨 일을 해야 하겠는가? 하고 반문했다. 여기서 우리는 칼빈이 이단의 처형은 정당하다는 확신을 가지고 있음을 알 수 있다.

칼빈에게 법학을 가르쳤던 삐에르 드 레뚜알(Pierre de L'Etoile)교수는 국가의 법과 반대되는 종교적 견해를 주장하는 자들을 처형하는 것을 옳고 정당하다고 주장하였다.

칼빈은 변호문에서 또 이렇게 주장한다. "행정관의 천직은 불결하고 변덕스러운 혀가 하나님의 거룩한 이름을 찢으며, 하나님에 대한 예배를 짓밟는 것을 허락하지 않는 것이다."

세루베투스 사건에서 칼빈에 대한 가장 무서운 공격은 1554년 제네바에서 출판된 까스뗄리오(Sebastian Castellio)의 『이단자에 관하여』(Concerning Heretics)라는 책이었다.

사보이 가문의 까스뗄리오는 종교재판을 피해 제네바로 도망한 사람이었는데, 거기서 그는 아카데미(Academy)의 교수가 되어 칼빈의 높은 평가를 받기도 하였다. 그러나 그가 성경해석 문제에서 칼빈과 다르다는 것이 알려지면서 그 평가는 유지될 수 없었다. 까스뗄리오는 목사 안수를 받고 설교도 하고 교수일도 할 수 있기를 원했다. 이것은 설교에 대한 욕망과 가족 부양을 위한 추가적인 수입을 위해 당연한 일이었다. 그러나 감독원(Consistory)은 두 가지 근거에서 그의 안수를 거절하였다. 즉 그는 아가서의 영감성을 부인하고, 칼빈의 그리스도의 지옥강하설(地獄降下說)에 동의하지 않았다는 것이었다. 이일로 인해서 까스텔리오는 제네바를 떠나 바젤로 갔다. 그는 유능한 사람이었으나, 1554년 5월 제네바의 목사들을 신랄하게 비판하고 떠났다.

바젤에 도착한 까스텔리오는 그가 얻을 수 있는 일은 무슨 일이든지 닥치는 대로 해서 가족을 부양했다. 그는 남은 시간을 활용하여 성경연구에 몰두했는데, 그것은 높은 수준의 연구이며 우수한 지성을 증명한 것이었다. 그는 1551년에 출판된 라틴어 성경과 1553년에 출판된 프랑스어 성경에 쓴 서문이 인정되어 바젤대학교(University of Basel)의 헬라어 교수로 임명 되었다.

그의 칼빈에 대한 반대는 여러 해 동안 계속되다가 세르베투스가 죽을 때 공개적으로 그 반대의 강도를 높였다. 이 사실은 『이단자에 관하여』에서 잘 들어난다. 이 책은 20명의 저술가들의 "아량"에 대한 견해에서 발췌한 것들로 구성되어 있다. 어떤 것들은 초대교회 교부들의 견해이고, 또 어떤 것들은 후에 자신들의 견해를 바꾼 사람들의 견해도 있다. 발췌문 중의 셋은 까스텔리오 자신의 것들이다. 소수의 인용문은 이 책의 음조를 충분히 실감나게 한다.

그는 이 책의 헌사에서 다음과 같이 말한다. 즉 "나는 그들이 우리의 견해와 일치하지 않는 이단자로 간주할 만한 것을 이 이상 더 발견할 수 없었다." 그는 계속해서 "모든 사람이 자신이 의지(意志)하고 자신이 믿을 수 있는 만큼 믿도록 허락되어야 하며, 아무도 강요되어서는 안 된다"고 한 루터의 초기 작품을 인용하기도 하였다. 루터는 가라지 비유에서 다음과 같이 진술한 바 있다. "우리는 이단을 뿌리 뽑거나 사형에 처하는 것이 우리의 일이 아니다" 후년에 루터는 이 진술에 따라 살지는 않았다. 히포의 감독 어거스틴은 "좋은 그리스도인은 이단자까지도 사형에 고발되는 것을 즐거워하지 않는다" 그리고 "나는 이단자가 사형에 처해지지 않기를 간청한다"고 하였다.

까스뗄리오 자신의 말을 인용하면 그의 생각을 설명하는데 많은 도움이 될 것이다. "전체의 요점은 성경에는 우리가 이해하지 못하는 것과, 그러므로 우리는 박해해서는 안 된다는 것들이 많이 들어 있다는 것을 보여주는 것이다. 우리의 무지에 대한 한 가지 증거는 논쟁 그 자체이다." 그는 계속 말한다. "아주 더욱 나쁜 것은, 이 모든 것들이 그리스도를 위한 열정이므로, 그리스도의 명령에 따라, 그리고 그리스도의 이름으로 행해진다는 것이다."

제13장

마지막 10년

우리는 이제 칼빈의 제네바 사역 마지막 10년, 즉 1553-1563년까지의 고달프면서도 영광스러운 삶을 보게 된다.

I

1553년은 칼빈의 명성이 큰 상처를 입은 몹시 괴로운 한 해였다. 1554년이 시작될 때 완전히 안정을 얻은 것은 아니었으나, 이전의 내부적인 알력이 사라져서 전 년도 만큼 고통스럽지는 않았다. 그는 현재 45세가 되어 지적능력이 최고도에 달해 있었으나, 몸이 쇠약해져서 고통을 계속 몸에 달고 살고 있었다. 자유파(Libertines)의 반대로 논쟁은 계속되었다. 칼빈은 베르뜰리에(Berthelier) 문제에서 승리하였으나 그들은 계속 칼빈을 괴롭혔다. 그러나 그들은 생각했던 것보다는 강하지 못하였으며, 세르베투스를 후원할 만한 근거를 상실하고 있었다. 그들은 예정론(豫定論) 논쟁을 다시 일으켜, 하나님을 죄의 창시자로 만들었다고 칼빈을 비난하였다. 이 비난은 제네바에 사는 반대자들뿐만 아니라, 칼빈의 견해와 달리하는 자들이 있는 곳이라면 어디서나 발견할 수 있었다.

한편 이 때 칼빈의 성격을 비방하는 익명의 중상문이 유포되었다. 많은 사람들은 이 중상문이 까스뗄리오(Castellio)의 작란(作亂)이라고 주장했으나, 그는 이 사실을 극구부인 하였다. 칼빈은 이에 대하여 간단한 글로 답변했으나 그것을 앞장서서 변호한 사람은 베자(Beza)였다. 사실 칼빈의 사생활에 대한 비난은 어느 하나도 인정될 수 없는 것들이었다.

제네바와 스위스에서 주요한 논쟁점들 중의 하나는 파문(破門, 혹은 출교)에 관한 문제였다. 칼빈과 화렐은 감독원(Consistory), 즉 교회만이 교회의 표준에 따라 살지 않는 자에 대하여 파문할 권세와 권리를 가진다고 생각하고 있었다. 그러나 의회는 그 권리가 자기들에게 있다고 주장하였다. 제네바에서의 칼빈의 영향력은 다소 성공적이었으나, 다른 주에서는 그렇지 못했다. 특별히 베른(Bern)은 반대하였으며, 몇 년 사이에 바로 이 문제 때문에 베른과 비레(Viret)사이의 관계가 깨어지기도 했다. 일반적으로 스위스의 목사들은 국가에 대한 교회의 권리를 전진적으로 주장하지 못했으나, 프랑스인들, 즉 칼빈, 화렐, 비레, 그리고 베자는 그것을 주장했다.

이때 칼빈이 많은 관심을 갖게 된 두 사건이 있었는데, 그것은 제네바 밖에서 있었던 일이다. 하나는, 1553년 가을 일단의 개신교도들이 존 라스키(John Laski)의 인도로, 에드워드 6세(Edward Ⅵ)를 이어 영국 왕위에 오른 메리(Mary)여왕의 정책을 피해 스캇틀랜드 동남부 저지방(低地方)에서 안전한 피난처를 찾은 사건이다. 폭풍우는 엘스모어(Elsmore)해변에 있던 이들 피난민들 위에 몰아쳤다. 그들은 루터파의 궁중 목사들, 특히 함부르크의 베스트팔(Westphal)이 없었다면 아마 거기서 환대를 받았을 것이다. 더욱 슬픈 것은 이때 개신교도들

사이에서도 서로를 관영하지 못한 일이었다. 라스키는 부득이 그의 피난민들을 이끌고 후랑크훠르트(Frankfort)로 갈 수밖에 없었다. 칼빈은 1554년 봄 그에게 편지를 써서 그와 그의 피난민들을 격려하였다.

칼빈과 베스트팔은 이 일과 주의 성만찬 문제로 사이가 틀어지고 말았다. 칼빈과 불링거(Bullinger) 그리고 개혁파 교회와 루터 파 교회의 다른 지도자들이 쮜리히 일치문서(the Consensus of Zurich)를 작성했는데, 이 문서는 그 성가신 문제를 해결할 수 있는 좋은 정책이 될 수 있었으나, 베스트팔이 별안간 스위스 교회의 태도를 비판하므로 칼빈도 답변할 수밖에 없었다. 칼빈은 루터 파가 라스키를 푸대접하고 옹졸하게 행동할 것을 꾸짖었다. 베스트팔도 이에 대하여 답변하였다. 그리고 1556년 칼빈은 베스트팔의 입장을 비난하며 꾸짖는 장문의 논문을 발표하였다. 칼빈은 물론 성례에 그리스도의 영적임재(靈的臨在)를 주장하고 육체적 임재를 인정하지 않았다. 1554년 여름 멜랑히톤(Melancthon)에게 쓴 편지에서, 칼빈은 이 중요한 문제에 대하여 그 독일 사람의 침묵을 개탄한 바 있었다.

제네바 밖에서 일어난 또 다른 사건은 후랑크훠르트에서의 영국인들 사이의 논쟁이다. 청교도 운동의 시초에서 특별히 볼 수 있는 흥미로운 사건이다. 몇몇 영국인들은 영국을 떠나기 전에도 크랜머(Cranmer)는 종교개혁운동을 크게 전진시키지 못했다고 생각했다. 후랑크후르트의 피난민들은 윗팅햄(Whittingham)과, 그리고 당분간은 낙스(John Knox)의 지도를 받았다. 그들은 프랑스 교회에 참석할 수 있도록 허락을 받았으며, 따라서 마찰을 일으킬 수 있는 용어를 사용하지 않도록 요구를 받기도 했다. 그들은 잠시 동안 수정된 에드워드 6세의 기도서를 사용했으나, 윗팅햄은 더 칼빈주의적인 예배의식을 원했다. 그들은 칼빈에게 편지를 써서 조언(助言)을 구하면서 프랑스 기도서의 요약문을 동봉했다. 왜냐하면 칼빈은 영어를 몰랐기 때문이었다. 칼빈의 답변서는 로마 교회의 찌꺼기가 남아있음을 경고하고 있으나, 대체로 호의적이었다. 윗팅햄과 낙스, 그리고 다른 지도자들은 칼빈이 스트라스브르에서 편찬한 예배의식서를 기초로 해서 예배서를 정성껏 작성하였다. 이 예배서는 완성되었으나, 1555년 여름 영국의 지도자 칵스 박사(Dr. Cox)는 그 기도서에 집착하여 타협하지 않는 다른 사람들과 함께 도착하였다. 그들은 낙스가 황제를 반대하여 쓴 글 때문에 그를 추방하기도 하였다. 그러나 낙스와 윗팅햄, 그리고 그 지지자들 대부분이 제네바로 가서 거기서 환영을 받았다. 이 에피소드에서 우리는 청교도에 속한 영국인들 중에서 차이점이 구체화 된 것을 볼 수 있다.

Ⅱ

1555년 여름 자유파의 반대가 마지막으로 꺾였다. 그들은 어느 날 밤 폭동을 일으켜 지방행정장관을 습격하고, 프랑스 피난민들이 제네바 시를 점령하고 있다는 소문을 퍼트렸다. 이 폭동의 주동자는 칼빈의 옛 반대자들인 뻬렝(Perrin)과 베르뜰리에(Berthelier)였다. 공모자 중의 다섯 명은 체포되어 심문을 받고 처형되었다. 뻬렝과 베르프리에는 도망갔으며, 이 젊은 베르뜰리에는 사형선고를 받은 다섯 명 중의 한 사람이기도 하였다. 이때부터 칼빈의 위치는 안전하게 되었다.

1555년은 칼빈이 유난히 많은 편지를 쓴 해였다. 이 편지들 중에는 폴란드 왕, 훼라라 공작 부인, 뽀이테르(Poicters)와 앙제르(Angers)에 있는 프랑스인 교회, 불링거, 후랑크후르트의 영국인, 베른의회, 그리고 그 밖의 많은 개인들에게 보낸 편지들이 있었다. 역시 그는 8월에는 마태, 마가, 누가의 공관복음서 주석을 3권으로 출판하기도 하였다. 칼빈은 이제는 제네바에서 확고부동하게 자리를 잡았다. 내부적인 어려움도 극복되었으며, 교회법규(Ordinances)에 대한 개인적인 불만이 많이 있었으나, 공적으로 반대하지는 않았다.

1556년 중요한 해였다. 왜냐하면 칼빈이 많이 활동하였다는 것과 그의 위치가 안정성을 얻었다는 것을 예증해주기 때문이었다. 칼빈은 자주 의회에 대하여 영향력이 매우 적다는 것을 그의 여러 편지에서 표현하였는데, 그러나 우리는 의회가 거듭해서 그를 자주 불렀다는 것을 알고 있다. 이것은 제네바에서의 그의 위치와 영향력, 그리고 그의 위대한 지적능력 때문이며, 여기에 더하여 그의 법률에 대한 깊은 지식이 결부되어 있었기 때문이었다.

1556년은 베른과의 조약이 만료되는 해이기도 하였다. 조약은 두 도시에 다 유리하게 갱신되었다. 그러나 두 도시는 서로를 적대시하고 있었기 때문에, 1558년까지 조약이 재기되지 못했다. 협상에서 제네바 시 의회는 칼빈의 솜씨를 계속 활용하였다.

8월에 칼빈은 프랑스인 교회의 어려움을 안정시키기 위해 두 달 동안 후랑크후르트로 여행을 떠난다. 제네바는 그를 보호하고 돕기 위해 전령관 한 사람을 수행케 했다. 후랑크후르트의 상황은 성찬문제로 루터 파와 개혁파 사이에 영원한 긴장상태에 있는 형편이었다. 후랑크후르트는 루터 파의 의식을 준수하는데 우세하였으나, 그럼에도 불구하고 시 의회는 프랑스 피난민들의 교회조직을 허락하였다. 우리는 앞에서 본대로 칼빈이 공관복음서 주석을 후랑크후르트 시 의회에 헌정한 것을 알고 있다. 그러나 베스트팔은 후랑크후르트에서 칼빈을 공격하고 더 이상 호의적인 관계를 갖지 않기로 하고 있었다. 한편 프랑스인 교회는 목사문제로 자기들끼리 다투고 있었다. 그러나 칼빈은 그들의 내부적인 어려움을 안정시키는 동시에 보다 낳은 분위기 조성에 힘썼다.

이 해에 칼빈은 장문의 편지를 써서 베스트팔에게 답변하였다. 문장 첫 부분에서 그는 매우 온건한 말로 시작하였으나 후에는 사나운 말로 베스트팔을 공격하였다. 성찬문제로 사람들이 그처럼 심하게 견해를 달리한 것은 교회의 큰 비극이었지만, 성찬의 창시자의 정신으로 그들의 난관을 풀지 못한 것 또한 그 이상의 비극이 아닐 수 없었다.

또 다른 문제가 있었다. 그것은 세례의 양식과 그 효과, 그리고 세례를 받아야 할 연령에 관한 것이었다. 칼빈이 쓴 편지 중에서 관심을 끈 것은, 세례를 받지 않은 영아도 멸망하지 않는다는 것이었다.

1556년 봄 칼빈은 설교하다가 쓰러져서 수 주 동안 열로 병상에서 고생하였다. 그가 죽었다는 소문이 해외에까지 퍼져 나아가기도 하였다. 칼빈은 베스트팔에게 쓴 편지 외에도 이 해 7월에 디모데전후서 주석을 출판하고, 이 책을 소머셋트(Somerset)공작에게 헌정하기도 하였다.

1557년 초 칼빈은 자기 집안의 사사로운 슬픔에 대하여 비레(Viret)에게 편지로 알렸다. 그의 동생 앙뜨완느(Antoine)가 그의 아내의 꼽추하인과의 간통 때문에 이혼하게 된 사건이었다. 칼빈의 비방자들은 그의 집안에서 일어난 이 불행한 사건을 놓고 칼빈을 조롱하기를 멈추지 않았다. 그러나 칼빈이 이 해에 쓴 대부분의 편지는 많은 부분에서 행한 그의 활동을 반영하고 있다. 몇 편의 편지는 베른의 영주들에게 쓴 것이었는데, 자유파의 도망자들에 대한 성가신 문제를 다루고 있다.

폴란드(Poland)에 개혁운동이 일어났다. 이 왕국에 있는 프로테스탄트들은 칼빈에게 방문해 달라고 초청을 했다. 그러나 칼빈은 편지를 써서 밀려있는 일과 약해진 건강 때문에 갈 수 없다고 용서를 구했다. 이 편지에서 그는 폴란드의 지도자 죤 라스키(John Laski)를 높이 예찬하고 있다.

같은 해 역시 칼빈은 빠리교회에 수차례에 걸쳐 편지를 썼다. 프랑스에 개혁운동이 등불처럼 일어나서 1561년에는 개혁교회가 2,150개나 있었다. 1555년에 조직된 빠리교회가 그 첫 교회였고, 그 후 계속해서 프랑스국의 각주마다 교회가 조직되었다. 후랜씨스 1세는 개혁운동을 반대했는데, 헨리 2세 통치(1547-1559) 12년에 그는 아버지의 뒤를 따라 역시 개혁운동을 반대했다. 1557년 프로테스탄트를 반대하는 왕의 세 칙령중의 하나가 공포되었다. 칼빈은 헨리 2세에게 장문의 서신을 썼다. 헨리가 그 편지를 읽었는지는 알 수 없으나, 25개의 진술에서 칼빈은 프로테스탄트의 사상을 알기 쉽게 설명하였다. 이 편지는 칼빈주의 교리의 지침서로 사용될 수 있었다. 칼빈은 특별히 종교개혁자들은 정부당국에 반항하는 것이 아니라, 오히려 정부에 충성한다고 강조하였다. 그러나 이 호소는 아무런 효과도 나타내지 못하고, 이 해에 심한 박해가 있었다. 그것은 가까운 미래에 프랑스에 박해와 종교전쟁이 일어날 것을 예고하는 전조(前兆)였다. 칼빈은 역시 나바르 왕에게도 편지를 썼다. 그는 프로테스탄트운동의 자생적 지도자였다. 이 왕은 나바르의 마그리뜨(Margurite of Navarre)의 딸인 쟝느(Jeanne)의 남편이었는데, 그는 자신의 지도자로서의 직책을 떠맡지 않았을 뿐만 아니라, 마지막에는 그 의무를 전적으로 게을리 하기도 하였다.

제네바 시민들과 베른 시민들은 1558년 마지막으로 그들의 차이점을 해결하고, 두 도시를 영원한 평화를 묶는 조약에 서명하였다. 이 조약은 물론 제네바 시와 칼빈 모두에게 큰 만족의 원천이 되었다. 이태리교회 안에 논쟁이 있었을 뿐, 칼빈에게 그 해는 조용한 한 해였다. 젠틸르(Gentilis)라는 사람이 반(反)삼위일체론을 주장하므로 세르베투스의 논지(論旨)를 전하였다. 말할 것도 없이 그는 추방되었다. 베자는 젠틸르에 대하여 "그는 익숙해져 있는 그대로 서술하였다. 즉 하나님의 지혜를 따르는 대신 인간의 이성에도 맞지 않는 참이 아닌 것에 확신하고 있었다"고 하였다.

칼빈에게는 적어도 그의 엄격함을 책망하면서도 우정을 유지할 수 있는 친구 한사람이 있었다. 이 해에 우리는 칼빈과 스트라스브르의 니콜라 제르킨덴(Nicholas Zerkinden)사이에 몇 통의 편지 왕래가 있었던 것을 발견하게 된다. 제르킨덴은 이 편지에서 다음과 같이 기록하고 있다. 즉 "당신이 우리에게 관심을 갖게 하는 것은, 당신은 지나치게 엄격하고 무정하게 보이는 것입니다. 나는 아마 당신에게 지나치게 관대하고 참을성 있게 보일런지는 몰라도 나는 오히려 그 쪽을 더 좋아합니다. 우리 시대와 그리스도를 위해서 마음의 숙고를 권합니다. 가끔 완화해야 할 법을 꽉 죄고 가는 것은 자주 치명적임이 입증되었습니다."

칼빈은 자신의 비합리성을 받아들였으나, 자신이 믿는 진리의 반대자들은 엄격하게 다루어야 한다고 주장하였다. 제르킨덴은 이에 대하여 다음과 같이 답변하였다. "존경하는 형제여 우리 주 예수 그리스도의 겸손으로 주의하시고 항상 하나님을 아는 지식의 시초로 돌아가 우리가 따랐던 생활방법을 뒤돌아보고, 귀찮겠지만 친구 같은 충고자를 용서하십시오."

칼빈은 계속해서 많은 편지를 썼다. 물론 자신이 친히 쓸 수 없어서 두 비서로 하여금 자주 편지 쓰는데 돕게 하였다. 그 해 초 그는 빠리와 다른 프랑스인 교회에 편지를 썼고, 12월에는 나바르 왕에게 우편물로 상의하였다. 우리는 그가 로잔을 떠나 제네바로 가지 않고 있는 비레에 대하여 분개해서 쓴 편지가 있는 것도 알고 있다. 불링거에게 쓴 칼빈의 편지는 제네바 사건을 우리에게 잘 알게 해준다.

그는 역시 프랑스의 꼴리니(Coligny)제독, 부르텐부르크(Wurtenburg)의 공작, 그리고 훼라라 공작 부인에게도 편지를 썼다. 매우 흥미로운 편지 하나가 있는데, 그것은 개인적인 사사로운 편지이다. 69세가 된 화렐(Farel)이 뇌샤뗄에서 젊은 여인과 결혼하기로 결정한 사건이 벌어졌다. 칼빈은 그의 결혼에 대하여 매우 괴로워하다가 결혼식에 참석할 수 없다는 이유를 편지에서 설명하였다. 물론 주요한 이유는 그의 결혼을 축하하기를 원하지 않는다는 것이었다.

같은 해 10월 칼빈은 사일열(四日熱)에 걸려 8개월 동안이나 병상에서 고생했다. 이것은 그의 종말의 시작이었다. 잠시 동안 그는 병마의 고통에서 해방되어 4년을 더 살았으나, 그의 건강은 상할 대로 상해있었다. 그는 설교와 강의를 중단할 것을 강요받았으나, 그의 문서 활동과 편지왕래는 멈춰지지 않았다. 아직 50세가 채 못 되었으나 그는 지금 노인처럼 되어 있었으며, 그의 불굴의 의지만이 그의 명맥을 이어주고 있었다.

III

1559년은 적어도 매우 두드러진 사건 셋이 있었던 주목할 만한 한 해였다. 그것은 헨리 2세의 죽음과 제네바 아카데미의 개교, 그리고 『기독교 강요』의 최종판이 출판된 사건이다. 우리는 이제부터 이 사건들을 하나하나 살펴볼 것이다.

(1) 헨리 2세(Henry II)는 겨우 12년 동안 통치했으나, 그 통치기간

에 공손했던 그의 아버지 후렌씨스 1세(Francis Ⅰ)를 닮지 않았던 모습을 보여주었다. 그는 개신교도들을 공격하고 괴롭혔으나, 그가 살아있는 동안 오히려 개혁교회는 착실히 성장해 나아갔다. 그는 97명의 개신교도들을 신앙 때문에 공개적으로 처형했다. 그가 죽을 때 그의 신하 대부분은 개신교도들이었다고 한다. 그가 죽기 바로 전 달에 프랑스 교회의 제 1회 총회가 빠리에서 소집되었는데, 11개 교회의 대표들이 참석하였다. 개혁자들 중에는 꼴리니(Coligny) 제독과 꽁데(Condé) 왕자와 같은 저명한 인사들이 있었다. 헨리 2세는 이단과 싸우기 위해 프랑스에 종교재판소를 도입하려고 하였으나, 프랑스의회는 그 노력을 단호하게 막았다.

죽음은 새 신앙을 반대하는 또 다른 공격을 막아주었다. 헨리와 스페인의 휠립 2세(Philip Ⅱ)가 그들의 전쟁을 휴전한 후, 그들은 개신교의 요새를 쓸어버리고 제네바를 옛 군주 사보이 공작으로 돌아오게 하기 위해 알바(Alva)공작의 지휘 하에 제네바에 토벌군을 파송하기로 결정하였다. 이 계획이 완성되기 전에 헨리는 6월 29일 바스티유(Bastile)감옥 가까이에 있는 성 앙뜨완느 거리에서 거행된 마상시합에서 살해되고 만다. 제네바는 그 위협에서 구원 받게 된 것이다.

(2) 제네바에서 가장 중요한 기관 중의 하나는 칼빈이 세운 아카데미(Academy)이다. 이 학교는 나라 안과 밖에서 개혁주의 신앙을 강화하는데 그 목적이 있었다. 칼빈은 로마 교회 성직자들의 무지가 미신과 부패의 원인이라는 것을 알고 성직자와 일반대중의 교육을 위해서 열정적으로 일했으며, 한편 이를 위해서 꼬르디에(Cordier), 소니에(Saunier), 까스뗄리오(Castellio), 그리고 베자(Beza)와 같은 최고의 교

수들을 확보하기도 하였다.

칼빈은 본래 4학부를 갖춘 종합대학교(full University)의 설립을 원했으나, 그 작은 공화국의 제한된 재정 때문에 그것이 허락 될 수 없었다. 그래서 그는 아카데미로 만족할 수밖에 없었다. 그는 친히 호별 방문하여 당시로서는 거금인 10만 24길더(gold guilders)를 모금했다. 몇 사람의 외국인 거주자가 자유롭게 헌금했다. 예를 들면 카라시올리(Carraccioli)가 2954길더, 피에르 오르시에레(Pierre Orsieres)가 312길더, 매티 로쉬 (Matthieu de la Roche)가 260길더를 기증했다. 제네바 본토인 중에는 자유의 전사인 보니바르(Bonivard)가 그의 전 재산을 유산으로 기증했다.

따라서 제네바 시 의회는 넓고 편리한 건물을 세웠다. 그리고 칼빈은 교과 과정과 교칙을 작성하고 신중한 검토 끝에 만장일치로 시인을 받았다.

아카데미의 개교식은 1559년 6월 5일 성 삐에르 교회에서 전 의회와 목사들과 600명의 학생들이 참석한 가운데 엄숙히 거행되었다.

칼빈은 하나님께서 이 학교가 과학과 종교에 영원히 공헌하며, 프랑스에서 어떤 종류의 중대한 일을 할 수 있게 해 달라고 기도하였다. 제네바 시 서기관 미카엘 로제(Michael Roset)는 신앙고백과 대학의 학칙을 읽었다. 베자(Theodore Beza)는 총장으로 임명되고 라틴어로 취임연설을 행하였다. 개교식은 칼빈의 마지막 기도로 끝이 났다. 10명의 유능하고 경험 많은 교수들이 문법, 논리학, 수학, 물리학, 음악 그리고 고대어 등의 여러 분야를 위해서 임명되었으며, 칼빈과 베자는 교수의 직함 없이 신학과목을 맡아 강의하였다. 교수들과 학생들은 반드시 사도신경과 신앙고백에 서명해야 했다. 학교의 성공은 대단하였다. 5년도 안돼서 대학(College, schola privata)에는 천명의 학생이 등록하고, 학술원(Academy, schola publica)에는 300명의 학생이 몰려들었다. 대학(College)은 종합대학교(University) 준비과정에 해당한다. 학생들이 7과목을 통과할 때까지 라틴어로 버질(Virgil), 키케로(Cicero), 리비(Livy)를 읽고, 헬라어로는 폴리비우스(Polybius), 크세노폰(Xenophon) 그리고 데모스데네스(Demosthenes)등을 읽어야 했다. 이것은 언어를 배우는 것뿐만 아니라, 고전의 역사를 배우는데 그 목적이 있었다. 학생들은 또 철학공부도 했다.

학술원(Academy)에서는 신학, 히브리어, 헬라시와 철학, 변증법과 수사학, 물리학과 수학을 가르쳤다. 의학강의도 있었고 시민법 강의도 있었다. 여기서 신학은 모든 학문의 여왕으로 제시되었으며, 다른 학문은 신학의 준비과정으로만 인정되었다. 학생들은 학위를 얻고 좋은 직장에서 일하기보다는 복음의 사역자로서, 혹은 경건한 행정관리로서 하나님을 섬기기 위해 훈련을 받아야 한다고 생각되었다. 아카데미에 등록한 학생의 대부분은 외국인이었는데, 그들은 이 학교가 프로테스탄트 신학의 본산이라는 학교의 명성을 듣고 제네바에 몰려들었다.

개교 3년 안에 교수들 중에는, 하이델베르크 요리문답(Heidelberg Catechism)의 두 저자 중의 한 사람인 카스파르 올레비아누스(Kaspar Olevianus), 화란의 상트 알드공 남작(Philippe de Marnix de Saint Aldegonde), 프랑스의 앙리 4세(Henry Ⅳ)의 가정교사 플로렌 크레스티엔(Florent Chrestien), 영국 옥스훠드의 도서관 설립자 토마스 보들리(Thomas Bodley), 그리고 후에 레이덴 대학교(University of Leyden)의 장식자(Ornament)가 된 후랜씨스 쥬니우스(Francis Junius)등의 학자들이 있었다. 프랑스, 영국, 스캇틀랜드, 화란, 독일, 이태리, 스위스 등 여러 나라 학자들이 있었으나, 그 대부분은 프랑스인 교수들이었다.

아카데미는 칼빈의 제네바 사역의 면류관이다. 그것은 기독교 국가 이상(理想)의 실현을 향해가는 마지막 단계였다. 복음의 순수한 전파와 철저한 권징에 더하여 지금은 종교교육을 시작하는 것이다. 그의 제자들은 복음적 신앙을 가질 뿐만 아니라, 그들의 믿음이 배울 만한 가치가 있다는 이유를 모든 사람에게 심어주어야 하는 것이었다. 제네바에 아카데미의 조형(造形)하는 힘이 강했던 것처럼, 그 이상으로 훈련받고 영감 받은 학생들의 제네바 밖에서의 그 영향력 또한 대단히 컸으며, 그것이 보여준 모범은 프랑스, 화란, 스캇틀랜드 그리고 영국 등으로 퍼져 나아갔다. 아카데미는 진지한 많은 제자들을 파송하여 칼빈의 메시지가 하나님의 메시지라는 것을 확신시키고, 그것이 가르치는 신앙을 위하여 열심히 싸우며 또한 고난을 받기도 하였다. 아카데미는 유그노 신학교들의 모체였다. 칼빈의 기독교 강요 이외에는 칼빈의 이상을 보급할만한 강력한 힘을 어디서도 찾아볼 수 없었다. 그리고 모든 프로테스탄트 나라에서 그가 죽은 후 한 세기동안 일반대중의 인기를 그처럼 높이 받는 학교는 없었다. 이 학교의 명예스러운 역사는 오늘날까지 계속되어 오랫동안 제네바대학교(University of Geneva)라는 이름으로 남게 하였다.

제네바를 위한 칼빈의 관심은 물질적인 것보다는 훨씬 더 영적이며 지성적인 것이었다. 그가 생각한대로 종교와 교육은 밀접한 관계를 갖는다. 참된 신앙은 마땅히 지성적이어야 한다. 학교와 교회는 상호 필요한 보완작용을 한다. 오히려 학교는 효과적인 교회조직의 본질적인 부분이라고 할 수 있다. 지성은 칼빈에게는 경건의 어머니이다. 프랑스, 화란 스캇틀랜드, 청교도의 영국, 그리고 뉴잉글랜드 등은 모두가 그 영적 영향력의 힘을 실감하며, 그 힘에서 영속적인 유익을 얻고 있는 것이다.

(3) 1559년 8월에 칼빈의 기독교 강요 최종판을 출판하였다. 이 책은 칼빈의 사상 전체가 요약된 책이라고 할 수 있다. 이 책으로 그는 그 당시뿐만 아니라, 후대의 신학사상에 막대한 공헌을 남겼다. 기독교 강요는 모든 시대의 위대한 책들 중의 하나라고 할 수 있다.

이 책의 1536년 초판은 라틴어로 저술되고 6장으로 되어 있다. 환영을 받으며 재빨리 팔려 나갔다. 제 2판은 1539년 스트라스부르(Strassburg)에서 출판되고 17장으로 증보되었다. 4년 후 1543년에는 제 3판이 출판되었는데 21장으로 확장되었다. 그리고 최종판이 1559년 제네바(Geneva)에서 출판되었는데, 이것은 제 1판의 4배 반이나 되는 4권으로 된 큰 책이 되었다.

칼빈이 이 책을 쓴 목적은 최종판 서문에 가장 잘 나타나 있다. "나는 이 책 초판에서, 주님께서 그 무한하신 선하심으로 주셨던 그 성공을 기대하지 못했기 때문에, 일반적으로 소책자들에서처럼 주제를 피상적인 방법으로 다루었다… 더욱이 나는 이 저술에 만족하지 못했기 때문에 지금 출판된 순서대로 배열하였다… 지난 겨울 4일열 (四日熱)이 나를 죽음으로 몰고 가고 있다고 생각했을 때, 나는 이 질병이 압박하면 할수록 더욱더 수고를 아끼지 않았으며, 경건한 사람들의 친절한 권유에 보답하고자 이 책을 내 놓을 수 있었다… 더욱이 이 책을 쓰는 목적은 신학도들이 하나님의 말씀에 쉽게 다가서며 흔들림 없이 말씀 안에서 진보할 뿐만 아니라, 그들이 하나님의 말씀을 읽을 수 있도록 준비시키고 훈련시키려는데 있었다.”

놀라운 것은 칼빈이 23년 동안 기독교 강요를 부단히 개정하여 방대한 책이 되었음에도 불구하고, 그의 신앙과 사상에 있어서 1536년 초판과 1559년 최종판 사이에 아무런 차이가 없이 전후 일관되게 동일한 계통을 보여주고 있다는 점이다. 이것은 칼빈이 처음부터 하나님의 말씀에 붙잡혀서 성경이 정확무오한 하나님의 말씀임을 신뢰하였다는 것을 입증한다. 이 점에서 어거스틴이나 루터도 칼빈에게 미치지 못한다. 어거스틴은 자기 저술에서 취소할 것이 많이 있음을 발견하였으며, 루터의 책에서도 많은 모순을 발견할 수 있었다.

칼빈은 성경을 신앙과 행위의 시금석으로 삼았다. 물론 그는 성령께서 성경연구에서 사람의 마음을 비추어 깨닫게 하신다고도 하였다. 그는 성경무오설(聖經無誤說)을 믿으며, 성경 모든 책의 모든 부분이 동일하게 영감 되었기 때문에 가치 있다고 하였다. 그리하여 그는 성경 모든 부분에서 가리지 않고 인용하여 논의의 근거를 삼았다.

『기독교 강요』는 사도신경의 구조에 따라 4권으로 구성되어있다.

제 1권은 하나님을 논하는데, "나는 전능하시며 하늘과 땅을 지으신 창조주 아버지 하나님을 믿는다"로 되어있다. 제 2권은 그리스도를, 즉 "우리의 주 독생자 예수 그리스도"를 논한다. 제 3권은 성령을, 즉 "나는 성령을 믿는다"를 다룬다. 그리고 제 4권은 교회를 논한다. 즉 "나는 성 교회를 믿는다."이다. 기독교 강요를 읽으면 우리는 칼빈의 신학과 정치의 전 체계를 알 수 있다. 주석들은 단순히 특수한 책들을 공들여 만들어진 것이지만, 그 안에서 표현된 모든 사상은 기독교 강요 안에 뿌리를 두고 있는 것이다.

칼빈주의는 하나님에 대한 사상으로부터 출발한다. 이것은 칼빈주의 전 사상체계의 시금석이다. 하나님에 대한 사상은 일반적으로 하나님의 주권(主權)이라고 말한다. 그는 자연계에서 계시된 우주의 창조주이며 통치주이지만, 더 특별하게 성경에서 계시되었다. 칼빈은 하나님에게 도취된 사람이지만, 신비주의적 방법에서가 아니라, 세상일에 직접 참여하고 영향을 주는 현실주의적인 방법에서 그러했다.

칼빈의 체계에 있어서 하나님은 높아지고, 영광을 받으나 인간은 낮아진다. 하나님의 하나님 되심(神格)이 높은 자리를 차지하면 차지할수록 인간의 위치는 낮아진다. 아담의 모든 후손들은 아담의 첫 범죄에서 그와 함께 죄를 범하고 타락하였다. 인간은 전적으로 부패했으며, 그의 의지는 사탄의 노예가 되었다. 인간은 자신의 노력으로는 하나님께 나아갈 수가 없게 되었다. 그리스도는 하나님이요 사람으로 이 세상에 오셔서 사람을 죄에서 구원하시고, 하나님과 그의 범죄한 피조물 사이의 중보자로 일하셨다. 그리스도는 그의 인격 안에 세 직책, 즉 선지직, 제사직 그리고 왕직을 가지시고 일하신다.

『기독교강요』 제3권은 삼위일체(三位一體) 하나님의 제3위(位), 즉 성령을 논한다. 성령께서는 우리를 그리스도에게 인도하신다. 인간은 믿음으로 구원받는다. 현재 성령께서는 사람을 그리스도에게로 이끌어 오신다. 하나님의 은혜는 범죄하고 있는 인간에게 구애(求愛)하시는 하나님이심을 의미한다. 하나님은 사랑이시며, 사람은 이 사랑을 통하여 산다. 하나님은 사람에게 은혜로우신 분이시지만, 사람은 하나님에게 고마움이 없다. 하나님의 은혜는 불가항력적이시며, 그 은혜는 범죄하고 있는 인간을 하나님께로 끌어오게 하신다.

이제 우리는 칼빈의 가장 논쟁적인 문제를 생각하게 되었다. 그것은 선택, 혹은 예정론(選擇, 豫定論)이다. 사람들은 그것은 하나님을 악의 창시자로 만든다. 숙명론(宿命論)을 강요한다. 자유의지(自由意志)를 파괴한다고 하면서 이 교리를 비판한다. 그러나 칼빈은 그의 신학을 이를 전제로 하고 세웠다. 그러나 물론 그의 전제는 그의 성경관과 그 용법 위에 세워졌다. 그리스도교는 성경을 통해서 오며, 성경 없이는 아무것도 이해할 수 없다.

칼빈에 의하면, 예정(豫定)은 하나님의 영원하고 불변하는 작정(作定)이며, 이 작정에 의해서 하나님은 자신의 영광과 자비와 공의를 나타내기 위해 인류의 한 부분을 아무런 공로 없이 영원한 구원으로,

그리고 다른 한 부분을 그들 죄에 대한 공정한 형벌로 영원히 멸망받도록 예정하셨다. "우리는 예정을 하나님의 영원한 작정이라고 부르며, 이 작정에 의해서 하나님은 모든 인간의 운명을 결정하신다."고 칼빈은 주장한다. 그들은 모두가 동일한 조건으로 창조되지 않았으며, 어떤 사람을 위해서는 영생(永生)이, 어떤 사람을 위해서는 영벌(永罰)로 예정되었다. 그러므로 모든 사람은 한 목적, 혹은 다른 목적으로 창조되었기 때문에, 그는 생명 아니면 죽음으로 예정되었다고 우리는 말한다.

칼빈은 물론 예정론이 인기가 없는 교리임을 충분히 알고 있었다. 많은 사람들이, 인류 중의 얼마는 구원받도록 예정되고, 다른 사람들은 멸망 받도록 예정되었다고 주장하는 것은 전혀 불합리하다고 말하고 있음을 그는 잘 알고 있다. 그러나 그는 우리가 하나님의 영원한 선택을 잘 알게 될 때까지는 우리의 구원에 대한 확신에 도달할 수 없다고 주장한다.

선택은 모든 사람에게 주시는 하나님의 일반적인 사랑이 아니라, 선택받는 자에게만 주시는 하나님의 특별한 사랑에서 오는 행위이다. 이 사랑은 그들에게 구원의 확신과 그들만이 누리는 확실한 위로를 갖게 한다. 이 선택의 이유는 우주의 최고 입법자이신 하나님의 헤아릴 수 없는 의지(意志)에서만 찾을 수 있다. 다른 사람에 대하여 우리는 그들도 선택받은 자들 중에 있다고 관대하게 생각해야 한다. 왜냐하면 죽는 날까지 완고하여 회심(回心)하지 않았다는 증거가 없는 한 그가 유기 되었다는 아무런 신호가 없기 때문이다.

칼빈은 예정론을 그의 선배들 보다 더 많은 관심을 가지고 정확하게 표현하였다. 이 문제에 대한 종교개혁 지도자들의 견해에는 어떤 특징적인 차이가 있었다. 칼빈은 루터와 쯔빙글리의 주장을 무모하고 경솔한 표현이라고 말하고, 그들의 역설(逆說)을 피하였다. 루터는 어거스틴처럼 전적 도덕적 무능에서 출발하고, 쯔빙글리는 전 우주적 통치의 섭리에서, 그리고 칼빈은 영원한 절대적 작정에서 출발하였다. 칼빈은 이 교리 자체를 보다 크게 강조하고, 자기 신학체계에서 높은 위치를 부여 하였다. 그러나 이 교리에서 주요 관심사는 형이상학적인 것이 아니라 종교적인 것이다. 그가 이교리에서 발견한 것은 믿음을 위한 최대의 후원이었다.

칼빈은 이 예정교리와 구원의 확실성을 결합하였으며, 그것은 모든 신자의 특권이며 위안이 된다고 강조하였다. 이 중요한 문제에서 그는 로마 카톨릭의 구원의 주관적 확실성을 가르쳤던 어거스틴과는 견해를 달리하였다.

『기독교강요』 제3권은 주기도문을 포함하여 기도에 대하여 훌륭하게 논하고 있다. 칼빈은 설교를 길게 하지 않았다. 기도도 길지 않았다. 그의 추종자들은 그의 본을 따라 그대로 했다.

『기독교강요』 제4권에서는 교회를 논한다. 우리는 추기경 사돌레토(Sadoleto)에게 쓴 답변서에서 칼빈의 교회관을 알 수 있다. 칼빈은 역시 두 성례, 즉 성찬과 세례를 강조하고, 로마 교회의 7성례를 반대한다. 칼빈은 이론상으로 교회와 국가의 분리를 주장한다. 그럼에도 불구하고 그는 분명히 제네바에서 국가에 영향력을 행사하려고 노력하였으며, 사실 그렇게 하는데 충분히 성공하였다. 그러나 그의 장로교 정치형태는 제네바에서 보다는 프랑스에서 더 완전하게 실행되었다. 왜냐하면 그것은 교회와 국가의 완전한 분리였기 때문이었다.

Ⅳ

칼빈은 병들고 몸이 허약한 가운데서도 성경주석에 모든 정력을 쏟았다. 그는 1555년 8월에는 마태, 마가, 누가의 공관복음서 주석을 3권으로 출판하였다. 이 책들을 그는 후랑크후르트 시장과 그 의회에 헌정하여, 영국과 다른 나라에서 온 피난민들에 대한 그들의 환대에 감사한 마음을 표시하였다. 그는 이들 세 복음서의 주석을 요한복음서 주석과 함께 그리스도의 재림에 앞서 있을 네 전령관(傳令官)에 비교했다. 그는 제 4복음서를 '네 나팔'이라고 한 어거스틴의 설명을 참조했던 것이다. 이 주석은 그의 다른 주석들과 마찬가지로 직접적이며 간결하고 심원한 교부적 학문과 함께 원어성경에 대한 그의 지식을 보여주고 있다. 칼빈의 저술에는 그 시대의 장황함과 과장된 표현들이 전혀 없는 것이 특징이다.

1556년 7월에 칼빈은 디모데전후서 주석을 출판한다. 그는 이 책을 소머셋트 공작(Duke of Somerset)에게 헌정하였다. 물론 칼빈은 소메셋트 공작의 후원을 바라면서 동시에 영국의 그 정치가의 업적에 감사하기를 원했다. 그는 헌정사에서 다음과 같이 말한다. "우리는 교회의 참된 정치가 살아있는 그림으로 그려져 있는 것을 봅니다." 칼빈은 소머셋트가 맡은 일이 이와 동일한 선상에 있음을 암시하고 있는 것이다.

1557년 7월에 칼빈은 이번에는 다섯 권으로 된 시편주석을 출판하였다. 이 책들은 처음에는 라틴어로 씌어졌으나, 칼빈이 죽기 바로 전에 프랑스어로 수정 출판되었다. 서문은 약 6천 단어로 된 자서전적인 진술인데, 칼빈의 소년시절에 대한 몇 가지 흥미있는 사건들과 그가 참여한 다양한 논쟁에 대한 개인적인 반응들이 담겨져 있다.

기독교 교회는 성경주석가로서의 칼빈에게 많은 빚을 지고 있다. 칼빈 이전 시대에는, 성경해석에 있어서 신비적, 또는 풍유적 방법이 성행하였다. 그러나 칼빈은 이 방법을 버리고 저자의 본래의 의미를 직접 또는 실제적으로 해석하도록 노력하였다. 이 방법을 사용하면서 칼빈은 히브리어 성경과 헬라어 성경 본문을 주의 깊이 연구하였다. 멜랑히톤은 다음과 같은 말을 한 바 있다. 즉 "성경은 먼저 문법적으로 이해되지 않는 한 신학적으로 이해될 수 없다." 이것이 칼빈의 저술들을 오늘날까지 유익하게 만든 직접성과 단순성인 것이다.

1559년 1월에는 5권으로 된 12 소선지서의 주석이 출판되었다. 이 책들은 스웨덴의 69세가 된 구스타부스 왕(King Gustavus)에게 헌정되었다. 소선지서에 대한 주석들은 특별히 흥미있는 책들이다. 왜냐하면 그 주석들은 칼빈의 제자 몇 사람이 칼빈의 강의를 자신들이 사용하려고 적어놓은 노트들이었기 때문이다. 그들은 이렇게 해서 1557년 처음으로 호세아서 주석을 내놓았고, 이 일을 계속하여 이번에는

5권으로 된 12 소선지서 주석 전체를 출판할 수 있게 된 것이다. 우리는 제자들 중 한 사람인 쟝 부데(Jean Budé)가 쓴 서문에서, 제자들이 따랐던 칼빈의 강의방법이 어떠했는지를 알 수 있을 것 같다. 그는 샤를르 드 죵비예(Charles de Jonviller), 쟝 크리스뼁(Jean Crispin), 그리고 다른 사람과 함께 각자가 그 강의를 속기로 기록했다. 그 후 즉시 그들은 노트를 비교하고 나서 이 공동연구로 강의전체를 묶어 출판하였다. 칼빈은 전혀 원고없이 한 시간 동안을 말했다. 우리는 이 주석들을 읽으면서 그가 거의 가르치고 있는 강단에 서 있는 것처럼 느낀다. 그는 항상 다음과 같은 기도로 강의를 시작했다.

"주여, 우리들로 하여금 하나님의 영광과 우리 자신의 개발을 위하여 점점 더 강한 헌신으로 하늘나라 지혜의 신비를 깊이 생각하게 하소서. 아멘"

강의를 끝마칠 때에도 역시 기도로 끝을 맺었다.

"전능하신 하나님, 당신의 말씀으로 우리를 비춰주셔서 대낮에 장님이 되지 않고, 고의적으로 흑암을 찾지 않으며, 그리하여 우리의 마음이 잠들지 못하게 하시옵소서. 그리고 당신의 말씀으로 살아서 당신의 이름을 더 두려워하게 하시고, 우리 자신과 우리의 추구가 당신에게 드리는 제물이 되게 하시며, 당신께서 평화롭게 다스리시며, 우리 안에 영원토록 거하셔서 당신의 영원한 집에 우리를 모으시어, 예수 그리스도 우리 주님을 통하여 영원한 안식과 영광을 누리게 하옵소서, 아멘"

칼빈의 문서 활동은 계속되었다. 1560년 8월에는 사도행전 주석 하권이 출판된다. 이 책은 리투아니아(Lithuania)의 재무장관에게 헌정되었는데, 이 장관은 칼빈의 동유럽 우호정책을 지지하고 있었다. 1561년 8월에는 두 권으로 된 다니엘서 주석이 출판되었으며, 그것은 프랑스의 교회들에게 헌정되었다.

칼빈은 1563년에는 엄청난 수의 저술과 출판물을 내놓았다. 다시 한 번 우리는 육체적 질병과 시민, 또는 정치적 문제로 소란하였음에도 불구하고, 생애 마지막까지 그가 문서 활동을 추구한, 믿을 수 없는 그의 의지의 힘에 놀라지 않을 수 없다. 이 허약한 프랑스인에게 있어서 정신은 육체보다 강하였다. 이 해에 모세 5경의 마지막 네 권이 출판되었으며, 7월에는 5권으로 된 예레미아서와 예레미아 애가서 주석이 출판되기도 하였다. 이 책들은 12소선지와 다니엘서처럼 그의 강의를 정리한 것들이다. 이 책은 독일 라인 강의 대법관 후레드릭(Frederick)공에게 헌정되었는데, 칼빈의 성찬관을 루터 파의 성찬관과 비교하여 자세히 설명한 책이다. 같은 달 창세기 주석이 출판되었으며, 이 책은 벤돔(Vendôme)공작`에게 헌정되었다. 이 사람은 나바르 왕과 그의 처 쟝 달부레(Jean d'Albret)의 아들이며, 훗날 그 유명한 헨리 4세가 되었다. 칼빈의 개인적인 영향력은 나바르의 마그리뜨에서 그녀의 유명한 손자 헨리 4세에까지 뻗치게 된 것이다. 1563년이 닫히면서 칼빈의 죽음이 멀지 않았음을 알게 될 것이다.

칼빈의 성경해석방법에 대하여 간단히 생각하기로 한다.

칼빈의 대표적인 성경해석 방법은 간결성과 용이성(Brevitas et Facilitas), 그리고 성령에 의한 해석방법이다. 먼저 간결하고 용이한 방법은 본문을 해석할 때 장황한 해석을 피하고 가급적 간결하게, 그리고 독자들이 이해하기 쉽게 해석하는 방법을 의미한다. 칼빈이 이 방법을 사용하게 된 것은 부처(Bucer)의 장황한 해석을 버리고, 한편 멜랑히톤(Melanchton)의 지나치게 요점만 해석하는 방법을 벗어나 중립적인 입장을 취하기 위해서였다. 간결성과 용이성의 방법은 칼빈의 성경해석학의 중심을 이루는 원리이며, 그는 로마서 주석 헌사에서 처음으로 이 방법을 언급하고, 『기독교 강요』 와 설교, 그리고 그가 쓴 편지에서도 언급하였다.

칼빈은 본문을 가능한 한 짧고 간결하게 해석하였다. 이렇게 하기 위해 그는 어떤 증거나 예증을 가급적 적게 제시하고, 저자의 참된 의도가 무엇인지를 말하여 애매하고 복잡한 문제를 해결하였다. 그는 성경원문을 고치지 않고 원문 그대로 보전하여 해석하였다. 해석의 범위를 성경본문과 관계된 주제에 제한하였다. 성경을 해석할 때 저자의 의도를 단순하게 보여주었다. 저자의 의도와 역사적인 상황, 문법적 구조 그리고 문맥에 충실하였다. 성경을 이해하는데 장애가 되는 애매모호함을 제거하여 단순하고 명료한 해석을 하였다. 그리고 칼빈은 성경의 의미를 억지로 곡해하거나, 주관적인 상상력이나 부정확한 추측을 가지고 성경을 해석하는 것을 반대하였다.

그리고 칼빈은 성경을 해석할 때 여러 가지 학문적인 방법을 다 사용했으나 그 어떤 것보다도 성령의 조명에 의한 신학적 해석 방법」을 가장 중요하게 생각했다. 성경의 저자는 성령이라는 것을 인정하고, 올바른 해석을 위하여 연약한 인간은 그를 의지하며 그의 도우심에 따라 본문을 통하여 그의 의도를 설명해야 한다. 최고의 성경 해석가는 자신의 방법을 사용하는 자가 아니라, 그 모든 방법이 성령의 지배를 받으며 성령의 조명에 따라, 성령의 의도, 즉 성경의 저자를 밝히는 것이다. 칼빈은 성령의 의도인 저자의 의도를 바르게 해석하는 일에 최선을 다했다. 칼빈은 성경해석에서 자신의 어떤 주관적인 주장이나 어떤 교리적인 편견을 가지고 본문을 다루지 않았기 때문에, 객관적인 방법을 공정하게 사용할 수가 있었다.

개혁자들의 중요한 유산이며, 동시에 신학적 원리인「오직 성경」(Sola Scriptura)의 원리는 그들을 올바른 신학뿐만 아니라, 성경 해석까지도 올바른 방법으로 인도하였다. 그리고 이 원리는 성경의 권위뿐만 아니라, 성경 해석의 중심적인 열쇠가 되었다. 개혁자들은 성경해석에서 로마 카톨릭 교회를 대항하여「성경의 명료성」(the perspicuity of Scripture)의 교리를 강조했는데, 개혁자들의 이러한 강조는 성경해석의 새로운 방법을 열어주었다.

V

1560년은 프랑스에 주목할 만한 사건들이 있었던 한 해였다. 칼빈, 그 프랑스인은 그의 생애의 마지막이 가까워지자 조국에 대하여 한층 더 많은 애착을 나타냈다. 명성은 생애 마지막 수년 동안에 비해 더 높아진 것은 아니었으나, 그의 몸은 거의 망가진 상태에 있었다.

느와용에서 온 그 알려지지 않은 소년이 지금은 프랑스에서 막강한 세력을 갖고 있었다. 프로테스탄트의 사상은 프랑스에서 퍼지고 있었으며, 한편 프로테스탄트 신자들은 점점 더 제네바로 몰려들고 있었다. 능력이 좀 부족하더라도 그가 제네바에서 온 사람이면 개혁교회 안에서는 위신을 세울 수가 있었다. 그 당시 프로테스탄트 운동권에서는 그것이 공공연한 암호로 되어 있었다. 프로테스탄트는 비록 소수일지라도 힘이 있는 단체였으며, 특히 거기에는 명문의 왕자들이 있었다. 그들 중에는 나바르 왕(King of Navarre)과 꽁데 왕자(Conde)와 그 형제와 같은 저명한 인사들이 있었다. 꼴리니(Coligny) 제독도 그 계급에 걸맞는 인물이었다. 그러나 기제(Guise) 가(家)의 공작들, 즉 로레인의 추기경(the Cardinal of Lorraine)과 그 형제 기제 공작(the Duke of Guise)은 왕과 매우 가까운 관계에 있었으나, 종교개혁 운동에 대하여는 철저하게 반대하였다. 그리하여 그들은 헨리 2세의 박해정책을 그대로 밟았던 것이다. 이 때 개신교도들 사이에는 무장항거를 하자는 음모가 꾸며지기 시작했다. 그 음모란 기제 가(家)를 모두 체포하고, 그 자리에 복음주의자들을 앉게 한다는 내용이었다. 이 사실이 칼빈에게 알려지자 그는 이 방법을 절대 반대한다고 했다. 음모의 주동자는 고드프르와 드 바리(Godefroy de Barry)라는 사람인데, 그는 칼빈에게, 꽁데 공이 복음주의 자유선언의 일종으로 제네바 신앙고백(Genevan Confession)을 왕에게 제출할 것이며, 만일 기제가(家)가 꽁데 공을 체포하려고 하면 그를 지키기 위해 사방에서 무력봉기를 일으킬 것이라고 하였다. 그러나 칼빈은 만일 한 방울의 피라도 흘리면 반드시 프랑스 전 국토가 피로 물들 것이기 때문에, 자기는 그 음모에 절대 찬성할 수 없다고 하였다. 물론 이 음모는 실패로 끝났으나, 이 앙브와즈의 음모(Conspiracy of Amboise)로 인해 칼빈이 예언한대로 피가 강물이 되어 흘러내렸고, 프랑스에 종교전쟁이 불붙게 되었던 것이다.

칼빈의 영향력이 절정에 달한 해는 1561년이라고 할 수 있다. 종교개혁이 프랑스에서 큰 진전을 보게 되자 동년 9월에 두 종교를 토의하기 위해 프와시(Poissy)에 한 회의가 소집되었다. 이 회의에 개혁교회와 제네바를 대표하여 베자와 함께 12명의 목사가 참석하였다. 이에 앞서 베자는 개신교의 지도자로서의 저 우유부단한 군주를 강하게 하기 위해 나바르의 왕을 방문했으나 성공한 방문이 못되었다.

프와시 회의는 프랑스에서 칼빈주의 교회의 발전을 암시하는 것이었다. 후랜씨스 2세(Francis Ⅱ)의 죽음으로 그의 동생 샤를르 9세(Chrles Ⅸ)가 10세의 나이로 왕위에 오르게 되었는데, 이것은 황태후 카트린 드 메디치(Catherine de Medici)의 섭정을 의미하는 것이었다. 그녀가 카톨릭 신자로 있는 동안 가장 원한 것은 권력이었다. 그녀는 이때 균형을 잡기위해 카톨릭교도와 개신교도들을 서로 대항시켜 어부지리를 얻고자 하였다. 신교도에게는 챨스9세의 즉위에 자유로웠던 꼴리니(Coligny)와 꽁데(Condé)와 같은 강력한 지도자들이 있었다. 개신교는 그들의 인원수와 지도력으로 인해서 종교전쟁을 향해 신속히 다가가고 있었다.

프와시 회의는 9월 9일에 시작해서 10월 14일까지 계속되었다. 이 회의는 많은 일을 하지는 못했으나, 개신교도들과 구교도들이 처음으로 종교문제를 협의한 회의라는 특징을 갖는다. 그러나 두 파는 성만찬에 대한 그들의 차이점을 좁힐 수가 없었다. 베자는 프와시 회의가 휴회되자 제네바로 돌아가기를 원했으나, 황태후는 프랑스 교회가 한 것처럼 베자도 그대로 머물러 주기를 원했다. 그러나 제네바 시 의회가 대학과 교회에서 그를 필요로 한다고 했을 때 베자는 그 제안을 묵묵히 따르기로 하였다. 프와시 회의는 개신교운동에 큰 힘을 주었기 때문에, 교회의 수가 증가되어 설교자들이 부족할 정도가 되었다. 제네바는 그 수요를 공급할 수가 없었다. 칼빈은 이 일로 인해서 자주 베자와 꼴리니와 편지로 접촉하였다.

칼빈은 비록 폭력 사용이나 교회점령 같은 것을 반대했지만, 유그노 교도들(Huguenots) 배우에서 일한 주동자 역학을 하였다. 그가 완화정책을 바랬던 또 하나의 징후는, 이 해에 죤 낙스(John Knox)에게 쓴 편지에서 볼 수 있다. 그는 이편지에서, 현재 자유를 위한 투쟁에서 스캇틀랜드를 지도하고 있는 저 용맹스러운 스캇틀랜드인에게 온건하게 행동할 것을 권고하고 있다.

1562년이 아직 시작되기 전이었는데, 프랑스에서는 종교전쟁이 불가피하다는 것이 명백해졌다. 모든 종교전쟁의 경우에서처럼, 정치적 야심이 마치 그것이 종교적 원리인 것처럼 날뛰고 있었다. 그럼에도 불구하고 종교적 차이와 증오가 그 주요한 이유였다. 지도자와 일반 대중들은 모두가 다 잘못되어 있었다. 1561년과 1572년 사이에 프랑스에서는 4,5명의 구교도들이 학살되고, 한편 18명 혹은 20명의 개신교도들이 학살되기도 하였다. 같은 시기에 네 번의 종교전쟁이 있었는데, 성바돌로뮤(St.Bartholomew) 축제 때 그 절정에 달하였다.

이 전쟁이 처음 일어난 것은 1562년 7월이었다. 이 전쟁의 불티는 3월에 바시(Vassy)에서 기제의 추종자들에 의해서 약 40명의 개신교도들이 살해되고, 200명의 부상자들이 발생한 사건이었다. 유그노들은 꼴리니와 꽁데 왕자에 의해서 인도되었다. 왕, 혹은 카톨릭의 병력은 기제를 부사령관으로 하여 노령의 경찰관 몽트모렌시(de Montmorency)의 명령 하에 있었다. 두드러진 전투는 드뢰(Dreux)에서 벌어졌는데, 거기서 꽁데와 몽트모렌시(Montmorency) 두 사람 모두가 포로가 되었다. 유그노가 승리하였다는 보도가 빠리에 전해지자 카트린(Catherine)은 프랑스에서 기도해주기를 원한다고 하였다. 그러나 사실상 그것은 기제를 위한 승리였다. 몽트모렌시(Montmorency)가 포로가 되고 나바르 왕이 부상으로 죽었기 때문에 현재 그는 지도자가 되어있었던 것이다.

2월에 기제(Guise)는 폴트로(John Poltrot)라고 하는 귀족에 의해서 암살되었다. 그의 포획과 고문에 대하여 폴트로는 그가 꼴리니와 베자의 사주를 받았다고 주장하였다. 그러나 이들 두 사람은 기제가 죽은 것을 기쁘게 생각하면서도 이를 부인하였다. 평화가 곧 뒤따랐으며, 카트린은 포로가 된 꽁데를 설득하여 카톨릭파에 가장 호의적인 말로 동의하게 하였다. 1563년 3월 19일 앙부와즈(Amboise) 포고령은 귀족들이 프로테스탄트 신앙을 가질 수 있도록 허락하였으나, 일반시민들은 그들 군주의 허락 하에서만, 그리고 1563년 3월 이전에 자유가 주어진 곳에서만 허락 되었다. 개신교도들은 빠리에서는 예배드릴 권리가 박탈되었다. 그리하여 1562년 1월의 포고령은 개신교도들에게 광범위한 특권을 부여했지만 실제적으로는 아무 쓸모가 없는 것이었다.

칼빈은 몹시 고된 이 두 해 동안에도 계속 활동하고 수많은 편지를 썼다. 우리는 칼빈이 나바르의 여왕을 강하게 하고, 빠리의 유그노들의 지나침을 나무라며, 스위스에서의 꼴로니 제독의 군사모집을 격려하고, 꽁데의 사생활에 대하여 충고하고, 베자의 행방을 알고는 그에게 편지를 쓰는 등 하루도 쉬지 않고 활동하는 모습을 보게 된다. 베자는 프랑스에서의 일을 훌륭하게 완수하고 나서 1563년 5월 제네바에 돌아왔다. 드뢰(Dreux)의 전투에서 그는 기마병 장교로 싸웠다. 불링거(Bullinger)에게 쓴 칼빈의 편지에서, 우리는 칼빈이 정치적인 일과 개인적인 일을 병행하였던 것을 알 수 있다. 한 곳에서는 앙부와즈의 관계를 충분히 설명하고, 또 한 곳에서는 방광 속의 결석으로 인해서 심한 고통을 겪었다고 기술하고 있다.

1563년에는 엄청난 수의 저술과 출판물을 내놓았다. 이 허약한 프랑스인에게 정신은 물질보다 우월하였던 것이다. 1563년이 닫히면서 칼빈의 죽음이 멀지않음을 알게 되었다.

제14장

주님의 품으로

1564년에 들어서면서 칼빈 자신을 포함해서 모든 사람에게 칼빈의 시대가 끝나 가고 있음을 느낄 수 있었다. 그는 2월 6일 마지막 설교를 했으나, 천식으로 그 설교를 힘들게 끝마쳤다. 3월 마지막 날에는 성 삐에르 교회(St. Pierre)에 참석했으나 설교를 하지 못하고 다만 몇 마디 말을 했을 뿐이다. 그 해 4월 2일 주일은 부활절이었다. 칼빈은 캐논 가(Canon street)에 있는 그의 집으로부터 교회에 실려 와서, 베자가 집례하는 성찬식에 참석하고 떨리는 목소리로 찬송가를 불렀다. 이것이 그가 공중 예배에 참석한 마지막 예배였다.

I

칼빈이 스트라스부르의 추방생활에서 돌아와서 제네바에서 일한 것은 23년 동안 이였다. 즉 1541년 9월부터 1564년 5월까지 일했다. 칼빈은 한참 효과적으로 일할 수 있는 나이며, 정신적 능력이 완숙해 있던 1564년에 영원한 안식의 부르심을 받았다. 그는 유능하고 훌륭한 후계자, 모세의 율법과 그리스도의 복음에 기초를 둔 모범적인 개혁파 교회, 스위스와 프랑스를 위한 복음주의 설교자들의 양성기관인 아카데미, 그리고 5세기동안 지금까지 생생하게 살아서 형태를 만들어주고 있는 힘 있는 그의 방대한 책들을 뒤에 남겨 놓았다.

칼빈은 죽는 날까지 글을 쓰고, 설교하고, 강의하고, 감독원(당회)

과 성직자회에 참석하고, 프로테스탄트의 나라들 모든 지역에서 찾아오는 외국인들을 맞이하고 그들과 이야기를 나누었으며, 또한 각 방면의 사람들과 편지를 주고받았다. 그는 두통, 천식, 소화불량, 발열, 요결석(尿結石), 통풍 등 누적된 육체적 질병으로 고통을 겪고 있었음에도 불구하고, 그 일들을 훌륭하게 해냈는데, 이 병들은 그의 허약한 몸을 지치게 하였으나, 그의 강한 정신력을 꺾을 수는 없었다.

칼빈은 걸을 수가 없게 되자 의자에 앉아서 교회에 실려 갔다. 1564년 2월 6일. 그는 마지막 설교를 했다. 4월 2일 부활주일에는 마지막으로 교회에 가서 베자가 집례하는 성찬식에 참석했다.

II

베자와 칼빈 자신의 편지를 통하여 우리는 칼빈이 얼마나 많은 병으로 고통을 겪었는지를 알게 된다. 그가 어려서부터 몸이 약했는지는 알 수 없으나, 몽때귀 대학의 열악한 음식과 주거환경은 칼빈의 건강에 심한 타격을 주었다. 그 후부터 그의 건강은 나빠지기 시작했으며, 긴장, 과도한 공부, 수면부족은 이미 허약해진 건강을 더욱 악화시켰다. 베자가 말한 대로, 칼빈은 편두통으로 고생했으며, 이것 때문에 가끔 36시간씩이나 음식 먹는 것을 자제하곤 했다. 편두통으로 게을러지고 아무 일도 할 수 없었다. 따라서 잃어버린 시간을 보충하고 일정을 따라잡기 위해 계속 일하다가 건강이 더 악화되기도 하였다. 그는 역시 치질을 앓았으며, 치질이 생겼을 때에는 화장실에 앉아 있는 것도 어려웠고, 말을 타는 것도 고통이었으며 더욱이 출혈도 심했다.

칼빈은 1558년 10월 사일열(四日熱)에 걸려 1559년 5월까지 심한 고통 속에서 살아야 했다. 이 병은 수년 후의 그의 죽음의 원인이 된 것이 틀림없다. 이 열병은 수개월 후에 많이 좋아졌지만, 그의 건강은 다시 충분히 회복될 수는 없었다. 칼빈 자신도 자기의 죽음이 임박해 있다는 것을 인식하고, 1559년『기독교 강요』 결정판 서문 "독자에게 드리는 글"에서 "겨울 사일열에 걸려 죽음의 날이 임박했다고 생각되었을 때, 나는 병세가 악화되면 될수록 더욱 자신을 돌보지 않고 이 책을 저술하는 데 심혈을 기울였다."고 기록하고 있다. 사일열로 고생하던 칼빈은 이제는 그의 폐결핵이 악화되었다. 잦은 설교 때문에 심한 기침을 하게 되고, 따라서 폐의 혈관이 파괴되어 심한 각혈현상을 보이기도 하였다. 이때부터 그의 몸은 점점 더 허약해지기 시작했다. 그는 결석(結石)으로 크게 고생했으며, 폐결핵으로 몸은 점점 더 약해져 갔다. 이런 가운데서도 그는 평상시의 업무를 계속해 나아갔으며, 비참한 지경에 이른 1564년 2월까지 자기 책무를 소홀히 하지 않았다. 그는 병중에 최선을 다하면서도 늘 "나는 게으른 자이다. 이 게으름을 부끄럽게 여기며 슬퍼한다"고 말하곤 했다. 이것은 그의 직무에 따르는 의무를 다 하지 못했다는 자책감에서 나온 말이었다.

칼빈은 몽뻴리에(Montpellier)의 의사에게 쓴 편지에서, 12년 전에는 통풍, 결석, 복통, 치질, 각혈 등으로 고생하지 않았는데, 지금은 이 모든 적들이 마치 군대처럼 나를 공격하고 있다고 하였다. 그리고 현재는 사일열에서 해방되는가 싶더니 장딴지에 심한 통증이 생겨 괴롭히고 있으며, 이 통증은 또한 관절염으로 변했다. 신장염에 걸려 지금은 말을 탈 수가 없게 되었으며, 소변 대신에 피가 쏟아져 나온다. 발목의 통증 때문에 앉아서 생활할 수밖에 없게 되었다고도 하였다. 칼빈은 아프지 않은 곳이 한 군데도 없었다. 말 그대로 칼빈은 걸어 다니는 종합병원이었다.

놀라운 것은 병으로 약해질 대로 약해진 상태에서도 칼빈은 『기독교 강요』의 개정, 이사야서 주석의 교정, 모세 5경의 라틴어 및 프랑스어 주석, 학교에서의 여호수아서 강해, 시편주석의 프랑스어 번역, 사도행전 주석, 예레미야서 및 예레미야 애가의 강해, 4복음서 주석의 프랑스어 번역 등을 완성한 것이다. 1563년 이후 그의 건강은 점점 더 나빠져서 죽음을 기다리고 있는 중에서도 칼빈은 자신의 병을 주님께서 갈 준비를 하라고 가르치는 죽음의 메시지라고 믿고 있었다. 그리고 그는 사람들의 병은 하나님의 섭리이며, 그러므로 병을 하나님이 주시는 훈련으로 해석하고 있었다.

1564년 3월 10일 제네바 시의 기록은 다음과 같다. 즉 "오랫동안 병으로 고통을 당하며 지금은 죽음의 위험에까지 이른 칼빈 선생의 건강을 위해 모든 시민은 하나님께 기도할 것을 공포한다." 그러나 오랫동안 이 허약한 사람을 의지해 왔던 이들 제네바의 귀족들은 아마 칼빈이 위험의 경계선을 넘었다는 것을 인식할 수 없었을 것이다. 아직도 칼빈은 두 달 반을 더 기다려야만 하였다.

Ⅲ

1564년 4월 25일 칼빈은 유언장을 작성했다. 그의 책들이 25년 동안 출판사에서 쏟아져 나왔지만, 이 엄격한 사람은 세상의 재물을 축적하려고 하지 않았다. 자연히 그가 남긴 물질적 재산은 아주 빈약할 수밖에 없었다. 칼빈의 유언장에는 그의 신학적 입장과 개인적 신앙, 그리고 물질적 소유물이 요약되어 있을 뿐이었다. 이를 요약하면 다음과 같다.

"주님의 이름으로 유언장을 작성하고자 한다. 아멘. 이 제네바 교회에서 하나님의 말씀의 사역자인 나 죤 칼빈은 여러 가지 질병으로 시달리며 고통을 받아왔는데, 이것들은 나로 하여금 주 하나님께서 얼마 안 있어서 나를 이 세상으로부터 데려가시기로 결정하셨다는 것을 쉽게 믿게 하셨다. 그러므로 나는 유언장을 작성하기로 결심하고, 다음과 같은 방법으로 유서를 쓰기로 하였다. 먼저 자비를 베푸셔서 나를 창조하시고 이 세상에 있게 하신 하나님께 감사를 드리며, 하나님은 내가 빠져있던 우상의 흑암에서 구원해 주셨을 뿐만 아니라, 그의 복음의 빛으로 인도하시고, 또한 가장 천한 나에게 구원의 교리에 참여자가 되게 하셨다…마찬가지로 나는 주님께서 나에게 베풀어주신 은혜와 선하심에 따라 나의 설교와 저술과 성경주석에서 그의 말씀을 순수하고 간결하게 설교하며, 그의 거룩한 말씀을 성실하게 해석하고자 노력하였음을 주장한다. 나는 또한 복음의 원수들과 벌인 모든 논쟁에서 협잡이나 부정, 또는 궤변으로 속임수를 쓰지 않고, 진리를 변호하는데 조금도 숨김없이 솔직하고 진실하게 행동하였다는 것을 증거하며 주장하는 바이다. 그러나 아 슬프도다! 나의 열정과 열심은 경솔하고 열의가 없었기에, 나는 셀 수 없이 나의 직책을 바로 수행하지 못하였음을 고백한다. 그리고 주님의 무한하신 자비로 나를 돕지 않으셨다면, 나의 모든 열심은 수포로 돌아갔을 것이다 … 하나님께서 나에게 주셨으며, 내가 이 유언장에서 처리하고자 하는 적은 재산에 대하여 나는 나의 매우 사랑하는 형제 앙뜨완느 칼빈(Antoine Calvin)을 상속인으로 지정한다. 그리고 나는 경의를 표하는 마음으로 바라니우스(Varanius)로부터 선물로 받은 은잔을 그에게 드리니, 그가 이것으로 만족하기를 바란다. 상속에 속하는 그 밖의 모든 것들을 나는 그에게 위탁하며, 그가 죽을 때 그것들을 그의 자녀들에게 남겨주기를 바란다. 나의 재산 중에서 소년학교(Boys School)에 금(金) 10개를 유언으로 남기며, 가난한 외국인들과 샤르르 꽁스땅(Charles Constans)의 딸이며 나의 인척이기도 한 요안나(Joanna)에게도 같은 수의 금을 남긴다. 나의 형제의 아들들, 즉 사무엘(Samuel)과 죤(John)에게 그가 죽을 때 각각 금 300개씩을 주도록 한다. 그리고 그들의 형제 데이비드(David)에게는 소년의 경박함과 급한 성미를 견책하며 금 25개만을 남겨 놓도록 한다. 이것이 내 장서와 동산(動産)들, 그리고 모든 가구들과 일반적으로 말해서 나의 전 재산과 동산 물건들을 평가하여 내가 추적한대로 주님께서 내게 주신 전 재산이다. 그러나 이것들이 좋은 결과를 보여준다면, 나는 그 나머지 부분이 나의 형제의 아들들과 딸들에게 골고루 분배되기를 원한다. 물론 하나님의 선하심으로 그가 돌아와서 착한 행실을 하게 된다면 데이비드에게도 분배되기를 원한다. 그러나 내가 추정한 전 재산이 위에서 말한 재산을 초과할 경우, 그의 믿음과 선한 의지를 믿기 때문에, 나의 형제에게 조심스럽게 위탁한 처사는,

특별히 나의 빚을 다 갚은 후에는 큰 문제가 없으리라고 믿는다. 그러한 이유 때문에 나는 나의 형제와 함께 품위가 있는 나의 친구 로랑스 노르망(Lawarence Normand)을 나의 이 유서의 집행자로 지정하며, 따라서 그들이 법의 엄격한 형식에 매이지 않고 재산 목록을 작성하도록 한다. 나는 역시 그들에게 나의 동산들을 처분하여 현금으로 바꾸어 위에 기록된 나의 유언을 집행할 권한을 부여한다. 1564년 4월 25일, 나 존 칼빈은 이 유서를 설명하고 받아쓰게 한다."

이 유언장은 겸손과 하나님에 대한 감사로 가득 찬 독특한 문서이다. 우상의 깊은 흑암에서 구원해주시고, 구원의 교리에 참여하게 하실 뿐만 아니라. 설교와 저술과 성경주석에서 하나님의 말씀을 순수하게 설교하며 해석하게 하신 것은 주님의 은혜와 선하심에 따른 것이라고 했다. 그는 동생 앙뜨완느 칼빈을 상속인으로 세워 하나님께서 주신 자신의 적은 재산을 처리하기를 원한다고도 하였다. 25년 동안 많은 책들을 쓰고, 그 책들이 많이 팔려나갔지만, 칼빈은 재물을 축적하려 하지 않았기 때문에 그가 남긴 재산은 빈약할 수밖에 없었다.

IV

칼빈의 유언장이 작성되고 나서 이틀이 지나 즉 4월 27일 지방행정관들과 의회의원들은 그의 집을 방문하였다. 칼빈은 그들이 받은 은사를 사용하여 항상 하나님께 영광 돌리라고 권고하였다. 그의 생활과 저술 전체를 통하여 칼빈주의의 열쇠가 되는 말은 '하나님'이라는 것을 발견할 수 있었다. 그들이 떠날 때 칼빈은 오른 손으로 그들 한 사람 한 사람의 손을 잡아주었다. 그들은 "마치 부모에게 마지막 인사를 드리는 감정으로" 슬픔에 잠긴 채 칼빈의 집을 떠났다. 이 제네바 시의 통치자들에게 준 칼빈의 작별인사에는 주목할 만한 부분이 있다.

> "존경하는 경들께서는 호의를 받을 아무런 자격도 없는 나에게 그처럼 많은 존경을 베풀어 주시고, 또한 나의 수없이 많은 질병을 참아 주신데 대하여 감사를 드리는 바입니다 … 내가 마땅히 해야 할 일을 하지 못한 것이 있으면, 그것은 의지보다는 능력의 부족으로 생각해 주시기를 진심으로 간청 드립니다 … 나는 또한 여러분들이 가끔 도가 넘었던 나의 격정에 대해서도 잘 참아 주셨다는 것을 인정하고 있습니다. 이 점에서 하나님께서도 역시 나의 죄를 용서해 주셨다고 믿고 있습니다. 그러나 내가 여러분에게 전해드린 교리에 관해서는 나에게 위탁하신 하나님의 말씀을 나는 경솔하거나 불확실하게 가르치지 않고, 순수하고 성실하게 가르쳤다고 주장하는 바입니다."

칼빈은 자신의 결점을 즐겨 솔직히 인정하면서도 역시 하나님의 말씀과 의지를 항상 높이 찬양하였다.

다음 날 (4월 28일) 칼빈의 요구에 따라 제네바 시의 목사들이 칼빈의 집을 방문하였다. 칼빈은 제네바에서 그가 행한 일들을 회고하고,

그들이 칼빈의 후계자로 택한 베자(Beza)를 충분히 후원해 줄 것을 부탁하였다. 다시 칼빈은 자신의 괴팍한 성격을 용서해 달라고 하였다. 생명의 마지막이 가까이 다가오는 지금 자신의 이 결점은 그를 무겁게 짓누르는 것 같이 보였다.

칼빈은 이때 제네바의 목사들에게 주목할 만한 고별사를 남겨 놓았다.

"내가 이 교회에 처음 왔을 때는 거의 아무 것도 없었습니다. 설교는 있었으나 그것이 전부였습니다. 우상을 찾아내서 그것들을 불태웠으나 마땅히 있어야 할 개혁은 없었습니다. 모든 것이 혼란스러웠습니다. 그러나 화렐(Guillaume Farel)이나 맹인 목사 꾸로(Courauld)와 같은 분들이 있었습니다. … 나는 여기서 놀랍도록 투쟁하며 살았습니다. 어느 날 저녁에는 저의 집 현관문 앞에서 저를 조롱하기 위해 쏘아대는 50에서 60발의 총소리로 인사를 대신 받기도 했습니다. 소심한 한 가련한 신학도에게 그것이 얼마나 큰 충격을 주었겠는가를 상상해 보십시오. 그 후 나는 이 도시에서 추방되어 스트라스브르(Strassburg)로 갔습니다. 얼마동안 거기서 머물다가 다시 부름을 받고 여기에 돌아왔으나, 나의 임무를 수행하려고 하였을 때는 고충이 전보다 나아진 것이 없었습니다. 그들은 "이 악당 놈아" 하고 소리치면서 개들이 나의 외투와 다리를 물어뜯게 하였습니다. 나는 그때 200인 의회에 갔는데 그들은 싸우고 있었습니다. … 그리고 내가 거기에 갔을 때 그들은 나에게 다음과 같이 말했습니다. "돌아가시오. 선생. 우리는 당신에게 할 일이 아무 것도 없습니다." 나는 그들에게 이렇게 말했습니다. "아니요. 나는 돌아가지 않겠소. 이 악당들아 나를 죽이시오. 나의 피가 증거 할 것이며, 이 의자들도 그것을 요구할 것이요." …나는 많은 결점을 가지고 있었고, 여러분은 나를 잘 참아 주셨습니다. 그리고 내가 한 일들은 모두가 아무런 가치가 없는 것들입니다. 다시 반복하지만, 내가 한 것들은 모두 가치가 없는 것들이며, 나는 한 비참한 피조물에 지나지 않습니다. 그러나 내가 한 가지 말씀드릴 수 있는 것은, 나의 결점은 항상 나를 불쾌하게 만들었으며, 나의 마음속에는 하나님을 두려워하는 뿌리가 있었다는 사실입니다. 여러분들도 그런 나의 바램이 마음에서 우러나온 것임을 인정하실 것입니다. 그리고 나는 그 악이 용서받기를 빕니다. 그러나 만일 거기에 선한 것이 있었다면, 이에 순응하시고 따라 주시기를 바랍니다.

제 교리에 관해서 말씀드립니다. 나는 신실하게 가르쳤으며, 하나님께서 나에게 은혜로 주신대로 저술하였습니다. 나는 그 일을 가장 충실하게 수행하였으며, 성경의 단 한 구절도 나의 지식에 따라 거짓되거나 왜곡되게 해석하지 않았습니다. 내가 비록 정교하게 배워서 엉뚱한 의미를 끌어내려고 할 때에도 나는 그 유혹을 물리치고 항상 단순하게 연구했습니다. 나는 누구를 증오해서 글을 쓴 적이 없으며, 하나님의 영광을 위하는 것이라고 생각되는 것을 충실히 썼습니다."

개인적인 고별사 하나가 또 있다. 그것은 5월 2일 칼빈이 화렐(Farel)에게 쓴 마지막 편지이다.

"나의 가장 뛰어나며 가장 정직한 형제여 안녕. 당신이 이 세상에서 우리의 결합을 잊지 않고 하나님의 교회에 유익하게 하신 것이 하나님의 뜻이기 때문에, 그 열매는 지금 하늘에서 우리를 기다리고 있을 것입니다. 나는 나로 인해서 당신이 지치게 되는 것을 원하지 않습니다. 나는 지금 가까스로 숨을 쉬고 있으며, 계속 죽음이 나를 기다리고 있습니다. 나는 그리스도를 위하여 살고 그리스도를 위하여 죽는 것으로 만족합니다. 그리스도는 생명과 죽음으로 그의 것이 되게 하신 자들에게 유익이 되셨습니다. 형제들과 함께 다시 한 번 안녕."

병약한 상태에서 그처럼 따뜻한 정을 보여준 칼빈의 편지를 받고 화렐은 80세의 고령임에도 불구하고 칼빈의 얼굴을 다시 한 번 보지 않고는 이 젊은 친구를 그냥 보낼 수가 없었다. 화렐은 서둘러 뇌샤 뗄(Neuchâtel)을 떠나 칼빈을 방문하고 그와 함께 저녁을 먹은 다음 깊은 슬픔에 짓눌린 상태에서 제네바 사람들에게 설교를 했다. 칼빈 의 수명은 아직 멈추지 않고 있었다.

V

칼빈은 극도로 허약한 상태에 있었음에도 불구하고, 그의 마지막 주석인 여호수아서를 완성하였다. 에스겔서 주석은 완성하지 못한 채 남겨 놓았다. 그는 이 선지서를 20장까지 강의하였으며, 그의 학생 속기사는 이 강의들을 정성들여 기록하였다. 다음 해에 베자는 이것 을 편집 출판하여 꼴리니(Admiral Coligny)에게 헌정하였다. 베자는 이 저명한 유그노 교도와 친밀한 교제를 나누고 있었다.

성경 주석가로서의 칼빈에 대하여 몇 마다 적어보자. 칼빈은 성경 해석의 천재였다. 그의 주석들은 독창성, 깊이, 명백성, 건전성, 그리고 영속적 가치에 있어서 아무도 그를 따를 수가 없었다. 종교개혁시대는 성경번역과 해석에 있어서 그 어느 때보다도 수확이 많은 시대였다. 루터가 번역자의 왕이라면, 칼빈은 성경주석의 왕이었다. 참말로 칼빈은 16세기 최대의 성경 주석가였다.

칼빈은 스트라스부르에서 주로 그의 신학체계의 근거가 된 로마서 주석을 첫 출발점으로 하여 성경주석들을 계속 저술해 나아갔다. 그는 1539년 10월 18일 그의 히브리어 교수였던 그뤼나이우스(Grynaeus)에게 드리는 헌사에서, 이미 자신의 최상의 해석방법론, 즉 간결성, 명확성, 그리고 성경 기자의 정신과 문자를 엄격히 고수하는 것 등을 주장한 바 있다. 그는 점진적으로 구약의 가장 중요한 책들, 즉 모세 5경과 시편과 예언서들, 그리고 요한계시록을 제외한 신약의 모든 책들을 주석해 나아갔다. 소선지서와 같은 몇몇 주석들은 원고 없이 자유로운 즉석 강의와 설교 메모에서 출판되었다. 그의 마지막 주석은 여호수아서인데, 이것은 극도로 병약한 몸 상태에서 시작하여, 죽기 직전에 또는 약속된 땅으로 들어가기 전에 완성하였다.

칼빈은 의자에 앉아서, 또는 강단에서 하나님의 말씀을 해석하는 것을 큰 즐거움으로 여겼다. 그러므로 그의 신학은 철학적이지 않고 성경적이다. 시편과 바울서신의 주석들은 그의 최상의 주석으로 간주된다. 칼빈은 마음 속 깊이 다윗과 바울의 사상에 공감하였으며, 그들의 역사(歷史)에서 자신의 영적 일대기를 읽을 수 있었다. 그는 시편을 영혼 모든 부분의 조직구조라고 불렀다. 성령께서는 비통, 슬픔, 두려움, 회의, 희망, 근심, 걱정, 그리고 혼란함, 간단히 말해서 사람의 정신을 혼란하게 만드는 모든 정서를 생활에서 직접 경험하게 하신다고 칼빈은 말한다. 그리고 칼빈은 또한 자신의 시련과 투쟁이 그로 하여금 하나님의 성질을 보다 더 명백하게 이해할 수 있게 하였다고 주장한다.

칼빈은 해석학의 모든 본질적인 조건들, 즉 문법적 지식, 영적 통찰력, 날카로운 식별력, 건전한 판단, 그리고 실제적인 재치 등을 보기 드물게 결합하였다. 그는 성경의 정신에 철저하게 공감하였다. 즉 그는 성경저자의 입장에 서서 그 시대의 유익을 위하여 그들의 사상을 재현하고 응용하였다. 토룩(Tholuck)은 칼빈 주석의 가장 두드러진 특징은 교리적 공평성, 해석상의 재치, 다방면의 지식, 그리고 심원한 기독교적 경건이라고 하였다.

칼빈의 성경주석에 대한 한 가지 놀라운 사실은 이 주석들이 오늘도 큰 유익을 주면서 성경학도들에게 읽혀지고 있다는 사실이다. 칼빈과 그의 저술들을 찬성, 또는 반대하는 글들이 수없이 많이 씌어졌지만, 그것들을 다 여기서 인용할 수 없고 로마 카톨릭의 시몬(Simon, 1638-1712) 신부의 짧은 논평을 하나 인용하는 것으로 만족하자.

"칼빈은 뛰어난 재능을 가졌기 때문에, 우리는 마음을 즐겁게 하는 그의 주석에서 계속 무엇을 만나고 있다. 그리고 그의 인간성에 대한 상세하고 완전한 지식으로 인해서 그의 윤리학은 참으로 매력적이다. 한편 그는 성경본문과의 일치를 유지하기 위해 전력을 다하고 있다. 만일 그가 선입견의 영향을 덜 받고, 이단의 표준적 지도자가 되려고 애쓰지만 않았더라면, 아마 그는 로마 교회를 위해 대단히 유익한 일들을 만들어 낼 수 있었을 것이다."

VI

이제 우리는 칼빈과 함께 그의 마지막 시간들을 같이 보내기로 하자. 5월 19일 칼빈이 교회제도의 한 부분으로 제네바의 목사들을 위해 만든 한 해 네 번 모이는 상호 비판회라는 진귀한 모임이 칼빈의 집에서 있었다. 칼빈은 힘없이 그들과 함께 이야기를 나누며 보통 식사를 했는데, 이것은 고된 회기를 마감하는 것과 같은 우호적인 자리였다. 이 모임은 또한 그가 목회적 사역의 의무에서 벗어나며, 그의 솔직한 우정을 표시하려는 마지막 노력이기도 하였다. 식탁으로 안내된 칼빈은 이것이 식탁에 앉게 되는 마지막 때가 될 것이라고 말했다. 식사가 끝나기 전에 그는 그의 침실로 옮겨졌으며, 그는 자리를 떠나면서 웃음을 지으며 다음과 같이 말하였다. "사이에 끼어 있는 이 벽은 나로 하여금 여기 있지 못하게 할지라도 영으로는 당신들과 함께 있는 것을 아무도 막지 못할 것입니다". 그의 친구들은 그가 즐거워했으며 명랑하였다고 전한다. 분명히 그는 우정의 강한 끈으로 사람들을 붙잡고 있었다. 이것은 칼빈이 성미가 까다롭고 침울한 사람이며, 결코 웃지 않는 삶이라는 비난이 거짓임을 증명해 줄 것이다. 그리고 칼빈은 그의 침상에서 다시 일어나지 못했다.

1564년 5월 27일 토요일 오후 8시와 9시 사이에 칼빈은 마지막까지 똑똑한 의식과 총명함을 잃지 않고 하나님 품으로 평화스럽게 잠들었다. "땅에 있는 우리의 장막집이 무너지면 하나님께서 지으신 집 곧 손으로 지은 것이 아니요 하늘에 있는 영원한 집"(고후 5:1)으로 들어간 것이다. 다음 날 오후 2시쯤 교회법규(the Ordonances)에 따라 그들은 칼빈의 시체에 수의를 입히고, 평평한 나무 관에 입관한 다음 화려하거나 정교한 의식 없이 뿔랑 빨레(Plain Palais) 공동묘지에 안장하였다. 그의 무덤은 초라한 동지들의 무덤과 같이 다만 흙으로 쌓아올린 단순한 둑에 불과했다. 그의 장례식은 품위는 있었으나, 그의 요구에 따라 무덤에는 아무도 그의 무덤이라는 것을 알아차릴 수 있는 묘비가 없었다. 칼빈은 생전 시 그의 장례식에서의 모든 허식과 무덤에 어떠한 기념비 건립도 금하였다. 그는 모세와 같이 우상의 힘이 미치지 않는 곳에 매장되기를 원했다. 이것은 인간을 낮추고 하나님을 높이는 그의 신학과 일치하였다. 그러나 그는 장례식에 참석해서 그에게 경의를 표하려는 제네바 주민들, 목사들, 교수들, 행정관들, 그리고 시민들의 자발적인 감정의 발로를 막을 수도 없었고 또한 막기를 원하지도 않았다.

칼빈은 55세가 채 못 되어 세상을 떠났다. 그의 생애가 너무 일찍이 끝났기 때문에, 좀 더 오래 살았으면 더 많은 일을 할 수 있었을 것이라는 아쉬운 생각을 하게 된다. 그의 신학체계는 긴 시간에 완성되었다. 교회와 국가의 관계에 대한 개념은 일반 대중에게 오래 걸리지 않고 익숙해졌을 뿐만 아니라. 제네바 시민의 실생활에서 충분히 이해되었다. 그의 권징 체계는 큰 효과를 나타냈다. 제네바의 학교들은 아카데미(Academy)에서 그 영광을 찾을 수 있었다. 칼빈의 종교개혁의 이상은 서 유럽의 광범한 지역의 이상이 되어, 독일, 폴란드, 헝가리로 퍼져 나아갔다.

1835년 제네바의 종교개혁 300주년에는 화려한 기념메달이 만들어졌는데, 그 한 면에는 칼빈의 이름, 출생일, 그리고 사망일과 함께 칼빈의 초상이 있고, 다른 한 면에는 "보이지 아니하는 자를 보는 것 같이 하여 참았으며"(히11:27)라는 성경구절과 함께 칼빈의 설교단이 새겨져 있다. 그리고 원형으로 된 메달 비문에는 "몸은 부서졌으나 영은 강한 자, 믿음의 승리자. 교회의 개혁자. 그리고 제네바의 목사요 보호자"라는 글이 새겨져 있다.

1864년 그의 죽음 300주년을 기념하여 칼빈의 제네바 친구들은 외국의 도움을 얻어 복음주의 동맹(Evangelical Alliance)의 원리에 따라 "종교개혁의 방"(Salle de la Reformation)이라는 훌륭한 기념관을 건립하고 복음의 순수한 설교와 모든 바른 사상의 옹호를 위해 헌정하였다. 유럽의 개혁파 교회는 대리석보다 더 영구적인 칼빈의 기념비라고 할 수 있다. 칼빈은 이 세상에서 54개 년 10개월 17일 살다가 죽었다. 베자는 자신의 칼빈 전을 다음과 같은 말로 결론을 지었다.

"16년 동안 나는 그의 행동을 직접 목격했기 때문에 그의 생활과 죽음에 대하여 있는 그대로 설명할 수 있다. 그리고 나는 지금 그에게서 모든 사람이 아름다운 모본을 볼 수 있다고 강조할 수 있다."

칼빈은 그의 마지막 날들을 거의 계속 기도하면서 성경, 특히 시편의 구절들을 읽으면서 위로를 받았다. 그는 "나는 비둘기 같이 슬피

울며"(사38:14), "내가 잠잠하고 입을 열지 아니함은 주께서 이를 행하신 까닭이니이다"(시39:9), "주의 징벌을 나에게서 옮기소서 주의 손이 치심으로 내가 쇠망하였나이다"와 같은 성경구절들을 크게 소리쳐 읽기도 하였다. 그의 정신은 마지막까지 맑고 강했다. 그는 자기를 보기를 원하는 사람들을 다 영접했으나 말보다는 기도 해주기를 원했다. 그리고 그는 가끔 몹시 견딜 수 없는 고통에 부대끼기도 하였다.

그가 세상을 떠나던 날에는 가까스로 말을 했다. 그는 저녁 해가 떨어지면서 평화스럽게 잠들어 주님의 품에 안기셨다. "그는 바로 조금 전에 세상을 떠나셨다. 하인의 통고를 받고 형제들 중 한 사람과 함께 즉시 그에게 달려갔으나, 그는 이미 죽어있었다. 그는 손과 발의 경련도 없이 매우 조용히 죽었으며 깊은 숨을 쉬지도 않았다. 참으로 그는 죽은 사람이 아니라 잠자고 있는 사람같이 보였다"고 베자는 전한다.

베자는 계속 말한다. "이처럼 교회의 등불이요, 가장 빛나는 대 지도자는 일몰과 함께 하늘나라로 올라가셨다. 다음날 제네바 시 온 거리는 매우 큰 슬픔과 애도에 휩싸여 있었다. 공화국은 가장 현명한 시민을, 교회는 진실한 목사를, 그리고 아카데미는 비교할 수 없는 훌륭한 교사를 잃었기 때문이었다. 모든 사람은 하나님 다음가는 민중의 아버지요, 최상의 위안자의 죽음을 슬퍼하였던 것이다. 많은 시민이 몰려와서는 칼빈의 시신 곁을 거의 떠나질 못하고 있었다. 그들 중에는 주 프랑스 영국여왕 대사와 같은 저명한 외국인들도 있었는데, 그는 칼빈을 만나기 위해 제네바에 왔던 길에 지금은 그 유족들을 보기를 원하고 있었다.

우리는 지금 이 책에서 칼빈의 생애에서 볼 수 있었던 주요한 사건들을 간단히 다루었다. 특별히 나는 제네바에서 그가 직접 겪은 상황과 유럽이라고 하는 넓은 교구에서 있었던 일들을 기술하려고 노력하였다. 칼빈은 프로테스탄트주의의 탁월한 해석가였다. 루터가 성경과 교회를 새로 해석한 개척자요 대변자라고 한다면, 칼빈은 그 교리들을 저술을 통하여 체계화한 사람이었다. 루터가 위대한 감동적 호소를 통한 대변자로 빛났다면, 칼빈은 기록된 언어를 통하여 그 특징을 보여주었다. 그는 자신의 『기독교 강요』에서 개혁신앙의 결정적 기초를 제시하였다. 그의 주석들은 종교의 궁극적 권위가 되는 성경에 눈부신 빛을 던져주고, 동시에 그 진리를 전파하였다. 이 허약한 학자는 모든 시대에 가장 영향력 있는 붓을 휘둘렀던 것이다.

칼빈은 교회의 결속을 강조하면서, 로마 교회는 원시교회와 관계를 끊었다고 주장하였다. 그는 초대교회의 장로제도의 직책을 소생시켜 교회와 국가에 심대한 영향을 미치는 교회정치의 대의원 제도를 세계에 소개하였다. 장로교회는 특별히 스캇틀랜드에서 발전되어, 거기서부터 전 세계에 퍼져 나아갔다. 아마 장로교인들은 칼빈이 자기들에게 신약교회를 전달한 사람으로 생각하는 사람들이라고 말하는 것을 더 좋아할 것이다.

칼빈은 신학자이며 법률가의 훈련을 받았다. 그러므로 그는 그 도시국가에서 능동적인 일을 책임질 위치에 있었다. 제네바의 권력자들은 자신들의 특권을 빼앗기지 않으려고 몹시 경계를 늦추지 않았다. 그러나 그들은 시간이 지나면서 이 학식 많은 프랑스인에게로 돌아왔다. 그는 축성(築城)계획, 공중 위생문제, 혹은 요리문답 작성에 있어서도 능숙한 솜씨를 보여주었다. 그는 제네바를 지상천국으로 만들려고 노력하였다. 그는 물론 실패했으나 그렇다고 해서 성급히 그를 판단해서는 안 된다. 당시 유럽의 여러 도시들은 엄한 감시와 획일주의적 통제 하에 있었다. 법원의 기록들이 도덕적 경범죄의 증가를 보여주고는 있으나, 그것은 부정의 증가를 의미하는 것은 아니었다. 어떻든 13,000명의 이 스위스 도시는 온 유럽에서 두드러진 도시들 중의 하나가 되어 있었다. 칼빈주의는 언제나 엄격한 도덕적 규약과 고도의 윤리적 표준을 강조하였다. 다소 무정한 것처럼 보이기는 했으나, 지도자들과 그 불굴의 목적을 추종하는 자들은 계속 발전해 나아갔다. 이 시대의 우리는 칼빈의 신학적 비타협성을 지키지 못했으나, 그의 윤리는 지금도 충분히 연구하고 경쟁할 가치가 있다.

칼빈과 자본주의를 연결하려는 노력이 있었다. 칼빈은 도시인이었으나 루터는 농민이었다. 칼빈은 도시의 문제들과 금전문제들을 인정하고 있었다. 그는 금전상의 이익, 즉 이자를 허용하였으나 물론 그것은 현대적인 고성능의 자본주의는 아니었다. 그의 주장은 성실한 사람, 또는 결단력 있는 사람에게 호소력이 있었다.

우리가 생각해야 할 또 다른 특징은 인간과 그 사상에 관한 문제이다. 칼빈주의에는 국제주의가 배어있다. 루터는 왕자나 영주에게 비굴함을 버릴 수 없었던 농민이었다. 루터주의는 국가의 종교(a national religion)가 되었다. 오늘날 민족주의적이며 전체주의적인 국가에서 루터주의는 부분적으로는 그것이 지방교회이기 때문에, 그 입장을 유지하기 위해서 필사적인 시간을 보내고 있다. 그러나 칼빈주의는 그렇지 않다. 저 프랑스인은 스위스의 한 도시에서 세계를 자신의 교구로 만들었다. 칼빈주의는 국가적이지만 그보다 훨씬 더 그 이상이다. 즉 그 영광은 국제적인 호소력에 있다.

칼빈이 제네바에 왔을 때, 제네바는 사보이 공작(Duke of Savoy)과 군주 겸 주교(Prince-bishop)에 대한 반란을 성공적으로 완수했을 때였다. 우리는 이 책에서 이미 베르뜰리에(Berthelier)와 보니바르(Bonivard), 그리고 휴그(Hugus) 등의 주도하에 일어난 반란에 대하여 말한 바 있다. 유럽의 골목길에서 새로 얻은 자유의 한 도시국가, 즉 제네바는 대륙을 뒤흔들었던 전쟁의 피해를 입지 않았다. 칼빈의 교회정치 형태는 제네바 시민의 민주주의적 견해와 잘 맞아 떨어졌다. 이 도시의 대의정치와 교회의 대의정치는 서로 손을 잡고 버팀목이 되어주었다. 여기에 하나님을 높이는 신학을 더하여 인간이 그것을 수행하는 하나님의 대리인이 됨으로 사람은 불가항력적인 힘을 얻게 된 것이다. 예정론은 하나님의 동료군인으로써 하나님 나라 발전을 추진하며, 강요하는 목적의식을 인간에게 부여하였다. 칼빈은 계속해서, 하나님이 함께 하시면 아무도 자기를 항거할 수 없다고 가르쳤다. 하나님이 보실 때 모든 사람은 동일하다는 것을 칼빈은 가르쳤다. 그들은 모두가 구속의 은혜를 필요로 하지만, 일단 하나님의 은혜로 선택받은 자는 왕의 동일한 시민이 된다. 이것은 이미 땅에 떨어져서 제네바에서 준비되었다. 칼빈의 추종자들이 주장한 이 교리는 전제정치의 조종(弔鐘)을 의미하였다. 로마서 주석에서 칼빈은 "하나님은 온 인류를 동등하게 창조하시고, 그들을 한 상태 하에 두셨다"고 하였다. 다시 칼빈이 좋아하는 교훈 한 마디가 있다. 즉 "백성은 왕에게 도움이 되기 위해 창조된 것이 아니라, 오히려 왕이 백성에게 도움을 주기 위해 만들어진 것이다".

칼빈의 개혁파 교회에 미친 영향

칼빈은 제네바를 자신의 종교적 이상과 일치하는 도시로 만들기 위해 끈질기게 노력하였다. 그는 제네바를 모범적인 기독교 공동체로 바꾸고, 복음주의 신앙 때문에 억압받는 모든 사람들을 수용할 수 있는 보호소로 만들기를 원했다. 제네바는 칼빈에게 마지막 도시가 아니었으며, 그는 개신교신앙의 이념이 한 국가의 한계를 훨씬 넘어서 서유럽전체에 퍼져 나아가야 할 수단이었다.

사실 16세기 후반의 칼빈의 영향은 다른 어떠한 영향과도 비교할 수 없는 것이었다. 이 영향의 첫째 이유는, 칼빈의 탁월한 신학자로서의 능력이었다. 둘째는 『기독교 강요』의 강한 인상을 주는 힘이었다. 『기독교 강요』는 기독교진리를 가장 분명하고 가장 논리적이며 가장 특유한 표현으로 전달하였다. 16세기에 그것은 로마 교회의 주장에 대한 가장 훌륭한 답이요, 복음에 관한 가장 완전한 표현이었다. 그러나 신학자요 조직가로서의 이들 재능 외에도 칼빈은 어느 다른 개혁자들보다 전 유럽의 종교적 상황을 잘 파악할 수 있는 정치가다운 시야를 갖고 있었다.

1541년 제네바에 다시 돌아오기 이전의 칼빈의 생활은 복음주의적 입장과 가능성을 멀리까지 알릴 수 있는 준비기간 이었다고 할 수 있다. 프랑스의 상당한 계급의 사람들을 잘 알고 있었던 칼빈은 1536년 프랑수와 1세에게 드리는 헌사로 인해서 프랑스 개신교의 대변자가 되었다. 그의 바젤의 생활은 북부 스위스를 잘 알게 하였고, 그의 페라라(Ferrara)여행은 그에게 작은 이태리를 보여주었으며, 또한 독일의 여러 파와 지도자들을 폭 넓게 알게 하였다. 이처럼 제네바에 돌아올 때까지 그는 광범하게 여행하므로 개혁자의 일을 가장 다양하게 수행할 수 있었다.

제네바는 별안간 피난민의 도시가 되었다. 그리하여 프랑스, 네덜란드, 영국, 그리고 스캇틀랜드 등지에서 미래의 적지 않은 종교지도자들이 칼빈에게로 모여들었다.

칼빈의 개인적인 친교는 상당한 서신 왕래를 통해서 이루어지고 보충되었다. 그의 서신의 다양성과 의의는 인상적이었다. 그는 화렐(Farel), 비레(Viret), 부처(Bucer), 불링거(Bullinger) 그리고 베자(Beza)와의 친밀하고 자주 있었던 편지왕래 외에도 30여명의 인사들과도 편지를 주고받았다. 이 편지들은 명확하고 재치 있고 정력적이며 드물게 표출된 개인적 정서 등 세련된 사회적 어법으로 채워져 있으나, 동시에 거기에는 진리에 대한 심원한 확신, 놀라운 상황파악, 그리고 이성과 의지에 대한 명쾌한 호소가 깔려있었다. 그는 경고하고, 위로하며, 중재하고, 시대의 소식을 전하였다. 그리고 복음주의 사상을 육성하고, 제네바와 제네바 밖에서 벌어진 여러 논쟁에서 승리하는 데 힘썼다.

1. 칼빈과 스위스

칼빈의 가장 어려운 관계는 그와 가장 가까운 이웃인 독일어를 사용하는 지역의 스위스 교회들과의 관계였다. 그들은 좀처럼 칼빈의 사상에 동화되지 않았다. 그들의 헌법은 교회의 권위 전체를 행정장관에게 부여하였으며, 그래서 칼빈은 제네바에서 할 수 있는 한 이론적으로나 실제적으로나 이것을 거절하였다. 베른(Bern)은 칼빈의 권징론에 계속 적개심을 보였으며, 칼빈이 살아있는 동안 내내 그의 사상에 전적으로 동의하지 않았다. 바젤(Basel)의 자유사상은 칼빈의 예정론 강조에 크게 회의적 이였다. 쮜리히(Zürich)에서는 칼빈은 루터의 성찬교리에 너무 지나치게 가까운 것으로 간주되었다.

그러나 그는 1549년 평화를 사랑하는 불링거(Bullinger)로 인해서 종교개혁시대의 이 뜨거운 문제에 대하여 쮜리히 목사들과 일치점을 보게 되었다. 그것은 물론 그의 권징론을 제외하고는 온건한 형식으로나마 본질적으로 칼빈의 교리체계를 스위스의 전 프로테스탄트 교회들이 일반적으로 받아들이게 하는 더욱 우호적인 관계의 길을 마련하였다.

제네바와 쮜리히의 영적지도자들 사이의 협정은 양쪽의 노련하고 부드러운 감정을 아주 유리하게 보여주었다. 칼빈은 이미 지적한대로, 『기독교 강요』 초판에서 표현된 성찬에서의 그리스도의 임재개념에 대하여 쯔빙글리(Zwingli)보다는 루터에게 더 많은 호감을 갖고 있었다. 물론 루터가 그 임재를 그처럼 본질적인 것으로 여겼던 육체적 임재를 칼빈이 인정한 것은 아니었다.

쯔빙글리의 이른 사망으로 쮜리히의 지도자가 된 불링거는 성례를 통하여 수찬자 안에서 일하시는 그리스도의 사역을 자기보다 더 크게 강조했기 때문에 쯔빙글리를 떠났다. 그리고 결과적으로 독일과 스위스 프로테스탄트의 창건자들의 해석 사이에서 칼빈의 중간적 입장에 접근하였다. 그러므로 많이 논쟁되었던 이 문제에 대한 일치는 상대적으로 용이하게 되었다.

칼빈은 성찬에 관한 각자의 견해를 놓고 불링거와 토론할 수 있었다. 불링거는 1547년 초 칼빈이 쮜리히에 왔을 때 자기가 쓴 「성찬론」(De Sacramentis)사본을 건네주었다. 칼빈은 1548년 6월에 24개의 명제로 되어있는 자기 견해의 초안을 쮜리히로 보냈다. 불링거는 여기에 주석을 붙여 칼빈에게 반송했고, 칼빈은 1549년 5월에 화렐과 함께 쮜리히를 방문했다. 거기서 불과 수 시간 만에 칼빈과 불링거 사이에 합의가 이루어졌다. 이와 같은 상호이해의 결과가 쮜리히 협약으로 성립된 것이다.

불링거는 루터의 공재설(共在說)을 부인하고, 성례전의 내용 전체는 그리스도를 기념하는데 있다고 보았다. 한편 칼빈은 루터의 공재설을 부인하면서도, 루터 파와 마찬가지로 그리스도의 육신이 성찬 속에 나타난다고 하였다. 즉 그리스도는 성찬 속에 임재하신다는 것이다.

이것이 어떻게 가능한가? 현재 하늘에 계시며 인간의 속성을 그대로 보전하고 계시는 그리스도께서 우리에게 강림하시는 것이 아니라, 반대로 성령의 능력으로 우리를 천상(天上)의 그리스도에게로 올리우신다. 그러므로 우리는 성찬에서 영적, 천상적인 방식으로 그리스도에게 참여하게 된다. 성찬 속에 그리스도는 실제로 임재하시지만 그 방식은 천상적인 것이다 라고 하였다.

쮜리히 협약의 내용을 요약하면, 성찬 속에 그리스도와의 진정한 생명의 연합이 실재하며 상징물들은 "공허한"것이 아니라 은혜의 도구로서 구속의 유익을 전달해준다는 것이다.

쮜리히 협약 이후 스위스에서 칼빈주의의 세력은 증대되었다. 불링거가 수석목사로 있던 쮜리히에서 칼빈주의는 몇 가지 점에서 쯔빙글리주의를 대신하여 주도적인 신학조류가 되었다. 성 갈렌(St.Gallen)시의 최초의 개혁자 바디안(Vadian, 1484-1551)이나 성 갈렌의 또 다른 개혁자인 요한 케슬러(Johan Kessler, 1502-74)와 같은 신학자들은 칼빈을 신실하게 옹호하였다.

스위스에서 성찬교리에 대한 관심이 완전히 가라앉지는 않았으나 새로운 쟁점인 예정교리가 출현하였다. 베자(Beza)는 하나님이 태초에 어떤 사람은 하나님의 자비로 구원받고 다른 사람은 파멸되도록 결정하셨으며, 그 예정에 따라 인간을 창조하셨다고 주장하므로, 이 교리를 중요한 쟁점으로 전면에 부각시켰다. 이 교리는 타락전 선택설(Supralapsarianism)이라고 알려지고 있다. 특히 쮜리히에서 예정론과 그 의미문제는 첨예한 갈등을 야기하였다. 쮜리히대학의 구약학 교수 데오도르 비블리안더(Theodere Bibliander, 1504-62)는 하나님의 예정과 예지의 차이점을 가르쳤고, 무엇보다도 사랑의 보편성을 강조하였다. 한편·피터 마터 베르미글리(Peter Martyr Vermigli, 1500-1562)는 이 같은 가르침을 공격하였다. 그는 영생과 영벌의 선택이라는 이중예정론을 주장했다. 한편 불링거는 구원의 예정만을 강조하였으며, 쮜리히대학은 베르미글리의 견해에 동조하여 1560년 2월 8일 비블리안더를 해임했다.

예정론에 대한 갈등이 한창 무르익어가는 동안 베른과 제네바는 또 다른 문제를 놓고 다투고 있었는데, 그것은 교회와 국가의 관계에 대한 논쟁이었다. 베른에서 신학과 헬라어를 가르치고 있던 볼프강 무스쿨루스(Wolfgang Musculus, 1497-1563)는 교회를 정부에 종속시키고, 교회사역자들을 국가의 피고용인으로 삼는 형태로 국가와 교회를 연합시키는 것이 옳다고 주장하고 세속관리들의 권위를 그의 신학체계의 중심부에 자리 잡게 했다. 그러나 칼빈은 교회의 권리는 본질상 교회에 속한다고 주장하였다. 교회가 교회에 대한 책임을 짊어진다는 것이다.

칼빈주의는 스위스에서 득세하면서 또한 유럽의 다른 지역에도 확산되어 나아갔다. 스위스의 역사에서 중요한 것은 칼빈주의가 북방의 독일, 특히 하이델베르크시 주변 지역으로 확산되어 나아갔다는 것이다. 독일영토에서 칼빈주의가 루터교회와 만나면서 서서히 조성된 위기는 「제2 스위스신앙고백」으로 알려져 있는 스위스신조가 탄생활 수 있는 토대가 마련되었다.

1562년 불링거는 개인적인 신앙고백을 작성했는데, 그것은 당시에는 그의 사적용도를 위한 것이었다. 1564년 그는 이 고백서를 정서하고 여기에 자기 유언을 첨부하였다. 그 이유는 당시 쮸리히를 휩쓸었던 전염병으로 자기 부인이 죽었는데, 자기도 죽을 것을 예상했기 때문이었다. 이 신앙고백은 후에 「제2 스위스신앙고백」(the Second Helvetic Confession)으로 불리어지게 되었다. 「제2 스위스신앙고백」은 매우 중요한 고백서가 되었다. 바젤과 제네바를 포함하여 스위스 교회들이 이에 동의하였다. 이러한 통일성은 스위스 교회가 교육을 위한 공통의 신조를 마련할 수 있게 되었으며, 수세기 동안 널리 사용되고 설교와 신학교육의 일치성을 제공했다. 이 신앙고백은 유럽 대륙의 개혁주의 신조 중 가장 분량이 많으며, 하이델베르크 요리문답을 제외하고는 개혁파 교회의 상징으로 널리 채택되었다. 1567년에 헝가리가, 1571년에 프랑스와 폴란드가, 1578년에는 스캇틀랜드가 받아들였으며, 또한 화란과 영국도 이를 환영하였다. 그 신학적 우수성을 말한다면 최상급의 작품이다.

16세기말과 17세기 초에 칼빈의 신학은 스위스를 석권하고 있었다. 모든 주요 도시의 대학들마다 칼빈 신학의 대변자들이 있었다. 바젤대학의 신학교수인 요한 야콥 그뤼네우스(Johann Jakob Grynäus, 1540-1607)는 철저한 칼빈주의자요 「제2 스위스신앙고백」 의 지지자였다. 그는 한 때 루터 파의 영향하에 있었으나, 이를 탈피하고 바젤의 신학적 주도권의 흐름을 칼빈주의로 바꾸어 놓았다. 역시 그의 사위인 아만두스 폴라누스 아 폴란스도르프(Amandus Polanus a Polansdorf, 1561-1610)는 제한 속죄설을 주장한 엄격한 칼빈주의자였으며, 1596년에는 바젤대학의 구약학교수가 되었다. 당시 가장 중요한 신학자중의 한 사람인 요한네스 볼렙(Johannes Wolleb; Wollebius, 1586-1629)은 바젤대학의 구약학 교수로 있었는데, 1626년 그가 쓴 「기독교 신학대요」 (Compendium Theologiae Christianae)는 17세기에 널리 사용되었으며, 일찍이 영어와 화란어로도 번역되었다. 데오도르 쯔빙거(Theodore Zwinger, 1597-1654)는 칼빈의 강력한 추종자로, 하이델베르크에서 무조건적 선택교리에 대해 변론한 바 있으며, 「제2 스위스신앙고백」 을 받아들이기도 하였다.

베른에서 칼빈주의는 점점 강해졌다. 아브라함 무스쿨루스(Abraham Musculus, 1591사망)라는 사람은, 사람은 하나님의 은혜로 말미암아 믿음으로 절대적으로 예정되었다고 주장하고, 베자의 예정론을 옹호하는 문서에 서명하기도 하였다. 헤르만 뒤르홀츠(Hermann Dürrhholz)도 1598년 이래로 30년 동안 베른대학의 신학교수로 복직했는데, 철저한 칼빈주의를 가르쳤다.

1605년 10월 13일 데오도르 베자가 죽은 후, 그의 후계자인 죠반니

디오다티(Giovanni Diodati, 1576-1649)는 칼빈과 베자의 신학노선을 이어갔다. 그는 그전부터 제네바 아카데미에서 히브리어 강사로 일해왔다.

쮜리히에서는 요한 루돌프 슈툼프(Johann Rudolph Stumpf 1550-92)가 스위스에서의 칼빈주의 신학 확산에 특히 중요한 역할을 했다. 그의 지도아래 쮜리히의 신학노선에 변화가 일어났는데, 특히 그는 제한 속죄설을 고수했다.

17세기 후반기의 유력한 칼빈주의자는 후랜시스 투레틴(Francis Turretin, 1623-87)이다. 그는 1648년에 제네바의 교수가 되었다. 그가 죽은 후 3권으로 된 그의 저서 Institutio Theologiae Elencticae가 출판되고, 1702년에는 4권으로 된 「저작집」(Opera)이 발간되었다. 투레틴은 칼빈의 신학노선을 따른 최상급의 칼빈주의자로 분류된다. 투레틴은 칼빈과 마찬가지로 성경의 무오(無誤)한 형식은 그 기원과 권위가 신적(神的)인 결과이며, 기독교인들은 성경을 그 내적증거와 외적증거에 의해서만 아니라, 성령의 역사에 의해 하나님의 말씀으로 확신한다고 주장하였다.

스위스는 칼빈주의의 탄생지였다. 칼빈 자신이 스위스의 아들이었던 것처럼, 베자, 불링거, 볼레비우스(볼렙), 하이데커, 그리고 투레틴과 같은 대 신학자들에 대해서도 같은 말을 할 수 있을 것이다. 칼빈주의는 16세기와 17세기 스위스의 사회생활과 종교생활에 매우 큰 영향을 미쳤으며, 가장 중요한 개혁주의 신조들 중 몇 가지는 스위스로부터 나왔다. 성찬론과 그 밖에 수많은 개혁주의의 근본교리에 대한 위대한 쟁론의 무대가 스위스였다. 그러므로 스위스의 칼빈주의의 역사는 구미에 끼친 칼빈주의의 영향력에 대한 올바른 이해를 위해 중요하다.

2. 칼빈과 영국 교회

칼빈은 영국 종교개혁의 지도자들과 계속 편지를 주고받았다. 그는 1539년 3월 15일자 화렐에게 보낸 편지에서, 처음으로 영국의 종교개혁에 대하여 언급하였다. 그는 이 편지에서 헨리 8세(Henry Ⅷ)를 다음과 같이 비판하고 있다. "왕은 얼간이 일뿐이요. 그는 엄격한 형벌을 가하여 사제나 감독들의 결혼을 금지할 뿐만 아니라, 그들의 사역권을 박탈하고 있습니다. 그는 7성례를 본래대로 존속시키기를 원하고 있습니다. 이렇게 해서 그는 복음을 불구로 만들며 상처를 입히고 있습니다. 그리고 그는 지금까지도 교회에 장난감이나 하찮은 것들로 꽉 채워놓고 있습니다. 그는 전국에 보통사람들의 언어로 된 성경이 읽혀지는 것을 허용하지 않고 있습니다. 그리고 그는 최근에 사람들이 성경 읽는 것을 경고하는 새로운 의견을 내놓았습니다. 그는 성찬에 그리스도의 육체적 임재를 부정한다고 해서 존경을 받고 있는 박식한 존 램버트(John Lambert)라는 사람을 화형에 처했습니다. 이런 포학한 자들에 의해서 심한 상처를 받으면서도 우리의 친구들은 이 나라의 상태를 끊임없이 주시하고 있습니다."

1547년 헨리8세가 죽은 뒤 소머셋트 공작(Duke of Somerset)이 에드워드 6세(Edward Ⅵ)때 호민관이 되었는데 그는 교회의 열렬한 개혁자였다. 칼빈은 소머셋트 공작에게 편지를 써서, 순수한 교리의 열렬한 설교와 로마 교회의 악습의 근절, 그리고 건전한 훈련을 촉구하였다. 소머셋트의 명령으로 성상(聖像)이나 그리스도의 수난상 같은 것들이 교회에서 제거되었다. 칼빈은 그에게 감사와 함께 도움의 말을 편지에 담았다. "귀하는 왕과 정부를 반항하는 두 종류의 완고한 사람들이 있다는 것을 알고 있습니다. 하나는 복음을 빙자하여 모든 것을 혼란에 빠뜨리는 공상적인 자들이고, 다른 하나는 로마 교회의 적 그리스도적 미신에 완고하게 붙잡혀있는 자들입니다. 이 자들은 다 같이 귀하에게 맡겨진 검으로 마땅히 제재를 받아야 할 자들입니다". 칼빈은 계속해서 "그러나 악을 억제하는 최선의 방법은, 우리가 하나님의 형상으로 창조되었다는 것과, 그리고 그리스도교는 모든 무질서를 반대한다는 지식으로 사람들을 교육하는데 있습니다."고 하였다.

칼빈은 에드웨드 6세에게도 한 번 이상 편지를 썼다. 그는 자신의 이사야서 주석과 공동서신주석을 헌정하였으며, 후에는 시편 87편 주석도 헌정하였다. 에드워드 6세의 즉위와 함께 칼빈은 영국 교회 종교개혁에 대한 직접적인 영향력을 행사하기 시작했던 것이다.

캔터베리의 대감독 그랜머(Cranmer)와 칼빈 사이에는 호의적인 많은 서신들이 오고갔다. 주로 그 편지의 주목할 만한 점은, 이 두 위대한 인물들이 자기네 교회 정치문제의 가벼운 차이점을 어떻게 극복했는가 하는 것을 보여주는 것이다. 칼빈은 자주 옹졸하고 아량이 없는 사람이라는 비난을 받아왔는데, 그런 그가 일치를 설득하였다는 것은 흥미로운 일이다.

칼빈은 크랜머에게, 하나님의 학교에서 가르침을 받은 경건하고 지각 있는 사람들은 마땅히 기독교 교리의 공통적인 신앙고백서를 만들어 연합해야 하며, 또한 영국의 어떤 장소를 정하고 모든 프로테스탄트 교회의 지도자들이 모여 영구한 연합의 기초가 되는 신앙의 기본적인 조항들에 동의해야 한다고 하였다.

영국에 대한 칼빈의 우정과 연합을 위한 열정은 다음 문장에서도 잘 드러나 있다. "만일 영국의 번영만을 생각한다 해도 그렇게 행동할 충분한 이유가 된다고 나는 생각한다. 그러나 현재 우리의 목적은 모든 선하고 지식 있는 사람들의 정서를 하나로 묶어 성경의 법에 따라 분열된 교회를 하나로 연합하는데 있으며, 그러기 위해서는 어떠한 수고도 아껴서는 안 된다." 연합에 대한 이러한 고상한 환상에 대하여 멜랑히톤, 부처, 피터마터, 그리고 불링거(Melanheton, Bucer, Pete Martyr and Bullinger)등 여러 지도자들도 생각을 같이 하였다. 그러나 에드워드 6세의 죽음과 뒤이어 있은 크랜머의 순교는 회의 소집을 불가능케 했으며, 그러므로 그 계획의 진전은 중단되고 말았다.

에드워드 6세가 죽고 메리 여왕(Queen Mary)이 즉위하자, 그녀는 영국 교회를 다시금 로마 교회로 회복시키고 그녀의 어머니(헨리8세의 본처였던 캐더린)의 적으로 생각되는 정치가와 성직자들을 체포하여 모두 화형에 처했다. 이때 많은 개혁자들이 영국을 등지고 유럽대륙으로 망명했으며, 존 낙스도 이때 대륙으로 망명하였다. 다행히 메리의 악정이 짧았기 때문에 영국에 새로운 기회가 또 다시 찾아오게 되었는데, 그것은 엘리자베스 여왕(Elizabeth)의 즉위였다. 1559년 엘리자베스 여왕의 즉위는 칼빈으로 하여금 영국 교회와 한 번 더 접촉할 수 있게 하였다. 그는 그 해에 자신의 이사야서 주석을 여왕에게 헌정하고, 런던에 있는 프랑스 교회를 세우는데 매우 적극적이었던 런던의 감독 그린달(Grindal)과 편지를 주고받았다. 그리고 칼빈은 제네바에서 자기 밑에서 훈련받은 목사를 파송하여 그 런던교회를 섬기게 하였다.

1560년 5월30일 엘리자베스 여왕의 호의적인 통치로 메리 여왕이 추방한 개신교도들의 영국귀한이 허락되면서 영국에서는 칼빈사상에 대한 지식의 흡수가 크게 증가하였다. 열심 있는 개신교도들은 교회의 개혁을 주로 칼빈의 관점에서 생각하였다. 그들은 로마 교회의 의식(儀式)으로부터의 가일층(加一層)의 정화, 설교 중심의 복음사역의 확립, 그리고 적극적인 교구 훈련 등을 원했다. 그 결과 청교도의 성장을 가져왔다. 처음에는 칼빈의 별세 때뿐이었으나, 엘리자베스와 제임스의 전 통치기간에도 성장하고, 마침내는 뉴잉글랜드에서 안전을 얻게 되었다. 내란(챨스1세와 영국국회의 싸움, 1642-46) 한 가운데서, 1643년에 소집된 웨스트민스터 회의의 신앙고백과 요리문답에서 칼빈주의는 본질적으로 스캇들랜드와 미국의 수많은 그리스도인의 인정된 교리가 되었다. 심지어는 칼빈의 교회조직론과 권징론이 거절되었으나, 영국에서는 칼빈 사후 여러 해 동안 여러 대학교에서 신학교재로 칼빈의 『기독교 강요』와 요리문답이 일반적으로 사용되었다. 『기독교 강요』는 1559년 최종판이 나오자 즉시 번역되었는데, 그 번역자가 살아있는 동안에 6판이나 거듭 출판되었을 정도로 환영을 받았다. 『기독교 강요』는 중세기의 피터 롬바드(Peter the Lombard)의 면제집(sentences)나 토마스 아퀴나스(Thomas Aquians)의 신학대전(Summa Theologia)만큼이나 대단한 권위가 있었다.

칼빈은 항상 영국 교회의 학자들 중에서 주석가로서의 당당한 위치를 차지하고 있었다. 그의 영향력은 복음주의 진영에서 부활하고 있었으며, 위로와 능력을 위한 신적 은혜에 대한 절대 의존감은 영어의 몇몇 찬송가에서, 특히 톱레이디(Toplady)의 찬송가에서 볼 수 있다.

톱레이디(Augustus Montague Toplady)목사는 "영국 교회의 교리적 칼빈주의에 대한 역사적 증명"(Historic Proof of the Doctrinal Calvinism of the Church of England. 6vols, London, 1825)이라는 자기 저서에서, 초기 영국의 개혁자인 위클립(Wycliffe)과 틴데일(Tynddale)은 실질적으로 칼빈과 동일한 사상을 갖고 있었다고 주장하였다. 그는 또 칼빈에 대하여 다음과 같이 기록하고 있다. "칼빈은 헛되이 과장하지 않았다. 1550년 성례식 절차에서 더 많은 것들이 개혁되었다. 1551년 예배 전체에서는 다른 많은 것들이 개조되는 중에. 세례 베풀 때의 성유식(聖油式), 병자를 위한 종부성사, 그리고 죽은 자를 위한 기도와 같은 것들이 전적으로 배제되었다.

버넷(Burnet) 감독은 그의 "영국의 종교개혁사"(History of the Reformation of England)에서 1548년 10월 29일 소머셋트 공작에게 보낸 칼빈의 편지를 회고하면서, 칼빈은 소머셋트에게 종교개혁을 계속하라고 격려하였다고 기록하고 있다. 그는 이 편지에서, 격에 맞는 기도를 드릴 것과 모든 교회들이 이에 명백히 동의해야 한다고 하였다. 그는 더욱 완전한 종교개혁을 하도록 충고하고, 죽은 자를 위한 기도나 임종시에 기름을 붓는 종부성사 같은 것은 성경어디에서도 찾아볼 수 없는 것이니 폐지하라고 권고하였다. 무엇보다도 당시 영국사회에서 볼 수 있는 도덕적 악습들, 즉 욕설, 음주, 부정과 같은 것들, 극에 달한 불신앙에 대해 그는 매우 실망하고 있었다. 그래서 그는 이런 것들로부터 구해주실 분은 우리 주님이시니 그에게 전적으로 기도하라고 하였다.

후커(Hooker)는 "교회정치"(Ecclesiastical Polity)라는 자기 저서에서,

칼빈은 프랑스의 과거 어떠한 인물들보다도 비교가 안되는 가장 현명한 사람이며, 하나님의 영광을 드러낸 귀한 그릇이었다고 기록하였다. 파커, 그린달, 그리고 휘트기피(Parker, Grindal and Whitgify)등 엘리자베스 시대의 세 캔터베리 대주교들 모두가 칼빈주의 사상을 갖고 있었다.

3. 칼빈과 스캇틀랜드의 종교개혁

칼빈과 스캇틀랜드의 종교개혁은 존 낙스(John Knox)로 인해서 밀접한 관계가 있다. 칼빈의 사상은 교리와 마찬가지로 권징과 교회정치를 지배한다. 낙스는 에드워드 6세 때 영국에서 복음사역에 종사하다가 메리여왕이 즉위하자 즉시 유럽으로 건너가 제네바에서 신학과 히브리어를 열심히 공부하고 칼빈의 열렬한 제자가 되었다.

스캇틀랜드의 종교개혁의 영웅 존 낙스는 비록 칼빈보다 네 살이나 나이가 많았으나, 겸손히 그의 가르침을 받아 칼빈보다 더 강한 칼빈주의자가 되었다. 루터가 독일인 중의 독일인이었던 것처럼, 낙스는 스캇틀랜드인 중의 스캇틀랜드인 이었다. 그는 피비린내 나는 메리여왕 통치시대에 5년 동안이나(1554-1559) 주로 제네바에서 추방생활을 보내면서 거기서 그는 "사도시대 이래 어디서도 찾아볼 수 없었던 그리스도의 가장 완전한 학교"를 발견한 것이다. 제네바를 모범으로 하여 그는 스캇틀랜드 사람들을 불굴의 용기와 정력으로 인도하고, 중세기의 반(半) 야만상태에서 현대문명의 빛으로 인도하여 강력하고 이성적이며 유능한 스캇틀랜드의 현대사로 옮겨놓았다.

만일 그 위대한 종교개혁이 낙스의 뛰어난 정신에 의해서 이루어진 것이라면, 그의 업적은 칼빈으로부터 온 훈련과 영감에 의하여 형성되고 가능해진 것이라고 말할 수 있다. 제네바의 개혁자 칼빈은 스캇틀랜드에서의 낙스의 사역을 제자에 대한 애정과 관심을 가지고 지켜보았다. 낙스는 프로테스탄트 종교개혁사에서 루터, 쯔빙글리, 그리고 칼빈 다음가는 가장 위대한 이름을 얻을 수 있었다.

낙스가 스캇틀랜드에 돌아온 후 1560년 여름에는 개신교의 확립을 위한 격렬한 투쟁과 승리가 있었다. 옛 제도를 무너뜨리고, 종교개혁 못지않게 시민혁명의 결과로 세워진 스캇틀랜드의 그 새 교회는 칼빈이 만든 모델위에 형성되었다.

낙스와 그의 동료들, 즉 소위 여섯 명의 존(John Knox, John Spotiswood, John Row, John Douglas, and John Winram)이 4일 만에 초안하고 작성한 신앙고백서가 1560년 8월 17에 스캇틀랜드 의회에서 심의 끝에 통과되었는데, 이로서 스캇틀랜드의 종교개혁은 일단 완수되었다. 이 신앙 고백은 ①진정한 말씀의 전파, ②성례의 바른 시행, ③그리고 칼빈주의적 권징 등을 교회의 표지로 하고 있다. 그리고 이 고백은 종교의 "보수와 정화"를 통치자의 주요 임무라고 규정하였다. 낙스는 스캇틀랜드 교회의 예배를 제네바의 영국 피난민 교회 예배 방식에 따라 규정하려고 시도하였다. 각 정상적인 교회의 목사와 장로와 집사로 구성되는 당회 곧, 노회로 발전하는 정기적 회의들, 그리고 목사와 장로 대표들로 구성되는 대회와 총회 등을 내용으로 하고 있는 그 장로회 헌법은 이미 제네바와 프랑스의 유그노파 교회에서 실행되고 구체화되고 있었는데, 이것은 『기독교강요』의 원리들을 온 영국 교회에 적용하는 것이었다. 만일 낙스가 그 헌법에 고위 성직제도의 요소를 넣었더라면 그 생명은 얼마 가지 못했을 것이다.

그리스도를 교회의 머리로 하고 세워진 스캇틀랜드의 장로교회는 제네바 개혁파 교회의 딸이지만, 크기와 중요성에서는 그의 어머니보다 훨씬 더 성장하였으며, 전체적으로 보아 유럽의 개혁파 교회들 중에서 가장 번창하는 교회였다. 그리고 지성과 자유와 국내외에서 기독교 전파의 열정에 있어서도 어느 교파도 따라갈 수 없는 교회가 되었다.

17세기에는 스캇틀랜드 장로교회와 영국 청교도주의가 제2의 더욱 급진적인 종교개혁을 만들어내는데 결합하였으며, 교리, 권징, 예배에서 청교도적 엄격한 칼빈주의 원리를 공식화 하였다. 1647년의 웨스트민스터 표준문서(the Westminster standards of 1647)는 그 후 장로교회를 지배했으며, 역시 부분적으로는 회중교회, 혹은 독립교회, 그리고 대영제국과 미합중국의 정상적인 침례교회도 지배하였다. 그러나 여기서는 신학과 교회 생활의 향상이 요구될 때에는 변경할 수도 있었다.

4. 칼빈의 프랑스 개신교에 미친 영향

칼빈은 제네바에 정착한 후에는 한 번도 프랑스 땅에 발을 드려놓은 일이 없었으며, 1559년까지 그 공화국의 시민도 아니었으나, 그의 마음은 항상 프랑스에 있었다. 칼빈은 그의 『기독교 강요』를 후랜씨스 1세에게 드리면서 그 웅변적인 헌정사를 쓸 때부터 가장 정열

적인 관심을 갖고 프로테스탄트 운동에 매진했다. 그는 프랑스 종교
개혁의 지휘자였으며 모든 단계에서 의논의 상대가 되었다. 그는 빠
리 최초의 프로테스탄트 교회의 목사가 되어주기를 요청받았으나
이를 사양하였다.

그는 '유그노 교도들'(Huguenots)에게 그들의 신조와 정치체계를 만
들어 주고, 1559년의 갈리아 신앙고백(the Gallican Confession)의 초안
도 작성해 주었다. 그의 제자 앙뜨완느 드 라 로셰 샹디유(Antoine de
la Roche Chandieu)가 그 신앙고백을 현재의 확대된 형태로 만들었는
데, 베자는 이것을 1561년 프아시(Poissy))회의에서 샤르르 9세(Charles
IX)에게 헌정하였으며, 1571년 나바르의 여왕 쟝느 달브레(Jeanne
d'Albret)가 로셀(La Rochelle)대회에서 서명하였다. 그리고 그녀의 아
들 나바르의 앙리 4세왕자, 꽁데(Condé)왕자, 낫소(Nassau)의 백작 루
이(Louis), 꼴리니 제독(Admiral Coligny), 샤딜롱(Chatillon), 몇 사람의
귀족들, 그리고 모든 목사들이 이 대회에 참석하였다.

칼빈의 사상은 먼저 자기 조국 프랑스를 변화시켰다. 그에게 있어
서 제네바는 항상 프랑스 복음화를 위한 유익한 요지(要地)였다. 제네
바는 프랑스 국경지대에 있었고, 또 프랑스어를 사용하고 있었기 때
문에, 프랑스 피난민들은 자연히 제네바에 몰려들었다. 칼빈은 그들
을 환영하였으며, 한편, 제네바를 조국 프랑스에서 개혁파사상의 보
급을 위한 세력으로 만들었다. 프랑스의 개신교는 그 대부분이 나라
의 인정을 받지 못하는 자들이었으며, 그런 그들을 위해 칼빈은 핍박
의 위험에도 불구하고 매우 절박한 심정으로 그들을 지도하며, 복음
에 전적으로 순종할 것을 가르쳤다.

프랑스의 복음주의는 제네바에서 칼빈이 보여준 모범, 그가 가르

친 설교자들의 용기, 그리고 그의 교회조직 체계의 확고부동함에서 힘을 얻었다. 1564년 까지는 프랑스 개신교의 역사는 주로 칼빈의 이름과 동일시되었다. 그는 스위스의 여러 주(州)들과 스말칼드 동맹 (Smalkaldian League)의 왕자들을 권유하여 핍박받고 있는 유그노 교도들을 위하여 중재하도록 탄원하였다. 그는 자유를 빼앗긴 죄수들에게 사람들을 보내며 위로의 편지를 쓰기도 하였다. 교회의 회중들은 칼빈이 자기들의 설교자가 되어주기를 호소했으며, 왕자들과 귀족들은 정치적 분규가 있을 때마다 칼빈에게 명확한 조언(助言)을 구했다. 회의에 빠진 자들은 교훈을 원했으며, 핍박받고 있는 자들은 보호를 호소했다. 순교자들은 즐겁게 고난을 이기며 죽을 수 있도록 권고와 용기를 요청했다. 그리고 아버지가 그의 자녀를 돌보듯 칼빈은 다양한 형편에 있는 이들에 대하여 지칠 줄 모르는 사랑의 돌봄으로 그들을 보호했다.

칼빈은 제네바 모델이 이루어져서 회중들의 관계가 든든해질 때까지 성례시행과 교회조직을 자제했다. 그러나 후에는 교회조직이 계속되면서 1559년 초에는 프랑스에 72개 처의 정식으로 조직된 프로테스탄트 교회가 설립되었다. 칼빈의 지도에 따라 제네바는 그들 교회에 목사들을 공급했으며, 한편 이 교회들은 그들 사역에서 칼빈의 지도를 받았다. 1559년에 19명의 목사들이 제네바로부터 파송을 받았다. 1560년에는 12명이, 1561년에는 그 수가 90명에까지 이르렀다. 물론 제네바로서는 그 모든 요구에 다 응할 수가 없었다. 그러나 1555년과 1566년 사이에 120명의 목사가 프랑스 교회에 파송될 수 있었다. 그러므로 프랑스의 개신교가 칼빈의 정신으로 형성되었다는 것은 조금도 의심할 여지가 없다.

잔인한 박해에도 불구하고 프랑스 교회는 그 조직을 향하여 앞으로 달려갔다. 1559년 5월 26일에서 28일까지 프로테스탄트 최초의 총회가 빠리에서 비밀리에 소집되었다. 칼빈의 원리에 따라 든든한 헌법과 신앙고백이 채택되었다. 종교 개혁사에서 최초로 한 위대한 국가적 교회가 적대적인 국가로부터 독립하여 창설된 것이다. 그리고 그 일은 칼빈이 모델을 준비하고, 영감을 주고 훈련하여 만들어진 것이다. 이 교회들과 칼빈은 계속해서 연락을 유지하였다. 그들은 어려울 때 그의 조언을 구하고, 시련 속에서 그의 위로를 필요로 했다. 진정으로 칼빈은 프랑스 교회의 감독이며, 그가 살아 있는 동안 그 "모든 교회의 보호자"의 책임을 다 했다.

로마 교회의 저술가들은 농민전쟁과 30년 전쟁의 책임이 루터에게 있다고 주장한 것처럼, 프랑스의 시민전쟁의 책임이 칼빈에게 있다고 주장하였다. 그러나 종교개혁자들은 말씀과 성령으로 종교개혁을 수행했을 뿐, 결코 검으로 혁명한 것은 아니었다. 16세기와 17세기의 종교전쟁의 주요한 원인은 교황의 비관용 때문이었다. 보수에(Bossuet)는, 기스(Guises)의 세력을 견제하기 위한 정치적 쿠테타였던 앙부와즈(Amboise)의 음모사건에(1560) 칼빈이 공모했다고 비난했다. 칼빈은 사실 그 음모사건을 알고 있었으며, 처음에는 개인적으로, 다음에는 공개적으로 그것을 반대하도록 경고하고, 마침내는 비참한 실패가 뒤따를 것이라고 예고하였다. 칼빈은 끊임없이 합법적인 행정장관에 대한 복종의 원리를 주장하고 폭력적인 방법을 극렬 반대했다. 박해기간 내내 칼빈은 유그노들에게 공격과 시련을 참고 견디면서 폭동을 일으켜서는 안 된다고 타일렀다. 그는 다음과 같이 주장하고 있다. "우리가 흘린 최초의 유혈사건은 마침내는 피의 강을 흐르게 하는 원인이 되게 할 것입니다. 그러므로 그리스도교의 이름과 복음의 명예를 더럽히는 것보다는 차라리 백번이나 더 우리가 망하는 것이 났습니다." 그 후 자기 방어전이 불가피하게 되자 칼빈은 마지못해 이에 동의하였으나, 모든 과격한 행동에 대하여는 항의하였다.

대학살들이 도처에서 자행되기 시작했다. 꽁데왕자는 1562년 3월 1일 바시(Vassy)에서 예배 중에 있는 교인들의 학살사건에 충격을 받아, 같은 해 4월 12일 개신교도들에게 무장을 호소하였다. 1572년 8월 24일 성 바돌로매 축제일의 대학살(St. Batholomew's Massacers)때에는 7천에서 9천사이의 희생자가 살해되었다. 프랑스인끼리 벌였던 이 30년 내전동안 일부 개신교도들은 확신의 문제보다는 오히려 정치적이거나 이기적인 동기에서 투쟁했으며, 어떤 이들은 자신들의 반대자와 마찬가지로 폭력을 사용하거나 극단적인 행동을 서슴지 않았다. 그러나 하나님의 은혜로 많은 사람에게 남아있던 개혁파신앙은 더욱 깊이 그들 마음에 뿌리를 내리게 되었다.

5. 칼빈주의의 나라 화란

화란(Netherlands)에서 칼빈의 신학과 교회조직의 영향력은 비록 그가 교회에 대한 지배력을 행사하지는 못했으나, 프랑스에서처럼 결정적인 것이었다. 사실 그의 죽음 직전까지 교회가 설립된 곳은 몇 개가 안 되었다. 설교자들이 프랑스로부터 불어권 남부지방에 들어오면서 화란은 처음에는 루터 파와 재세례 파에 속해있었으나 그 개신교운동은 일반적으로 칼빈주의적이 되었다.

두 사람의 어거스틴 파 수도사가 1523년 부르셀(Brussels)에서 이단자로 화형에 처해지자 루터는 감동을 주는 한 찬송가에서 그들을 최초의 복음주의적 순교자로 찬양하였다. 이것은 촬스 5세(Charles V)와 휠립 2세(Philip Ⅱ)가 통치하는 동안에 절정에 달했던 공포의 박해의 신호였으며, 이 사건은 마침내는 국가의 독립과 시민의 종교적 자유의 확립을 가져오게 하였다. 8년 동안의 저 잊어버릴 수 없는 몸부림 속에서 더 많은 개신교도들이 양심적인 신앙 때문에 스페인 사람들에 의해서 사형을 당했는데, 그 수는 첫 3세기 동안에 그리스도인들이 로마제국에 의해서 순교당한 수보다 더 많았다. 전쟁의 영웅이며 개방적인 칼빈주의자(a liberal Calvinist)인 오랜지의 윌리암(William of Orange)은 세상에 알려지지 않은 광신자에 의해 1584년에 암살되었다. 그의 둘째 아들 모리스(Mourice)는 엄격한 칼빈주의자였는데, 그는 그 투쟁을 계속 진행하다가 1609년에 그만 두었다. 그 무시무시한 잔학행위는 특히 1567-1573년 사이에 알바공작(Duke of Alva)치하에 남자들과 여성들, 그리고 심지어는 복중에 있는 태아들에게까지 자행되었는데, 거의 믿을 수 없는 잔인한 것이었다. 모틀리(J. L Motley)의 저서 「화란공화국의 소생」(The Rise of the Dutch Republic, Vol. Ⅰ. p114)에는 이런 기록이 있다.

"촬스 5세의 칙령에 따라, 성경을 읽거나, 성상(聖像)을 경멸하거나, 혹은 성찬에 그리스도의 몸과 피의 실제적 임재를 조롱하거나 하여, 화형 되고, 교살 되고, 참수되고, 생매장된 화란사람의 수는 십만 명(one hundred thousand)에 이르렀으며, 오만 명보다 적지 않았다."

성경은 벨직신앙고백(The Belgic Confession)과 하이델베르크요리문답(Heidelberg Catechism)과 함께 프로테스탄트의 영적 안내서 역할을 하였으며, 이것들은 스페인의 공포를 정복하는 영웅적 용기를 품도록 영감을 주었고, 또한 화란을 탁월한 정치적, 상업적, 문화적인 나라로 만들었다. 1561년의 이 벨직신앙고백은 화란의 순교자 기드 드 브레(Guid de Bres)가 준비하고, 칼빈의 제자 후랜씨스 유니우스(Francis Junius)가 수정하였다. 브레는 1556년 후랑크후르트에서 칼빈과의 개인적인 관계를 갖고 있던 칼빈주의자였다. 이 고백서는 화란과 벨지움의 개혁파 교회가 인정하는 상징이 되었다. 미국에서는 영적으로 귀한 열매를 거두게 되었다. 이것은 많은 부분 1559년에 빠리에서 모였던 유그노 대회(the Huguenot Synod)에 의하여 모델로 채택되기도 하였다. 화란은 어느 다른 나라들보다 칼빈의 사상적 영향을 더 많이 받은 나라였다. 17세기 초에 라이덴 대학교의 신학교수 알미니우스(Arminius)가 칼빈주의를 대항하자, 무조건적 선택, 제한속죄, 전적부패, 불가항력적 은혜, 그리고 성도의견인 등 칼빈주의 5대 교리를 채택한 1619년 도르트 대회(the Synod of Dort)는 알미니안파의 견해를 정죄하는 한편, 이에 동조하는 그 일파의 모든 직책을 박탈하였다. 이 사실에서 우리는 화란이 얼마나 칼빈의 영향을 강하게 받고 있었던가를 짐작할 수 있다. 지금도 미국에 있는 화란 개혁파 교회는 모국교회와 마찬가지로 여전히 칼빈주의적 사상을 견지하고 있다.

칼빈이 죽은 후 프로테스탄트 교회에서는 자기를 부인하고 "세계를 교구"로 하는 죤 웨슬리(John Wesley)보다 더 위대하고 더 많이 일한 사람은 없었다. 그러나 그는 칼빈주의자요 진정한 복음주의자였던 죠지 윗휠드(George Whitefield)에 의한 영국계 미국 교회의 대부흥운동에서 도움을 얻었다.

칼빈주의는 하나님의 주권과 자유로운 은혜(Free Grace)를 강조하고, 알미니안주의는 인간의 책임을 강조한다. 전자는 구원의 은혜를 선택받은 자에게만 국한시키고, 후자는 그것을 믿음을 조건으로 해서 모든 사람에게 확대한다.

6. 폴란드의 개혁파 교회

칼빈의 폴란드에 미친 영향은 영국이나 스캇틀랜드에 비해서 영속적이며 근본적인 성공에는 훨씬 못 미쳤지만 큰 전망을 예상하면서 일찍이 동유럽에까지 뻗어 나아갔다. 폴란드(Poland)에서 칼빈의 사상은 빨리 흡수되어 로마 교회를 대항하는데 가장 효과적인 무기가 되었으며, 독일 맛을 풍기는 그 어떠한 사상보다 더 많이 용납되었다. 그것은 폴란드 지도자들이 칼빈의 사상에 대하여 전혀 거부감을 나타내지 않았기 때문이다.

1545년 칼빈주의는 귀족들과 지식인들 사이에 신속하게 퍼지고 있었으며, 칼빈의 『기독교 강요』도 널리 읽혀지고 있었다. 1549년 칼빈은 자신의 히브리서 주석을 젊은 왕 시기스문드 아우구스투스(Sigismund Augustus)에게 헌정하였다. 왕은 귀족 사이에서 지도적인 칼빈주의자인 니콜라 라드지윌(Nicolas Radziwill)의 누이동생과 결혼했다. 칼빈은 이 라드지윌에게도 라틴어로된 자신의 사도행전 주석을 헌정하였다. 칼빈은 1554년과 1555년에 시기스문드와 라드지윌에게 각각 편지를 써서, 종교개혁에 활동해 줄 것을 진지하게 권면하는 동시, 폴란드의 교회질서 유지에 힘써 줄 것을 요청했다. 다음 해에 칼빈은 핑크조우(Pinczow)에서 모였던 한 대회에서 칼빈주의적 목사들과 귀족들에 의하여 폴란드에 와 줄 것을 초청받았으나, 1557년 3월 그 초청에 응하지 못해서 매우 유감스럽다는 회신을 보냈다.

그는 폴란드 문제에 대하여는 계속 관심을 가지고 편지로 왕래하였다. 그러나 칼빈이 착수했던 조직사역은 1556년 말부터 1560년 존 라스기, 혹은 라스코(John Laski or à lasco)가 죽을 때까지 계속되었다. 라스키는 화란 최북부의 주 후리즐랜드(Friesland)와 영국에서 이미 이름을 떨쳤던 사람이다. 그는 폴란드의 모든 프로테스탄트 교회의 지도적 관리자였는데, 그의 지도 밑에서 칼빈의 교회정치사상의 효력이 나타났으며, 또한 성경이 폴란드어로 번역되기도 하였다. 그는 또한 에라스무스와 크랜머와 쯔빙글리의 친구이기도 하였다.

칼빈은 비록 그 쇠퇴를 목격하지는 못했으나, 프로테스탄트는 폴란드에서 루터 파와 칼빈주의자들, 그리고 반(反) 삼위일체론자들 사이에 있었던 내적인 분쟁으로 인해서 곧 약화되었다. 그것은 서민층을 강하게 붙잡지 못했기 때문이었다.

7. 헝가리에 미친 칼빈의 영향

16세기 전반에 걸쳐 칼빈의 영향은 헝가리(Hungary)에서는 미미했다. 헝가리 교회에서 좀 더 광범하게 대중들에게 미친 칼빈의 영향력은 1624년 알베르트 센치 몰나르(Albert Szenci Molnar)가 칼빈의 『기독교 강요』를 출판한 후에서야 나타났다. 1550년대 스위스 종교개혁이 처음 승리했을 때와 1556년 그 개혁이 자리 잡은 시기에 칼빈의 권위와 명성이 증대되는 조짐이 보였다.

브레슬라우(Breslau)의 개혁파 모이바누스(Ambreosius Moibanus)는 1550년 9월 1일과 1552년 3월 24일의 칼빈에게 보낸 편지에서, 칼빈의 저서가 폴란드와 헝가리에서 아주 열렬하게 환영받고 있다고 하였다. 1557년 10월 26일 개혁자인 갈 후사르(Gál Huszar)는 불링거에게, 칼빈의 저서가 헝가리에서 누렸던 광범위한 인기에 대하여 보고한 바 있다. 카프로폰테스(Francis F. Kaprophontes)는 1561년 12월 26일 비텐베르크에서, 칼빈에게 편지하기를, 루터의 업적이 칼빈에 의해 최고도로 완성되었으며, 이제는 모든 헝가리인들이 칼빈과 스위스 종교개혁파의 학자들의 권위를 신뢰한다고 기록하였다. 1562년 피터 멜리우스 유하스(Peter Mélius Juhás)가 저술한 「요리 문답」서 부제목에는 "성경에서 발췌 편집하고, 죤 칼빈의 글에 따라 수정되었음"이라는 글이 있는데, 이것은 당시 헝가리에서 칼빈이 받았던 높은 평가의 명백한 증거이다. 1568년 5월 1일 치스티비스치아(Cistibiscia)의 세 원로 카롤리(Caspar karoli)와 헤비시(Michael Hevesi), 그리고 시크사이(Gregory Szikszai)가 모여 데오도르 베자에게 편지를 썼는데, 헝가리에서는 칼빈의 예정론, 자유의지, 그리고 성만찬에 관한 교리가 받아들여졌다고 하였다. 이 모든 증언은 칼빈이 헝가리에서 1550년대와 1560년대에 널리 알려졌으며, 그의 권위가 점차 증대되었다는 사실을 말해준다.

헝가리 개혁교회의 교리적 자산을 말한다면, 그것은 종교개혁 당시 키스(Stephen Szegedi Kis)와 세게디(Gregory Szegedi), 그리고 유하스 등에 의해 직접 도입된 칼빈의 이중예정론이라고 할 수 있다. 키스는 축자영감설과 주기도문을, 그리고 후랜시스 데이비드(Francis David)

는 성찬에서 신자의 영혼이 그리스도에게 양육된다는 교훈을 도입하였다.

특히 비텐베르크의 신학박사 스테픈 키스는 학자적인 저술가요 전도자로, 개혁주의 운동에 기여한바 크다. 그의 신학통론(Commonplaces of Theology)은 칼빈주의 사상을 매우 새롭게 보여주는 책이다. 그는 또한 헝가리 개혁교회의 정체(政體)를 형성하는데 공헌하였으며, 이것은 1576년 대회에서 채택되었다. 이 정체에는 목사들과 장로들로 구성되는 당회가 있고, 그 위에 노회가 있고, 또 그 위에 감독이 있다. 이 경우 칼빈주의는 헌법적 감독제를 채택한 셈인데, 그러나 감독의 우월성은 질서에 관한 것이 아니라 사법적인 것이었다. 그리고 최고의 통치기관은 전 교회의 대회이며, 그것은 보통 10년에 한번 소집되었다.

다른 모든 개혁파교리들은 1550-1560년대에 베자, 불링거, 피터 베르미글리 마터(Peter Vermigli Martyr), 부처 및 하이델베르크 요리문답 등을 통해서 헝가리 종교개혁의 전 분야를 점령하였다.

헝가리 종교개혁의 선구자들 가운데 한 사람, 디베이(Matthias Biro Devay)는 부처와 칼빈의 영향을 받은 사람으로, 구체적이고 실제적인 많은 논문들을 쓰기도 하였다. 1551년 헝가리에서는 불링거의 저서들이 많은 주목을 끌고 있었으며, 칼빈의 영향은 그 후에 나타났다. 보헤미아나 폴란드에서와 같이 서방학교에 유학중인 헝가리 학생들도 개혁에 대한 비텐베르크의 사상을 버리고 쮜리히와 제네바의 사상으로 옮겨갔다. 디베이의 옛 친구 마르틴 칼만세히(Kalmancsehi)는 칼빈주의를 전파했다는 이유로 트랜실바니아로 추방되어(1554) 거기서 스위스의 교리들을 계속 전파하였다.

1556년과 1567년에 칼빈의 요리문답과 제 2 스위스신앙고백(the Secend Helvetic Confession)이 헝가리 대회에서 채택되어 칼빈주의 권징체계가 지역교회에서 시행되기 시작했다. 1560년대 이후 헝가리는 종교적 정치적 어려움을 겪고 있었다. 유니테리안의 성장, 반종교개혁의 승리, 터키인들의 학대, 황제 루돌프의 억눌린 민족에 대한 위협 등으로 고통을 당한 것이다. 그러나 1781년 요셉 2세의 「종교적 관용에 관한 칙령」(Toleration Edict)에 의해 약 10년 동안 칼빈주의가 급격히 성장했다. 오늘의 부다페스트(Budapest)를 방문하는 사람은 다뉴부 강가 그 아름다운 도시의 중앙에서 '칼빈 스퀘어'(Calvin Sguare)라고 하는 광장을 발견하게 된다. 거기서 그 종교개혁자의 이름을 발견한다는 것은 참으로 놀랍고 자랑스러운 일이다. 더욱이 놀라운 것은, 그 광장 옆에 웅장한 개혁파 교회를 발견한다는 것, 그리고 그 교회가 전(全)헝가리 개혁파 교회의 많은 활기찬 중심교회들 중의 하나라는 것을 알게 되는 것이다.

1557년, 혹은 1558년에 쩽게르(Czenger)에서 칼빈주의 대회가 열렸는데, 여기서 헝가리 신앙고백(Hungarian Confession)이 작성되었으며, 1563년에는 칼빈주의가 널리 보급되어 그 특징적인 권징과 조직이 소개되었다. 헝가리의 칼빈주의는 혹독한 박해 속에서도 살아남았으며, 그 당시 칼빈주의 교회의 지지자는 그 나라의 복음주의적 인구의 3분의 2에 해당할 정도였다. 1563년 칼빈이 죽기 전 해에, 칼빈의 교리는 일반적으로 프로테스탄트 교회들에 의하여 채택되었으며, 장로교회 정치형태도 실시되고 있었다.

8. 독일에서의 칼빈의 영향

독일에 관한 한, 루터 파의 신학, 즉 아우그스부르크 신앙고백 (Augusburg Confession)은 독일에서 지배적인 세력을 유지하고 있다. 그러나 거기에도 유능하고 열렬한 칼빈의 추종자들이 있었다. 칼빈 주의 교리는 1563년의 하이델베르크요리문답(Heidelberg Catechism)에 소중히 간직되어 있다. 비록 교리와 정치의 어떤 점에서 서로 차이가 있지만, 칼빈은 루터를 진정으로 존경하고 있었다. 1556년 폴란드의 라스키에게 보내는 편지에서, 칼빈은 아우그스부르크 신앙고백에는 자신의 교리와 불일치한 것은 하나도 없다고 하였다.

칼빈은 독일에서 3년 동안 일했다. 그는 루터 파 교회와 밀접한 동맹 관계를 느끼고 있었다. 그는 그의 결점이 있음에도 불구하고 루터를 중심으로 존경하였다. 그는 멜랑히톤과는 가까운 친구였다. 그는 자신의 편지들과 여러 종류의 저술에서 보여 준대로, 독일 종교 개혁의 진행을 가장 열렬한 관심을 갖고 착실히 따랐다.

칼빈은 독일에 있는 개혁파 교회를 따로 분리된 교회로 생각하지 않고, 스위스와 루터 파 교회가 하나로 연합한 교회로 생각하고 일했다.

신성로마제국의 선거후 영토인 팔라틴(Electoral Palatinate)에 있는 개혁파 교회는 경건한 선거후 후레드릭 3세(Frederick Ⅲ)치하에서 멜랑히톤파와 칼빈주의파의 협동의 결과였다. 하이델베르크요리문답 은 멜랑히톤의 제자 올시누스(Ursinus)와 칼빈의 제자 올레비아누스 (Olevianus)의 합작품이다. 그것은 1563년에 작성되었는데, 멜랑히톤 의 사후 3년이 되던 해요, 칼빈이 죽기 일 년 전이었으며, 팔라틴과 독일, 화란에 있는 개혁파 교회의 주요한 상징이 되었다. 그것은 칼빈의 성찬관과 선택관을 가장 훌륭하게 설명하였으나, 칼빈 자신의 요리문답을 따라 유기와 간과의 영원한 작정에 대한 언급을 모두 생략하였다. 잘 알려진 첫째 질문은 선택교리의 밝고 위로가 되는 면을 보석처럼 표현하고 있다.

"이 세상과 저 세상에서 당신의 유일한 위안은 무엇입니까?
이 세상과 저 세상에서 나는 몸과 영혼과 함께 나는 나의 것이 아니며, 그의 존귀한 피로 나의 모든 죄를 완전히 씻어주시고, 사탄의 모든 세력에서 나를 구속해주신 나의 신뢰할 만한 구세주 예수 그리스도에게 속해 있다는 사실입니다. 그처럼 나를 보호해주셨기 때문에, 하늘 아버지의 허락 없이는 나의 머리털 하나라도 떨어질 수 없으며, 모든 것이 나의 구원을 위해서 함께 역사합니다. 주님은 역시 그의 성령으로 나에게 영생을 보증하시고, 언제든지 내가 그에게 와서 진심으로 기쁘게 살도록 하셨습니다."

칼빈주의와 장로교회정치의 영향은 역시 간접적으로 루터교회에까지 미치기도 하고, 한편 루터주의에 의하여 수정되기도 하였다. 부란덴부르크의 선거후(Elector of Brandenburg)와 존 시기스문트(John Sigismund)와 프러시아의 왕들과 독일의 황제들의 조상은 칼빈주의 신앙을 현대식 형식으로 채택하였다(1613).

프러시아 군주정체의 실질적인 창건자요 대 선거후인 후레드릭 윌리암(Frederick William)은 베스트팔리아 조약(Treaty of Westphalia, 1648)에서 개혁파 교회를 합법적으로 승인하게 하고, 핍박받고 있는 수많은 유그노 교도들을 자기나라에 오도록 초청하므로 낭트의 칙령(Edict of Nantes, 1685)을 취소하였다.

후레드릭 윌리암 왕 3세는 종교개혁 300주년 기념식에서(1817) 프러시아의 루터 파 교회와 개혁파 교회의 복음주의적 연합을 소개하였다. 교회 연합을 옹호하는 주요 인사들 가운데는 칼빈주의적 목사의 아들이며 모라비안 파의 제자인 슐라이막허(Schleiermacher)가 있었으며, 그는 독일신학의 혁신자이기도 하였다.

칼빈의 엄격한 예정교리는 독일인의 정신을 만족시킬 수 없었으나, 성례교리는 루터 파 교회에서 대단한 진전을 가져오게 하였으며, 성찬에서의 그리스도의 영적 실제적 임재와 결실의 신비에 대한 견고한 기초를 제공한 것 같았다.

참고문헌

Cadier, Jean, *The Man God Mastered* (Grand Rapids: Eerdmans, 1960).

Calvin, John, "Last Admonition to Joachim Westphal" in Calvin's Tracts and Treatises, Translated by Henry Beveridge II (Grand Rapids: Eerdmans, 1958)

_____, "Psychopannychia," in Calvin's Tracts and Treatises, Translated by Henry Beveridge II (Grand Rapids: Eerdmans, 1958).

Ganocy, Alexander, *The Young Calvin* (Philadelphia: Westminster, 1987).

Georgy, Timothy, *Theology of the Reformers* (Nashville: Broadman, 1989).

Hunter, A. M., *The Teaching of Calvin* (Glasgow, 1920).

McGrath, Alister E., *A Life of John Calvin* (Oxford, 1991).

McNeil, John T., *The History and Characeter of Calvinism* (New York: Oxford University Press, 1970).

Paker, T. H. L., *John Calvin* (Lion Publishing, 1975).

Parker, T. H. L., *John Calvin* (London, 1975).

Reid, W. S., *John Calvin, His Influence in the Western World* (Zondervan, 1982).

Reyburn, H. Y., *John Calvin, His Life, Letters and Work* (London, 1914).

Schaff, P., *History of the Christian Church* Vol.VII (New York, 1892).

Walker, F., *John Calvin, The Organiser of Reformed Protestant* (New York and

London, 1906).

Wallace, Ronald S., *Calvin, Geneva and the Reformation* (Grand Rapids: Baker, 1988, 1990).

Wendel, F., *Calvin: The Origins and Development of his Religious Thought*, Translated by P. Mairet (London, 1969).

신복윤, 『칼빈의 신학사상』 (서울: 성광문화사, 1993).

존 칼빈, 『기독교강요』, 김종흡, 신복윤, 이종성, 한철하 共譯 (서울: 생명의 말씀사, 1988).

인명(人名) 색인

마로(Clemen Marot) 147

마르꾸르(Antoine Marcourt) 82, 183

마르바흐(Marbach) 143

마리누스(Marrinus) 301

마리아(Maria) 12, 56

메디치(Catherine de Medici) 344, 346

메리(Mary)여왕 139, 318

멜랑히톤(Philip Melanchton) 63, 85, 93, 108, 149, 150, 151, 154, 159, 181, 213, 214, 219, 224, 292, 295, 301, 319, 341

모리스(Maurice) 148

모샴(Robert Mosham) 150

몽트모렌시(de Montmorency) 346

뮈에트(Guerin Muete) 66, 71

뮌스터(Sebastian Münster) 53

미코니우스(Myconius) 215

밀롱(Barthélemy Milon) 82

밀톤(Milton) 225

(바)

바실 166

바우르(F. C. Baur, 1792-1860) 80

발라(Valla) 91

방델(Pierre Vandel) 132, 239

방델(Vandel) 228

버질 20

베네딕트 텍스토(Benedict Textor) 209, 217

베다(Beda) 30, 43

베르갱(Louis de Berquin) 30

베르나르두스(Bernard) 89

베르뜰리에(Philibert Berthelier) 58, 59, 228,234, 244-47, 317, 320, 367

베스트팔(Westphal) 318, 319, 322, 323

베자(Theodore Beza) 17, 29, 44, 106, 107, 170, 182, 185, 189, 207, 209, 213, 214, 216, 218, 244, 245, 253, 324, 328, 327, 328, 344, 358

벤돔(Vendôme)공작 340

벨레(Guillaume du Bellay) 83

벨레(William de Bellay) 52

뱅쌍(Eustace Vincent) 185

보나벤튜라(Bonaventura) 20

보니바르 (François Bonivard) 58, 59, 116, 367

보들리(Thomas Bodley) 330

볼마르(Melchior Wolmar) 28, 29, 207

볼세끄(Jerome Bolsec) 206, 239, 240, 242, 277, 254

부데(Jean Budé) 339

부르구엥(Bourgouin) 173

부아(H. Bois) 90

부처(Martin Bucer) 45, 53, 62, 81, 94, 95, 97, 108, 133, 136, 137, 148, 151, 159, 169, 179, 180, 186, 252, 270, 292, 293, 341